U0938806

各章节作者

第一章　　吴松弟

第二章

　　第一节　　樊如森

　　第二节、第三节　　陈为忠

　　第四节　　姚永超

第三章

　　第一节　　樊如森

　　第二节　　陈为忠

　　第三节　　姚永超

第四章

　　第一节　　樊如森

　　第二节　　陈为忠

　　第三节　　姚永超

第五章

　　第一节，第二节，第三节，第四节　　樊如森

　　第五节　　戴鞍钢

第六章　　陈为忠

第七章　　姚永超

第八章

　　第一节　　唐巧天

　　第二节　　毛立坤

　　第三节　　樊如森

　　第四节　　吴松弟

第九章

　　第一节、第三节　　吴松弟

　　第二节　　戴鞍钢

参考文献　　吴松弟

港口—腹地与北方的经济变迁（1840—1949）

Port Cities and Their Hinterland and Economic Change in North China, 1840—1949

吴松弟 樊如森 陈为忠 姚永超 戴鞍钢 等 著

ZHEJIANG UNIVERSITY PRESS
浙江大学出版社

目　录

第一章　绪　　论

本书所说的北方，指我国秦岭—淮河以北的地区，包括今天东北的黑龙江、吉林和辽宁三省，华北的河北、河南、山东、山西、北京、天津、内蒙古四省两直辖市一自治区，西北的陕西、甘肃、青海、宁夏、新疆三省两自治区，安徽和江苏两省的淮河以北区域。陕西、河南和甘肃三省的秦岭—淮河一线以南地区，虽然在自然地理上属于南方，为保持省域的完整性，也列入本书的研究范围。此外，今蒙古国原称外蒙古，一向属于中国，主要与华北、东北保持密切的经济联系，1921 年外蒙古成立君主立宪政府，1924 年成立蒙古人民共和国，1946 年当时的中国政府承认外蒙古独立。因此，独立之前的外蒙古自然列入本书的研究范围。今俄罗斯远东和西北的部分领土原属于我国，在第二次鸦片战争以后被迫割让，对这些地区本书也将有所涉及。

研究的时间是 1840 年至 1949 年。这一百余年，虽然是中国备受资本主义列强欺凌的时期，却又是中国通过学习西方逐步走上现代化道路，从而告别数千年封建王朝的全新的历史时期。1949 年 10 月 1 日中华人民共和国成立，中国的现代化进入新的阶段。

本书主要探讨北方各地在沿海、沿边和内地渐次设立通商口岸之后，因先进的生产力、生产关系和科学技术的进入，所发生的巨大的经济变迁。沿海港口城市开埠之后，近代经济逐渐成长，并通过不断扩大的国内外贸易和日渐改进的交通网络，将广大的内地农村纳入自己的经济腹地，从而带动内地经济的发展。本书以此为线索，展示北方各港口城市和其腹地近代经济成长的过程以及区域经济差异，在此基础上为学术界提供北方近代经济地理的绚丽多彩的图像。

研究的主要目的是比较全面地展示北方近代经济的空间成长过程和区域差异，从而为近代历史的研究和教育提供比较确切、科学的经济方面的内容，并为当前经济建设和缩小区域差距提供近代的借鉴。

第一节　北方口岸开放格局

一、通商口岸的渐次开放

我国北方有着漫长的国境线，1840 年以前，主要与俄罗斯、朝鲜以及 19 世纪 70 年代被俄罗斯吞并的中亚诸国相毗邻。东邻渤海、黄海、日本海以及鄂霍次克海，并通过这些海域进入浩瀚的太平洋。沿海自北而南，分布着众多的海港。从这些港口出发，向东可进入朝鲜半岛、日本以及原属于中国后被迫割让俄罗斯的远东，向南进入我国的南方沿海，并经此连接通往东南亚、南亚、西亚和欧洲的远洋航线。

1840 年，当中国尚处在封建社会的漫漫长夜中沉睡的时候，已经实现或正在实现早期现代化的欧美列强开始来到中国。

根据多年研究世界现代化的外国学者的看法，现代化指的是“从一个以农业为基础的人均收入很低的社会，走向着重利用科学和技术的都市化和工业化社会的这样一种巨大的转变”。而要完成这样的重大转变，在政治制度、经济制度乃至教育文化方面，都要进行相应的改革甚至革命。①1640 年，英国通过革命，正式确立了资产阶级的君主立宪制度。从 18 世纪 60 年代开始，以蒸汽机和机器大生产为

① （美）吉尔伯特·罗兹曼主编，国家社会科学基金“比较现代化”课题组译：《中国的现代化》，江苏人民出版社，1988 年，第 1、4、5 页。

标志的工业革命在英国各地展开，英国工业得到飞速发展。美国在1775年建国以后，法国在1790年的大革命以后，也都效仿英国，开始了工业革命。到中国鸦片战争发生前夕的19世纪30年代，英、法、美三国完成第一次工业革命，国家实力大为增强。其中，以英国实力最为雄厚，1860年，英国这个人口只占世界总人口2%的岛国，生产的工业品竟占世界工业品总产量的45%，拥有的商船竟占世界商船总数的1/3，进出口贸易值竟占世界出口总额的1/4、世界进口总额的1/3。此后，德国、意大利、俄国等国相继完成了早期的现代化①。随着国力的加强，这些国家相继走上商业扩张和对外侵略的道路。

1840年，英国为了扩大对华贸易，发动第一次鸦片战争。1842年，清朝战败，被迫与英国签订《南京条约》，同意对西方列强开放广州、厦门、福州、宁波、上海等五个南方港口城市为通商口岸，并将香港割让给英国。

北方陆地的通商口岸，可以追溯到根据清雍正五年（1728年）三月签订的《中俄恰克图条约》开放的恰克图。此后直到鸦片战争以前，恰克图口岸都大体维持下来，尽管在乾隆朝三次闭市，但闭市时间均只有几年。②鸦片战争之后，北方沿海沿边口岸的开放速度开始加快。1852年在俄国的压力下，清朝将新疆的伊犁、塔尔巴哈台开为商埠。1858年，在第二次鸦片战争中战败的清政府，再一次被迫与英、法、美、俄等国签订新的不平等条约《天津条约》和《北京条约》，增开12个通商口岸。其中，天津、牛庄（不久改为下游的营口，正式公文中仍沿袭“牛庄”之称），以及芝罘（最初规定开放登州，后东移芝罘），均位于北方沿海。它们的开埠，标志着北方沿海口岸开始对外开放。新疆的喀什噶尔（文献中有时称疏附，为喀什噶尔的回城）、外蒙古的库伦，1861年也开为通商口岸。另外，传统的

① 参见罗荣渠：《论现代化的世界进程》，《中国社会科学》，1990年第5期；章开沅、罗福惠主编：《比较中的审视：中国早期现代化研究》，浙江人民出版社，1993年，第41－54页。

② 参见米镇波：《清代中俄恰克图边境贸易》，南开大学出版社，2003年，第一章，第13－23页。

恰克图口岸的边境贸易也发生了重要变化，1862 年以后俄商可以深入中国内地采办中国土货了。①

到了 19 世纪七八十年代，开放通商口岸的进程以加速度进行着。北方同样如此，根据 1881 年的《中俄改订伊犁条约》，甘肃的肃州，新疆的吐鲁番、哈密、乌鲁木齐、古城，外蒙古的乌里雅苏台，分别开为通商口岸。

在 1898 年开始的新一轮的民族危机中，北方沿海和沿边的口岸再次成为开放的重点。1898 年，德国和俄国分别占领胶州湾、旅顺与大连湾，迫使清朝同意两地成为它们的租借地，不久两地开为商埠。与此同时，英国也获得威海卫的租借权，威海开埠。根据 1903 年的《中美通商行船制度续订条约》和 1905 年的《中日会议东三省事宜条约》，以及 1909 年的《中日图们江界务条款》等不平等条约，奉天省（后改为辽宁省）的安东、大东沟、铁岭、新民屯、通江子、法库门、凤凰城、辽阳、奉天，吉林省的吉林、长春、三姓、龙井村、局子街、头道沟、百草沟、珲春，黑龙江省的滨江、满洲里、绥芬河、齐齐哈尔、瑷珲、宁古塔、海拉尔，相继开为通商口岸。

自 19 世纪 70 年代以来，朝廷和地方的一些官员看到开埠通商可以给地方经济和财政带来好处，也看到外国力量控制下多种利益的损失，产生了自行开放口岸的想法。在 1898 年的维新变法时期，清政府宣布“广开口岸”。这股自行开放口岸的浪潮也冲击到北方，1899 年直隶省（后改为河北省）的秦皇岛自行开放。此后几年，山东的济南、潍县、周村、济宁、龙口，辽宁的葫芦岛、锦县、郑家屯，内蒙各部的多伦诺尔、归化、包头、赤峰等，黑龙江的洮南，江苏的徐州、海州，安徽的蚌埠，河南的郑州，纷纷自开为通商口岸。(见表 1.1)

表 1.1 中共 63 个口岸，广泛分布在我国北方除陕西、山西、青海以外的各省市自治区以及蒙古国，形成了全方位的口岸体系，标志着北方的全面开放。

① 参见米镇波：《清代中俄恰克图边境贸易》，南开大学出版社，2003 年，第四章，第 57 页。

表1.1 北方口岸分布与开埠年份

今地区	口岸名	今地	开埠年份	口岸名	今地	开埠年份
山东省	芝罘	烟台市	1862	胶州湾	青岛市	1899
	威海卫	威海市	1899	济南	济南市	1906
	潍县	潍坊市	1906	周村	淄博市周村区	1906
	龙口	龙口市	1915	济宁	济宁市	1921
江苏省北部	徐州	徐州市	1922	海州	连云港市海州区	1921
安徽省北部	蚌埠	蚌埠市	1924			
天津市	天津	天津市	1861			
河北省	秦皇岛	秦皇岛市	1901	张家口	张家口市	1916
河南省	郑州	郑州市	1922			
内蒙古自治区	满洲里	满洲里市	1907	海拉尔	呼伦贝尔市海拉尔区	1910
	多伦诺尔	多伦县	1914	归化	呼和浩特市	1914
	包头	包头市	1921	赤峰	赤峰市	1917
	通辽	通辽市	1914	呼伦	呼伦贝尔市	1907
甘肃省	肃州	嘉峪关市	1881			
辽宁省	营口	营口市	1861	大连	大连市	1899
	大东沟	东港市	1907	铁岭	铁岭市	1906
	安东	丹东市	1907	新民屯	新民市	1906
	通江子	昌图县境	1906	法库门	法库县	1906
	凤凰城	凤城市	1907	辽阳	辽阳市	1907
	奉天	沈阳市	1908	葫芦岛	葫芦岛市	1914
	锦县	锦州市	1916			
吉林省	郑家屯	辽源市	1917	吉林	吉林市	1907
	长春	长春市	1907	龙井村	龙井市	1909
	局子街	延吉市	1909	头道沟	龙井市西	1909
	百草沟	汪清市	1909	珲春	珲春市	1910
	洮南	洮南市	1914			
黑龙江省	三姓	依兰县	1909	哈尔滨	哈尔滨市	1907
	绥芬河	绥芬河市	1907	齐齐哈尔	齐齐哈尔市	1907
	瑷珲	黑河市瑷珲区	1907	宁古塔	宁安市	1910
新疆维吾尔自治区	伊犁	伊宁市	1852	塔尔巴哈台	塔城市	1852
	喀什噶尔	喀什市	1861	吐鲁番	吐鲁番市	1881
	哈密	哈密市	1881	乌鲁木齐	乌鲁木齐市	1881
	古城	奇台县	1881			

续表 1.1

今地区	口岸名	今地	开埠年份	口岸名	今地	开埠年份
蒙古国	恰克图	恰克图	1728	库伦	乌兰巴托	1861
	乌里雅苏台	哲布哈兰图	1881	科布多	科布多	1881

资料来源：除恰克图据米镇波《清代中俄恰克图边境贸易》，南开大学出版社，2003 年，第一章。其余均据：严中平等编：《中国近代经济史统计资料选辑》，第一辑，科学出版社，1955 年，"二商埠、租界、租借地"之表 1、表 3，第 41－48 页，第 54－56 页；《中华最新形势图》，世界舆地学社，1937 年，有关口岸城市的文字说明部分。口岸的今地据同上《中华最新形势图》，市县据民政部编《中华人民共和国行政区划简册（2006）》，中国地图出版社，2006 年 4 月。

二、通商口岸与口岸区域的商贸发展

表 1.1 中的 63 个口岸，开埠以后都在所在区域的进出口贸易和商业中发挥自己的作用。20 世纪三四十年代的地理学家在研究各地经济地理时，注意到各个口岸的状况。尤其是世界舆地学社 1937 年出版的《中华最新形势图》，在分省简述各城市的人文地理时，无不列出各个口岸并提到它们开埠以后的经济尤其是商业状况。依据这些论述，可以得出这样的结论：除了个别因区位位置不好或交通的原因规模有限之外，通商口岸无不在区域商业和经济发展中起到了重要的作用，并大多发展为区域经济中心，即使位置偏僻交通不便的边疆也不例外。

北方的西部和北部地区深居内陆，距离大海甚为遥远，相当多地区的进出口主要通过沿边和内地口岸进行。如图 1.1 所示，通过在 1852 年、1861 年、1881 年的开埠，新疆和外蒙古、甘肃在靠近沿边和内地交通路口，设立了 11 个对外开放的商埠，加上原已开放的恰克图，共达 12 个口岸。除了嘉峪关开埠后"以非贸易适宜之区，不能发达"之外，其余商埠开埠后商业在旧有基础上又有了新的发展。

新疆共有 7 个开放口岸。其中，伊宁、喀什、塔城 3 个口岸位于中俄边境。伊宁，"自清咸丰元年（1851 年）开为对俄贸易之商埠后，富商大贾群集，红茶、砖茶之贸易甚盛"。喀什，"清咸丰十年与俄订约，开为商埠，中亚、印度、阿富汗等地之商货毕集于此，商务

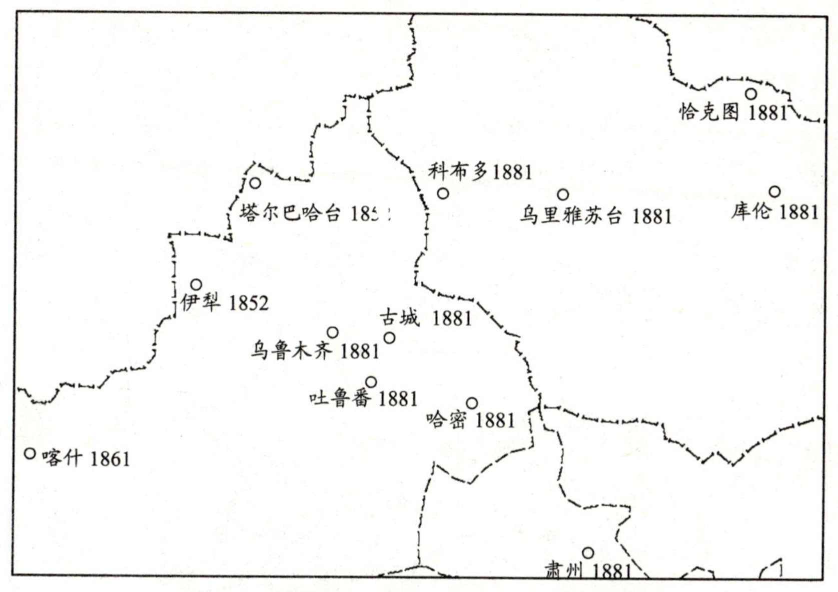

图 1.1　北方的西部地区和北部地区口岸分布图

之盛大，盖犹超省城而上”。塔城，“咸丰元年，许俄经商，光绪七年（1882 年），准俄免税贸易”，虽然贸易规模不如喀什、伊宁，但因靠近中亚的交通要道，却是中俄人民交往的重要通道。4 个内地口岸以省会迪化（今乌鲁木齐）最重要，“光绪七年，因伊犁条约，开为对俄贸易之商埠，津、晋、湘、陇之商人及缠商，密集于此，贸易以羊毛、皮革、布帛为大宗，繁华富庶之状况冠于全省，有‘小南京’之号焉”。古城次之，光绪七年开埠，“繁盛之况，可拟于省会”。哈密、吐鲁番与乌鲁木齐、古城同时开埠，哈密“商市聚于回城外西北隅，贸易尚盛”，吐鲁番“俄商在此买卖者十余家”，贸易也有一定的发展。

外蒙古政治中心在库伦，商业中心也在此，“清咸丰十年，开为对俄贸易之商埠，蒙古进出口之贸易胥由此集散，盖亦全蒙经济之中枢也”。科布多和乌里雅苏台于光绪七年分别开为对俄贸易之商埠，两地商业兴盛。科布多，“汉、回、蒙、俄之人，皆设商肆于此，遂成蒙西第一市场，牲畜、茶砖、皮毛之贸易尚盛”。乌里雅苏台，“有俄商、蒙商及山西商人颇多，贸易以家畜、皮毛为大宗”。历史悠久的恰克图口岸，“本以茶砖为大宗”，后因内地之茶直接运往海参崴，以转输全俄，恰克图的“商市已不如往日之盛”，原有商店数百家，蒙古独立以后仅剩数十家。

北方东部地区的口岸多达 51 个。沿海有安东、大东沟、大连、营口、锦县、葫芦岛、秦皇岛、天津、龙口、芝罘、威海卫、青岛、海州等 13 个口岸，内陆有 38 个口岸，其中满洲里、海拉尔、瑷珲、绥芬河、珲春、龙井村、局子街、头道沟、凤凰城等 9 个口岸靠近边境，属于沿边口岸。（如图 1.2 所示）

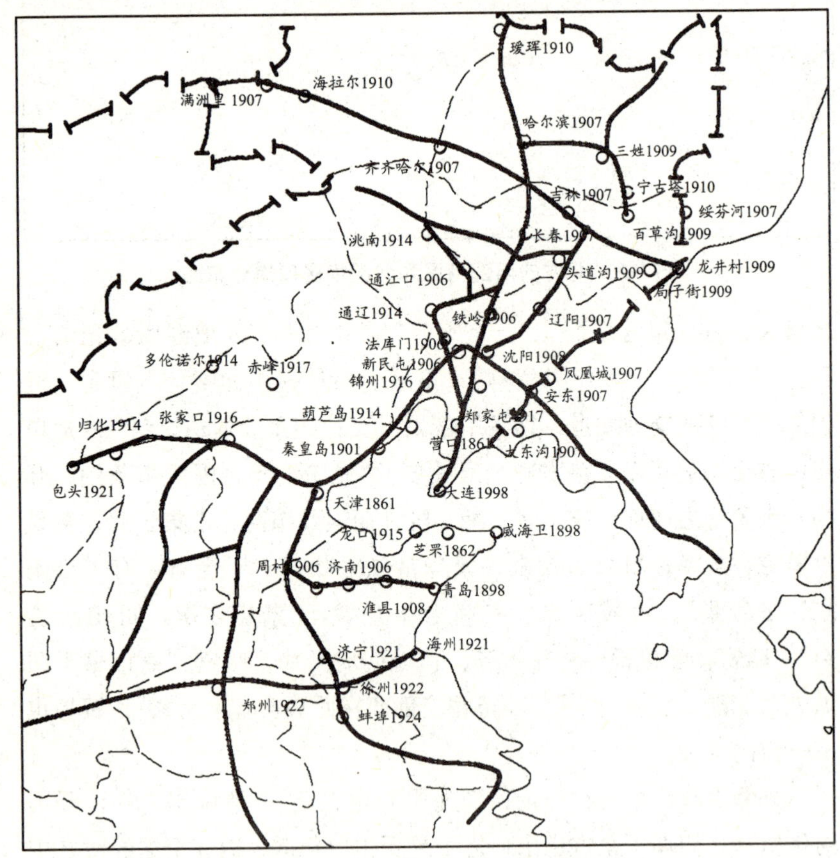

图 1.2　北方东部地区口岸分布图

关于北方东部诸口岸的商贸状况，《中华最新形势图》未提到济宁、锦县、葫芦岛，其他口岸开埠以后的商贸状况分两种情形：一种情形是辽阳、凤凰城与瑷珲。辽阳“贸易未甚发达”；凤凰城“以密迩安东，商务未盛”；瑷珲在城市的精华部分在 1900 年被俄国军队摧毁之后，商埠商业一蹶不振。另一种情形是开埠以后商贸得到较大的发展，这类口岸占了绝大部分。该书在论述其余40余个口岸时，无不提到它们开埠以后商贸得到发展。最值得注意的，是沿海口岸城市的发展。

第二次鸦片战争以后开埠的天津、烟台、营口是北方最早开埠，也是最先得到发展的沿海口岸城市。《中华最新形势图》说天津："地当五巨川之会点，往时漕运所经，已臻繁盛。迨海道大通，辟为商埠，轮舶麕集，帆樯如织，后又兴筑铁路，北抵北平，南达浦口，东至沈阳，商旅络绎，贸易殷繁，黄河全域及漠南各省之货物，靡不聚散于此，遂为华北商务之中心。"说烟台："本福山县一渔村……自清同治元年（1862年），依咸丰十年所订之天津条约，代登州开为商埠，遂为山东一大贸易港。"说营口开埠之后："赖辽河水运之利，关东土产，海外货物，均萃集于此，为东三省贸易之总枢。"

到了20世纪前后，青岛和大连同时兴起，逐渐取代了烟台和营口的地位，发展为北方仅次于天津的主要贸易港和重要经济中心。《中华最新形势图》说德国租借青岛，在此"辟市场，浚船坞，建炮台，置戍兵，又筑铁路以达济南，数年之间，遂勃兴而为远东之大军商港"。说大连市："本名青泥洼，为一荒寒之渔村，自俄日相继经营，以形势优良，遂迅速发展，成为东三省贸易之中心。"

《中华最新形势图》说这些港口城市，是"华北商务之中心"（天津）、"山东一大贸易港"（烟台）、"东三省贸易之总枢"（营口）、"远东之大军商港"（青岛）、"东三省贸易之中心"（大连），表明它们在不同时期已分别成长为华北、东北或山东这些大区域或省区的商贸中心，经济地位超越区域内的其他口岸城市。

三、沿海口岸在北方商贸中的地位

北方诸口岸无疑以沿海口岸最为重要。不仅《中华最新形势图》等当时地理学家的论述表明沿海口岸的重要性，进出口数据更表明它们的重要性。

据表1.2，1882年北方东部地区只有沿海三口开放，沿海海关占了区域海关贸易总值的100%。1912年和1931年因沿边与内地口岸增多，沿海海关在区域贸易总值中所占的百分比有所下降，但也高达86.9%和94.4%，内陆和沿边海关所占的百分比甚为微小。

表1.2　北方东部地区海关贸易总值及沿海海关所占百分比

	1882年		1912年		1931年	
	总额（海关两）	百分比（%）	总额（海关两）	百分比（%）	总额（海关两）	百分比（%）
北方东部地区海关	38 313 056	100	364 969 146	100	1 344 223 403	100
沿海海关	38 313 056	100	317 221 246	86.9	1 269 543 523	94.4

资料来源：《光绪八年通商各关华洋贸易总册》，第一节第六款；《中华民国元年通商各关华洋贸易总册》，第一节第八款；《民国二十年海关中外贸易统计年刊·统计辑要》，《民国十八年至二十年海关贸易货值按关全数》。均载京华出版社影印《中国旧海关史料》，2001年出版。

说明：贸易总值包括洋货进口净值、土货进口净值和土货出口总数三项。

需要指出，表1.2所示的数据，除1882年之外，1912年和1931年都未包括全部口岸。1912年已开放35个口岸，列入统计的只有瑷珲、三姓、满洲里、哈尔滨、绥芬河、珲春、龙井村、安东、大东沟、大连、牛庄、秦皇岛、天津、芝罘、胶州等15个。1931年已开放51个口岸，列入统计的只有瑷珲、滨江、珲春、延吉、安东、大连、山海、秦王（皇）岛、津海、龙口、东海、威海卫、胶海等13个。在这些口岸中，内地和沿边口岸的贸易额大大少于沿海口岸。以1912年各海关登记的贸易额为例：该年内地和沿边的七个海关中，珲春、龙井村两关均只有几十万两，瑷珲、三姓两关均只有一二百万两，哈尔滨关六百多万两；只有满洲里和绥芬河达到一千余万两和二千余万两，即使这样，也只相当于大连、牛庄、天津、胶州诸口岸的几分之一。①那些未列入海关贸易总册与年刊统计范围的口岸，由于《中华最新形势图》对其商业评价比列入统计范围的珲春、龙井村、瑷珲、三姓等口岸低很多，它们的进出口贸易数据，毫无疑问应该少于列入海关贸易总册与年刊统计范围的口岸。因此，这些口岸未列入统计范围，不会从根本上改变沿海口岸在北方东部的地位。

“市”的设立，或许可以为讨论北方东部各口岸的贸易规模提供

① 据《中华民国元年通商各关华洋贸易总册》上卷，第一节第八款，载京华出版社影印《中国旧海关史料》。

另一个视角。

民国时期“市”这种城市型政区开始出现和发展，成为区域商业和经济的中心。任何一个市的建立，尽管有着政治、经济、人口等多方面的原因，但一般都有着商贸发展的基础。因此，口岸市镇能否上升为“市”，可以看作口岸贸易规模与辐射范围大小的一个反映。

东北是我国近代经济增长较快和市设立较多的区域，但在全部28个口岸中，设市的仍只有营口、大连、安东、辽阳、沈阳、锦州、辽源、吉林、长春、延吉、哈尔滨、齐齐哈尔等12个口岸，大东沟、铁岭、新民屯、通江子、法库门、凤凰城、葫芦岛、龙井村、头道沟、百草沟、珲春、洮南、三姓、绥芬河、瑷珲、宁古塔等16个口岸，都未设市。这些未设市的口岸，除了市镇人口规模较小这一点之外，商贸规模一般不如设市的口岸，是另一个重要因素。《中华最新形势图》对此有所论述。仅以辽宁省而言，大东沟虽与安东同时开埠，但“近以港口淤浅，轮船之寄碇，颇感困难，木材贸易，多为安东所夺，此间商务，遂形衰落”；法库，“迨南满、四洮等路成，商贾改道，贸易大受打击，景况远不如昔”；凤城，“以密迩安东，商务未盛”。如果加上未列入海关贸易总册的口岸可能的贸易数据，沿海口岸在北方东部贸易总值中所占的比重，自然会低于表1.2所示的沿海海关在区域贸易总值中所占的比重，即86.9%和94.4%，但毫无疑问，沿海口岸的贸易总值还是大大超过内陆和沿边口岸合计的贸易总值。

位于新疆、甘肃、外蒙古和今天的内蒙古中西部境内的近代口岸，当时同样没有列入中国海关总税务司署的统计范围。不过，我们可以新疆和外蒙古这两大区域为例，讨论它们的进出口贸易规模。

新疆位居祖国西北边陲，近代与俄国和中亚各国接壤，以这些国家为主要贸易对象。开埠前新疆主要出口产于内地的茶叶，进口货也大部分运往内地销售。由于道路遥远、交通不便，贸易规模相对有限。口岸渐次开放之后，贸易额得到增长。19世纪末，俄国铺设中亚铁路，并向新疆边境延伸，随着交通条件的改善，双方贸易额迅速增长。因新疆通往中国内地的交通状况并未获得改善，19世纪末以后双方贸易主要表现为新疆地区与俄国之间的贸易往来。[①]1909年，新疆对俄国的进出口贸易总值达到754.7万两。[②]我们不妨将新疆的对俄贸易数据，与列入海关统计的那些地区的数据相比较，以看新疆的贸易地位。列入海关统计的全国洋货进口和土货出口总值，1909年为78 093万两，1912年为86 887万两[③]，与其比较，新疆对俄贸易总值均连1%都不到。北方东部地区列入海关统计的洋货进口和土货出口总值，1912年为36 496.9万两（详见表1.2），与其比较，新疆1909年的对俄贸易总值只相当于2%。如与该年北方沿海各口岸的进出口贸易价值比较，新疆的对俄贸易总值不及北方的安东、秦皇岛，更不如其他沿海口岸，它只有大连、牛庄、芝罘、胶州等口岸的几分之一，天津的十几分之一。[④]

外蒙古虽然同样位居亚洲的内陆，但却比新疆要大大靠近海洋和首都北京，加之蒙古族和满族的结盟关系，清朝初期便和内地保持着比较密切的贸易关系。著名的中国与俄国之间的恰克图贸易从雍正年间开始，同治元年以后俄商可以深入中国内地采办土货。中国主要的输俄商品茶叶在汉口装船，沿长江而下，到上海，通过北上的漕船运到天津，再经运河抵通州，然后走陆路，经张家口到恰克图。[⑤]随着库伦、科布多、乌里雅苏台相继设为口岸，外蒙古境内的进出口贸易得到了发展。1861年俄国对外蒙古的输出贸易不足22万卢布，到1890年增长到300万卢布，30年时间增长近13倍。1891年之后，外蒙古和俄国的贸易总值继续增长，1915年达到1 390万卢布。[⑥]按当时的汇

① 参见吴轶群：《清代新疆边境地区城市对比研究——以伊犁、喀什噶尔为中心》，复旦大学博士学位论文，2007年，未刊本，第四章、第五章。

② 据新疆中俄通商局及交涉局季报整理，引自厉声：《新疆对（俄）苏贸易史（1600－1900）》，新疆人民出版社，1993年，第141页。

③ 据《中华民国元年通商各关华洋贸易总册》（载京华出版社影印《中国旧海关史料》）上卷，第一节第五款“通商各关洋货进口、土货出洋、洋货出洋价值按年总数”。

④ 据《中华民国元年通商各关华洋贸易总册》上卷，第一节第八款“通商各关洋货进口、土货进口、土货出洋价值按关总数”，1909年这些海关的进出口价值，分别是：安东，1 101.9万两，秦王岛923.5万两，大连6 052.4万两，牛庄5 038.5万两，天津10 225.8万两，芝罘2 873.6万两，胶州5 471.2万两。

⑤ 米镇波：《清代中俄恰克图边境贸易》，第七章，南开大学出版社，2003年，第108－113页。

⑥ （苏联）迈斯基：《蒙古人民共和国史纲》，商务印书馆，1972年，第106页。

率，约折银910万两。①

海关总税务司署的贸易统计同样不包括外蒙古，不过也可将1915年的外蒙古数据与列入海关统计的那些地区的数据相比较。1915年外蒙古的对俄贸易总值约910万两，只相当于1909年列入海关统计的全国洋货进口和土货出口总值78 093万两的1.16%，相当于1912年同项数据86 887万两的1.04%。1915年外蒙古的这一数据，若与1912年北方东部地区列入统计的海关的洋货进口和土货出口总值36 496.9万两相比，只相当于2.49%。若与该年北方沿海各口岸的贸易数据相比，它不及沿海口岸中贸易规模较小的安东、秦皇岛，更只有大连、牛庄、芝罘、胶州等口岸的几分之一，天津的十几分之一。

如果我们估计内蒙古未列入统计的口岸的进出口贸易数据与外蒙古大略相等，而只有一个口岸的甘肃的进出口贸易数据只及外蒙古的一半的话，加上新疆和外蒙古的进出口贸易数据，这些未统计地区的进出口贸易数据，大约只相当于全国同类数据的3.5%、北方同类数据的10.5%。当然，上述地区的对俄贸易总值并不等于这些区域进出口贸易总值，也不等于各海关贸易总值的相加，而10.5%也只是一个估计。但考虑到对俄贸易是新疆和外蒙古进出口贸易的主要部分，10.5%这一估计即使有误差也不致相差太远。基于上述论述，可以得出中国北部的绝大部分的进出口贸易通过沿海口岸实现这一结论。

如果对沿海口岸进行进一步的细致研究的话，不难发现，北方巨大的贸易量，竟然是数量有限的几个大港口完成的，这几个港口占了纳入海关统计范围的全部口岸贸易量的绝大部分。

表1.3列举了1882年、1912年和1931年三个年度的进出口贸易数据。1882年北方沿海只有营口（牛庄）、天津、烟台（芝罘）三个口岸，占了全部贸易额的100%；天津一个口岸便几乎占了59%。1912年北方沿海口岸已达到8个，1931年更增加到10个，大连、青

① http://zhidao.baidu.com/question/20373238.html? fr = qrl3.1905年末，10华元=7.2两白银；1906－1915年，1华元=1.1卢布。

岛（胶州）崛起为北方的重要口岸，并取代营口和烟台的地位。尽管这样，在北方进出口总额中所占比重9%以上的口岸，始终是天津、大连、青岛和营口。此四个口岸，1912年合计占北方进出口总值的73.4%，1931年更高达81.4%。因此，我们讨论近代北方港口与北方区域的经济发展，最需要注意的沿海口岸城市，是天津、大连、青岛、营口和早期的烟台。

表1.3　1882年、1912年和1931年各沿海口岸进出口总值及在北方所占的百分比

	1882年		1912年		1931年	
	总额（海关两）	百分比（%）	总额（海关两）	百分比（%）	总额（海关两）	百分比（%）
北方	38 313 056	100	364 970 959	100	1 344 223 403	100
沿海口岸	38 313 056	100	317 223 029	86.9	1 269 543 522	94.4
安东			11 019 041	3.0	67 814 886	5.0
大东沟			350 151	0.1	（统计入安东）	
大连			60 524 303	16.6	404 283 565	30.0
牛庄（营口）	6 625 182	17.3	50 385 326	13.8	122 909 077	9.1
秦王岛			9 235 726	2.5	36 716 801	2.7
天津	22 525 267	58.8	102 258 118	28.0	350 229 937	26.1
芝罘（烟台）	9 162 607	23.9	28 736 450	7.9	49 082 925	3.7
龙口					11 344 343	0.8
威海卫					8 886 801	0.7
胶州（青岛）			54 712 914	15.0	218 275 187	16.2

资料来源：《光绪八年通商各关华洋贸易总册》，第一节第六款；《中华民国元年通商各关华洋贸易总册》，第一节第八款；《中华民国二十年海关中外贸易统计年刊·统计辑要》，《民国十八年至二十年海关贸易货值按关全数》。均载京华出版社影印《中国旧海关史料》。

说明：贸易总值都包括洋货进口净值、土货进口净值和土货出口总数三项。

第二节　沿海口岸与北方的区域经济变迁

1842年中英签订《南京条约》，清朝被迫开放广州、上海、宁波、厦门、福州等五个南方通商口岸，西方的经济文化开始在中国南方沿海登陆，中国开始了近代化的艰难进程。1851年，西北边疆的伊犁、塔尔巴哈台开为口岸，口岸开放的浪潮波及北方。1861年，华北沿海的天津、营口、烟台开为口岸，北方沿海人口稠密、经济比较发达的区域开始口岸开放的进程。虽然北方沿海口岸开放时间略晚于南方，但产生的巨大社会效果却与南方完全相同。不仅沿海口岸城市从此走上近代化的道路，获得较快的发展，而且推动着北方广大地区，从内向型经济向外向型经济、从传统经济向近代经济转变。

一、口岸城市的经济变迁

清朝开放的口岸，绝大部分都是在战败之后或列强的强力压迫下，通过签订不平等条件而被迫开放的，人们称为“约开口岸”，另有一部分是19世纪末各地自行开放，人们称为“自开口岸”。北方同样如此，在近代北方开放的62个口岸中，除了秦皇岛、济南、潍县、周村、葫芦岛、张家口、包头、徐州、蚌埠、郑州等19个口岸是19世纪末20世纪初自行开放，而占北方全部口岸总数的69%的另外的43个口岸，则通过不平等条约而开放。

通过一系列的不平等条约，列强大大扩大了在中国获得的各种权益：除了割地赔款、开埠通商，还有进出口货税必须同外国商议的“协定关税”（大致在5%的关税），外国侨民犯罪应交外国领事依照外国法律处理的治外法权，外国商轮的沿海贸易权，等等。除此之外，在一些口岸城市，如上海、天津还出现供外国人居住，由外国人管理行政、税收、警察和司法的租界。北方的口岸中，除了天津设立英、法、美、德、日、俄、比、意、奥等国租界，在其他一些口岸也设立类似租界的区域，它们是：塔尔巴哈台俄人贸易圈，伊犁俄人贸易圈，北戴河避暑地，秦皇岛商埠区，营口英人居留区，营口新市街，烟台外人居留区，中东铁路附属地，安奉铁路附属地，安东新市街。[①]这些条约严重损害了中国的主权，从此，中国的领土不再完整，独立主权遭到破坏，外国势力在中国政治、经济、文化各方面的影响越来越大。

然而，通商口岸和租界对中国的影响，并非全是负面的、消极

---

① 费成康：《中国租界史》，上海社会科学院出版社，1991年，附录1“中国租界一览表”，附录2“主要的未辟租界及类似租界地区一览表”。

的，客观上带来许多积极的作用，需要进行实事求是的分析。

天津、营口、烟台是北方最早开埠的口岸，早在开埠之前已有一定规模的沿海贸易量，与北方和南方的沿海地区保持着密切的海上交通和贸易联系。外国列强之所以选择三港开埠，显然也是基于历史的原因。①然而，这些港口的大发展，仍是在开埠之后。

由于在最初的数年中各海关的统计报告只有进出口商品的一些单项数据，缺乏商品合计的总值，难以进行各年度贸易增长的比较，因此表 1.4 中的数据只能从 1875 年开始。即便如此，北方最早开埠的天津、烟台、营口三口岸贸易净值的增长已相当快速。在表中所列的以 5 年为一个统计单位的数据中，按时间看各港除了 1900 年前后的一个统计单位有所减少之外，各统计单位都呈增长态势。因此，1904 年各口岸的贸易净值，均相当于 1875 年的 400% 以上，增长最快的营口口岸相当于 1875 年的 753%。简言之，各口岸在 30 年中均增长了 3－6 倍，速度不可谓不快。

表 1.4　1875－1904 年北方三口岸进出口贸易净值的增长

（单位：海关两）

年份	天津	增长（%）	烟台	增长（%）	营口	增长（%）
1875	17 058 711	100	7 786 786	100	5 513 055	100
1880	21 668 434	127	9 905 815	127	6 725 036	122
1885	26 242 763	154	10 583 486	136	8 298 116	151
1890	34 133 168	200	12 862 382	165	14 448 281	262
1895	50 175 806	294	17 495 041	225	9 353 705	170
1900	31 920 658	187	27 058 328	347	22 024 643	399
1904	68 954 694	404	34 255 175	440	41 517 878	753

资料来源：交通部烟台港务管理局编，《近代山东沿海通商口岸贸易统计资料（1859－1949）》表 1、附表 3，对外贸易教育出版社，1986 年。

市场的扩大无疑是进出口贸易数倍增加的主要原因。开放以前，这些口岸的贸易量，由于只面对购买力比较低的国内市场，都停留在较低的水平上。开埠以后，各国商人接踵而至，这些口岸的市场由

① 参见复旦大学历史地理研究中心主编：《港口—腹地和中国现代化进程》，齐鲁书社，2005 年，第五章第一节；《近代通商口岸城市发展的历史脉络——以“北洋三口”为中心》，许檀撰。

以前的有限的国内市场，扩大到广阔的国外市场，市场扩大了，贸易量自然翻倍增长。中国和各国的经济发展史告诉我们，以港兴商、商贸兴市，是沿海城市成功的发展道路。近代进出口贸易的发展，为北方沿海城市走以港兴市、商贸兴市的发展道路，提供了良好的基础。

我国近代口岸城市中的租界，采用欧美资本主义的管理方式，且有着较好的法治和相对安定的社会环境，在所在的城市往往成为现代化的一个窗口。北方口岸的租界同样如此。以天津的租界为例，1883年租界区已成了天津的贸易、航运中心，1895 年以后租界面积是县城的 3 倍，天津的贸易、航运、工业、金融无不云集于此，实际上是天津真正的经济中心。①按照西方的生活要求和科学规划建设起来的新式马路、城市垃圾处理系统、煤气、电灯、电话、自来水、公共交通这些以前没有的新鲜事物，都率先出现在租界。

天津、营口、烟台三个最早开埠的沿海口岸，在开埠前已有一定的沿海贸易，城市发展具有一定基础。但是，这些口岸获得比较快的发展，形成崭新的城市面貌，却都是在开埠以后。后来开埠的沿海口岸大连、青岛，原先只是人口不多的渔乡或农村，之所以成长为北方主要的贸易城市和工商业中心之一，除了优良的地理区位和深水条件之外，基本上是开埠以后飞速发展所致。

沿海口岸城市在贸易上的重要性，不仅仅体现在对外贸易上，还体现在国内贸易上。

自元代定鼎北京之后，连接首都和南方的大运河便成为朝廷经济上的生命线，居于五川交会的天津成为北方的河运中心和首都的门户。清末海运兴起，居河海之交的天津又成为北方最大港口和进出口贸易的中心。近代开埠以前，营口通过辽河航运连接辽河平原和内蒙古东部，为东北最大的港口和重要的商业城市。开埠以后，天津仍然保持其在北方交通和贸易中的优势地位，营口地位下降，而原先地位一般的烟台，甚至没有任何地位的大连和青岛，成长为东北或山东的

① 费成康：《中国租界史》，上海社会科学院出版社，1991 年，第八章第二节“天津租界”。

重要交通中心和贸易中心。各地的出口商品通过这些口岸运达全国和各国，而进口商品则经这些港口运到北方的广大地区。表 1.2、表 1.3 中的进出口贸易，其实相当一部分是运往中国沿海沿江各城市的国内贸易。

沿海口岸城市不仅是北方进出口贸易最发达的地带，也是北方近代工业最为集中的地带。

据表 1.5，1933 年列入中国民族工业最发达的 12 个城市（不包括东北和台湾），北方有天津、青岛、北京、西安等 4 个城市；而在此四个城市中，通商口岸城市天津和青岛合计占了全部工厂数的 52%、工人数的 70%、资本额的 76%，占生产净值的比重更高达 88%。无论工厂数、工人数、资本额还是生产净值，都是天津第一。北京虽然工厂数和工人数超过青岛，但资本数和生产净值均不如青岛。深居内陆的西安的各项数据更远远少于沿海的三个城市，尤其是口岸城市天津和青岛。

表 1.5　北方主要工业城市的民族工业状况

	1933 年民族工业				1947 年民族制造业		
	工厂数（个）	工人数（人）	资本数（千元）	生产净值（千元）	工厂数（个）	合于工厂法者*（个）	职工数（人）
天津	1 224	34 769	24 201	74 501	1 211	215	8 076
北京	1 171	17 928	13 029	14 181	272	49	2 141
青岛	140	9 457	17 650	27 098	185	96	2 740
西安	100	1 505	161	413	69	24	1 177
沈阳					275	117	4 371
兰州					39	17	575
合计	2 635	63 659	55 041	116 192	2 051	518	19 080

资料来源：1933 年数据根据严中平等编，《中国近代经济史统计资料选辑》，表 8“上海等十二个城市的工业”；1947 年数据根据经济部全国经济调查委员会《全国主要都市工业调查初步报告》，1948 年。按《中国近代经济史统计资料选辑》上表也收入《全国主要都市工业调查初步报告》中的数据，但未注明此只是制造业。

* 当时的《工厂法》规定，凡使用动力且工人在 30 名以上者，为符合该法规定的工厂。

1947 年的民族制造业已包括东北和台湾，列表的城市包括通商口岸城市天津、沈阳、青岛，未开埠的北京、西安和兰州，天津、青岛两个沿海通商口岸城市占了全部工厂数的 68%、合于工厂法的工厂数的 60%、职工人数的 57%，如加上内地口岸沈阳，则口岸城市在以上三项指标中所占的比重，分别达到 82%、83% 和 80%。北京虽然工厂数在各城市中居第三位，但合于工厂法的工厂数量和职工人数，却只居第四位，均不如天津、沈阳和青岛，只高于内地城市西安和兰州。民族工业固然只是工业中的一部分，但民族工业如此，外国投资的工业更是如此，外国资本首先并主要投资于中国沿海口岸，早已是学术界公认的事实。

国内外贸易的繁荣，工业的集中，必然促使大量的农村人口向口岸迁移，促进口岸城市的迅速成长。据表1.6，1933－1936年北方人口规模在100万－200万的两个大城市北平和天津，一个是前朝旧都，一个是北方最大的开埠城市；50万－100万的两个大城市青岛和沈阳均是口岸城市，其中青岛是沿海口岸城市；20万－50万的7个城市中，3个是口岸城市，其中1个是沿海口岸城市；10万－20万的16个城市中，10个是口岸城市，其中6个是沿海口岸城市；5万－10万的18个城市中，9个是口岸城市，其中1个是沿海口岸城市。显然“市”这种民国时期才兴起的城市型政区，主要是建立在口岸城市发展的基础上，而沿海口岸城市又是其中最重要的一部分。[①]至于非口岸城市，除了北京由于是前朝首都和北洋政府的中心而保持较多的人口之外，一般规模较小，而且大多由于历史基础尤其是担任省会和交通中心才保有自己的地位。

表1.6　北方市的人口等级规模（1933－1936年）

人口规模（万）	数量	市的名称
100－200	2	北平、天津
50－100	2	青岛、沈阳
20－50	7	大连、济南、哈尔滨、保定、开封、长春、周口
10－20	16	徐州、威海、济宁、烟台、太原、西安、汉中、兰州、安东、营口、旅顺、锦州、抚顺、吉林、张家口、西宁
5－10	18	亳州、阜城、唐山、山海关、潍坊、周村、石家庄、郑州、洛阳、安阳、许昌、大同、辽阳、迪化、银川、齐齐哈尔、归绥、包头

资料来源：沈汝生，《中国都市之分布》，载《地理学报》第4卷第1期，1937年。

① 参见吴松弟：《市的兴起与近代中国区域经济的不平衡发展》，载《云南大学学报》，2006年第5期。

在传统经济时代，首都、省会、府城、州城乃至县城等不同等级的行政中心，形成一个个规模等级大致与其行政等级相等的大小城市。它们之所以能够担任不同的行政中心，成为规模不等的城市，主要是由于地理位置上居于不同区域的中心或交通枢纽，便于控制行政区域内的各地，为了满足麕集于此的大量的消费人口的需要，而发展为工商业中心；此外，很多城市因位于农业发达的平原或河谷，自身也具有一定的经济基础。沿海通商口岸由于靠近海岸线而离以前主要的陆路交通有一定的距离，它们大多不是省会，有的甚至在自身所在的府州内也只是一般的县份，而不是府城或州城。近代，通商口岸率先发展为多功能多产业的综合性经济城市，经济地位超过原先承担区域政治、经济双重中心角色的城市，于是便发生了区域经济中心从原先的行政中心所在城市转移到口岸城市的现象。

上述这种现象，同样出现在北方地区。

近代以前，青岛只是山东省人烟稀疏的渔村，毫无经济地位。开埠以后城市获得迅速发展，不仅成为山东人口规模首屈一指的通都大邑，更成为省内乃至北方的重要经济中心，地位超过省会济南。

大连的状况与青岛相同，开埠前也只是规模不大的村庄，开埠以后城市迅速发展，不仅超越了原先的营口，成为东北的主要港口，而且发展为东北最重要的经济中心之一。

天津在开埠以前因是北方的重要交通中心已具一定的城市规模，但其规模和地位无法与邻近城市北京相比，北京不仅是中国的首都，也是北方的经济中心、最大的城市。开埠以后天津迅速发展，20 世纪以后发展为北方最大的经济中心，天津在人口规模上也赶上了北京。

在一些省份，经济中心的转移并未带来行政中心的转移，于是便出现新兴的经济中心城市和传统的政治中心城市双峰并峙的现象，如山东的青岛与济南。有的经济中心城市，虽然未能成为省会，却由于城市规模和重要性而成为直辖于中央的特别市或院辖市。民国时期北方的城市先后有北平、青岛、天津、大连、沈阳等 5 个城市成为特别市或院辖市，除北平因前朝旧都和北洋政府所在地而继续保持城市规模和繁荣，沈阳因长期担任辽宁省会并是东北南部的交通枢纽和工业中心而跻身直辖市行列之外，青岛、天津、大连三个城市原先都是非省会城市。

二、沿海口岸城市对北方广大地区的经济辐射

由于中国最初的现代化因素不是自身产生，而是西方资本主义输入的，通商口岸便在中国现代化的初期扮演了重要的角色。它既是中国联系世界、世界进入中国的门户，更是展示现代化的政治、经济、文化和城市风貌的窗口，中国人建设自己现代化家园的样本。对于广大的内地而言，口岸城市由于较早形成新兴的生产力，而且长期以来是中国经济文化最为发达、生活水平最高的地方，对于广大的内陆地区具有强烈的辐射作用。在北方，天津、济南、青岛、沈阳、大连这些城市，本身就是较大区域的交通中心和经济中心，在政治、文化方面也有巨大的影响力。这些口岸城市的成长、壮大，不仅带动了所在区域的发展，还通过各种交通路线和市场网络，将影响送达自己的腹地，并与自沿边口岸进入的现代化影响相汇合，共同推动现代化因素的发育和成长，导致整个北方的经济发生重大变迁。各个口岸城市几乎都是空间范围不等的不同地区现代化的领头羊，是探讨近代北方经济变迁首先值得关注的地方。主要在沿海口岸城市的带动下，不仅北方沿海地带开始了早期现代化的进程，广大的内陆地区甚至还有边关的省份，也同样开始了这一进程，发生了不可忽视的变迁。

近代以来，主要通过沿海的通商口岸，北方的出口物资输送世界各国，外国的进口物资输入北方，北方的各个地区都不同程度地纳入了世界经济体系。西部的新疆、青海、甘肃是北方距海最远、最为偏僻的地区，然而，最迟在1876年，甘肃、青海的中药材大黄已通过天津出口国外，皮张、羊毛、羊肠、骨头等畜产品自天津出口的数量也在逐年增多。①到了20世纪20年代，内蒙、甘肃、新疆等地区毛类产量的68.9%、乳类产量的44.14%、皮类产量的35.73%，都已出口到国

① 参见樊如森：《西北近代经济外向化中的天津因素》，《复旦大学学报》，2001年第6期。

外和本国的沿海市场。[①]既然最为偏远的新疆、青海、甘肃的广大地区都通过口岸与世界市场发生联系，可以推测北方的绝大部分地区自不例外。

近代工厂的建立是现代化的一个主要内容，1895 年中日甲午战争结束以后，我国民族工业得到初步发展。兴办工厂之风不仅吹到沿海各省，也吹到偏远的陕西、甘肃等西北各省。1893 年（光绪二十九年），陕西省内民族资本兴办的工厂已有 216 家，1912 年（民国元年）增加到 364 家。当年甘肃也有工厂 106 家，西北各省只有新疆没有。[②]表 1.4 所列的北方 6 个主要工业城市，西安、兰州均位于偏僻的内地，而且都不是口岸。尽管这些城市的工业水平和规模远不能与沿海地带的城市相比，毕竟表明近代民族工业已在这些城市兴起。

城市化是考察现代化水平的另一个标杆。表 1.5 所列的人口 100 万 −200 万以及人口 50 万 −100 万的城市，固然都位于沿海省份，但人口 20 万 −50 万的 7 个城市中已有 2 个是内地省份的城市即河南的开封与周口；在 10 万 −20 万人口的 16 个城市和 5 万 −10 万人口的 18 个城市中，分别有 7 个与 10 个属于内地省份，其中的西安、兰州、西宁、乌鲁木齐、银川等城市都位于西部。尽管这些城市的规模较小，但考虑到民国时期政府对某地是否可以设市，在城市人口与工商业发展程度这两个方面都有标准[③]，这些设市的城市显然已不同于近代以前的单纯的政治中心或交通中心。

港口—腹地影响北方现代化进程和各区域经济发展的表现颇多，各区域经济联系倾向沿海口岸城市，是首先值得注意的重大变化。

近代，各区域的经济联系除了仍然倾向于原先的传统政治中心之外，已主要倾向于沿海口岸城市和内地那些在沿海—内地贸易路

---

① 参见林满红：《口岸贸易与近代中国——台湾最近有关研究之回顾》，载“中央研究院”近代史研究所编：《近代中国区域史研究会论文集》，下册，1986 年。

② 黄炎培：《民国元年工商统计概要》，上海商务印书馆，民国三年。

③ 参见吴松弟：《市的兴起与近代中国区域经济的不平衡发展》，载《云南大学学报》，2006 年第 5 期。

线上担任转运中心的城市。由于上述城市在国内外贸易、工商业经济的重要性以及可观的城市人口规模，甚至近代的重大交通建设，也往往以沿海口岸为起点，或者与通往这些城市的道路相连接。铁路运输以其量大快捷成为近代经济变迁的重要方面，而中国近代的铁道主要分布在东部，直到今天还没有重大的改观。如果说港口分布在东部沿海是自然条件使然的话，我国铁路以东部为发达，除了东部平原广布、人口密集、经济发达这些历史原因之外，以港口城市为指向，将港口城市和其腹地连接起来，无疑是决定铁道建设的主要因素。只要分析当时的中国铁路分布图，便可以看出，无论是东西向还是南北向的铁路，必有一端通向某个沿海或沿江的城市。地理学家张其昀对此评论道："吾国铁道，大抵偏于东北而略于西南，注重沿海而忽于腹地，贪图目前近利之支线，而不顾经营远略之干线。"①

我国公路网以沿海地带最为稠密，其余地区的稠密度往往和其与口岸城市的距离成负相关关系，也是基于同样的原因。河道数量与通航条件是航运发展的基础，我国便于通航的河流基本上在东部而不在西部，更决定了近代新兴的轮船航运只能主要分布在东部，其次是中部，西部极少。

北方的东北和华北是我国铁路网较为稠密的区域，这两个区域铁路网的分布同样具有指向港口的特点。据图 1.3 所示，20 世纪 20 年代末东北的铁路网，实际以中东铁路和南满铁路为骨干。中东铁路东端是今俄罗斯的港口城市海参崴，西端是沿边口岸满洲里。当俄国修建中东铁路时东北北部是俄国的势力范围，东北北部丰富的农产品可以经中东铁路运到海参崴出海，或经西伯利亚铁路西行。南满铁路以大连为起点，东北南部的丰富物资经大连出口外运。华北铁路的起点：一是天津（大沽属天津），二是青岛，三是连云港（海州属连云港），都是沿海口岸城市。而且，凡各条东西向铁路的修建，无不首先开始于沿海口岸地带，再向西、向北延伸。

① 张其昀：《中国经济地理》，商务印书馆，1930 年，第 99 页。

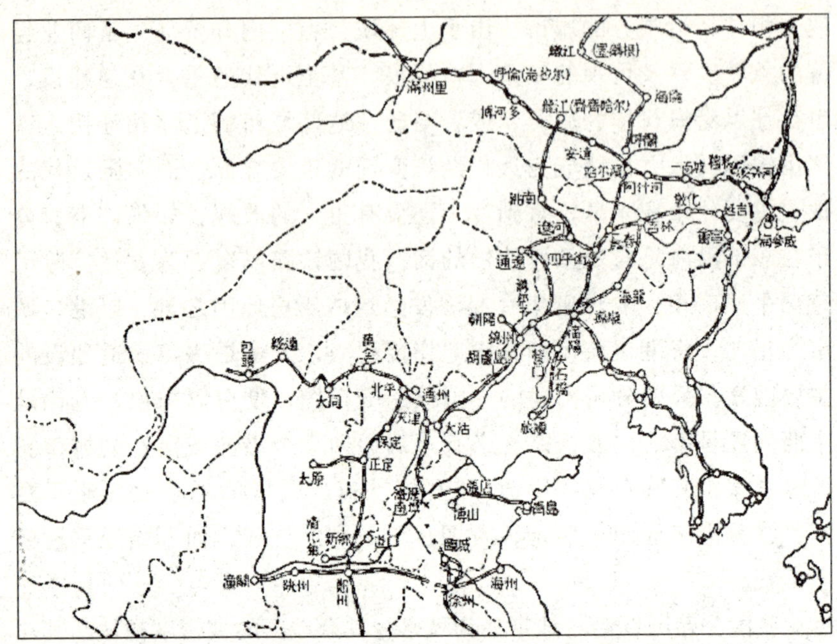

图 1.3　20 世纪 20 年代末之中国北方铁路分布图

资料来源：引自张其昀《中国经济地理》，商务印书馆，1930 年，附图 13。

由于港口城市地带已成为新兴生产力首先发展的地区，港口—腹地成为近代区域经济联系的主要表现，位于或者靠近口岸的地区往往能得到较早较快的发展。即使内陆城市，只要位于港口—腹地的交通和商业网络的重要节点上，发展速度也比内陆的其他城市快一些。济南位于我国南北交通和山东省东西交通的联结点，是口岸城市烟台、青岛连接内地的重要节点和中级市场的所在地，济南在近代的发展显然与此有关。①甚至远离沿海沿江的西部地区也不例外。包头“本萨拉齐一市镇”，由于位于西北和天津之间的货运枢纽，贸易兴盛。随着天津进出口贸易的发展和京包铁路的通车，包头作为陕、甘、新、内外蒙古的皮张、羊毛的转运中心得到了长足的发展。1926 年设县，1938 年设市，“其繁荣之程度，已驾于归绥（今呼和浩特）

① 参见吴松弟主编：《中国百年经济拼图——港口城市及其腹地与中国现代化》，第七章，陈为忠撰写，第 263－264 页。

而上之，俨然内蒙第一市场也”。①

近代经济区的形成是港口—腹地影响北方现代化空间进程的另一个表现。经济区是在一定空间范围内，经济活动相互关联的客观存在的空间组织。它以某个城市或城市群作为经济中心，经济中心对经济区内的其他地方产生辐射作用，又依托次一级的经济中心把各地区连成一体，并通过各种交通、通信和商业系统构成复杂的经济网络，经济区内各地的经济活动有一定的相互联系和相互依赖。经济区是近代资本主义经济发展的产物。近代以来，北方广袤的空间，除了少数可以通过沿边口岸发展对外贸易的区域以外，几乎都成为天津、营口、大连、烟台、青岛等沿海口岸城市的腹地。这种沿海口岸城市与其他地区的人员和贸易往来、资金流动、技术和信息传播，成为北方各区域经济联系的主要形式。估计到 20 世纪初，以天津、大连—沈阳、青岛等沿海主要口岸城市或城市群为中心，以它们的腹地为空间范围，以港口城市与其腹地通过主要交通道路保持密切联系的经济区，实际上已经形成。

总之，沿海口岸城市对其辐射区域的经济影响的规模，远远超过古代行政中心城市与区域的经济关系，在性质上也有着极大的不同。在这种新型的城市—区域关系中，城市是相对主动、占有优势的一方，但区域也不是完全被动地接受城市的辐射，也会对城市产生不可忽视的影响。此外，各区域的现代化的快慢与经济变迁的程度，还受到自身的自然条件、历史基础，以及与沿海口岸城市或沿边口岸的空间距离的影响。

三、制约经济变迁的腹地因素

我国是一个历史悠久的文明古国，我国的现代化建立在高度发达的传统文明的基础之上，特定的地理环境和历史传统决定了各区域现代化进程的快慢和特色。北方各区域的现代化进程，同样受到地理环境和历史传统的制约，具体地说，主要受到各区域和港口城市之间的

① 世界舆地学社编纂并出版：《中华最新形势图》，“绥远省 · 地方志 · 包头市”，1937 年，第 79 页。

空间距离、交通条件，以及区域内部的地理条件、历史状况等方面的制约。

如上所述，沿海口岸城市是中国连接世界的枢纽、中国现代化最早最大的基地和辐射源，而港口—腹地已成为区域经济联系的主要表现。在这种情况下，各区域与口岸地区的空间距离和交通的通畅程度，便成为影响区域经济和现代化进展的关键因素。在大致相同的地理条件和历史基础的前提下，各区域经济发展速度和现代化进程的快慢，几乎主要取决于与口岸城市的距离和交通的通畅程度。以北方而言，河北、辽宁、山东等东部沿海地区可以通过口岸城市就近沟通国内外主要市场，市场经济和现代化较早得到了发展。而对缺少沿海口岸的中西部地区来说，远离东部沿海就是远离国内外大市场和现代化的发源地，发展区域经济和现代化的困难远远大于东部沿海。而且，这种困难往往随着空间距离的加长而变大。如果加上恶劣的交通条件，发展区域经济和现代化的困难将更加增多。

西北长期发展缓慢就是一个证明。如上所述，西北沿边口岸在中国的进出口总额中只占极小的比例，贸易额之小和沿边空间之广大不成比例。尽管离沿海口岸相当遥远，但西北的大部分地区仍主要通过天津进出口，这些地区处于天津广大腹地的边缘位置，自然不利于现代经济的成长。不幸的是，西北的铁道和公路的建设非常滞后，又缺少可以通航的河流，对外交通极其不便。距离天津口岸的遥远和交通的不便，使西北货物的运输成本大大增加，对市场反应的灵敏度下降，并使得那些落后的妨碍现代化的因素减少的速度和新的思想观念形成和普及的速度，都要缓慢于其他地区。西北的经济发展和现代化落后于中部，而中部的经济发展和现代化又相对落后于东部，主要出于上述原因。

人类居住在特定的地理空间，地理条件如同地理位置，也是制约各区域经济文化发展的重要因素。北方地域辽阔，各地的自然地理状况有着较大的差别。在自然地理区划上，可以分为华北、西北、东北和蒙古四大区域。就地表而言，平原和低地主要分布在华北东部和东北的南部与中部，华北西部和西北东部属地表千沟万壑的黄土高原，西北西部沙漠广布，蒙古高原地势坦荡，而几大地形区的边缘则环以高山。就气候而言，华北、东北属于暖温带，西北属于暖温带和温带，东北、蒙古多属于温带，而青海的高原部分则又属于独特的高寒气候。纬度的差异导致生长期的长短，降水量自东南向西北递减，又导致冷湿性森林、森林草原、半湿润、半干旱、干草原、荒漠草原、荒漠几种景观的交替出现。

受自然地理条件的影响，我国北方无论是发展农业还是发展工商业，自古都以华北平原和东北平原条件最优，而地理环境的差别又造成历史时期经济生活的差异。首先是历史上主要以今天的长城为界线的汉族地区和非汉族地区的差异，汉族地区自然条件较好，经济以农为主，经济文化水平相对较高，非汉族地区自然条件较差，经济以畜牧业或狩猎业为主，经济文化水平相对落后一些。其次是华北与东北的区别。华北是我国古代经济文化较早发达的地区，首都长期建在此，以后因受战争、生态环境变迁等方面的不利影响经济发展速度慢于南方，但仍是北方经济水平最高、人口密度最大的区域，经济总量和经济水平远远超过西北、东北和内外蒙古。东北有着广袤的平原和原始森林，因冬季气温较低农业开发较晚，历史上除了辽河流域农业曾有所开发之外，其余地区长期处于地广人稀状态。当 1840 年鸦片战争的炮火轰响时，上述区域差别明显存在着，成为各区域现代化的历史基础。

近代社会不同于前近代社会，工商业经济日益重要。工商业经济对从业者的素质要求不同于农业，必须具备一定的市场经济意识和职业性的技艺，而这一点又受制于当地工商业的发展水平和历史基础。明代方志记载陕西同官县（县城在今铜川市北面）："同民专务稼穑，不事纺织，不习商贾，民少生业，故贫。"[①]同官的事例，说明了专务稼穑、不事工商与百姓贫穷的关系，在这种地方，民众的市场经济意识和从事工商的技艺必定落后。此外，区域工商业水平的高低，还受到市镇发育水平的限制。由于距离的原因，在古代交通落后的情况下，农民自村庄前往县城贸易，往往难于当天返回，更不用提前往府州城了。在这种情况下，界于村庄和县城之间的市镇，就成为县城与

---

① 万历《同官县志》，卷一"风俗"。

村庄的连接点，在县城与村庄间起着桥梁的作用。凡是市镇发达的区域，农村的商品经济势必要发达一些，农民的商品意识也必然要强一些，近代乃至当代县域经济和民营经济发达的地区，大多集中在明清以来市镇密集、市镇经济繁荣的区域，即是一个证明。

鸦片战争以前，北方的工商业以华北沿海省份水平最高，工商业在经济中的重要性也大体如此。例如，棉纺织业是清前期北方最重要的手工业部门，然而，“棉织业多发展于滨海的省份，向西去发展就相当有限了，这是与当时整个经济情况和自然条件等都有关系的”。[①]华北沿海省份市镇的数量和分布密度，固然大大少于和小于南方的长江三角洲和珠江三角洲，今天的大部分市镇都是近代以后才兴起的。[②]即使这样，华北沿海的市镇规模和密度仍然远远超过北方的其他区域，明清时期河北、山东运河沿线市镇的繁荣，证明了这一点。

与华北沿海相比，西北省份在工商业经济和市镇经济方面要落后得多。明清时期关中手工业落后，人们不重视手工业，没有认识到手工业在经济中的地位和作用，不但一般人不习工艺，即使大商人也不愿意投资经营。在商业方面，明代关中成为闭塞之区，清代有了较大的发展，但仍属于不发达地区。[③]新疆与甘肃境内黄河以西的地区，工商业发展水平更低，直到清末经济规模和水平仍十分落后，手工业和商业多集中于一些较大的城市，工商业市镇非常少，手工业生产的门类比较单一，不少地方与外界没有贸易关系。[④]陈桦在分析清朝的区域经济差异时，已注意到由于先进地区和落后地区间存在着巨大的差距，“商品经济由经济较发达地区向落后地区的推进，十分艰难”[⑤]。传统时代的商品经济由先进地区向落后地区的推进尚且困难，近代更为高级、更为复杂的商品经济在落后地区的推进速度必然

① 参见童书业：《中国手工业商业发展史》，齐鲁书社，1981 年，第 306 页。

② 参见丛翰香主编：《近代冀鲁豫乡村》，第二部分“市镇的勃兴”，中国社会科学出版社，1995 年。

③ 田培栋：《明清时代陕西社会经济史》，首都师范大学出版社，2000 年，第 222－223 页。

④ 陈桦：《清代区域社会经济研究》，中国人民大学出版社，1996 年，第 27 页。

⑤ 陈桦：《清代区域社会经济研究》，中国人民大学出版社，1996 年，第 18 页。

要慢于先进地区，从而导致落后地区的自然经济的分解远不如先进地区深刻，现代化进程要缓慢得多。

投资驱动下的资金流动是区域经济发展的一个重要前提，各地区原先的经济基础的差异往往也会影响投资者的资金投放。况浩林的研究表明，外国列强在我国少数民族地区的经济活动便不同于在其他地区，具体表现在：对外贸易量不大，直接投资少，而直接投资中又较多集中在商业与金融业，工业投资又主要是矿山的投资。由于这些特点，不可避免地使通过输出商品、掠夺原料以及投资兴办工业等方式导致的对少数民族地区的自然经济的分解，远不如内地那样深刻，从而也必然影响到少数民族地区的资本主义工业，特别是加工业的发展，促使近代中国社会经济发展的不平衡进一步加剧。①在北方的少数民族分布区域，除了俄罗斯和日本为了自己的经济利益大肆投资于矿山、铁道各部门的东北之外，其余地区，大多具有况浩林所说的特点。以青海为例，除了卷入进出口贸易之外，近代外国资本在青海几乎没有什么实质性的投资。②宁夏同样如此，外国资本也只投放于进出口贸易，当地近代工业和近代交通方面的有限的投资主要来自官僚资本，军政官员利用政治权力兴办的企业占了主导地位。抗战以前，宁夏的近代工业寥若晨星，甚至旧式的手工业也很不景气，基本上保持着古老的农牧结合的自然经济生产方式。抗战以后各项工矿事业有了较大的起步，但总体上仍处于手工劳动的阶段，机器生产仍然很少。③

1840年以后我国各地区的现代化过程，既是先进生产力不断壮大的过程，也是旧有的落后生产力逐渐消亡的过程，新旧生产力、新生事物和传统力量的矛盾、冲突贯穿于整个过程。而且，影响现代化的因素，不仅体现在经济上，也体现在思想上、文化上和政治上。各

---

① 况浩林：《中国近代少数民族经济史稿》，第二编第一章第四节，民族出版社，1992年。

② 参见青海省志编纂委员会编：《青海历史纪要》，青海人民出版社，1987年，第71－200节。

③ 参见《宁夏通史·近现代卷》，第二章“19世纪70－90年代的宁夏社会”，宁夏人民出版社，1993年。

个区域现代化进程的快慢、难易，现代化过程中展示的区域特点，无不是新旧两种力量较量的结果。就各区域的一般情况来看，凡是地理位置不闭塞、原先商品经济比较发达、交通比较方便，而且位于或比较接近沿海的地区，现代化因素的成长就容易一些，发育程度就要高一些，反之成长就要艰难一些、发育程度就要低一些。受上述因素的影响，北方各区域的现代化进程和经济变迁的速度与程度，必然会有较大的不同。而腹地现代化和经济变迁的速度，势必又影响口岸城市的现代化和经济变迁的速度。

上述影响区域现代化的因素分析，是就最一般情况而言，政治制度、政府作用、法制、文化，也是不可忽视的因素。此外，影响区域现代化的因素在不同时期、不同地区的作用程度、表现形式也有所不同，需要进行实事求是的分析。

研究近代经济的学者们，无不注意到港口城市对区域经济的重要性，但较少注意腹地对港口城市的经济互动问题。其实，腹地并非只是被动接受港口城市的经济辐射，它对港口城市的发展也具有重要意义。没有腹地，就没有港口城市，腹地是港口城市发展的基础，港口城市只是港口和腹地共同存在的区域中最为光辉夺目的一座城市罢了。

港口城市因港而兴，而港口的繁荣取决于在此输出入的货物和旅客的多少，货物和旅客的多少又主要取决于港口的腹地的状况。如果腹地的幅员比较辽阔，人口较多，经济发达，并且与港口城市之间有着比较方便的交通道路，腹地就能够为港口提供比较多的出口物资，消费比较多的进口物资，这一港口就可能由于有较大的货物吞吐量而跻入大港的行列，否则就不可能成为大港。因此，腹地是港口赖以存在和发展的基础，是决定港口能否兴盛的关键。

近代北方港口众多，但长期以来执北方港口之牛耳，进出口总值远远超过同时期的其他北方港口者，是天津。[①]天津港以北方最大的工商业城市天津市为依托，以中国第二大河黄河所在的流域以及内外

① 参见樊如森：《天津与北方经济现代化（1860－1937）》，第二章表2.10、表2.11，东方出版中心，2007年。

蒙古等地区为自己的腹地，腹地的范围远远超过北方的其他港口。20世纪以来，大连港发展为北方第二大港[①]。大连港的发展，显然是东北经济开发迅速进展，通往大连的铁道使东北大部分地方成为大连港腹地的结果。

评价港口的腹地状况，不能只看腹地的范围，还要看腹地的人口数量和商品经济规模。没有一定的空间范围，腹地的人口数量和经济能力只能保持在较小的水平，而没有一定规模的商品生产和消费水平，也难以给港口提供大量的出口物资、消纳足够数量的进口物资。连云港是北方东南翼的重要港口，1934 年横贯东西并与京广、京沪铁路相交的陇海铁路修到连云港，连云港开始发展为北方的一个贸易港。陇海铁路的西端于 1936 年修到甘肃天水，1953 年修到兰州。然而，与北方的其他港口相比，长期以来连云港贸易量的提高始终相当缓慢，与北方的重要港口相差悬殊。作为连云港腹地的西北地区的商品经济不甚发达，连云港城市及其所在的苏北鲁南地区商品经济也不发达，都不能提供太多的出口物资，无法消费太多的进口物资，应是最主要的原因。港口是港口城市发展的基础，同样的一块腹地，不仅决定了港口的规模，也决定了港口城市的规模。

由于城市的工业生产需要水源、能源、原料，生产出来的产品需要市场，城市商业需要货源，经城市过境输往第三地的外地商品需要市场，腹地不仅制约着城市的规模和地位，也对城市的工业和商业结构产生重要影响。近代北方各港口城市的进出口商品结构发生过多次变化，城市工业结构和商业也一再发生变化，腹地工农业生产的变迁和外向型经济的兴起是一个重要原因。

以上所说，是对腹地制约港口规模和港口城市经济的最一般、最简单的表述，无论就近代的情况还是就当代的情况来看，就像港口城市对腹地的经济辐射有着极为复杂的表现形式一样，腹地对港口城市的制约也有着极其复杂的表现形式。港口城市和腹地之间的这种辐射和制约，便构成两者的经济互动，形成丰富多彩的活动内容，深刻地

---

① 参见樊如森：《天津与北方经济现代化（1860 -1937）》，第二章表 2.11，东方出版中心，2007 年。

影响着城市和腹地两者的经济发展和社会变迁。北方各个区域的现代化进程，就在这种港口城市和腹地的互动关系中，曲曲折折、一步一步地深入。

第三节　本书研究简介

以上两节，简要论述了北方在开埠之后的现代化和社会经济变迁的空间进程，着重突出学术界以往注意不够的北方现代化主要自沿海口岸城市开始，渐次往各口岸城市的腹地推进的趋势，已涉及制约北方现代化进程和经济变迁的外来因素、口岸城市因素、交通因素和腹地的因素。上述论述，为本书各部分内容的展开，提供了时代背景和区域经济变迁的基本脉络，并涉及沿海港口城市在北方进出口贸易和经济变迁中的重要性。本节将对本书的研究宗旨、理论基础和研究方法略予介绍。

一、研究内容与宗旨

本书的研究内容，是从历史经济地理的角度出发，论述天津、烟台、青岛、连云港、营口、大连、安东等北方沿海主要港口城市，在开埠以后的进出口贸易的发展过程、腹地范围、港口与腹地之间的交通联系和商业网络，双方主要通过物流体现的经济上的互动，以及这种互动关系对北方各地经济变迁的重大影响。研究时间是从北方港口城市开始开埠的19世纪60年代，到实行计划经济前的20世纪50年代。

“港口”、“腹地”、“双向经济互动”是本书立论的几个基本概念，在文中也会经常涉及，对此以及其他几个因素，需要首先予以界定。

我国北方沿海有着众多的港口城市，如表1.1和图1.2所示，近代对外开放的沿海港口城市，包括安东、大东沟、大连、营口、锦县、葫芦岛、秦皇岛、天津、龙口、芝罘、威海卫、青岛、连云港，已达13个之多。这些港口中，最重要的是天津、营口、大连、青岛、烟台5个，本书将着重论述这5个港口城市开埠以来的贸易发展状况及其腹地关系，以及引起的区域经济变迁，其他的港口城市则依其重要性在分区域论述时予以程度不同的论述。

“腹地”是近年来政府和学术界使用较多的一个概念，但各人使用的“腹地”的概念有着较大的区别。按照地理学的解释和我们从港口贸易入手研究的需要以及历史文献反映的事实，腹地指位于港口城市背后的港口吞吐货物和旅客集散所及的地区范围，在通常情况下，这一范围内的客货经由该港进出在运输上比较经济与便捷。在这里，“位于港口城市背后”和“客货经由该港进出在运输上比较经济合理”，是必须具备的两个前提条件。因此，并非任何一个与港口发生客货联系的地区都可以称为腹地。例如，山西的煤炭可以南下经铁路运到武汉，再经长江运到上海，也可以通过铁路运往天津，再从天津运上海。山西位于天津而不是上海的背后，从山西经天津入海比经武汉转上海要方便得多。因此，如果天津和上海两大港口都开为通商口岸，山西属于天津的腹地，而不是上海的腹地。

以上的这种“腹地”的概念，乃针对大陆港口而言，并非适用于陆地面积有限的岛屿上的港口。现代地理学者在研究港口贸易时，还提出港口的“海向腹地”（foreland）这一概念，指通过海运船舶与港口相连接的国家或地区，用以弥补原先的“腹地”只指港口的背后地的不足，并将只指港口的背后地的“腹地”称为港口的陆向腹地（hinterland）。“陆向腹地”和“海向腹地”共同构成了港口的国内、国际两大市场范围，对港口城市及其区域的经济发展均具有重要意义。然而，本书既以北方港口及其对自己的背后地的影响为考察内容，所说的“腹地”只能是“陆向腹地”而不是“海向腹地”。港口城市的对内联系范围与海港的腹地范围空间上十分接近①。因此，港口的腹地范围，几乎可以视为港口所在的城市的腹地范围，而对港口进出口货流国内流向的探讨，显然是探讨港口所在城市的腹地范围的基本途径。

腹地既是一片陆地相连的区域，必然会有自己的边界。然而，人文地理学的普遍规律告诉我们，除非有高大的山脉阻碍两侧的气流、

① 周一星、杨家文：《90 年代我国区际货流联系的变动趋势》，载《中国软科学》，2001 年第 6 期。

物资、人员的流通和交换，导致山脉两侧的人文地理景观的巨大差异，边界两侧人文现象的差异都不是一刀切、泾渭分明的，而是具有一定的过渡性，即在某一区域占主导地位的某种人文现象，在边线以外的另一个区域也有存在，只不过这种现象在该区域不占主导地位，并随着离开边线的距离的加大而不断减少乃至消失罢了。腹地同样如此，各块腹地的边缘部分除了和所属的港口发生客货联系之外，也和其他港口发生同样的联系，尽管在客货总量中所占的比重不及前者。对于这类地区，主要依据货物占优势的流向而决定它的归属。例如，山西省的对外贸易货物主要经天津进出，尽管仍有部分货物经上海青岛出口，由于占优势的流向是到天津，只能将山西省视为天津港的腹地。

通往腹地的交通道路和商业网络，是港口城市与腹地保持联系的基本途径。中国地域广大，近代各港口城市通往自己腹地的交通和商业网络都极为复杂。传统的交通形式有陆路、水路之别，新式交通兴起以后铁路、公路和轮船航运的作用日益增大，但它们在各地的分布极不均衡，传统的交通形式在很长的时期内仍然得到广泛地使用。即使新式交通工具，也分不同的层次，在载客量多速度快的高层次的交通工具得到日益使用的同时，低层次的交通工具仍有众多的使用者。北方平原上川流不息的大车，辽河、黑龙江以及黄河可通航河段满载货物的帆船，西北边疆和蒙古草原的骆驼队，这些传统交通工具的长盛不衰，即是一个说明。

商业网络依附于交通网络，但又有自己的特点，层次性是明显的特点之一。例如，近代出口货物的运销网络至少由三层市场所组成，港口城市是终端市场，农村市场是初级市场，两者之间一般还存在着由城镇构成的中级市场。中级市场位于港口和腹地间交通网络的重要结点，它既通过主要的交通道路连接着以港口城市为终端的整个市场网络，又通过次要的交通道路联系着以它为终端的次一级的市场网络。没有这样的中级市场，就没有港口和其腹地的紧密联系，当然也没有终端市场和初级市场的繁荣。港口城市是腹地对外贸易的枢纽，但由于腹地的广大，远离内地的港口城市很难担任腹地内部贸易，以及对其他港口的腹地地区的陆路贸易的枢纽，后一个枢纽仍需要一些位居交通要道的内陆城市，例如山东的济南、内蒙的包头这样重要的中级市场来承担。因此，类似的中级市场既是港口连接腹地的重要节点，又是腹地区域贸易的中心，在港口—腹地系统和区域经济中都占有重要的地位。

“双向经济互动”，指的是港口城市与腹地之间，在经济发展过程中所形成的互相依赖、互相作用的过程。港口城市是其腹地连接国际市场和国内沿海市场的枢纽、区域现代化的窗口和近代经济变迁的原动力，而腹地范围的大小、人口数量、商品经济的规模，以及近代经济的成长速度和发育程度，又影响着港口城市的贸易、经济、人口、文化诸方面的发展。因此，除了看到港口城市对其腹地的巨大推动作用之外，同样要看到腹地对港口城市经济的巨大影响。正是这种港口城市的推动作用和港口—腹地之间的双向互动，使港口城市和其腹地形成新型的经济区。这种经济区，以港口城市为龙头，以腹地为龙身，以交通干线为血管，在经济规律的运作下，形成紧密的经济联系，从而改变了以往的区域经济联系的模式，并为新的经济地理格局的形成奠定了基础。基于这样的原因，本书也将适当论述港口城市与其腹地之间的双向经济联系及其经济影响。

近代经济变迁的内容颇多，涉及的范围极为广泛。本书旨在通过对开埠以后的港口发展和港口—腹地关系的研究，探讨由此引起的北方经济的变迁。因此，没有必要面面俱到地论述工业、农业、商业与城市发展的各个方面，而是抓住进出口贸易这一条主线而展开论述。

近年的研究表明，进出口贸易对中国经济发展的促进效果要远远大于破坏效果。吴承明先生的研究表明，在中国32个传统的手工业行业中，鸦片战争后衰落的只有7个，继续维持的有10个，有较大发展并向机制工业过渡的则有15个，另外还产生了新兴的手工行业11个。而少数手工行业的衰落，并不全是进口洋货造成，而是中国本土新兴的机制产品竞争的结果。①

① 吴承明：《中国资本主义与国内市场》，中国社会科学出版社，1985年，第105、170－180页。

近代经济的变迁，首先从港口城市开始，而港口城市无不走以港（航运业）兴商（商业和服务业），以商兴产、兴金（金融业）的道路，受此影响，港口城市与腹地的经济变迁，也具有贸易与商业先行的特点，带动出口农业和近代工业、金融业发展。据王良行的研究，在中国近代贸易的上游关联效果方面，至少有4 000万劳动力投入丝茶等出口商品的产销工作；航运、铁路、保险、金融、公用事业等基础建设以及煤铁矿、钢铁厂、土木工程、机器制造、船舶修造等现代产业，随着对外贸易的成长有了长足的发展。在下游关联方面，金属及棉纺织品的进口固然淘汰了少部分传统工业，但也促进了农具、日用品、船舶、建材、油漆、庙宇装饰品、锡箔、包装材料、军火、机械、纺织、印染等传统或现代工业的发展或兴起；而出口商品如生丝和棉花的增产，除了促进食品加工及丝织等传统手工业的发展之外，更刺激了现代机纺工业的兴起。而且，这些关联效果的地理分布非常广泛。茶、丝、大豆、花生、油菜子、棉花、烟草、麻纤维、芝麻、甘蔗、樟脑、皮毛、羽毛、猪鬃等农牧产品的产制地区大多在通商口岸，涵盖几乎整个中国的领域。航运、铁路、金融等基础建设以及煤铁矿、钢铁厂、锡箔、包装材料和纺织等传统及现代工业的分布也相当广泛，往往深入中国内地各处。换言之，清末对外贸易所产生的关联效果，对全中国都有相当程度的影响。①

尽管经济现代化以工业化为核心，但基于中国现代工业成长经历了漫长过程、而进出口贸易对中国传统经济结构的改变有着举足轻重的作用。我们认为，近代中国经济变迁的一个不容忽视的特点，就是市场化和外向化趋势的不断加强，在各区域实现工业化之前首先起作用的就是上述两个因素，而在工业化之后这两个因素的作用更加突出。市场化在传统社会向近代社会转变中的重要作用，不仅为荷兰、英国等西方国家的经济史所证实，也正为我国经济史学者所认识，并

① 王良行：《清末对外贸易的关联效果》，载王良行著《近代中国对外贸易史论集》，台湾知书房出版社，1997年。

被研究所揭示的历史事实所证明。[①]因此，本书也将从港口—腹地的关系入手，抓住各经济部门的市场化和外向化展开论述。在这里，市场化指的是生产活动以面向市场为目的，外向化指生产不仅不是只满足生产者自己需要，也不是只满足生产者所在的狭小区域的消费需要，而是面向更广大区域，包括国际市场和中国其他区域的大市场。本书将经常提到“进出口贸易”，在近代和民国的海关管理制度中，对于特定口岸而言，只要其货物经此港口输出入，无论输出入对象是国际市场还是中国沿海沿江其他口岸的国内市场，都属于进出口贸易。

综上所述，在本书中，港口城市是一个点，腹地是一个面，交通和商业网络是口岸城市和广大腹地之间物流、人员流、资金流和信息流的通道，而进出口贸易和商业联系是港口城市与腹地之间互相联系互为作用的首先表现。本书就是研究近代北方沿海港口城市开埠以后形成的这种点（港口城市）、线（交通路线）、面（腹地）之间的空间关系，以及因之产生的近代区域经济的变迁。

二、学术源流

北方是我国领土的重要组成部分，元明清以及北洋政府时期的首都所在地，北方在近代开埠以后发生的巨大的经济变迁，不仅深深地改变了北方的面貌，也深深地影响了整个中国。因此，有关开埠以后北方的港口城市与区域经济的发展，很早便进入人们的视野，各个时期都有一些论著问世。

早期研究北方港口城市与区域的著作，大部分都是经济调查报告。设立在各开埠城市的海关，为了便于掌握贸易状况和分析影响贸易的因素，每年都编写海关贸易报告，中国海关总税务司署接到这些海关的汇报之后，将之整理并汇总出版。[②]海关贸易报告不仅全面反

---

① 参见刘佛丁、王玉茹：《中国近代的市场发育与经济增长》，“序论”，高等教育出版社，1996 年。

② 茅家琦等主编：《中国旧海关史料》，京华出版社，2001 年。共 170 巨册，集中了国内特别是南京第二历史档案馆收藏的海关贸易报告。除此之外，在国外特别是美国哈佛大学的哈佛燕京图书馆也收藏着众多的海关贸易报告。

映各口岸海关贸易的状况，也反映所在地区的经济政治变迁。为了保护本国商人的利益，西方各国在通商口岸都设立了领事馆。领事馆的领事每年向上级撰写报告，报告所在地区的情况和港口的贸易状况。其中，比较著名的英国领事的商业报告，全面记载了港口所在地当时的社会经济状况，贸易是最重要的部分。

开埠以来特别是清末新政以来，实业救国的观念逐渐深入人心，地方有识之士开始撰写有关通商口岸地区经济的文章，类似的著作和文章越往后出现越多。如《天津的经济地位》①、《青岛全书》②、《烟台要览》③、《东三省经济实况览要》④、《东北地理总论》⑤一类的著作为数不少。官修方志也改变过去的体例，开始撰写有关地方经济的内容。例如，19世纪末20世纪初，山东各县都编纂了记载地方经济发展的乡土志，省府州县志也增加了关于地方经济的叙述。同时，中国政府有关部门进行国情调查，也形成了一些有关华北与东北的调查资料的汇编，特别是《胶济铁路经济调查报告》⑥、《东三省经济调查录》⑦，均有较高的学术价值。

此外，日本帝国主义为了扩大自己在中国的侵略权益，组织熟悉中国情况的日本学者，在调查研究的基础上，于20世纪初以后陆续编写并出版了多种著作。有关这方面的著作，反映华北的，主要有《天津志》⑧、《利用す可き天津を中心こせる北支那の物产》⑨、《在芝罘日本领事馆管内状况》⑩、《青岛概观》⑪、《山东经济事

---

① 李洛之、聂汤谷编撰，经济部冀热察绥区特派员办公处驻津办事处，1948年。
② 谋乐撰，青岛印书局，1912年。
③ 郑重撰，烟台要览统筹局，1923年。
④ 连浚撰，台湾传记文学出版社，1931年，1971年再版。
⑤ 王华隆撰，商务印书馆，1934年。
⑥ 胶济铁路管理局车务处撰，文化印刷社，1924年。
⑦ 1919年中央银行管理处撰。
⑧ 日本中国驻屯军司令部编，侯振彤译，天津市地方史志编修委员会总编辑室，1986年。
⑨ 吉野美弥雄撰，大阪三岛开文堂，大正十三年发行。
⑩ 日本外务省编，东京，1921年。
⑪ 日本青岛总领事馆编，青岛，1927年。

情》[①]等；反映东北的，主要有《满洲地志》[②]、《南满洲ニ於ヶル商业》[③]、《大连港背后地の研究》[④]、《满洲贸易详细统计》[⑤]等。俄国控制着东北北部的经济，其调查人员也编有《北满概观》[⑥]等书。

虽然上述的著作主要是经济调查报告而非研究著作，但纪录者在记载事实的同时，往往还要加上自己的判断和分析，因此已包含了当时人对北方的港口城市与其腹地区域经济联系与经济变迁的感性认识，可算是这方面研究的最初步的成果。值得一提的，还有一些学者对北方经济的某一方面进行了相当深入的研究。例如，关于20世纪二三十年代天津工商业发展，便有许多研究成果。《天津地毯工业》[⑦]、《天津之粮食业及磨坊业》[⑧]、《天津棉花运销概况》[⑨]，都就天津某一产业部门进行了较为详尽的探讨。

1949年以后直到1978年改革开放之前，受当时客观环境的限制，学术界长期忽视近代港口贸易对中国社会经济发展的推动作用，值得重视的成果不多。王怀远的长文《旧中国时期天津的对外贸易》[⑩]，便是其中少有的有价值的论著之一，该文以大量的文字和34个之多的各类表格，系统探讨晚清民国天津港进出口贸易的发展状况。

20世纪80年代以来，随着沿海地区口岸的重新开放，人们开始关注港口的进出口贸易。首先是人民交通出版社出版了中国水运史丛书，其中大部分是港口史，北方的天津、青岛、烟台、连云港、营口、大连的港口史也名列其中。[⑪]然而，港口史基本上是港口本身的

---

① 冈伊太郎、小西元藏撰，1919年。

② 守田利远撰，东京丸善株式会社，1906年。

③ 日本外务省编，东京金港堂书籍株式会社，1909年。

④ 满铁庶务部调查科编，大正十二年。

⑤ 南满铁道株式会社编，台湾文海出版有限公司影印，编入《近代中国史料丛刊》。

⑥ 哈尔滨满铁事物所编，汤尔和译编，商务印书馆，1937年。

⑦ 方显廷撰，南开大学社会经济研究委员会，1930年。

⑧ 方显廷撰，南开大学经济学院，1932年。

⑨ 华北农产研究改进社撰，1934年。

⑩ 《北国春秋》，1960年第1－3期，连载。

⑪ 李华彬：《天津港史（古近代部分）》，人民交通出版社，1986年。寿扬宾：《青岛港史》，人民交通出版社，1986年。烟台港务局编写组：《烟台港史》，人民交通出版社，1989年。徐德济：《连云港港史（古近代部分）》，人民交通出版社，1987年。邓景福主编：《营口港史》，人民交通出版社，1995年。周永刚：《大连港史》，大连人民出版社，1995年。

历史，偏重港口建设和发展历程，对腹地和贸易的论述甚少。

90年代以后，沿海城市史、贸易史、区域经济史逐渐得到重视，学者们开始注意到近代港口与区域经济发展的互动作用，有关北方沿海港口城市史、区域贸易史与经济史的著作中，都对近代港口的进出口贸易及其与区域经济的关系作了不同程度的探讨。其中比较重要的著作，与天津及其腹地经济有关的，有罗澍伟主编的《近代天津城市史》①，姚洪卓主编的《近代天津对外贸易（1861－1948）》②，徐永志《开埠通商与津冀社会变迁》③，张利民、周俊旗、许檀、汪寿松所著《近代环渤海经济与社会研究》④，龚关《近代天津金融业研究（1861－1936）》⑤。与山东的烟台、青岛两港口城市及山东经济有关的，有刘素芬《烟台贸易研究（1867－1919）》⑥，庄维民《近代山东市场经济的变迁》⑦，王守中等《近代山东城市变迁史》⑧，张玉法《中国现代化的区域研究——山东省（1860－1916）》⑨。与东北的营口、大连等港口城市与区域经济有关的，有雷慧儿《东北的豆货贸易（1907－1931）》⑩、孔经纬《清代东北地区经济史》⑪、吴晓松《近代东北城市建设史》⑫、曲晓范《近代东北城市的历史变迁》⑬、沈毅《近代大连城市经济史研究》⑭，等等。除此之外，有关各港口城市与区域经济的论文更是不胜枚举，这些论文，对于近代北方主要港口的进出口贸易和经济发展历程以及对北方经济的影响，都进行了详细而具体的探讨。

---

① 中国社会科学出版社，1993年。
② 天津社会科学院出版社，1993年。
③ 中央民族大学出版社，2000年。
④ 天津社会科学院出版社，2003年。
⑤ 天津人民出版社，2007年。
⑥ 台湾商务印书馆，1990年。
⑦ 中华书局，2000年。
⑧ 山东教育出版社，2001年。
⑨ “中央研究院”近代史研究所，1982年。
⑩ 台湾师范大学历史研究所，1986年。
⑪ 黑龙江省人民出版社，1990年。
⑫ 中山大学出版社，1999年。
⑬ 东北师范大学出版社，2001年。
⑭ 辽宁古籍出版社，1996年。

据上可见，在20世纪90年代至今的一二十年时间中，学术界在北方港口与区域经济方面已取得丰硕的成果，在研究内容上各有侧重。然而，这些著作均非主要运用历史经济地理的研究方法，考察沿海港口城市与其腹地关系以及引起的经济变迁的研究。贸易史主要研究港口贸易的品种、结构、发展趋势等，并分析较长时间段中贸易的变迁及其原因，城市史研究主要关注城市的发展，两者受研究对象的限制，对腹地的涉及相当有限。区域经济史的研究已有了区域的概念，并且对腹地有所关注，但仍非历史经济地理学意义上的港口—腹地研究。首先，缺乏对“腹地”的科学界定，有关腹地的大小及其范围自然无从谈起。其次，在研究内容上，虽然几乎所有的学者都将港口贸易—腹地各级市场—腹地经济变迁作为主要叙述脉络，来探讨沿海港口与内地的联系，但很少有人复原作为中间环节的腹地各级市场，港口城市与其腹地之间的双向关系也少有论述。

众所周知，口岸贸易是中国近代经济发展的重要动力，并在某种程度上导致了各个地区包括腹地内部、各个港口—腹地之间经济发展的不平衡。因此，研究腹地的时空变化，勾画商埠与腹地之间的交通与商业联系途径和市场体系，探讨港口城市与其腹地的双向互动关系，势必成为运用历史经济地理方法研究近代港口贸易与港口—腹地关系及其引起的区域经济变迁的重要途径。

自20世纪50年代以来，中国的沿海贸易和贸易港成为海外汉学界经久不衰的研究课题。其中一些学者研究具体港口及其联系区域的贸易和经济发展，墨菲对上海，刘翠溶、罗威廉对汉口，Jack M. Potter对香港新界等地的沿海贸易，都有过具体的研究。1964年以后，我国台湾史学界对口岸贸易的研究一时蔚然成风，除了台湾三港之外，对大陆的汕头、九江、烟台、天津，以及四川、东北地区的港口贸易和对区域经济的影响都有所研究，在区域贸易港口的贸易分析、贸易影响、腹地变迁等方面具有开创性的贡献。①

1992年，复旦大学吴松弟和戴鞍钢合作申请国家教育委员会的

① 参见林满红：《口岸贸易与近代中国——台湾最近有关研究之回顾》，载“中央研究院”：《中国近代区域史研讨会论文集》，1986年。

研究基金，开始从历史经济地理的角度研究东南沿海的港口—腹地问题。1998 年，戴鞍钢在邹逸麟教授指导下的博士论文《港口、城市、腹地——上海与长江流域经济关系的历史考察（1843－1913）》正式出版，成为这一领域成功运用历史地理方法研究的第一部著作。吴松弟开始发表论文，并指导多名博士、硕士研究生，从事各地区的港口—腹地的具体研究。其中，樊如森、姚永超分别完成了关于天津与大连的港口贸易及其腹地关系与经济变迁的博士论文，陈为忠完成了关于山东港口的相同研究内容的硕士论文。他们以及吴松弟、唐巧天等人共发表了有关上述方面的论文五十余篇，樊如森并出版了著作《天津与北方经济现代化（1860－1937）》①。这些论著建立在前人和今人的研究基础上，着重从历史经济地理的角度分析港口—腹地关系以及对区域经济变迁的意义，且较多地利用记载系统、科学、内容极为丰富的海关贸易报告等多种资料，为本书的完成奠定了基础。

三、主要方法与资料

本书拟主要运用历史学的动态论述、历史经济地理学的空间分析的理论与方法，并借鉴新制度经济学的理论，复原近代北方港口与区域经济变迁的历史过程，侧重从点（港口城市）、线（交通与贸易路线）、面（腹地）入手，考察沿海港口城市与其腹地关系以及引起的经济变迁。基本思路是在弄清各个主要港口城市开埠以后进出口贸易发展过程的基础上进行深入探讨。首先，通过对主要出口物资的直接货源地和主要进口物资的直接销售地的研究，弄清各港口的腹地范围。其次，考察港口与腹地的交通网络及建立在此基础上的运销体系。再次，分析通过港口进出口商品结构变化体现出来的港口对腹地经济、腹地对港口城市经济的影响，并兼顾其他可能影响经济互动的因素。接着，通过对外向型经济和近代经济的考察，分析各区域在交通、城市和农牧业变迁上表现出来的现代化速度和水平的差异。最后，分析北方港口—腹地的地理空间模式及其成因。

---

① 东方出版中心，2007 年。

研究依据的资料，主要来自两个方面：第一个方面是海关贸易报告。我国各地海关自1860年以来便建立了定期向上报告的制度，这些报告是在海关总税务司署的指导下，依照国际通行的标准，按统一的格式和内容，逐月、逐年上报的。由于采用国际性通用的海关统计标准，且时间长达80余年，具有较强的科学性和完整性。而且，报告的范围遍及全国各主要通商口岸，除反映所在口岸城市与腹地区域的进出口贸易之外，还反映这些地区自然、经济、政治、文化、城市等各方面的状况，是研究各口岸进出口贸易以及所在城市与其腹地状况的最翔实可靠的资料。

第二个方面，是本节“二”所提到的晚清民国时期，由中国各地政府、产业界和知识分子，以及日本人、俄国人、英国人分别撰写的各种各样的经济调查报告。此外，地方志与文集也有一些资料可供利用。通过多方面的分头努力，我们在各地搜集到有关这方面的大量的调查报告，将海关贸易报告和各种经济调查报告相互对比参照，为较深入地探讨港口城市与其腹地关系以及经济变迁，提供了可靠细致的资料。

在各人分头研究的基础上，尽量吸收各学科的研究成果与方法，将一本能够反映北方主要港口城市及其腹地乃至整个北方经济变迁的著作奉献给大家，是我们的初衷。然而，由于需要研究的问题相当复杂，本书只能算是初步研究，我们期待着各方面的真诚批评。

第二章　各港口城市开埠以后进出口贸易的发展

在北方沿海诸开埠城市中，天津位于渤海湾的西侧，烟台、青岛、龙口、威海位于山东半岛，连云港位于江苏北部沿海，营口、大连、安东和锦州位于辽东半岛。这些港口，有的是中国主要大港，有的是北方区域性重要港口，有的则只对较小区域产生影响。它们共同构成北方沿海密集的港口网络，对北方的现代化与经济变迁产生重大影响。

第一节　天津开埠以后进出口贸易的发展

天津地处海河五大支流的尾闾与渤海的交会处，地理位置十分重要。自元代定鼎北京以后，元明清三代都将首都设在北京，并主要通过贯穿南北的大运河与作为全国经济重心的长江三角洲保持密切的联系，南方的物资与漕粮通过运河源源北上。居河海之交，扼大运河入京要津的天津，成为北京与东、南各地联系的咽喉要地。明永乐二年（1404 年），政府在这里建立了天津卫，沿运河南下北上的内河航运成为天津水运的主要航线。清康熙二十三年（1684 年），清朝因收复台湾而废除海禁政策，天津的船只得以东出辽东等地，沿海河而东，通达东部沿海的海上运输得到恢复和发展。

清代中叶，天津作为华北最大的港口城市，沿海贸易已比较繁荣①。1860 年开埠以后，天津港与沿海和国际市场间的进出口贸易，又有了更大的发展。

一、进出口贸易发展趋势

1860 年的开埠，为天津港进出口贸易的发展，提供了难得的历史机遇。开埠以后，天津的进出口贸易大致呈不断上升的趋势。表 2.1 的统计明显地显现出这一趋势。

据表 2.1，开埠之初、也就是本表中进出口贸易的统计单位以当地通行的津行化两来计算的 1861 –1873 年，天津港的进出口贸易虽有缓慢的增长，但进口远远大于出口，进出口结构非常不合理。1874 年以后，海关贸易统计趋于规范，进口和出口的贸易数值也趋持平，贸易总值逐步攀升。如果以 1874 年的进出口贸易总值为指数 100 的话，1891 年该指数就翻了 1 倍，达到了 202；1899 年又在 1891 年的基础上再翻 1 倍，达到 427；1918 年在此基础上再翻 1 倍，达到 759；1927 年又在此基础上再翻 1 倍，达到 1 606；最高为 1931 年，指数为 1 723，进出口贸易总值比 1874 年增长了 16 倍多。到 1933 年，在几乎保持逐年稳步增长 60 年之后，天津港的进出口贸易开始呈下降的趋势。

二、天津港的进出口贸易结构

港口设施，腹地商品化状况，港口城市连接腹地的交通状况，都是直接影响港口城市进出口贸易的重要因素。近代天津港的进出口贸易发展过程，是港口设施逐步改进、腹地商品化程度不断提高、连接港口与腹地的交通条件有所改善的结果。同时，上述条件的改善，不仅导致港口的进出口贸易总值的增长，也导致港口进出口贸易结构的变化。到了 20 世纪，随着青岛港、大连港等北方重要港口的崛起，相邻港口的贸易状况，对天津港也造成了影响。

---

① 许檀：《清代前期的沿海贸易与天津城市的崛起》，《城市史研究》，第 13 –14 期。

表 2.1　1861－1937 年的天津港进出口贸易概况

年份	进口总额	出口总额	进出总值	指数	年份	进口总额	出口总额	进出总值	指数
1861	5 014 071	461 573	5 475 644		1900	14 801 993	17 832 822	32 634 815	159
1862	7 095 811	470 491	7 503 302		1901	27 678 545	23 756 217	51 434 762	250
1863	6 275 225	913 217	7 188 442		1902	53 659 526	40 090 079	93 749 605	456
1864	7 645 422	1 710 768	9 356 208		1903	37 640 343	33 210 408	70 850 751	345
1865	11 852 437	5 819 825	17 672 262		1904	36 840 510	34 981 418	71 821 928	349
1866	16 583 457	7 262 197	23 845 654		1905	60 429 673	39 875 425	100 305 098	488
1867	9 252 155	5 468 139	14 720 294		1906	65 198 556	51 053 587	116 252 143	565
1868	16 437 708	5 734 424	22 172 132		1907	61 966 162	36 871 625	98 837 787	481
1869	17 127 610	6 924 131	24 051 741		1908	36 748 180	45 796 960	82 545 140	401
1870	11 935 178	4 985 815	16 920 993		1909	45 206 807	57 284 798	102 491 605	498
1871	12 331 357	7 436 344	19 767 701		1910	54 038 216	47 485 185	101 523 401	494
1872	10 564 444	8 470 543	19 034 987		1911	53 501 039	64 848 927	118 349 966	576
1873	9 886 373	9 649 471	19 535 844		1912	48 544 533	55 488 022	104 032 555	506
1874	10 557 532	10 003 017	20 560 549	100	1913	71 622 439	63 395 600	135 018 039	657
1875	8 548 490	11 654 479	20 202 969	98	1914	69 770 856	56 338 302	126 109 158	613
1876	8 956 636	13 219 829	22 176 465	108	1915	55 666 045	74 560 299	130 226 344	633

续表 2.1

年份	进口总额	出口总额	进出总值	指数	年份	进口总额	出口总额	进出总值	指数
1877	7 865 774	19 009 350	26 875 124	131	1916	59 804 049	77 133 257	136 937 306	666
1878	7 913 015	19 536 814	27 449 829	134	1917	69 021 197	76 877 335	145 898 532	710
1879	13 503 506	15 092 316	28 595 822	139	1918	76 028 599	80 001 657	156 030 256	759
1880	10 399 347	15 562 583	25 961 930	126	1919	86 740 924	104 740 675	191 481 599	931
1881	10 724 918	14 217 796	24 942 714	121	1920	91 482 381	84 731 409	176 213 790	857
1882	9 634 678	16 305 834	25 940 512	126	1921	116 816 632	111 238 543	228 055 175	1 109
1883	10 403 543	15 046 631	25 450 174	124	1922	125 927 122	122 888 695	248 815 817	1 210
1884	10 685 392	17 065 856	27 751 248	135	1923	104 866 551	136 638 933	241 505 484	1 175
1885	12 516 208	17 220 656	29 736 864	145	1924	105 491 888	149 475 727	254 967 615	1 240
1886	13 996 512	18 393 109	32 389 621	158	1925	110 310 133	180 916 555	291 226 688	1 416
1887	13 776 608	20 548 864	34 325 472	170	1926	108 847 447	172 825 555	281 673 002	1 370
1888	13 641 592	19 082 907	32 724 499	133	1927	131 598 145	198 512 626	330 110 771	1 606
1889	15 412 710	19 931 824	35 344 534	172	1928	139 484 603	213 531 687	353 016 290	1 717
1890	17 177 294	21 550 402	38 727 696	188	1929	148 595 467	198 931 216	347 526 683	1 690
1891	18 431 290	23 090 010	41 521 300	202	1930	135 506 151	182 729 696	318 235 847	1 548
1892	17 890 775	21 537 803	39 428 578	192	1931	137 387 954	216 796 940	354 184 894	1 723

续表2.1

年份	进口总额	出口总额	进出总值	指数	年份	进口总额	出口总额	进出总值	指数
1893	24 177 204	19 523 181	43 700 385	213	1932	104 548 979	62 876 524	167 425 503	814
1894	26 318 577	24 278 098	50 596 675	246	1933	77 520 863	56 785 793	134 306 656	653
1895	28 750 065	29 856 863	58 606 928	285	1934	62 047 646	52 022 258	114 069 905	555
1896	36 235 962	23 510 402	59 746 364	291	1935	54 659 965	58 537 836	113 197 802	551
1897	39 476 103	25 168 108	64 644 211	314	1936	46 628 646	75 626 844	122 255 490	595
1898	41 784 719	31 182 007	72 966 726	355	1937	53 954 693	82 716 499	136 671 193	665
1899	53 664 238	34 067 985	87 732 223	427					

资料来源：津海关相关年份贸易统计。姚洪卓，《近代天津对外贸易（1861－1948）》，附录表1，天津社会科学院出版社，1993年。

说明：价值单位，1861－1873年为津行化两，1874－1932年为海关两，1933－1937年原为法币元，现已据1海关两=1.558法币元的比率折算为海关两。

1. 开埠至19世纪末的进出口贸易结构

由表2.2可知，在天津开埠初期众多的进口商品中，生活资料类产品占了相当大的比重。1863年，以棉布、糖等为主的生活资料的进口值，占了整个进口总值的31.2%，而到了1883年，这个比例增长到了80.7%。与此同时，棉纱、机器、木材和铁路材料等生产资料类产品所占的比重，却始终没有超过1%，反映出该时期腹地工业基础的异常薄弱。相反，英国人自己也认为“极不道德的”特殊商品——鸦片的输入量却很大。1863年，鸦片的进口值占到了整个进口总值的36.4%，仅此一项，要比该年全部正当生活资料的进口值还要多。所有这些，正是开埠初期，腹地商品经济不够发达的具体体现。

表2.2　1863－1903年天津港进口商品概况

（单位：1863－1873年为津行化两，其余为海关两）

商品		1863	1873	1883	1893	1898	1903
生活资料	棉布	1 018 222	5 054 296	6 322 653	34 915	453 008	3 797 036
	糖	274 645	12 403	377 573	931 260	1 711 315	1 714 729
	其他	664 732	1 601 779	1 606 489	679 837	1 071 944	1 800 454
	合计	1 957 599	6 668 478	8 306 715	1 646 012	3 236 267	7 312 219
	百分比（%）	31.2	68.3	80.7	37.1	35.5	39.2
生产资料	棉纱	—	—	—	61 408	1 042 524	2 395 548
	机器	—	—	56 256	20 599	351 068	454 562
	铁路材料	—	—	—	590 763	2 345 756	3 071 210
	木材	—	70 616	—	20 552	—	—
	合计	—	70 166	56 256	693 322	3 739 348	5 925 383
	百分比（%）		0.7	0.5	15.6	41.0	31.8
鸦片		2 285 651	301 326	937 966	11 730	13 500	2 601
	百分比（%）	36.4	3.1	9.1	0.3	0.1	0.01
其他		2 017 368	2 228 259	989 571	2 082 266	2 067 157	5 386 266
	百分比（%）	32.1	22.8	9.6	47.0	22.7	26.7
总计		6 275 211	9 768 679	10 290 571	4 433 290	9 110 272	18 622 406
	百分比（%）	100.0	100.0	100.0	100.0	100.0	100.0

资料来源：津海关相关年份贸易统计。

19 世纪 90 年代以后，天津港棉纱、机器特别是铁路材料等生产资料的进口，开始有了明显的增加。1893 年，生产资料类产品的进口值占整个进口总值的 15.6%；1898 年，这个比例增长到了 41.0%，其中棉纱占 11.4%，铁路器材占 25.7%；1903 年，该比例虽然只有 31.8%，但其实际进口值却比 1898 年要多得多。这些状况，反映出天津港腹地近代工业和交通运输业，有了初步的发展。

19 世纪 90 年代末到 20 世纪初，天津港农产品、土副产品的出口值，也有了明显的增加，在整个出口总值中的比重均占到了 2/5 以上。畜产品的出口，不仅种类增加了，而且出口值以及在整个出口总值中的比重也大大地上升。1898 年畜产品的直接出口值为 92 331 关平两，占天津港直接出口总值的 18.85%；1903 年畜产品的直接出口值为 451 230 关平两，为 1898 年的 5 倍，占天津港直接出口总值的 39.33%[①]。天津港出口业的发展，说明 20 世纪初，腹地农、牧业经济外向化程度有了初步的提高。

2.20 世纪上半叶的进出口贸易结构

进入 20 世纪初，华北地区的铁路修建加快进行。北京至汉口的京汉铁路（1906 年）、北京至奉天（即沈阳）的京奉铁路（1907 年）、正定至太原的正太铁路（1907 年）、北京至张家口的京张铁路（1909 年）、天津至浦口的津浦铁路（1912 年）等得到铺设并通车。此后，京张铁路又向西继续延展，1921 年延至归绥（今呼和浩特市），1923 年又延至包头。它们相互交织，形成了一个以天津港为出海口的现代铁路运输网络。天津与腹地之间的交通运输有了很大的改善，天津的进出口贸易日趋繁荣。与此相适应，天津港的进出口贸易结构也发生了较大的改变。

1905 年以后，天津港的商品进出口业务逐步走向独立，腹地经济的外向化程度也有了较大的提高。这主要表现在：

第一，自 1905 年之后，天津港的进出口贸易，逐步摆脱了对上海港的依附。据海关 1906 年的统计，“进口洋货迳由外洋购运、不由上海转口者，本年比上年愈形踊跃。尤因日本与本埠各商之生意畅

① 王怀远：《旧中国时期天津的对外贸易》。

旺，本年洋货进口价值约增900万两。于1904年，洋货贸易仅九分之四（约合44.44%）系由外洋迳运进口者，余则由上海或他口转运来津，1905年则增至多半，而本年则占全数十三分之八（约合61.54%）矣”[①]。日本人的调查也指出：“天津的贸易，以前是经由上海的间接贸易。外国货物全都一律在上海卸货，然后从上海转卖到天津。可是，在近两三年以来，由于天津商人地位的提高，以及各种贸易机构的完善，结果过去经由上海进口的货物，大多数从原产地直接向天津进口。以前天津外来货物之八九成，是经上海而来；可是在1906年，外国直接输入额为40 102 558两，经由上海的输入额为25 095 998两，两者成为八与五之比。”[②]对外贸易的日益独立，是天津进出口贸易逐步走向成熟的重要表现。

第二个方面的表现是，天津港的商品进出口结构日趋合理。

从进口方面来看，1908年，属于非正常生活消费的鸦片在进口商品中已经销声匿迹，而各类正常生活消费品的进口比重却迅速增长到了52.86%，说明中外间的经济交流正逐步趋于正常，腹地的商品化程度和对外来商品的接纳能力也在提高。另一方面，生产资料如棉纱、机器、木材，尤其是铁路器材继续大量地输入，1908年生产资料的进口值仍为4 357 792关平两，占整个进口总值的22.20%[③]，反映出天津及其腹地的铁路建设和近代工业的发展。

出口方面，1908年，天津港狭义农产品的出口值虽不大，土副产品的出口值却达总出口值的半数以上，1908年天津港商品的直接出口总值为1 544 678关平两，土副产品为879 077关平两，占总值的56.96%。畜产品的出口值为384 094关平两，占整个出口总值的24.84%[④]。天津港各类商品出口的增加，是腹地外向化经济不断发展的表现。

① 吴弘明整理：《津海关年报档案汇编（1865－1911）》，天津市档案馆、天津社科院历史所1993年刊印，1906年华洋贸易情形论略。

② 日本中国驻屯军司令部编，侯振彤译：《天津志》，天津市地方史志编修委员会总编辑室，1986年，第239－240页。

③ 王怀远：《旧中国时期天津的对外贸易》。

④ 王怀远：《旧中国时期天津的对外贸易》。

1914 年欧战爆发，进口到天津港的洋货迅速减少，总额由 1913 年的 95 629 651 关平两，猛降到 1915 年的 75 192 494 关平两；而天津港的出口总值却由 1913 年的 37 828 623 关平两，猛增到 1915 年的 49 859 964 关平两①。一战期间天津港进出口的这一变化，极大地刺激了腹地外向型经济的发展。

由表 2.3 可知，第一次世界大战后天津港狭义农产品的出口，无论在种类还是在整个出口结构中的比重，都比战前有了很大的提高。1919 年，狭义农产品的出口值增长到 14 243 807 海关两，占该年整个出口总值的 58.28%，此后出口值整体上一直处于上升状态，这既是天津港的出口结构进一步合理化的重要标志，也是腹地农业整体商品化、外向化的重要标志。另一方面，一战后天津港畜产品的出口种类和数值，也在不断扩大。1919 年，畜产品的出口值已经增长到 7 169 567 海关两，此后其出口值一直占天津港商品出口总值的 1/3 以上，成为天津港对外贸易的支柱之一。

表 2.3　1919 —1931 年天津港主要出口货物概况

（单位：海关两）

货物 \ 年份		1919	1927	1928	1929	1930	1931
狭义农产品	粮食/副品/油料	2 460 259	4 247 315	1 656 057	1 441 208	4 591 095	7 234 172
	蔬菜/水果/茶	900 530	1 987 557	1 768 313	2 268 350	3 321 407	4 027 528
	烟草/麻/其他纤维	157 206	6 329 885	6 482 455	5 831 956	4 955 735	4 768 752
	棉花	10 725 812	25 941 592	19 602 480	19 479 840	22 901 088	24 231 745
	合计	14 243 807	38 506 349	29 509 305	29 021 354	35 769 325	40 262 197
	指数	100	270	207	204	251	283
土副产品	鱼介类	42 139	8 741	3 831	13 496	13 745	9 181
	蛋类	668 539	7 301 678	5 638 529	9 163 830	8 565 856	11 451 556
	草帽缏/其他编织	887 441	985 762	1 320 884	986 435	537 611	754 843
	木制品	5 995	54 180	59 903	88 819	112 542	126 384
	合计	1 604 114	8 350 361	7 023 147	10 252 580	9 229 754	12 341 964
	指数	100	521	438	639	575	769

① 王怀远：《旧中国时期天津的对外贸易》。

续表 2.3

货物 \ 年份		1919	1927	1928	1929	1930	1931
畜产品	牲畜	5 803	12 667	30 160	41 031	7 783	13 653
	肉类	87 964	1 278 039	1 442 960	1 778 170	2 192 934	1 894 995
	猪鬃	229 299	3 007 968	2 538 261	3 761 325	3 041 579	2 558 176
	其他动物原料	561 104	1 530 726	1 672 489	1 761 003	1 449 279	2 558 176
	羊毛/驼毛	4 262 225	13 966 743	17 577 613	11 821 606	6 028 791	7 875 843
	各类皮张	2 023 172	10 564 646	16 419 776	18 058 708	14 615 879	14 430 376
	合计	7 169 567	30 360 789	39 681 259	37 221 843	27 336 245	29 331 219
	指数	100	423	553	519	381	409
工业品	矿物及其制品	111 553	178 051	68 931	158 866	278 922	405 700
	各种植物油、副品	1 076 280	1 190 937	549 763	45 465	844 344	869 835
	化工产品	6 690	241 580	296 858	309 670	327 665	391 397
	纸张	……	2 738	869	448	689	3 311
	棉布/棉纱/衣物	127 268	207 547	348 867	201 558	57 946	67 696
	各种金属及制品	101 757	304 694	305 747	1 439 730	956 196	929 020
	机器及配件	305	5 238	2 134	3 713	1 035	387
	合计	1 423 853	2 130 785	1 573 169	2 159 450	2 466 797	2 667 346
	指数	100	150	110	152	173	187
总计		24 441 341	79 348 284	77 786 880	78 655 227	74 802 121	84 602 726
指数		100	325	318	322	306	346

资料来源：津海关相关年份贸易统计。见蔡谦、郑友揆，《中国各通商口岸对各国进出口贸易统计（1919、1927－1931）》，第四部“主要土货各通商口岸对各国出口统计”，商务印书馆，1936年。

这一时期，天津港进口方面的变化也不小。

与20世纪初相比，天津港一战后生产资料的进口，在种类和数值上都有了很大的发展。1903年天津港进口的生产资料仅有木材、棉纱、机器、铁路材料四种，而到1919年，进口的生产资料除了这四种，还有动物原料、小麦、烟草、煤、其他矿物、化工器材、医药器材、人造丝、棉花、钢铁等金属、交通工具等等。1903年天津港生产资料的进口值只有5 925 383海关两，而1919年生产资料的进口值则为29 844 104海关两，1931年达到了37 446 775海关两，分别为

表 2.4　1919－1931 年天津口岸主要洋货的进口情况

（单位：海关两）

货物	年份	1919	1927	1928	1929	1930	1931
生活资料类	牛乳/蛋/蜜	104 505	211 208	221 376	165 872	124 353	187 794
	咖啡/香物	213 804	254 566	275 386	235 497	239 459	260 440
	米/面	33 894	21 631 612	25 601 483	36 648 086	19 911 661	18 509 737
	糖	3 132 190	8 787 922	13 030 542	7 068 083	8 350 147	7 724 763
	酒/其他饮料	362 202	608 933	879 901	448 343	434 254	327 941
	香料	351 904	587 899	594 072	365 985	428 327	342 644
	纸	1 419 438	3 604 849	3 465 341	3 356 777	3 975 848	5 403 790
	各种棉布	15 923 553	14 912 895	15 874 360	10 476 245	14 974 065	17 132 088
	煤油	7 606 933	5 178 576	8 374 972	6 642 373	6 902 800	6 786 383
	其他	2 891 022	5 405 151	6 864 042	6 373 011	5 707 938	6 057 210
	合计	32 039 445	61 183 611	75 181 475	71 780 272	61 048 852	62 732 790
	占总值百分比	51.69	66.11	72.69	67.71	64.90	62.60
生产资料类	动物原料	10 839	160 323	483 205	557 342	94 091	30 825
	小麦	3	56	—	—	93	915 102
	烟草	1 245 775	2 283 958	3 109 291	2 461 772	3 432 060	2 958 767
	煤/其他矿物	501 759	1 658 388	1 650 208	1 711 432	1 439 656	1 386 212
	化工/医药材	1 249 201	2 888 803	2 170 903	2 836 195	4 398 979	4 687 884
	各种木材	2 220 062	2 471 540	2 363 089	3 305 650	2 295 252	2 737 484
	人造丝	—	330 460	942 583	1 598 142	898 052	802 748
	棉花	13 428	1 796 740	127 756	2 187 075	3 569 969	2 571 704
	棉纱	10 735 529	2 408 736	985 169	464 784	257 204	144 752
	钢铁等金属	3 845 508	4 266 421	4 710 819	5 541 322	4 502 397	6 160 640
	机械设备	2 339 987	3 486 049	2 142 213	3 580 578	3 744 718	3 540 771
	铁路材料	4 464 424	1 577 582	1 734 646	1 171 079	2 193 818	2 580 300
	交通工具	717 093	2 250 324	2 274 053	3 026 770	2 106 991	1 977 569
	其他	2 500 496	5 635 794	5 526 907	5 712 519	3 985 831	6 952 017
	合计	29 844 104	31 215 174	28 220 842	34 154 660	32 919 111	37 446 775
	占总值百分比	48.15	33.73	27.28	32.22	35.00	37.37
军械军火		100 045	152 266	32 210	80 443	98 655	34 545
总计		61 983 594	92 551 051	103 434 527	106 015 375	94 066 618	100 214 110

资料来源：津海关相关年份贸易统计。见蔡谦、郑友揆，《中国各通商口岸对各国进出口贸易统计（1919、1927－1931）》，第三部"主要洋货各通商口岸由各国进口统计"。

1903年的5倍多和6倍多，在很大程度上反映出腹地近代工业的迅速发展。而且，生产资料在进口总额中所占的比重已大大上升，1919年占了全部进口总值的48.15%，此后虽有下降，但仍保持在33%-37%。生产资料进口所占比重的大幅度提高，既反映出天津及其腹地近代工业迅速发展的事实，也揭示出天津港生产资料的大量进口对北方广大地区近代工业发展的巨大促进作用。

与此同时，天津港一战后生活资料进口的种类和数值也大大增加了。1903年天津港进口的生活资料仅有棉布、煤油、糖等很少几种，而到1919年，进口的生活资料除了上述品种，还有纸、牛乳、蛋类、蜂蜜、咖啡、香物、米、面、酒、其他饮料、香料、食用果品等等；1903年天津港生活资料的进口值只有7 312 219海关两，而1919年生活资料的进口值则为32 039 445海关两，1928年达到了75 181 475海关两，分别为1903年的4倍多和10倍多。各种生活用品特别是米、面等食品的大量进口，既是天津等城市规模不断扩大、非农业人口大量增加的客观需要，也是腹地粮食作物种植面积减少、经济作物种植面积增加、农业商品化水平提高的重要物质保证；同时也是腹地农业商品化、外向化程度进一步提高的具体体现。

总之，到20世纪二三十年代，天津港的进、出口结构已经变得比较合理和完善了。这表现在：第一，进口方面，由以前受外国和上海的控制，到根据本地和腹地经济发展的需要而进口各种生产资料和生活资料；第二，出口的商品，不仅数值比以前增多了，而且种类也更加齐全。除农、畜、土特产品原料外，还有相当部分的工业制成品出口，如煤、矿砂及其制品、各种植物油及其副产品、化工产品、纸张、棉布、棉纱、衣物、各种金属及制品、机器及配件等等，尽管数量有限，但这毕竟是天津港进出口结构进一步完善的良好开端。天津港进出口结构的日益完善，既是腹地外向型经济迅速发展的集中体现，又反过来促进了腹地经济商品化与外向化的进程。

三、天津港在环渤海各口岸进出口贸易中的主导地位

在天津开埠的同时，烟台、营口开埠，到20世纪前后，青岛、

大连也相继开埠，它们共同参与并分割了北方的腹地和市场，形成了北方商品进出口的众多支点。然而，这却并未从根本上动摇天津在北方进出口贸易中的主导地位。

表2.5的贸易统计显示，开埠前期，天津的对外贸易净值一直遥居另外两个主要港口之上，成为“北洋三口”时代无可争议的领头羊。

表2.5　1875－1904年北方三港进出口贸易净值

（单位：海关两）

年份	天津	烟台	牛庄	年份	天津	烟台	牛庄
1875	17 058 711	7 786 786	5 513 055	1890	34 131 668	12 862 382	14 448 281
1876	18 741 493	6 432 272	6 949 125	1891	37 048 539	12 800 474	17 064 773
1877	22 942 468	6 101 350	6 877 285	1892	35 326 854	13 329 147	16 362 923
1878	20 773 479	9 317 441	9 772 963	1893	38 570 147	13 067 115	17 659 854
1879	24 365 442	10 963 498	8 214 614	1894	44 277 054	14 778 676	16 418 604
1880	21 668 434	9 905 815	6 725 036	1895	50 175 806	17 495 041	9 353 705
1881	21 606 231	9 575 346	6 080 432	1896	51 316 367	19 533 953	22 771 346
1882	22 525 267	9 162 607	6 625 182	1897	55 059 017	22 051 976	26 358 671
1883	21 667 011	9 332 401	7 012 648	1898	63 064 148	26 238 774	32 441 315
1884	23 939 057	10 060 516	7 813 494	1899	77 447 339	28 153 956	48 357 623
1885	26 242 763	10 583 486	8 298 116	1900	31 920 658	27 058 328	22 024 643
1886	27 382 445	11 698 857	8 601 216	1901	49 411 423	37 660 510	42 262 209
1887	28 582 606	12 579 788	10 356 673	1902	89 478 464	35 924 413	42 692 135
1888	27 959 017	11 875 904	9 964 868	1903	68 729 061	38 183 912	47 632 059
1889	31 245 515	12 666 578	9 447 004	1904	68 954 694	34 255 175	41 517 878

资料来源：各口岸海关贸易统计。据交通部烟台港务管理局编，《近代山东沿海通商口岸贸易统计资料（1859－1949）》，表1、附表3改绘，对外贸易教育出版社，1986年。

由表2.6可知，随着青岛、大连的开埠，北方的港口城市格局开始发生一系列的变革。但是，在1904－1913年间，天津的进出口贸易额，依然占这五港贸易总额的1/3以上，稳居各港口城市之首。

不过，近代的天津港毕竟是一个内河港口，随着北方对外贸易的发展、对港口吞吐能力要求的不断提高，以及其他港口竞争力度的加大，天津港所固有的不利港口条件，逐渐成为制约其进出口贸易进一

表 2.6 1904 -1913 年北方五港进出口贸易额比较

(单位：海关两)

港口	贸易额及其比例	1904	1909	1913
天津	贸易额	71 812 928	102 491 605	135 018 039
	约占五港总额的百分比 (%)	34.37	35.70	37.85
牛庄	贸易额	41 600 696	55 173 134	50 217 793
	约占五港总额的百分比 (%)	19.91	19.22	14.08
烟台	贸易额	40 644 643	44 319 824	34 950 713
	约占五港总额的百分比 (%)	19.45	15.44	9.80
大连	贸易额	36 019 921	44 825 434	76 098 288
	约占五港总额的百分比 (%)	17.24	15.62	21.33
青岛	贸易额	18 886 198	40 250 929	60 448 850
	约占五港总额的百分比 (%)	9.04	14.02	16.95
五港总额		208 964 386	287 060 926	356 733 683

资料来源：相关口岸的海关贸易统计。青岛港史编写组，《青岛海港史（近代部分）》，第 93 页，人民交通出版社，1986 年。

步繁荣的瓶颈。1917 年以后，天津在北方的独尊地位，开始受到来自大连的挑战。

表 2.7 显示，在 1914 -1931 年这 18 年的进出口贸易总值统计中，大连港有 9 年超过和明显超过天津港。天津港地位下降或者说大连港地位上升的原因，一是大连港水深不冻的良好港口条件和优惠的自由港政策；二是 1925 -1931 年是东北地区的主要经济作物大豆等在国内外市场上最畅销的时期，大豆的出口带来了大连出口量猛增，出口的激增反过来增加了腹地居民的经济收入，大大地提高了他们对纺织品、米面、砂糖、烟酒、麻袋等日用品的消费能力，从而进一步刺激了进口，扩大了大连港的商品进出口总值①；三是自 1929 年中国恢复关税自主权以后，不断提高进口关税，导致了日本人以辽东半岛为基地、对冀东地区愈演愈烈的走私活动，极大地削减了天津港正常的进口贸易额。所有这些不利因素，都降低了天津在北方诸港进出口总额方面传统的首要地位。

---

① 姚永超：《大连港腹地核心地域结构演变的研究（1907 -1931）》，复旦大学硕士学位论文，2004 年。

表 2.7 1914－1931 年天津、大连两港进出口贸易总值比较

（单位：海关两）

年份	天津	大连	年份	天津	大连
1914	123 639 776	78 717 791	1923	238 407 938	230 549 253
1915	125 053 458	83 834 162	1924	251 695 599	240 672 564
1916	133 020 399	99 776 790	1925	287 704 766	273 709 954
1917	142 360 661	135 945 240	1926	207 574 753	332 078 468
1918	153 138 643	165 824 207	1927	325 339 223	336 372 493
1919	189 775 934	210 748 036	1928	348 250 655	392 076 219
1920	173 482 542	203 773 599	1929	342 631 149	473 665 052
1921	224 779 202	210 431 265	1930	315 113 886	392 154 759
1922	244 516 332	220 010 135	1931	350 229 937	404 283 565

资料来源：天津大连两口岸海关贸易统计。据烟台港务局，《近代山东沿海通商口岸贸易统计资料》，附表 3 改绘。

但是，由于大连当时处在日本的直接控制之下，进出口贸易的服务对象主要是日本和朝鲜地区，与中国本土的经济联系仅限于东北地区①。所以，大连在中国北方近代经济发展当中的整体地位和影响，还是远不如天津的。

如果不计大连，和北方其他港口城市相比，天津的优势地位依然非常突出。

表 2.8 显示，直到 20 世纪 30 年代，天津依然是除东北大部分地区以外的北方广大地区的对外贸易中心。

表 2.8 1932－1936 年华北六港分别占六港进出口总额的百分比

(%)

港口	出口	进口	总额	港口	出口	进口	总额
天津	59.31	57.73	58.73	龙口	1.99	1.24	1.55
青岛	27.07	34.14	30.76	威海卫	1.89	0.92	1.35
芝罘	6.13	4.22	5.00	秦皇岛	3.63	1.76	2.64

资料来源：李洛之、聂汤谷，《天津的经济地位》，第 7 页，经济部驻津办事处，1948 年印行。

① 姚永超：《大连港腹地核心地域结构演变的研究（1907－1931）》。

第二节 山东诸港开埠以后进出口贸易的发展

一、烟台

依据1859年《天津条约》，登州府的府城蓬莱将对外开放，但是由于蓬莱港湾缺乏屏蔽，贸易稀少，英国人坚决要求开放烟台口，于是烟台成为山东最早开埠的通商口岸。清政府于1862年设立东海关，任命登莱青道道尹兼任东海关监督，移驻烟台。烟台开始代替登州成为胶东的政治经济中心，迈出了走向近代港口城市的新步伐。

开埠初期的烟台，是北方最重要的港口之一。烟台港口进出方便，是北方三埠中唯一在冬季可以通航的港口。又由于位于南北洋航线的中段，地理位置优越，因此成为南北交通的煤炭补给站。而且与日本、俄罗斯及朝鲜有着密切的商业往来，是北方与日本、俄国远东地区、朝鲜进行贸易的中心①。进入20世纪后，大连、安东等港口陆续开埠，打击了烟台兴盛的再出口贸易，烟台贸易地位渐趋下降。1904年济南通往青岛的胶济铁路通车，由于这条山东东西向的交通大动脉以青岛为终点，而不通往烟台，山东大宗货物多改道胶济铁路以青岛为吞吐港。另外，日本对东北的开发建设，导致了以东北为原料基地的烟台出口加工业如豆饼、野蚕丝业的衰微。以上种种原因，导致了20世纪二三十年代烟台沦为二流的中途站。烟台港地位的下降，反映在贸易上，便是贸易额逐渐下降。

由表2.9可见，在1867－1910年间，洋货进口贸易的总体趋势是不断增长，但从数字上看又常被个别年份的下降所打断，这一般是因为烟台腹地受到水旱灾害的影响，农业歉收自然导致消费压缩。1878年贸易度过了成长期，开始超过1 000万两，有几年甚至增加到2 500万两。这种增长趋势在1910年便停滞不前，进口额大幅度下

① 烟台港务局档案馆译：《1866年烟台贸易报告》，烟台港务局内部本。

表 2.9 烟台历年进出口统计

（单位：1867－1874 年芝罘两，1875－1936 年海关两；1875 年为基期，取 100）

年份	洋货进口	土货进口	进口总额	土货出口	贸易总额	贸易指数
1867	3 203 188	1 494 069	4 697 257	1 567 769	6 265 026	
1868	4 662 641	2 352 454	7 015 095	1 525 817	8 540 912	
1869	4 437 907	1 877 945	6 315 852	1 885 536	8 201 388	
1870	4 532 115	1 191 392	5 723 507	2 278 925	8 002 432	
1871	4 303 898	2 212 688	6 516 586	2 310 673	8 827 259	
1872	4 848 068	1 677 991	6 526 059	2 607 771	9 133 830	
1873	3 647 969	1 624 081	5 272 050	2 138 512	7 410 562	
1874	4 161 210	1 689 949	5 851 159	1 960 402	7 811 561	
1875	9 986 102	5 647 198	15 633 300	5 586 732	21 220 032	100
1876	7 152 154	4 511 109	11 663 263	5 286 813	16 950 076	80
1877	7 260 361	4 425 313	11 685 673	4 784 971	16 470 644	78
1878	11 650 952	5 467 913	17 118 866	7 975 139	25 094 005	118
1879	15 206 770	6 710 767	21 917 537	7 865 678	29 783 215	140
1880	10 868 739	6 123 789	16 992 527	8 266 854	25 259 381	119
1881	10 177 672	5 118 210	15 295 881	8 686 857	23 982 738	113
1882	9 304 822	4 971 697	14 276 519	10 482 420	24 758 939	117
1883	8 703 415	5 929 863	14 633 278	10 607 215	25 240 492	119
1884	9 512 385	6 450 423	15 962 809	12 578 462	28 541 271	135
1885	11 620 753	5 458 979	17 079 732	12 023 923	29 103 656	137
1886	10 799 529	5 013 767	15 813 296	13 744 193	29 557 488	139
1887	10 768 688	5 631 040	16 399 728	10 671 631	27 071 359	128
1888	10 346 314	4 971 849	15 318 163	9 918 292	25 236 455	119
1889	9 998 050	5 418 108	15 416 158	10 951 595	26 367 753	124
1890	14 278 147	5 494 545	19 772 693	9 349 313	29 122 005	137
1891	15 474 274	6 564 315	22 038 589	8 167 380	30 205 970	142
1892	14 832 098	5 773 912	20 606 010	10 056 693	30 662 703	144
1893	10 828 470	5 593 089	16 421 559	11 272 988	27 694 547	131
1894	9 230 043	3 841 514	13 071 557	12 442 686	25 514 243	120
1895	11 068 890	4 202 009	15 270 899	13 833 602	29 104 501	137
1896	14 576 231	5 139 079	19 715 310	10 927 175	30 642 485	144
1897	15 412 827	4 551 745	19 964 572	11 675 360	31 639 932	149
1898	20 226 458	5 609 623	25 836 081	12 299 570	38 135 650	180
1899	18 260 257	8 314 487	26 574 744	13 199 651	39 774 395	187
1900	14 819 195	7 447 678	22 266 873	14 428 165	36 695 038	173
1901	25 572 969	8 676 020	34 248 989	16 814 449	51 063 438	241
1902	23 458 315	7 834 676	31 292 991	14 095 324	45 388 315	214
1903	19 719 117	8 218 046	27 937 163	15 185 839	43 123 002	203
1904	14 648 099	10 088 164	24 736 263	13 685 172	38 421 434	181
1905	21 129 028	12 342 966	33 471 994	13 221 377	46 693 371	220

续表2.9

年份	洋货进口	土货进口	进口总额	土货出口	贸易总额	贸易指数
1906	19 628 353	10 579 695	30 208 048	13 204 635	43 412 682	205
1907	12 917 007	8 866 032	21 783 039	10 982 656	32 765 695	154
1908	10 364 403	7 296 980	17 661 383	11 834 647	29 496 030	139
1909	10 352 781	10 865 467	21 218 248	20 158 090	41 376 338	195
1910	7 852 501	7 234 485	15 086 986	16 047 521	31 134 507	147
1911	7 999 499	8 296 024	16 295 523	15 209 309	31 504 833	148
1912	8 672 023	7 200 696	15 872 719	14 518 884	30 391 603	143
1913	8 905 028	8 551 833	17 456 861	14 184 363	31 641 224	149
1914	7 795 886	5 349 877	13 145 763	10 880 020	24 025 783	113
1915	6 106 700	8 700 113	14 806 813	21 023 711	35 830 524	169
1916	5 501 054	6 419 583	11 920 637	17 510 079	29 430 716	139
1917	5 907 768	6 987 121	12 894 889	14 445 494	27 340 383	129
1918	3 842 122	6 185 746	10 027 868	14 056 698	24 084 566	113
1919	4 135 713	8 269 356	12 405 069	17 009 575	29 414 644	139
1920	3 756 060	6 645 122	10 401 182	17 355 182	27 756 364	131
1921	6 301 339	8 264 284	14 565 624	26 524 671	41 090 295	194
1922	5 347 717	9 229 829	14 577 546	19 259 496	33 837 042	159
1923	4 802 403	9 689 458	14 491 861	16 856 017	31 347 878	148
1924	3 919 212	6 970 536	10 889 748	11 268 484	22 158 232	104
1925	2 604 025	7 918 546	10 522 570	12 035 040	22 557 610	106
1926	3 449 826	7 642 554	11 092 380	11 516 335	22 608 715	107
1927	3 322 683	7 143 281	10 465 964	9 511 572	19 977 536	94
1928	2 760 261	7 039 172	9 799 433	8 049 226	17 848 659	84
1929	3 554 163	6 709 725	10 263 888	7 383 860	17 647 748	83
1930	2 535 390	7 551 741	10 087 131	7 781 750	17 868 881	84
1931	4 227 320	11 303 294	15 530 614	11 497 517	27 028 131	127
1932			7 506 171	4 280 213	11 786 384	56
1933			7 434 992	7 053 989	14 488 982	68
1934			9 172 645	7 396 787	16 569 432	·78
1935			10 287 702	7 199 866	17 487 568	82
1936			9 722 130	6 600 158	16 322 288	77

资料来源：烟台港务局编，《近代山东沿海通商口岸贸易统计资料》。其中，1899－1931年数据来自第4－9页表1；1932－1936年数据引自第16页表6，原载《最近八个年间北支贸易调查表》第7页，此表只有进出口值。

说明：原书1932－1936年数据单位是国币元，本表按1海关两＝1.558元国币元换算。所作的贸易指数以1913年贸易额为基数。另外，本表数据均以20世纪30年代南开大学经济所做的出口价格指数进行换算。台湾学者刘素芬已经对烟台港1867－1919年的贸易情形做了研究，她所用的数据与本表微异。为了保持前后时代数据来源的一致性，本表没有使用刘素芬的数据。

滑，这显然是由于青岛港的进口贸易影响了烟台。1914 年以前进口额尚能维持在七八百万两，以后便下降到四五百万两，1924 年后仅存二三百万两。土货进口在 1898 年以前，基本上在 600 万两以下。从 1899 年起土货进口开始增长，此后的大部分时间里，超过了七八百万两，有些年份甚至超过 1 000 万两以上。进口贸易从总体上看，洋货进口占主导地位，绝对的优势在 1910 年之前表现得特别明显，贸易处在增长期，基本上在 1 400 万－2 000 万两之间，1898－1910 年间攀升至 2 000 万两之上，有些年份甚至超过 3 000 万两以上。1910 年之后洋货进口与土货进口平分秋色，但洋货进口开始衰退，洋货和土货的进口贸易总值回落到 1 000 万－1 600 万两。

土货出口贸易在 1879 年之前，一直停滞在四五百万两之间，1879 年贸易开始增长，由七八百万两逐渐上升到 1 000 万两以上，但是在 1900 年以前很少超过 1 400 万两，自此以后基本上处在 1 400 万两以上，有些年份甚至超过 2 000 万两以上，最高达到 2 600 万两。1924 年贸易衰落下去，此后除了几年有所超过，每年一般贸易都在 1 000 万两以下。

从贸易总额看，在 1909 年之前，进口贸易大大超过出口贸易，对贸易的增长起着主导作用，贸易额从 1 000 万两上升到 2 000 万两以上，1891 年贸易进入全盛期，到 1913 年为止，贸易额基本上在三四千万两，1901 年甚至达到 5 100 万两。1910 年进出口贸易数据已经平分秋色，由于进出口贸易都在下降，总体趋势也处在衰退中，1914－1926 年贸易总额尚能维持在 2 000 万两以上，1927 年以后便大大低于 2 000 万两。

在烟台港不同的发展时期，都有不同的主要商品对贸易的发展起着举足轻重的作用。

据刘素芬研究，烟台 1919 年以前出口货物当中，对输出趋势影响较大的产品主要有豆类及豆饼、黄丝、野蚕丝、屑丝、茧绸、粉丝、草帽辫、果类、花生、药材、花边、发网共 15 项。最初的 10 年，豆类及豆饼所占出口总额的比重在 30%－50%，而且豆类的出口比豆饼多。1876 年以后，豆类直接在牛庄出口，不再经烟台转口，贸易额因此急剧减少。但豆饼则有相当的增长。1876－1907年期间，豆类和豆饼的出口比例还能占到出口贸易的20%左右。1907年以后，由于辽东的营口和大连港的竞争，导致烟台豆货贸易衰落，豆类及豆饼贸易的出口比重在1918年为0.37%，已不值得一提。

代替豆货而起的是草帽辫贸易。从1877－1903年的二十多年间是草帽辫贸易的黄金时期。1881年草帽辫首次超过豆货成为最重要的出口品，其出口比重在1887年达到最高，占了烟台全部出口总值的38.1%。1898年以后青岛开埠，草帽辫逐渐由胶济铁路运往青岛出口，烟台的草帽辫贸易衰落，1911－1913年间甚至出现绝迹的情形。自1914年起，由于青岛成为战场，烟台草帽辫贸易重新兴起，但也是昙花一现。

生丝贸易的成长趋势相当明显。丝绸贸易自始至终对出口贡献极大，从1868年起各种丝的出口值合计基本都超过10%。1893年以前，黄丝比野蚕丝所占的比重要大，以后野蚕丝贸易额所占比重从5%稳定增长到20%以上，黄丝则由原来的10%下降到不足1%。茧绸和野蚕丝的贸易起点很高，1908年以后呈现野蚕丝与茧绸并驾齐驱的情形，各占出口比重的20%以上，丝和绸贸易也占出口的一半。1918年丝绸出口比重甚至高达58.37%。

比较说来，粉丝出口比重最为稳定，长期维持在10%左右。1915年龙口开埠后，烟台粉丝贸易的前途堪忧，到1919年粉丝所占的出口比重跌至前所未有的5.59%。

以上是1919年以前的贸易情况。表2.10反映了1919年以后的大宗产品贸易状况。

从表2.10可见，1919年以后，花生产品贸易发展十分迅速。1925－1936年，几乎年年超过100万两，1927年竟然达到178万两，在烟台不振的出口贸易中自然占有重要地位。粉丝产品也没有因为龙口的开埠而衰落，几乎年年超过百万两，1932甚至超过550万两。花边和发网是新兴的贸易产品，两者之和也有几年超过100万两，其他年份靠近百万两。以茧绸和乱丝头为主的丝绸贸易一直是烟台出口的大宗产品，尤其是茧绸，1919－1923年每年都在500万两以

表2.10　1919－1936年烟台重要原货出口统计

（单位：海关两）

年份	花生仁	花生	粉丝	花边	茧绸	乱丝头	发网	干咸鱼
1919	308 894	121 536	1 039 704	440 429	5 253 925	1 435 827		230 307
1920	296 140	134 862	1 314 533	667 743	6 377 450	999 685		326 089
1921	311 582	401 926	1 556 288	743 099	8 199 728	502 889		27 834
1922	361 981	200 547	1 254 233	1 153 817	5 585 273	606 988		315 322
1923	369 034	286 643	978 470	489 014	5 271 465	404 927	2 131 308	406 031
1924	494 452	413 678	1 093 947	464 351	3 140 967	263 865	1 241 586	246 140
1925	691 873	662 755	1 163 783	476 240	3 138 934	419 300	830 567	270 103
1926	673 097	899 245	1 081 016	386 565	2 824 905	406 619	563 428	276 418
1927	994 410	790 957	1 279 213	507 067	1 507 332	413 284	414 185	284 551
1928	448 395	750 005	950 068	331 090	1 445 247	292 751	375 138	322 317
1929	566 771	638 134	1 008 989	354 954	1 347 300	214 282	375 217	263 191
1930	483 066	581 772	1 135 134	424 109	1 606 669	129 356	416 809	220 930
1931	649 765	755 934	1 315 905	490 198	3 833 269	76 459	351 884	317 012
1932	776 118	928 912	5 523 891	523 242	2 811 466		706 068	99 609
1933	255 184	935 628	622 675	390 993	886 873		440 492	
1934	153 169	619 868	683 263	428 663	995 489		490 257	
1935	480 326	749 983	629 960	370 548	687 762		447 046	
1936	93 894	541 161	457 105	569 720	639 541		547 190	

资料来源：《近代山东沿海通商口岸贸易统计资料》，第147－154页，表72－表75。原书1932年以后数据单位为国币元，本表按1海关两＝1.558元折算。

上，1921年竟然超过800万两。由于日本截留辽东的野蚕丝原料以及青岛港的出口竞争，茧绸在不断下降，20世纪30年代降到100万两以下。另外烟台海产品也为贸易贡献了几十万两。

根据刘素芬的研究，鸦片、纺织品、纺织原料、糖、纸、燃料、火柴、五金、粮食和染料等是烟台进口贸易主要商品。烟台开港初期，鸦片、纺织品是最重要的进口商品，在1867－1880年间两者的进口比重达到50%－60%。自1880年以后，鸦片进口数量迅速下降到5%以下，变得无足轻重。1913年政府全面禁止吸食鸦片，进口绝迹。纺织品贸易继续占最重要的比重，1896年以前占进口的30%，

1898 年以后则降至 20% 左右。下降的原因可能是进口普遍分散和纺织原料进口的成长。纺织原料是 1880 年鸦片骤衰后继之而起和纺织品分庭抗礼的进口大宗。它所占的进口比重，由 1886 年以前的不到 10% 升到 20%，1898 年超过纺织品，成为进口第一。1867 –1919 年纺织品和纺织原料的进口值稳定，始终占有重要的地位，两项合计在 30%–60% 间。其余的重要进口商品，有的进口值下降，如糖和五金类在 1896 年以后由原来的 10%–20% 下降到 5%–2%。有的进口值不降反增，纸和染料的进口比较稳定，分别保持在 5% 和 1.5%–2% 水平上。粮食、燃料、火柴等杂货属于成长型，三者合占进口比重 5% 左右，逐渐成长为 10% 以上，1904 年甚至高达 31.24%。以上是 1919 年之前的情况。

据东海关统计，20 世纪二三十年代的烟台港出口货以野蚕丝、茧绸、草帽辫、花生、粉丝、抽纱品、发网、精盐为大宗，1931 年直接运往外洋及香港的土货价值 897 万海关两，运往通商口岸的货物 1 015 万海关两，合计土货出口 1 912 万海关两。洋货进口以棉纱、布匹、毛制品、五金、煤油、面粉、纸烟、火柴、糖、纸为大宗，1931 年由外洋直接进口的洋货价值 575 万海关两，由通商口岸进口的货物 302 万海关两，合计 878 万海关两①。

二、龙口与威海

龙口、威海都是烟台附近较小的港口，属于烟台港的内港，受东海关的管辖。

1898 年威海被英国租借后，辟为爱德华自由贸易区，免税政策对烟台贸易产生了极大分流作用。威海由中国政府于 1930 年收回，重新设立海关对外开放。威海港出口物资以花生、食盐为大宗；进口物资以石油、面粉、棉布、大豆、玉米、煤炭为大宗。威海贸易趋势如表 2.11 所示。

---

① 白眉初：《山东省志》，志三，第 43 页；《山东各县乡土志》，卷一“福山县”。

表 2.11　威海直接进出口贸易额

（单位：海关两）

年份＼贸易	洋货进口	土货出口	合计	贸易指数（1931 年取 100）
1930	231 396	313 792	545 188	13
1931	939 147	3 309 454	4 248 601	100
1932	612 538	1 772 775	2 385 313	56
1933	746 444	1 999 725	2 746 169	65
1934	1 164 432	1 471 327	2 635 759	62
1935	1 419 881	1 870 780	3 290 661	77
1936	777 637	1 507 525	2 285 162	54
1937	475 564	1 581 470	2 057 034	48
1938	1 082 186	869 093	1 951 279	46
1939	1 717 058	1 018 631	2 735 689	64
1940	1 828 096	3 349 832	5 177 929	122
1941	613 386	1 347 510	1 960 896	46
1942	108 951	770 515	879 467	21

资料来源：《近代山东沿海通商口岸贸易统计资料》，第 26－27 页。原书 1930－1931 年为海关两，1932 年以后为国币元，本表按照 1 海关两＝1.558 国币元折算。

由表 2.11 可见，威海港贸易总额不大，基本上在 500 万两以下，只有 1940 年达到 800 万两以上，贸易起伏较大，1935 年之前，整体趋势在上升，之后虽然间有新高，但整体呈下降趋势。从进出口贸易结构看，大部分年份威海处在出超状态，主要以出口土货为主。

龙口于 1915 年对外开放。龙口背后平原沃野，人口繁多，地理上优于烟台。山东苦力赴东三省及西伯利亚谋生多由此上船，每年都有 5 万－10 万人；进口货物以日本棉货为大宗，煤油、火柴次之，出口货仅以茧绸、粉丝、鲜果为大宗①。

由表 2.12 可见，龙口贸易额总量也比较小，最高不过五六百万海关两。龙口港背后腹地较小，因此进出口贸易规模有限。从进出口贸易的构成看，大多数的年份龙口都处在出超的状态，只有 4 个年份存在入超。从贸易趋势上来看，1933 年以前，贸易处在成长期；1933－1940 年间贸易处在增长期，但由于战争的影响起伏不定。从 1941 年开始大幅下降。

① 《山东省志》，志三，第 48、52 页。

表2.12　龙口直接进出口贸易

（单位：海关两）

贸易 年份	洋货进口	土货出口	合计	贸易指数 （1918年取100）
1916	19 412		19 412	27
1917	8 950	10 115	19 065	26
1918	1 383	71 117	72 500	100
1919	5 197	284 222	289 419	399
1920	4 319	219 954	224 273	309
1921	78 414	846 257	924 671	1 275
1922	20 956	1051364	1 072 320	1 479
1923	22 251	1 462 557	1 484 808	2 048
1924	79 873	1 797 448	1 877 321	2 589
1925	144 980	1 532 572	1 677 552	2 314
1926	316 856	2 068 369	2 385 225	3 290
1927	78 051	3 446 653	3 524 704	4 862
1928	157 258	2 765 264	2 922 522	4 031
1929	312 210	2 719 182	3 031 392	4 181
1930	267 467	2 731 481	2 998 948	4 136
1931	349 696	1 861 547	2 211 243	3 050
1932	659 452	1 170 450	1 829 902	2 524
1933	1 126 568	2 332 734	3 459 302	4 771
1934	1 492 671	2 041 827	3 534 497	4 875
1935	1 796 256	2 094 696	3 890 953	5 367
1936	1 292 221	1 668 374	2 960 594	4 084
1937	1 078 886	1 699 008	2 777 894	3 832
1938	173 272	1 138 764	1 312 037	1 810
1939	3 752 608	302 103	4 054 711	5 593
1940	6 369 663	623 724	6 993 387	9 646
1941	1 102 537	233 976	1 336 512	1 843
1942	1 331 264	424 864	1 756 128	2 422

资料来源：《近代山东沿海通商口岸贸易统计资料》，第27－28页。原书1932年以后数据原为国币，本表以1海关两＝1.558国币元折算。

三、青岛

明清之际，今青岛所在的胶州湾及其附近海口贸易已经有了很大的发展。董家口、古镇口、宋家口、柴胡荡、灵山卫、唐岛口、薛家岛、女姑口、沧口、青岛口、沙子口、登窑口、金家口等港口相继兴起。1865 年，塔埠头、金家口、青岛口设有东海关分关，灵山卫、女姑口、沧口、沙子口、登窑口和薛家岛则设有海关分卡。1891 年 6 月 14 日，清政府议决在胶澳建置设防，调登州镇总兵章高元移驻胶澳。1892 年，青岛近代第一座人工码头即青岛前海栈桥兴建。此外，在青岛河入海口以南兴建了“衙门桥”。这两座码头的兴建，是青岛建港的开端，也是青岛港航活动的转折，对青岛地区的政治、经济、军事、文化都有重要影响。

在港航业方面，开埠之前船舶往来极盛，航运通达。青岛港外通朝鲜，北通辽宁，南通江浙闽粤，以及山东诸港，贸易很活跃。胶州湾内“估客云集，千樯林立”，“夷货海估山委云积”。塔埠头有行户二十余家，设有驴骡行、油饼行、腌猪行、干粉行、福广行、杉木行、草果行、棉花行等八大行。19 世纪 50 年代胶州贸易受到金家口、烟台等港的竞争，闽广船很少再来胶州①。青岛被德国人占领前，胶州出口豆子、花生、豆油、花生油、豆饼、鲜果等物，进口棉花、纸张、瓷器等必需的物品，进口货物估价可达 300 万两②。由于进出货物基本上是一种物物交易，此时的贸易额估计在 600 万两左右。

在对中国沿海港湾进行了长期的考察后，德国人认为胶州湾不但适合作为军港，而且背后地资源丰富，发展潜力很大。1897 年“巨野教案”发生，德国人便以此借口出动海军强占青岛口，并通过不平等条约拿到了梦寐以求的胶州湾。此后直到 1937 年，青岛的发展可分为三个阶段：首先是 1897 －1914 年德国人统治时期，再次是 1914 －1922 年日本人统治时期，最后是青岛回归时期。

自胶海关 1899 年开关以来，青岛贸易进步神速，在全国口岸贸易额排名中，青岛往往占据第六位或第七位，在北方各港中位列第三。青岛港的贸易不但发展速度快于烟台，而且贸易结构也有别于烟台。

---

① 《郭嵩焘日记》第一卷，湖南人民出版社，1980 年，第 267、268 页。

② 烟台港务局档案馆藏：《光绪二十五年胶州口华洋贸易情形论略》。

由表2.13可见，在1904年以前，洋货进口贸易都在1 000万两以下，处在成长期，1904年以后受胶济铁路全线通车的带动，开始突破1 000万两大关，1906年达到2 200万两的高度，直到1913年进出口总值几乎都超过2 000万两。由于第一次世界大战的影响，1914－1921年洋货进口贸易回落，除个别年份之外贸易额都在1 300万－1 700万两之间浮动。在1921年恢复到2 000万两的水平，以后贸易进入快速增长期，1922－1931年除个别几年洋货进口都大大超过3 000万两，最高的1931年达到近3 900万两。1933年以后洋货进口贸易回落到2 000万两水平。

表2.13　1899－1936年青岛进出口贸易额统计

（单位：海关两）

年份	进口洋货	进口土货	进口总值	出口总值	贸易总值	贸易指数（1902年取100）
1899	326 683	1 648 897	1 975 580	1 131 509	3 107 089	24
1900	842 937	2 970 667	3 813 604	1 532 003	5 345 607	41
1901	4 554 453	3 372 572	7 927 025	3 911 997	11 839 022	90
1902	7 494 095	2 858 790	10 352 885	2 777 714	13 130 598	100
1903	9 572 547	3 186 646	12 759 193	3 743 870	16 503 062	126
1904	10 030 697	4 435 744	14 466 442	6 741 177	21 207 618	162
1905	13 338 605	5 254 280	18 592 884	7 992 542	26 585 426	202
1906	22 467 728	6 764 987	29 232 715	9 349 795	38 582 510	294
1907	19 946 601	4 548 616	24 495 217	8 686 808	33 182 026	253
1908	16 476 182	4 090 472	20 566 654	12 787 786	33 354 440	254
1909	20 422 853	5 832 095	26 254 947	16 283 568	42 538 515	324
1910	20 149 580	4 639 893	24 789 472	18 705 245	43 494 717	331
1911	20 445 039	5 277 063	25 722 102	21 697 999	47 420 101	361
1912	23 955 281	5 757 450	29 712 731	28 215 982	57 928 713	441
1913	26 207 915	7 268 592	33 476 507	25 692 373	59 168 880	451
1914	16 716 270	2 760 092	19 476 362	15 747 619	35 223 980	268
1915	5 312 098	774 278	6 086 376	5 861 449	11 947 825	91
1916	15 438 168	4 111 374	19 549 542	19 601 869	39 151 412	298
1917	17 204 873	7 276 976	24 481 848	24 210 706	48 692 554	371
1918	15 098 218	7 971 707	23 069 925	25 794 358	48 864 283	372
1919	13 442 826	5 619 901	19 062 727	34 593 400	53 656 127	409
1920	14 545 822	5 335 232	19 881 054	28 922 142	48 803 196	372

续表 2.13

年份	进口洋货	进口土货	进口总值	出口总值	贸易总值	贸易指数（1902 年取 100）
1921	20 037 552	8 513 833	28 551 385	29 053 578	57 604 964	439
1922	30 055 950	12 613 557	42 669 507	27 339 256	70 008 763	533
1923	28 230 014	15 635 438	43 865 452	30 984 835	74 850 287	570
1924	30 186 335	21 463 223	51 649 558	39 201 357	90 850 915	692
1925	28 332 574	15 922 441	44 255 015	40 736 006	84 991 021	647
1926	30 700 558	18 169 665	48 870 223	40 548 050	89 418 273	681
1927	29 007 787	17 248 139	46 255 925	50 170 603	96 426 528	734
1928	27 968 226	20 805 837	48 774 063	40 842 187	89 616 250	682
1929	36 824 921	17 866 245	54 691 166	47 311 304	102 002 470	777
1930	36 902 187	20 231 120	57 133 307	50 473 092	107 606 399	820
1931	38 901 847	19 375 726	58 277 573	63 654 689	121 932 262	929
1932	31 260 411	18 489 728	49 750 139	62 000 000	111 750 139	851
1933	26 237 226	11 525 109	37 762 335	54 192 318	91 954 653	700
1934	20 493 518	14 620 118	35 113 635	54 120 023	89 233 659	680
1935	23 796 267	14 361 419	38 157 686	71 626 574	109 784 260	836
1936	23 094 747	14 244 570	37 339 317	67 827 527	105 166 844	801

资料来源：1899－1931 年数据，据烟台港务局《近代山东沿海通商口岸贸易统计资料》，第 10－12 页，表 2。1932－1936 年数据，据青岛档案馆编《帝国主义与胶海关》，第 385－396 页，各年全国海关贸易报告中有关胶海关部分。

说明：原书 1932－1936 年数据单位是国币元，本表按 1 海关两＝1.558 国币元换算。

土货进口贸易方面，长期以来都在 800 万两以下浮动，1921 年开始增长，以后基本都在 1 200 万－2 000 万两之间徘徊，也有几年超过 2 000 万两，最高为 1924 年 2 146 万两。大体上，土货进口贸易的总趋势与洋货进口比较接近。

就包括洋货进口和土货进口两个方面的进口贸易而言，总的说来，1905 年之前，显然处在成长期，最高达到 1905 年的 1 800 万两水平；1906－1913 年间贸易增加，都在 2 000 万两上，1913 年甚至超过 3 300 万两。1914－1921 年间贸易低落，1922 年恢复并达到 4 200 万两的新高，至 1932 年进口总额都在四五千万两以上。1933 年以后，进口贸易虽然接近 4 000 万两，但与以前比较有所下降。

出口贸易额在 1908 年以前处在成长期，以后超过 1 200 万两，进入增长期。1914－1916 年出口贸易低落，但到 1916 年就恢复到 2 000

万两的水平，1919 年竟然到 3 400 万两，至 1924 年之前出口贸易基本处在 4 000 万两之下。1925 −1936 年出口贸易都在 4 000 万 −7 000 万两之间，12 年中基本处在增长的态势。

青岛进出口贸易趋势变化十分明显。1899 −1913 年为成长阶段，贸易额接近 6 000 万海关两大关；虽然进口和出口贸易都处在成长期，但这一时期仍以出口贸易占优势。第二阶段为衰退期，受日英与德国战争影响，贸易额连年下降，直到 1921 年才恢复到 1913 年的水平，相对来说进口贸易受到沉重打击，但出口贸易受的影响比较小。第三阶段为高速增长期，贸易额都在 8 000 万海关两以上，1929 年突破 1 亿海关两大关，1929 −1936 年连续超过 1 亿海关两。在这一时期内，出口土货的比重有所加强，特别是 1925 年之后这种趋势表现得十分明显；进口贸易衰落，出口贸易持续增长，在总贸易额中的比重大大超过进口。

以上是对青岛港贸易趋势的总体考察，我们再分析贸易的微观结构，考察进出口大宗产品。

表 2.14 和表 2.15 是烟台港务局学者据海关贸易报告对青岛贸易主要出口产品的初步研究。据表，在青岛港出口结构中，起主要作用的是花生产品、棉花、茧绸、丝绸、草帽辫、肉类、煤炭、烟叶等产品。

表 2.14　青岛重要原货出口统计表 A

（单位：海关两）

年份	带壳花生	花生仁	花生油	豆油	棉花	草帽辫
1903		83 587		1 227 158		644 090
1904		61 823		1 803 175	57 735	1 719 556
1905		85 334		1 575 798	4 958	2 835 032
1906		99 209		1 314 056		4 337 989
1907		150 883			2107	4 104 087
1908		452 967		893 721	48	5 709 928
1909		1 763 123	1 197 526	59 048	13 509	6 977 701
1910	3 282 608		927 459	470 314	423 554	6 399 084
1911	3 841 293		95 597	541 516	878 056	9 223 744
1912	4 148 298		3 389 200	437 370	1 570 429	6 963 160

续表 2.14

年份	带壳花生	花生仁	花生油	豆油	棉花	草帽辫
1913	5 116 403		1 812 543	242 183	1 008 945	4 184 714
1915	7 058	413 908	484 486	133 528	597 081	253 409
1916	11 220	1 779 767	2 273 244	803 647	314 978	834 079
1917	334	1 740 517	2 806 633	1 064 116	263 322	801 278
1918	422	197 652	4 104 245	1 819 017	829 038	1 119 667
1919	1 799	4 138 822	8 126 011	1 365 835	569 184	1 805 250
1920	2 865	5 302 419	4 623 018	75 401	245 659	1 394 666
1921	275 459	5 244 849	3 216 568	3 612	191 975	902 626
1922	452 285	5 568 629	2 812 157	27 873	585 024	1 427 601
1923	756 583	6 631 621	3 648 674	31 693	999 090	1 306 649
1924	1 321 941	11 570 534	4 269 011	122 538	1 640 744	1 354 894
1925	1 156 321	10 820 008	3 763 359	43 097	2 204 326	1 205 949
1926	1 136 567	10 089 721	4 856 178	110 668	573 905	736 808
1927	1 001 896	9 406 106	4 242 590	72 290	2 512 338	882 619
1928	939 193	4 287 374	2 241 963	27 038	1 917 183	1 146 013
1929	616 370	7 320 541	2 880 671	70 841	1 208 926	836 385
1930	902 424	12 099 775	6 814 546	143 073	2 218 700	766 916
1931	2 165 992	14 133 725	7 174 966		3 350 262	600 087
1932	924 399	6 751 659	1 235 630		364 060	266 680
1933	482 458	2 742 126	1 203 823		238 132	150 919
1934	290 583	2 339 720	1 104 424		145 136	96 638
1935	424 454	4 091 675	3 585 175		776 307	127 936
1936	247 922	1 496 488	3 057 369		863 899	100 300

资料来源：《近代山东沿海通商口岸贸易统计资料》，第 155－159 页。原书 1932 年以后为国币元，本表按照 1 海关两＝1.558 国币元折算。

表 2.15　青岛重要原货出口统计表 B

（单位：海关两）

年份	肉类	丝绸	茧绸	煤炭	焦煤	盐	烟叶
1903		748 342	1 709				
1904		1 535 598	61 203				4 035
1905		759 040	87 833	147 201			7 873
1906		849 922	239 514	210 775			9 990
1907		1 770 770	1 164 359	72 216			8 735
1908		2 036 666	1 302 638	190 490			1 495

续表 2.15

年份	肉类	丝绸	茧绸	煤炭	焦煤	盐	烟叶
1909	46 454	1 261 412	1 525 169	660 000			13 320
1910	51 481	2 123 061	2 123 984	386 094			42 517
1911	130 991	1 605 585	1 526 634				129 005
1912		4 052 306	1 692 322	736 974			35 309
1913	793 084	2 303 282	2 883 608	828 909			5 755
1915	71 703	860 893	804 909	24 538	51	111 787	11 301
1916	183 469	1 246 385	1 018 795	234 472	1 955	179 411	111 916
1917	505 024	1 064 069	1 234 824	1 113 911	294 253	372 170	607 416
1918	684 431	1 718 916	1 251 098	1 342 370	698 350	1 070 760	2 437 486
1919	1 030 484	679 697	645 205	1 088 116	197 719	1 721 755	3 384 498
1920	979 764	1 912 647	249 243	2 071 325	97 718	1 139 119	4 182 502
1921	1 112 896	1 882 482	641 012	2 074 767	215 061	820 781	2 844 108
1922	1 027 937	2 132 288	285 934	2 277 659	205 364	778 075	1 840 703
1923	1 093 192	4 305 804	299 685	1 615 186	141 025	211 483	2 037 708
1924	1 576 650	2 574 190	529 391	3 254 609	145 688	68 453	1 667 170
1925	1 265 380	2 478 472	606 909	3 145 814	169 514	36 651	1 707 265
1926	1 602 432	2 346 999	602 224	1 215 655	92 864	1 927 199	1 089 455
1927	2 411 907	2 846 441	736 011	1 668 842	55 238	714 120	2 062 634
1928	1 740 403	2 889 792	224 684	1 724 987	154 667	287 482	2 508 409
1929	1 643 995	2 860 495	931 095	3 998 035	111 152	5 553 113	1 269 862
1930	2 035 076	3 537 492	351 614	1 567 124	100 264	727 607	1 790 904
1931	2 305 840	4 962 774	447 685	3 023 452	56 254	546 044	3 352 192
1932	1 097 931	314 255	45 813	508 017	1 383	877 644	430 501
1933	845 603	232 112	33 353	208 445	5 003	760 488	796 544
1934	1 134 192	225 669	15 026	267 273	15 109	643 540	1 874 033
1935	839 883	169 225	147 689	321 714	12 449	803 336	1 488 166
1936	1 012 261	23 666	12 570	810 025		619 243	1 719 228

资料来源：《近代山东沿海通商口岸贸易统计资料》，第 159－163 页。原书 1932 年以后为国币元，本表按照 1 海关两 =1.558 国币元折算。

在 1928 年《胶澳志》商业部分中也可以看到同样的记载。出口土货包括原料和工业品。大宗原料主要包括花生、棉花、牛肉、鸡蛋、煤炭、烟叶等；大宗工业品主要有棉纱、花生油、花生饼、火柴、纸烟、草帽辫、丝绸等①。花生及其产品（包括带壳花生、花生

① 赵琪等：《胶澳志》，“食货志 · 商业”，第 781－801 页，1928 年。

仁、花生油三类）占出口土货的第一位，1924年在全部出口总额中高达44%，1927年仍占出口总额的30%。1908年当花生及其产品刚刚走出青岛港时，只有花生仁一项，价值不过45余万两，经过二十年的发展，到20世纪30年代出口价值已达2 400余万两，出口增加了四五十倍。

由于俄国、日本的需要，牛肉也是青岛出口贸易的大宗产品，牛肉、牛油、牛皮每年都有大量的输出。普通煤炭和焦炭的出口贸易也十分可观，在1924年、1925年两项贸易之和都超过460万两。烟叶贸易自一战后兴起，出口以1918年、1919年为盛，达到三四百万两。20年代烟叶出口基本保持在15万–20万担之间，出口值在二三百万两左右。棉花除了供给青岛本地的棉纺织厂外，20年代也有出口，甚至达到300余万两。草帽辫出口在1905–1913年十分兴盛，青岛的贸易额曾经占全国草帽辫贸易的八成，价值600余万两。后来由于战争的影响，贸易转移到天津，战后青岛草帽辫贸易虽有所恢复但已不如以前。

丝绸贸易包括土丝和厂丝两种，土丝和蚕茧的出口在1908年和1909年最盛，达到一百七八十万两，其后，土丝贸易时增时落。进入20年代后，厂丝贸易发展起来，每年的出口达到300万–400万两[①]。另外，从以上两表可见，青岛也有茧绸出口。

据《胶澳志》记载，青岛进口土货以棉花、棉纱、棉布、卷烟、纸、煤油等为大宗。棉纱、棉布两项是最重要的进口货物，1906年两项进口货值已各达500万两。20年代末期，日本商人为了利用我国低廉劳动力、逃避海关税，纷纷来中国口岸设厂。由于中国生产的棉纱增加，开始减少洋纱进口。洋纱进口自1922年开始递减，1927年减至23万两。洋布1906年进口达到190万匹，价值590万两，其后开始递减。但由于青岛织布比较粗，工厂不善染色，此后还继续进口一定的洋布。

棉花本属出口大宗，但是自1921年开始，进口的美国、印度棉花逐渐递增，由于青岛七大纱厂需要大量的棉花，而本省所产的棉花

① 赵琪等：《胶澳志》，“食货志·商业”，第795–800页，1928年。

纤维短，不易于纺织，厂家多用美棉、上海棉花与本地棉花掺和使用。由于青岛纺纱厂的需要，棉花进口逐年增加，1924 年达到 713 万两，1927 年更达到 1 270 万两。

卷烟在 1924 年进口 79 000 担，价值 1 630 万两，达到最高。后来，山东的卷烟厂不断增设，卷烟产量大增，进口逐渐减少。

山东用纸多来自福建、上海，1907 年前后进口贸易的规模在 300 万两左右。20 年代末期纸的消费倍增，洋纸进口大增，使土纸滞销[①]。

第三节 连云港的港口转移与进出口贸易的发展

连云港又称海州，居青岛、上海之中，为南北航路往来必经之道。同时，海州与山东南部的沂州府水陆相通，沂河、沭河发源于沂州境内，或流经海州入海，或经海州进入运河，因此海州境内水网密布，水运便利。海州、沂州盛产粮食、豆类，通过运河、盐河、沂河、沭河、蔷薇河等为动脉的苏北鲁南河海联运，加速了粮食商品的流通。海州是这一地区的粮食外销的集散中心。由于粮食贸易发达，清朝康熙年间曾经设立江海关于海州云台山，此后朝廷考虑到上海沟通南北洋的区位优势，将江海关移至上海县，但海州仍然设有江海关子口。海州榷关历经 100 多年，不断变换隶属关系，改变名称，直到光绪三十一年（1905 年），大浦港作为商埠开放，海州设立大浦分关，改属于胶海关，1921 年大浦分关改称胶海关海州分关[②]。就此而言，海州各港是青岛内港。

近代以来本区域的港口，经历了从河口港向海港转移的过程。分布在海州湾的河口港因受泥沙淤积、海水顶托的作用，容易淤积，中心港口先后由青口转移到新浦、大浦等，最后由大浦转到在老窑、墟沟新建的海港，即我们今日所称之连云港。港口兴衰与贸易变迁相辅相成，下面分别简述各港口的贸易状况。

---

① 《胶澳志》，“食货志 · 商业”，第 808 –815 页。

② 《连云港港史（古近代部分）》，第 31 页。

一、青口

青口港位于今连云港赣榆县，是本区域最先兴起的港口。自清朝乾隆以来，山东沂州府一带的农村粮食生产和畜牧业、工矿业有所发展，有一定的产品可供外销。因地势向南倾斜，沂河水入夏水势平槽，船只可以直入运河，再转入青口港，输出沿海各地。每年，都有船只自南方装南货前来，再将当地的柿饼、核桃、枣、落花生之类运回，作为回头货①。到了晚清，受五口通商的影响，青口的贸易更加兴盛。据胶州海关的贸易报告，自上海北运的棉纱、棉织品、糖等货物，由镇江经过运河和清江浦运到青口和海州，再由陆路和沿海水路运到目的地，山东沂州、郯城等地所产的花生、花生油、棉花、豆饼、杂粮，沭阳、东海各地的米麦、豆类油饼，都由青口出海，运往上海、青岛、苏杭等地。②青口的贸易大约兴盛了170余年，青口也从一个河口小港发展成为著名的港口商业城镇。1905年大浦港和新浦口港作为商埠正式开放，青口港才退出大港行列③。

二、新浦口

清末位于青口河下游的青口淤塞严重，海港逐渐转移至蔷薇河。滨临大海的新浦口，交通运输便捷，逐渐成为新兴集镇。随着新浦集镇的开发和商业的发展，沈云霈等一批有识之士提出选择新浦为通商口岸之一的呼吁。光绪三十一年（1905年）署两江总督周馥在海州绅商的吁请下，向光绪帝奏请海州为自开商埠，同时开放新浦口和附近的大浦。物流带动了人流的汇集，到了1938年，新浦已由一个农村集镇，发展为拥有30 000多人的小商业城市④。

三、大浦

大浦位于临洪河口。大浦原不靠海，后由于海岸线东迁，原在新

① 吴树声：《沂水桑麻话》，原文载《临沂文史资料》第三册，第521页。
② 烟台港务局档案馆藏：《1899年胶州贸易报告》。
③ 《连云港港史（古近代部分）》，第35页。
④ 《连云港港史（古近代部分）》，第35页。

浦附近入海的临洪河口东迁至十几里外的大浦，流经连云港的蔷薇河、临洪河在大浦汇流入海，形成一个宽达 1.5 千米、水深 7 米的入海口，成为一个河海交会的自然港。此后，从大浦溯河而上，大船可到海州西门外沙板桥，小船可直抵今东海县至沭阳县的三荡。通过乌龙河和蔷薇河相连，舟楫方便。溯河而下，经临洪口，海运可与上海、天津、青岛、烟台相连接。其联海通陆的优越的地理条件，是决定作为开放海港的重要条件。1905 年大浦开埠，贸易逐渐发展起来，土货贸易以小麦、大豆、苞米、落花生为主，运销上海、山东等地，尤其以豆饼为商货之大宗。1921 年 2 月，大浦正式设立“胶海关海州分关”①。

大浦港在开埠时已有五座码头，3 000 吨的货轮可以进口停泊。1925 年 7 月，陇海铁路徐海段通车至新浦、大浦，大浦的码头建设进一步加速。当年，陇海、裕兴永、大振共四个泊位的三座木质码头，以及豫海、大振、大久三个与码头配套的仓库相继建成。当地还建立了自新、公益、福泰、聚兴、大陆等公司，从事经贸活动。徐州、蚌埠、潼关等地的商人，也在此设立各种土产专运公司。大宗的花生、黄豆、豆饼、芝麻、粮食和“帮猪”在此装运转海路北上青岛、上海等地，锦屏山的磷灰石则从这里运至青岛，再转运日本出口②。

四、连云港

以上所述的苏北海州湾一带的三个港口，随着时间的变迁而相继兴起，由于受海港条件和腹地交通条件的限制，普遍规模不大。最后一个港口大浦港也是河口港，同样面临着河道淤塞的威胁，严重制约着贸易的发展。1930 年英发轮和白鹤丸轮的沉没更加速大浦港的淤塞。另一方面，陇海铁路的东向原先只修到徐州，所承运的物资须经徐州中转津浦线。1921 年，开始修筑自徐州通往海港的铁路，1925 年修至大浦港。1932 年陇海局着手筹划海港码头建设。1936 年荷兰的治港公司完成连云港码头扩建，建成两个码头共六个泊位，定名连云

---

① 《连云港港史（古近代部分）》，第 35 页。

② 《连云港港史（古近代部分）》，第 35、109－110 页。

港，并与陇海线衔接。海港的扩建和与陇海铁路的衔接，大大改善了港口条件和腹地的交通，连云港开始了以前三个港口从来没有过的迅速发展，大大密切了苏北地区与上海、青岛等沿海口岸的经济联系。

连云港的输入货物主要是五金、水泥、木材、砂糖、面粉，输出货物主要有煤炭、豆、小麦、棉花等农产品。1935－1937 年间煤炭输出占当年贸易额的 28.1%，1936 年增加到 56.3%，1937 年竟然达到 68.6%。煤炭的大量输出使连云港的贸易发生了根本的变化，由农副产品为主的中转港变为以输出煤炭为主的中转港口①。

连云港虽然是青岛港的内港，而且到上海的距离是到青岛的四倍，但由于历史形成的金融、市场等方面的关系，连云港贸易显示出依靠上海市场的倾向。1936 年连青贸易占连云港贸易总额的 11.1%，其中输入量 11 701 吨，占全年输入量的 19.1%；输出量 34 535 吨，占其输出量 9.7%。与此同时，连云港与上海的贸易占其总额的 49.2%，输入量占输入总额的 55.5%，输出量占输出总额的 46.9%②。上述这种贸易倾向与连云港出口产品的结构有关。连云港主要贸易产品煤炭、食盐、豆类产品除了运往国外，历来出口南方市场，而北运青岛主要是粮食、花生等产品。

第四节　东北诸港开埠以后进出口贸易的发展

东北的海岸线曲折绵长，环渤、黄二海长达千余千米。依天然海湾之势，从山海关绕辽东半岛一直到鸭绿江口，大、中、小海港自西徂东分布众多。1861－1907 年营口是东北地区最大的对外贸易商港，到 1910 年，大连港超越营口港成为东北第一大港，再至 1920 年，安东又超越营口成为东北地区的第二大港③。近代东北三港虽然

---

① 《连云港港史（古近代部分）》，第 35、109－110 页。

② 《连云港港史（古近代部分）》，第 112 页。

③ 参见满铁庶务部调查课：《满洲贸易详细统计（上）》1926 年，《近代中国史料丛刊》3 编 769 册，台湾文海出版社，1993 年，第 756 页。1913 年安东港贸易额为 1 776 万海关两，营口港贸易额为 5 998 万海关两。然而，到了 1920 年，安东一跃到 6 325 万海关两，营口港贸易额仍只有 5 993 万海关两。

竞争激烈，但并未相互吞并或替代，以三港为基础，辐射整个东北地区、相互制约又相互补充的港口组合体逐渐形成。

一、营口

营口位居辽河下游，是典型的河口型港口。营口发展的历史可以上溯到清代中期，即其前身、有名的牛庄港。1858 年清政府签订《天津条约》，规定牛庄为东北对外开放的商埠。1861 年辽河下游河道迁徙，牛庄位置相对上移，远离了辽河入海口，英国领事于是违背条约，重定牛庄下游 90 里的营口为商埠之地，但在正式公文之中仍沿袭牛庄之号。营口因此开埠，东北地区开始由国内贸易逐渐扩大为国际贸易。从 1861 年直到 20 世纪初，作为全东北唯一对外通商的商埠，以营口为中心的商业运销网络逐渐形成，“舶来之品，土产之货，水陆交通，皆以此为总汇”。①

辽河自通江口以下 800 里到达营口，帆樯如织，水运便利；由浅水火轮上溯，可达辽阳。北宁铁路的沟营支线，自沟帮子南行到达辽河北岸；南满铁路支线，自大石桥西行，到达营口南岸。因此营口港水陆纵横，转运灵捷，东北的农产由此出口，夏季贸易最为繁盛。但因辽河上游行于蒙古沙地，河道容易淤塞，水少时帆船常常搁浅，此外冬季有三个月的冰期，这是营口港的主要缺点。

开埠以前，沿海各地来东北海口贸易的均是帆船，最有名的如上海的沙船、福建雕船、天津卫船等②，锦州和营口等处也有海船，统称为关东船，不过数量不多。樊百川估计，直到 1840 年以前，关东海船不过 200 只上下，船型大约在 100 －1 000 石之间，载运能力约

① 民国《奉天通志》，卷 162，交通二，航路上。

② 包世臣记载：沙船聚于上海约三千五六百号。其船大者载官斛三千石，小者千五六百石。自康熙二十四年开海禁，关东豆麦每年至上海者千余万石，而布、茶各南货至山东、直隶、关东者，亦由沙船载而北行。上海人往关东、天津，一岁三四至到四五至，“水线风信，熟如指掌。关东、天津之信，由海船寄者，至无虚日”。并且组织完备，“沙船有会馆，立董事以总之”。“凡客商在关东立庄者，上海皆有店。上海有保载牙人，在上海店内写载，……船中主事者名耆老，持行票店信，放至关东载货，并无客伙押载，从不闻有欺骗”。见《海运南漕议》（嘉庆九年），载《安吴四种 · 中衢一勺》，沈云龙主编：《近代中国史料丛刊》（294），卷 1，第 2 －3 页。

20余万石（每石300斤），即3万吨。①开埠以后，受轮船运输影响，帆船艘数减少。但有些帆船上改装了煤油发动机，还能保持其运输地位。与此同时，英商、日商公司经营的海运船只逐渐增多，与华商形成互相争雄的局面。除了有一些日本轮船往来于东北与日本各商埠之外，进出营口港的船舶主要往来于本国沿海各港口，以天津、龙口、上海、福州等为目的地（详见表2.16）。

因对外开放，营口港轮船运输密集，海运地位日益提高。此外营口城内的各商品专业市场发育齐全，交易方便，由此营口逐渐拉大与东北沿海其他未开放港口的发展距离，东北各港口间的层级分化现象突出。东达辽东半岛，西至辽西锦州地区诸多港口的洋货供给和土货出口开始依赖于营口。与此同时，渤海西岸和辽东半岛上的部分港口又因河流淤浅、市场转移等因素，至清末，它们甚至与国内其他地区的传统帆船贸易都出现萎缩之势。从19世纪60年代到20世纪初期，在山海关至辽东半岛顶端的整个环渤海湾内，以营口为核心的港口系统形成。

根据1871—1930年长达60年的进出口贸易统计数据（详见表2.17），如果以1871年的贸易指数为100，1930年的贸易指数则为2 377，60年间贸易数额增长了237倍。在60年的贸易大增长期间，又可以1905年为界，把营口进出口贸易的总体发展趋势划分成前后两个时期。其中1871—1896年的30余年为贸易缓慢增长期，除1890—1894年几个年份贸易较1871年增加3—4倍外，贸易增长基本在1—3倍之间；1897—1905年为营口贸易的鼎盛期，该段年份贸易额较1871年有大幅度的跃升，每年的贸易总值都在4 000万余海关两以上，1905年营口的贸易总值达到6 198万余海关两的最高峰值，为1871年的145余倍。1905年之后的10余年，营口贸易发展中落，到1919年又开始恢复发展，直到1925年再次突破1905年的最高贸易数额记录。

观察营口进出口贸易发展数额，发现进口长期大于出口。1905年营口进出口贸易总值达到6 198万余海关两的峰值，其中进口数额

① 樊百川著：《中国轮船航运业的兴起》，四川人民出版社，1985年，第78页。

表2.16 营口主要航运商及其航运地点表

名称	资本	设立时期	船艘吨数	航行地点
肇兴轮船公司	国币200万元	1910年	每月24艘4 000吨位	大连、天津、龙口、上海、汕头、兴化
招商局	国币2 500万元	1912年	每月2艘	专往来于本港与华南
政记公司	国币1 000万元	1917年	每月6艘	本港渤海沿岸及华南
毓太行	国币60万元	1922年	每月3艘3 000吨位	天津、上海、泉州、汕头
大通公司	国币25万元	1922年	每月8艘4 000吨位	天津、大连、龙口、烟台
旗昌轮船公司	国币25万元	1928年	每月10艘5 000吨位	天津、大连、龙口、上海
海昌洋行	国币15万元	1862年	每月1艘5 000吨位	天津、大连、上海、日本、欧美
太古洋行	英金50万磅	1890年	每月13艘12 000吨位	天津、上海、华南
怡和洋行	英金50万磅	1905年	每月1艘1 000吨位	中国各口岸、印度
三井物产会社营口出张所	日金1亿元	1892年	每月一两艘	华南、长江一带、日本
东和公司	日金5万元	1909年	每月一两艘	中国各口岸、日本沿海
国际运输会社支店	日金1 000万元	1927年	待考	天津、大连、青岛、上海及中国其他各港；日本神户、大阪
营口海运合资会社	日金3万元	1928年	每月四五艘	天津、门司、大阪、神户、横滨、雄基
南满贩卖课营口贩卖所	日金4亿4千元	1928年	不定期	中国及日本沿海各埠
备考	除所列者外，还有源来盛、德茂洋行等，为外国轮船代理家营业。			

资料来源：王华隆，《东北地理总论》，商务印书馆，1934年，第322页。

达到4 995万余海关两，占到贸易总值的80%以上。可见进口的升降密切关系着营口港进出口贸易总额的发展趋向，这是营口港贸易发展的主要特征之一。在进口贸易之中，洋货进口又长期大于土货进口，

1901 年后营口港洋货进口都在 1 000 万海关两以上，直到 1918 年后土货的进口才突破 1 000 万海关两。此后土货进口的发展趋势开始超越洋货进口，土货进口处于上升趋势，洋货的进口逐渐下降，但这也反映出营口由国际贸易港下降到国内贸易港。

表 2.17　营口历年进出口贸易额

（单位：1871 －1873 年为营过炉银，1874 －1930 年为海关两；1874 年为基期，取 100）

年份	洋货进口	土货进口	进口总值	土货出口	贸易总额	贸易指数
1871	2 052 410	748 627	2 801 037	1 454 695	4 255 732	
1872	2 297 249	1 161 150	3 458 399	2 000 502	5 458 901	
1873	2 397 765	836 444	3 234 209	1 582 464	4 816 673	
1874	1 771 706	803 796	2 575 502	1 753 543	4 329 045	100
1875	1 853 313	1 110 771	2 964 084	2 687 680	5 651 764	131
1876	3 067 726	1 355 326	4 423 052	2 639 324	7 062 376	163
1877	2 349 939	1 527 559	3 877 498	3 130 449	7 007 947	162
1878	3 739 838	1 780 586	5 520 424	4 387 116	9 907 530	229
1879	3 303 100	1 386 911	4 690 011	3 654 737	8 344 748	193
1880	2 170 996	1 299 721	3 470 717	3 353 371	6 824 088	158
1881	1 593 854	991 275	2 585 129	3 552 033	6 137 192	142
1882	1 793 394	1 264 890	3 058 284	3 625 918	6 684 202	154
1883	1 821 491	1 295 290	3 116 781	3 913 476	7 030 257	162
1884	2 067 901	1 642 167	3 710 068	4 123 084	7 833 152	181
1885	2 285 174	1 469 017	3 754 191	4 574 471	8 328 662	192
1886	2 460 838	1 629 859	4 090 697	4 526 595	8 617 292	199
1887	2 754 707	2 135 595	4 890 302	5 477 298	10 367 600	239
1888	2 697 291	1 600 692	4 297 983	5 686 007	9 983 990	231
1889	2 233 351	1 681 060	3 914 411	5 567 569	9 481 980	219
1890	4 458 568	2 805 508	7 264 076	7 197 816	14 461 892	334
1891	6 071 412	2 942 186	9 013 598	8 069 746	17 083 344	395
1892	5 197 851	2 147 612	7 345 463	9 065 658	16 411 121	379
1893	5 561 647	2 807 355	8 369 002	9 310 424	17 679 426	408
1894	5 446 145	2 600 313	8 046 458	8 532 443	16 578 901	383
1895	2 496 630	1 364 770	3 861 400	5 605 086	9 466 486	219
1896	8 157 651	2 394 774	10 552 425	11 277 287	22 829 712	527
1897	9 058 651	3 569 777	12 628 428	13 808 612	26 437 040	611
1898	10 627 563	4 452 954	15 080 517	17 448 280	32 528 797	751
1899	21 845 598	5 976 674	27 822 272	20 615 751	48 438 023	1 119
1900	8 171 052	3 074 366	11 245 418	11 469 557	22 714 975	525
1901	17 148 289	6 475 171	23 623 460	18 742 220	42 365 680	979
1902	18 315 575	7 030 307	25 345 882	17 524 957	42 870 569	990
1903	20 483 095	7 496 567	27 979 662	19 981 589	47 961 251	1 108

续表 2.17

年份	洋货进口	土货进口	进口总值	土货出口	贸易总额	贸易指数
1904	19 297 717	10 143 493	29 441 210	12 159 486	41 600 696	961
1905	31 179 910	18 775 160	49 955 070	12 030 984	61 986 054	1 432
1906	14 029 339	16 041 536	30 070 875	14 790 212	44 861 087	1 036
1907	10 960 613	6 087 156	17 047 769	15 711 583	32 759 352	757
1908	15 334 010	6 493 800	21 827 810	19 609 231	41 437 041	957
1909	19 172 654	9 918 122	29 090 776	26 082 358	55 173 134	1 274
1910	18 946 798	8 985 014	27 931 812	25 325 964	53 257 776	1 230
1911	21 175 085	10 315 918	31 491 003	26 722 737	58 213 740	1 345
1912	18 201 843	9 750 428	27 952 271	22 776 065	50 728 336	1 172
1913	16 144 088	9 593 618	25 737 706	24 480 087	50 217 793	1 160
1914	13 692 155	7 658 612	21 350 767	16 217 549	37 568 316	868
1915	10 767 003	9 598 846	20 365 849	20 393 833	40 759 682	942
1916	93 722 974	8 248 403	101 971 377	14 097 490	31 718 867	733
1917	10 096 315	8 135 179	18 231 494	10 813 877	29 045 371	671
1918	9 485 793	11 252 202	20 737 995	9 550 996	30 288 991	700
1919	11 583 162	11 891 676	23 474 838	18 225 449	41 700 287	963
1920	15 746 487	16 547 459	32 293 946	13 994 544	46 288 490	1 069
1921	19 580 560	17 026 527	36 607 087	20 964 288	57 571 375	1 330
1922	17 588 006	17 424 434	35 012 440	23 652 602	58 665 042	1 355
1923	19 548 148	25 816 066	45 364 214	26 393 509	71 757 723	1 658
1924	18 022 978	20 170 208	38 193 186	17 335 020	55 528 206	1 283
1925	25 836 887	27 453 370	53 290 257	25 815 469	79 105 726	1 827
1926	19 462 501	32 406 339	51 868 840	26 967 606	78 836 446	1 821
1927	17 936 337	24 936 741	42 873 078	28 581 209	71 454 287	1 650
1928	22 740 982	21 257 894	43 998 876	31 732 251	75 731 127	1 749
1929	20 759 288	31 509 910	52 269 198	30 535 163	82 804 361	1 913
1930	21 700 716	36 078 571	57 779 287	43 385 993	101 165 280	2 337

资料来源：据《中国旧海关史料》牛庄关历年数据整理而得。

营口出口贸易长期增长缓慢，1896 年以前各年度的贸易出口数额都在 1 000 万两以下，1909 −1913 年间土货出口超过 2 000 万两，1925 −1930 年土货出口又开始急剧增长，1930 年土货出口达到 4 338 万两的最高峰值。除 1880 −1889 年，1891 −1898 年的出口稍微大于进口以外，营口贸易的进口基本上长期大于出口。

长期以来，豆货是营口最重要的出口货物。从 1866 −1906 年，随着大豆、豆饼和豆油贸易的开放，其输出总体上呈上升趋势，并且它们是营口土货输出中数量最多和价值最大的物品，每年平均占到营口土货输出的 70% 以上，最高年份甚至高达输出贸易总值的 93% 以上。1907 年后，大连超过营口港占东北豆货出口的首位，但营口港豆货出口仍常占到该口岸出口总值的50%以上。①

人参是仅次于豆货的主要出口商品，包括野山参、高丽参和人工种植参。1867年出口186担，1870年增加到539担，1872年为763担，价值为12.7万余两，占当年出口总额的8%。②

从营口出口的皮毛产品在欧美市场颇有声望。这些皮毛包括虎皮、豹皮、狐皮、松鼠皮等，多是皮货商人到黑龙江、松花江和乌苏里江等地区收购而来，另外，也有一定数量的狗皮、狼皮、鼠皮、海獭皮、羚羊皮等集中到营口出口。③

此外，烧酒、烟、麻等东北特产也是营口对外输出的商品之一。其行销地点，除中国口岸外，还运赴香港、菲律宾、朝鲜、日本及英美各国。1910年以后，随着东北矿产资源开发，煤炭和铁矿石开始自营口出口。出口煤炭主要运销国内各埠，尤以华中、华南、华北地区为多。④

营口进口货物以鸦片、棉纺织品、煤油、五金、砂糖为大宗，余下为中外杂货。其来源为天津、烟台、上海、福州、宁波、广州、汉口及香港、菲律宾、日本、美国。⑤

营口开埠初期，鸦片输入数量大多在2 000担左右，到了1880年后迅速下降，1900年以后，随着禁烟运动的开展，鸦片进口数量逐渐减少，1911年后不再列入大宗货物的统计之中。⑥

东北气候严寒，棉花种植和棉纺织技术传入较晚，因此清中期关东豆麦每年至上海者千余万石，同时上海及其附近地区所产土布由沙船北运，因此有“沙船之集上海，实缘布市”之说。⑦1861年营口开埠后，洋布、洋纱等工业品大量涌入，打破了土布独占东北的市场格局。在洋土货的竞争过程之中，洋货的发展速度快于土货。1866年营

---

① 邓景福等主编：《营口港史》，人民交通出版社，1995年，第109页。

② 分别参见1867年、1870年、1872年牛庄关贸易册。

③ 邓景福等主编：《营口港史》，第110页。

④ 满铁庶务部调查科：《南满洲铁道株式会社营运详细统计》，大正元年，第47页。

⑤ 邓景福等主编：《营口港史》，第112页。

⑥ 邓景福等主编：《营口港史》，第112页。

⑦ 《上海县新建黄道婆专祠碑》，载上海博物馆图书资料室编：《上海碑刻资料选辑》，上海人民出版社，1980年，第45页。

口进口棉织品仅为 42 297 件，随后外商降价销售，销量节节上升。1871 年进口纺织品总额为 70.4 万海关两，占进口总值的 26.9%。1882 年进口纺织品总值为 143 万海关两，占进口总值的 48%。1899 年增加到 1 544 万海关两，占了进口总值的 56%。1904 年达到 1 803.3 万海关两，竟占了进口总值的 61%。①

棉纺织品以外，煤油也是营口进口的大宗货物之一。煤油主要来自美国，因进口的煤油以当地豆油一半的价格进行倾销，故民间改变了照明使用植物油的习惯，市场逐渐扩大。通常煤油的进口数量，少者 200 万加仑，多者 1 000 万加仑以上。1870 年营口进口金属制品 7 843 担，价值 83 589 海关两，多数是用于马车、牲畜和制作铁壶等日用品的原料铁。此外，其他日用品和食品，如火柴、面粉、糖、玻璃、染料等也是营口进口的商品之一。②

二、大连

大连位于辽东半岛末端的曲折海湾内，少有大的风浪，湾内最大水深 15 米，由于沿岸没有大的河流注入，泥沙淤积较轻，建设港口的天然条件极为优越。就地理位置而言，辽东半岛与山东半岛隔海相望，大连是距山东半岛最近的地方。大连与朝鲜、日本隔黄海相望，与朝鲜仁川港约有 288 海里的距离，与日本南端的长崎港相距约 577 海里，海上联系相当方便。

1898 年以前，大连只是大连湾岸边一个叫青泥洼的渔村。1898 年，俄国因干涉“日本还辽”而租借了旅顺和大连地区。1899 年俄国人开始在青泥洼修筑商港，其目的是要把它建成全东北货物的出海口，进而成为西伯利亚至少是西伯利亚东部货物的出海口。俄国并企图效法英国统治香港那样，以自由港形式对外开放。1906 年爆发日俄战争，日本战胜俄罗斯。不久，日本成立殖民统治机构南满洲铁路公司株式会社，接管经营大连港，并在此进行了一连串的建设。1907

---

① 分别参见 1866 年、1871 年、1899 年、1904 年牛庄关贸易册。

② 邓景福等主编：《营口港史》，第 113 页。

年的大连港规模甚小，只可停泊大船15艘。①经过连年建设，到了1930年，大连港已可以同时容纳3 000－4 000吨级的海轮40艘并泊，3万吨级的大船亦可自由近岸停泊；码头的货物堆栈75处，容量为50万吨货物。②大连港的基础设施达到国内一流水平，为其成为近代中国对外贸易的五大港口之一奠定了基础。

扩大与日本及其占领下的朝鲜半岛以及我国华北地区的贸易往来，是大连港发展的主要内容之一。自1905年占领旅大地区以后，日本政府便大力鼓励本国航运界开办由本国至大连的航运，规定前往大连的日本的商船和货物一律免税。在这一措施的刺激下，短时间内日本诸港与大连间的航运线路纷纷开辟。③

1906年刚通过日俄战争展露于国际社会的日本，在西方列强的压力下被迫宣布大连港为自由港，对进出该港的货物概不征税，港口之间中转的货物亦不征税。在自由港的机遇下，大连港发展迅猛，国内外贸易运输的航线不断开辟增加。到了1930年，大连的近海定期航线达到14条，寄港大连的定期航线达到20条以上，月平均配船吨位数30万吨以上。此外远洋定期航船20余线，不定期航线13线以上，月平均配船吨数在50万吨以上。时人论述大连港："海上交通，尤称发达。西至营口、天津，东北至安东、朝鲜，南至龙口、青岛、上海、台湾（地区）、香港（地区）、新加坡、澳洲，渡印度洋至欧洲，东至日本各港，放太平洋而达美洲，以上各地，皆有定期航路和不定期航路"④。

由于自然条件优越、交通航运位置重要、航班运输线路密集，加上自由港的便利政策，较晚开放的大连港在短时间内获得迅速发展。1910年，大连港超越营口成为东北最大的港口，1910－1931年，大

① 《光绪三十三年大连湾口华洋贸易情形论略》，载茅家琦等主编：《中国旧海关史料》第46册，京华出版社，2001年，第204页。

② 参见《海关十年报告（1921－1930）》，载《中国旧海关史料》第157册，第431页。

③ 日本经营大连港，初无船籍制度，后以航务日益发达，1912年开始实行船藉税制。日本国内船舶，为便利起见，亦多设在大连注册。日政府鉴于大连注藉船舶渐多，于1925年公布关东州船籍法，截止1930年3月，关东州注藉轮船、吨数帆船、石数帆船、小汽船共计283艘（轮船146艘）。大连远洋航路有76艘，332 143吨；近海航路20艘，31 279吨；沿海航路21艘，7 006吨；平水航路32艘，4 008吨。

④ 曾问吾：《大连旅顺之考察》，《新亚细亚》1931年第2卷第3期，第73页。

连港的进出口贸易额占到东北地区进出口贸易总额的60%以上。

从1907年7月大连正式设立海关，至1931年“九·一八事变”，短短25年间，大连港的进出口贸易额获得巨大的增长。1907年进出口贸易总额为1 409万余海关两，1929年为48 518万余海关两，1931年仍有40 428万余海关两，贸易增长幅度高达30倍左右（见表2.18）。

表2.18　大连历年贸易额统计资料

（单位：海关两；1907年为基期，取100）

年份	洋货进口	土货进口	进口总值	土货出口	贸易总额	贸易指数
1907	10 677 244	183 591	10 860 835	3 231 145	14 091 980	100
1908	18 902 267	1 374 382	20 276 649	12 411 535	32 688 184	232
1909	14 769 413	2 771 662	17 541 075	26 744 359	44 285 434	314
1910	20 438 874	3 352 960	23 791 834	28 367 974	52 159 808	370
1911	27 328 443	2 457 957	29 786 400	33 730 976	63 517 376	451
1912	30 361 866	4 511 317	34 873 183	28 885 944	63 759 127	452
1913	32 535 956	4 514 589	37 050 545	39 047 743	76 098 288	540
1914	33 181 962	4 712 121	37 894 083	45 105 807	82 999 890	589
1915	32 177 969	9 268 833	41 446 802	48 885 640	90 332 442	641
1916	40 679 620	11 751 746	52 431 366	54 708 274	107 139 640	760
1917	67 772 093	14 193 247	81 965 340	63 187 210	145 152 550	1 030
1918	75 794 360	19 807 558	95 601 918	86 012 733	181 614 651	1 288
1919	99 331 546	28 045 630	127 377 176	105 010 867	232 388 043	1 649
1920	80 110 143	12 959 342	93 069 485	125 066 263	218 135 748	1 548
1921	84 236 618	15 855 073	100 091 691	121 603 422	221 695 113	1 573
1922	77 010 177	15 988 996	92 999 173	136 922 219	229 921 392	1 632
1923	78 902 610	17 085 983	95 988 593	145 406 214	241 394 807	1 713
1924	81 173 840	18 193 965	99 367 805	141 304 757	240 672 562	1 708
1925	87 122 034	31 574 661	118 696 695	165 713 659	284 410 354	2 018
1926	111 871 708	30 020 425	141 892 133	200 101 864	341 993 997	2 427
1927	113 803 953	30 243 917	144 047 870	205 724 754	349 772 624	2 483
1928	128 113 528	37 317 116	165 430 644	238 417 091	403 847 735	2 866
1929	162 499 928	39 763 042	202 262 970	282 922 222	485 185 192	3 443
1930	147 956 962	31 457 423	179 414 385	224 424 147	403 838 532	2 866
1931	104 515 551	29 294 931	133 810 482	270 473 083	404 283 565	2 869

资料来源：1907－1919年根据《旧中国海关史料》大连关历年贸易册，1919－1931年根据烟台港务管理局：《近代山东沿海通商口岸贸易统计》，对外贸易出版社，1986年。

如果将各年贸易数据按该年的南开进出口物价指数予以换算，用以消除银价变动的影响，并且只统计净贸易额（净贸易额＝毛贸易总额－再输出），则可得到表2.19：

表 2.19　大连历年进出口净贸易值统计

（单位：海关两）

年份	净贸易总额		净出口		净进口		洋货净进口		土货净进口		贸易差额
	金额	增长率	金额	增长率	金额	增长率	金额	增长率	金额	增长率	
1907	16 201 715		3 313 995		12 887 720		12 664 645		223 075		−9 573 725
1908	33 993 633	109.82	13 189 729	298.00	20 803 904	61.42	19 363 253	52.89	1 440 651	545.81	−7 614 175
1909	47 236 799	38.96	29 551 778	124.05	17 685 021	−14.99	14 953 065	−22.78	2 731 956	89.63	11 866 757
1910	52 923 657	12.04	30 901 932	4.57	22 021 725	24.52	18 786 921	25.64	3 234 804	18.41	8 880 207
1911	64 585 702	22.04	36 864 450	19.29	27 721 252	25.88	25 510 630	35.79	2 210 622	−31.66	9 143 198
1912	64 241 005	−0.53	32 602 646	−11.56	31 638 359	14.13	27 967 552	9.63	3 670 807	66.05	964 287
1913	72 346 891	12.62	39 047 743	19.77	33 299 148	5.25	29 073 341	3.95	4 225 807	15.12	5 748 595
1914	73 659 882	1.81	42 794 883	9.60	30 864 999	−7.31	27 104 354	−6.77	3 760 645	−11.01	11 929 884
1915	76 276 355	3.55	45 348 460	5.97	30 927 895	0.20	24 438 297	−9.84	6 489 598	72.57	14 420 565
1916	83 579 914	9.58	46 759 209	3.11	36 820 705	19.05	29 374 789	20.20	7 445 916	14.74	9 938 504
1917	116 203 260	39.03	59 498 371	27.24	56 704 889	54.00	48 230 252	64.19	8 474 637	13.82	2 793 482
1918	129 413 810	11.37	75 120 291	26.26	54 293 519	−4.25	46 748 535	−3.07	7 544 984	−10.97	20 826 772
1919	164 157 285	26.85	93 759 703	24.81	70 397 582	29.66	59 541 029	27.36	10 856 553	43.89	23 362 121
1920	155 572 576	−5.23	110 776 141	18.15	44 796 435	−36.37	39 966 258	−32.88	4 830 177	−55.51	65 979 706
1921	156 467 498	0.58	103 404 270	−6.65	53 063 228	18.45	46 071 859	15.28	6 991 369	44.74	50 341 042
1922	166 400 696	6.35	109 801 298	6.19	56 599 398	6.66	48 744 295	5.80	7 855 103	12.35	53 201 900
1923	163 939 272	−1.48	106 681 008	−2.84	57 258 264	1.16	47 521 139	−2.51	9 737 125	23.96	49 422 744
1924	166 853 610	1.78	100 074 191	−6.19	66 779 439	16.63	54 552 312	14.80	12 227 127	25.57	33 294 752
1925	185 101 031	10.94	113 580 301	13.50	71 520 730	7.10	54 567 744	0.03	16 952 986	38.65	42 059 571
1926	218 388 711	17.98	130 871 069	15.22	87 517 642	22.37	70 785 773	29.72	16 731 869	−1.30	43 353 427
1927	218 959 413	0.26	138 163 032	5.57	80 796 381	−7.68	66 039 589	−6.70	14 756 792	−11.80	57 366 651
1928	247 096 059	12.85	150 515 840	8.94	96 580 219	19.54	76 246 903	15.46	20 333 316	37.79	53 935 621
1929	287 267 812	16.26	166 620 861	10.70	120 646 951	24.92	97 557 035	27.95	23 089 916	13.56	45 973 910
1930	227 714 965	−20.73	131 704 312	−20.96	96 010 653	−20.42	79 288 052	−18.73	16 722 601	−27.58	35 693 659
1931	232 009 458	1.89	162 641 661	23.49	69 367 797	−27.75	54 181 208	−31.67	15 186 589	−9.19	93 273 864

资料来源：1907—1919 年数据根据《旧中国海关史料》大连关历年贸易册；1919—1931 年数据根据烟台港务管理局，《近代山东沿海通商口岸贸易统计》，对外贸易出版社，1986 年。

据表2.19，25年当中，大连港的净贸易总额也基本上是一路飙升，从1907年的1 620万余海关两至1931年的23 200万余海关两，整整增长14倍以上。其中，出口年平均增长率为25.67%，进口年平均增长率为9.67%，出口增长远大于进口增长。除了最初两年贸易逆差外，大连港的贸易顺差额不断增大，1931年高达9 327万海关两，此为近代中国各海关所罕见。

虽然大连港对外贸易总的发展方向是一路飙升，但其增长波动的曲线饶人寻味。大连对外贸易情形可以1919年为界，分为前、后两个阶段。从1907 –1919年的十余年，贸易一直呈现正增长的良好态势，其中1908 –1913的年增长率都在十余倍以上，1914年达到增长的临界点。第一次世界大战开始后，1914 –1919年几个年份贸易增长又开始缓慢上升，1919年达到前所未有的高值。1920 –1931年可视为大连贸易发展的第二个时期，由于1919年贸易基数到达较高的峰端，这期间增长幅度逊于第一时期的增长。1920年的进出口贸易值比较1919年出现第一次大幅度跌落，增长率为负5.23%（见下表2.18）。1920 –1924年的五个年份，对外贸易徘徊上升，至1924年才超越1919年的水准。1925年后增值迅猛，1929年又重新达到贸易高潮。

在大连进出口贸易发展的各个阶段中，出口、进口的发展趋势对贸易总额的变动影响程度并不相同。1908 –1919年，1925 –1930年贸易的巨额上升归功于出口的发展，该时段主要是东北大豆等特产物品出口的国内外市场机遇期较佳。1920 –1924年的贸易缓慢增长受贸易进口的影响波动较大。总的来说，大连贸易长期增长，最终应该归功于出口的长期发展。

除了自身迅速发展的进出口贸易，大连对营口、安东及辽东半岛南部其他海港，也发挥着重要的货物中转枢纽作用。海轮运输到大连的进口货物，经常再转运到安东、营口等地。1907年后，貔子窝开通到大连的200吨定期汽船，一个月往返四次，通过大连输出入柞蚕丝等地方物产或者日用杂货。①大连港对岸原属金州的柳树屯小海

① 满铁庶务部调查课：《满蒙全书》(第七卷“都市”)，第188页。

口，每天与大连有四次汽艇往复。①东北南部其他港口逐步演化成以大连港为中心枢纽港的支线港口。

20 世纪初期的东北正是农业大开发而工业尚在萌芽起步的阶段，大连港的出口物品主要是大豆、豆油、豆饼、柞蚕丝茧、玉米、小米、高粱以及煤炭。进入 20 年代以后，大连港出口商品有多元化发展趋向，但农矿产品始终占据大连商品出口总值的 75% 以上。该时期豆类产品、五谷杂粮以及煤炭可以说是大连港对外贸易的支柱产品，正是它们的大量出口抵消了东北乃至全中国商品进口的逆差，换回了地方发展所需要的日用商品以及轻重工业机械产品。

大豆及其产品是大连最重要的出口货物。就 1908 －1930 年大连港大豆出口情况而言，1908 年其价值占全部土货出口的 37%；就 1908 －1930 年大连港大豆出口情况而言，1908 年其价值占据全部土货出口的 37%，但 1908 －1918 年出口比重却日渐下降，降幅甚大，1918 年比重下降到 15%，犹不及 1908 年比重的一半。1918 年后大豆出口比重又重新攀升，1930 年达到大连海关出口总值的 35%。1908 －1930 年中间起伏波动甚巨的原因，在于欧洲国家是大连大豆出口最主要市场，1914 －1919 年的第一次世界大战使大豆出口业务受到阻滞，20 年代后欧洲市场又重新恢复。第一次世界大战以后，欧洲国家如英国、荷兰、德国等国家的工业基础逐渐恢复，对东北大豆的需求重新高涨，到 1930 年仅黄豆一项出口英国 100 余万担，荷兰 510 余万担。除了日本和欧洲市场以外，大连对印度和埃及等地区的大豆出口也较为显著，例如 1925 年黄豆出口印度 118 万余担，埃及 145 万余担；1930 年出口印度 147 万余担，埃及 233 万余担。无论从出口的数量价值还是出口的市场和地区角度评价，大豆已经成为世界多数国家普遍需求的重要原料产品。②

豆饼也是大连港出口的重要支柱产品之一。日本耕地相对不足，甚至劣质土地也要耕种，在生产上需要精耕细作，土地施肥量一直很高，种稻农民大量购买豆饼以用肥料。1905 年日本占据大连以后，

① 满铁庶务部调查课：《满蒙全书》（第七卷“都市”），第 190 页。

② 满铁庶务部调查课：《满洲贸易详细统计》，1926 年，第 500 页；1930 年，第 194 页。

豆饼对日本市场输出巨额增长。笔者据1908－1930年大连海关贸易册所载的豆饼出口数据计算，1908年豆饼同大豆分别占据出口总值的37%，1913年豆饼高达全部出口总值的43%，1918年仍占30%，20年代后比重下降，1930年为出口总值的15%。大连港大豆出口数量的升降，原因是市场主要局限于日本，受日本国内米价波动的影响特别明显。1916年日本米价低落，出口不畅。1918年日本米价高昂，农民购买力加大，并且鱼制肥料及化学肥料成本昂贵，豆饼全年较为畅销，出口日本之数共计1 330万担[①]。20年代中后期，豆饼出口达到高峰以后逐渐跌落，1925年豆饼出口1 836万担，较上年减210万担。[②]原因是1925年后日本国内工业水平提高，生产出的化学肥料廉于豆饼，农民纷纷以化学肥料硫酸亚替代豆饼肥料，再加1929年日本国内经济危机，种稻农民破产众多，豆饼出口难以再现昔日盛况。[③]

从新兴产品培育来看，大连港的豆油出口是非常成功的一个商业亮点。1908年大连港的豆油仅出口到广东、福建地区，比重约占出口总值的2%。1909年大连豆油开始有装运欧洲记载，此后有一发不可收之势，市场销路甚至好于大豆和豆饼。1910年豆油突起成为出口欧洲最重要商品，数额共79 200担，较1909年的11 869担增加七倍。同年运往中国各通商口岸的豆油达72 578担，较上年41 290担增加一倍。大连经营豆油的商家不得不集中研讨豆油的出口包装以及豆油由粗制到改良为精制等问题。[④]1916年大连港豆油出口达120万担，创下前所未有的巨额。[⑤]1917年豆油出口欧洲受一战影响，业务几乎停息，但该年运销美国数额却四倍于上年，同年海关报告评价美国对豆油的“需求可谓无限，本埠各油坊接受订单多起，不得不加工紧制，致豆饼出数过巨，码头栈房为之填塞，几无隙地。豆油市面，

---

① 《中华民国七年大连关贸易情形论略》，载《中国旧海关史料》第80册，第271页。

② 《中华民国十四年大连关贸易情形论略》，载“国史馆”影印《中华民国通商贸易史料》，1982年，第47页。

③ （日）满史会著：《东北沦陷十四年史》，辽宁编写组译，中文版书名《满洲开发四十年史》（上卷），第560页。

④ 《宣统二年大连关贸易情形论略》，载《中国旧海关史料》第51册，第229页。

⑤ 《中华民国五年大连关贸易情形论略》，载《中国旧海关史料》第72册，第277页。

活泼如故，全年昌盛”。①1918 年豆油出口达到顶峰，总计占大连港出口货物总值比重的 25% 以上。20 世纪 20 年代后豆油再也没有第一次世界大战时的出口兴旺景象，一般占大连港出口货物总值的 10% 上下。②

纵观大豆、豆饼和豆油，在不同历史时期和机遇下，发展情况各异。总体而言，从 1908 －1930 年二十余年间，豆类及其制品稳居大连土货出口总值的 60% 以上。

大连的进口商品主要有棉纺织物、鞋帽衣物、大米、面粉、砂糖、煤油、烟酒、纸类、麻袋等日常消费所用的轻工业制品。此外，还进口机械器具、电器材料、钢铁制品等重工业产品，20 世纪 20 年代后重工业物品尤其机械及车辆进口渐显增加。

同近代全国其他地区一样，棉布及棉织品是东北普通民众日常生活的消费品，进口数额通常占大连港进口总值的 15% 以上。日本棉纺织工业发达，是大连港的主要进口市场。20 世纪 20 年代后中国内地棉纺织业逐渐发达，棉货类进口中的中国货比例上升。例如 1913 年棉货进口总值 940 万余海关两之中，国货仅 47 万余海关两，1925 年棉货进口总值 2 197 万余海关两之中，国货价值达到 938 万余海关两。③

衣物商品主要指衣服、帽子、内衣、手套、袜子、鞋垫、靴子、腿带子、发辫纽等类物品，其进口总值每年度在 100 万 －200 万海关两以上。据当时调查，随着南满铁路沿线商业中心城镇的逐渐形成，都市流行生活样式开始影响到普通的民众。学校文化逐渐普及，学生接受新事物的影响最快，往往对新式潮流的衣物类等加工品需求较大。④

进口的日常生活用品还包括大米、面粉、砂糖、煤油、酒类饮料

① 《中华民国六年大连关贸易情形论略》，载《中国旧海关史料》第 76 册，第 270 页。

② （日）满史会著：《东北沦陷十四年史》，辽宁编写组译：《满洲开发四十年史》（上卷），第 559 页。

③ 分别参见 1913 年、1925 年大连关贸易年册。

④ 南满洲铁道株式会社兴业部商工课：《对满贸易の现状及将来 —— 我国对满输出贸易の促进及在满邦商の发展策に关する调查报告书》（上卷），昭和二年，第 187 页。

和烟草。据大连关历年贸易年册数据，20 世纪头 10 年大米进口值常为 100 万余海关两，20 年代上升到 200 万余海关两。大米多在城市中上阶层消费，大多从日本、朝鲜进口而来。20 世纪头 10 年面粉年进口为 100 万 –200 万余海关两，20 年代后由于人口增加、生活水平提高等因素使进口数量激增，1925 年突增为 1 300 万余海关两。当时记载："华人习染侈风，前此常食者为高粱或粟米所制成之物，近虽已佣工之贱，尚见有饱食面粉制之馒头者。"①砂糖主要来自香港、印度、日本、朝鲜和其他口岸的中转品，年进口值 100 万余海关两。煤油比豆、菜、棉、麻等植物油点灯亮度高，价格又比较低，因此煤油逐步取代照明所用的土油，成为进口的重要商品之一。煤油主要来自美国、英国、日本、俄国等。酒类及饮料进口最多为 200 万余海关两，主要包括麦酒、洋酒以及葡萄酒等类。烟草类商品包括机器卷烟和烟草叶，机器纸卷烟所占比重呈不断增长趋势，1930 年达到 100 万余海关两。

重工业生产资料产品进口包括钢、铁五金类制品、铁路材料及车辆、机械器具、电器材料等。由于东北制造技术落后，重工业制品主要从日本、美国和欧洲国家输入。1908 年大连关贸易年册记载铁路材料及机车进口 500 万海关两以上，几乎占全部进口总值的 1/3，它们主要用于当时亟待建设的南满铁路。机械器具的进口值呈缓慢增高趋势，在一定程度上反映出东北工业经济的发展。随着铁路沿线城镇发展，电力成为新式能源，电灯、电线等电器材料也在显著增加，1930 年海关贸易年册记载进口达到 400 余万海关两。

总之，大连港进口的商品主要是轻工业制品，日常消费品通常占据进口总值的 50% 以上，重工业制品只占全部进口总值的 20% 以下。大连进口商品结构的重轻畸形比例，反映出总体制造加工业水平的落后。

① 《宣统三年大连海关贸易情形论略》，载《中国旧海关史料》第 54 册，第 195 页。

三、安东

清初，安东隶属岫岩厅。光绪二年（1876 年），析大东沟以东至叆河地置安东县。安东地濒临鸭绿江右岸，与朝鲜新义州隔江相望，形势险要，为辽东门户。光绪二十九年（1903 年），据中美通商行船续约开为商埠，1906 年正式开埠，1907 年设立海关。

安东港的对外航路远不及大连发达，大多往来渤、黄两海沿岸及上海、香港，远则东抵日本。另外，安东航运业务几乎全部掌握在日本商人的手中，华商公司营业不佳，日本的出入船艘、吨数常为中国的数倍。如大连汽船、朝鲜邮船、大阪商船、朝鲜鸭绿江运输、鸭绿江轮船各公司，均有船舶定期往来。

安东港每年冬季十月至次年正月封冻不便行船，鸭绿江口淤沙也阻隔大吨位轮船不能进港，因此日本着力加强东北和日本控制下的朝鲜半岛之间的陆路交通联系。日俄战争期间，日本未征求清政府同意，擅自修筑了从安东到奉天的轻便铁路。1905 年根据中日《满洲善后条约》，安奉铁路改为商用铁路。但是，日本曲解约文，1908 年强迫清政府签订《安奉铁路条约》，租借安奉铁路 25 年。1911 年日本在鸭绿江上修建了铁桥，将东北与朝鲜的铁路联通。1913 年开始，日本通过朝鲜半岛，实行“日满鲜”三线货物联运，日本货物可从日本国铁山阳线转朝鲜的釜山至新义州线，再转东北的安奉线。由于陆路通商享有减去关税三分之一的优惠，1913 年实行日本、朝鲜半岛和东北南部三线联运以后，经安东港进出口的货物 60% 以上通过铁路运输。日本为了自己的经济利益，通过修建安奉铁路和发展“日满鲜”三线货物联运，大大扩展了安东港的货物吞吐范围。到了 20 世纪 20 年代，安东成为东北东南部木材、柞蚕茧丝、粮食等物产的贸易中心。

从 1907 年 7 月安东开埠设立海关，到 1931 年 9 月“九 · 一八事变”，安东港的净贸易总额总体上升速度较快，从 1907 年的 537 134 海关两增长到 1927 年峰值 68 647 113 海关两，最高增长幅度达到 12 倍以上（详见表 2.20）。

表2.20 安东进出口贸易统计

（单位：海关两）

年份	净贸易总额		净出口		净进口		洋货净进口		土货净进口	
	金额	增长率(%)	金额	增长率(%)	金额	增长率(%)	金额	增长率(%)	金额	增长率(%)
1907	5 371 374		2 239 196		3 132 178		2 470 296		661 882	
1908	6 535 598	21.7	3 550 883	58.58	2 984 715	−4.71	2 236 818	−9.45	747 897	13
1909	8 904 371	36.2	4 891 894	37.77	4 012 477	34.43	3 055 445	36.6	957 032	27.96
1910	9 043 015	1.56	2 841 246	−41.92	6 201 769	54.56	5 196 628	70.08	1 005 141	5.03
1911	10 382 030	14.8	4 888 135	72.04	5 493 895	−11.4	4 507 706	−13.3	986 189	−1.89
1912	11 731 793	13	6 252 214	27.90	5 479 579	−0.26	4 468 292	−0.87	1 011 287	2.55
1913	14 805 956	26.2	6 818 152	9.05	7 987 804	45.77	6 870 965	53.77	1 116 839	10.44
1914	18 651 530	26	5 451 615	−20.04	13 199 915	65.25	12 086 089	75.9	1 113 826	−0.27
1915	21 802 231	16.9	8 169 058	49.85	13 633 173	3.282	12 002 704	−0.69	1 630 469	46.38
1916	23 808 209	9.2	7 358 944	−9.92	16 449 265	20.66	15 120 536	25.98	1 328 729	−18.5
1917	34 996 391	47	12 007 891	63.17	22 988 500	39.75	22 004 467	45.53	984 033	−25.9
1918	30 336 343	−13	13 647 037	13.65	16 689 306	−27.4	14 889 190	−32.3	1 800 116	82.93
1919	46 636 662	53.7	22 711 103	66.42	23 925 559	43.36	21 293 768	43.01	2 631 791	46.2
1920	42 755 656	−8.3	22 248 508	−2.04	20 507 148	−14.3	18 351 757	−13.8	2 155 391	−18.1
1921	45 012 822	5.28	24 080 322	8.23	20 932 500	2.07	18 328 890	−0.12	2 603 610	20.8
1922	52 533 659	16.7	27 863 641	15.71	24 670 018	17.86	21 513 192	17.37	3 156 826	21.25
1923	61 841 966	17.7	38 491 706	38.14	23 350 260	−5.35	19 686 587	−8.49	3 663 673	16.06
1924	45 510 112	−26	27 234 056	−29.25	18 276 056	−21.7	16 305 468	−17.2	1 970 588	−46.2
1925	57 473 162	26.3	30 034 920	10.29	27 438 242	50.13	24 758 248	51.84	2 679 994	36
1926	61 328 761	6.71	32 049 437	6.71	29 279 324	6.71	26 039 711	5.18	3 239 613	20.88

续表 2.20

年份	净贸易总额		净出口		净进口		洋货净进口		土货净进口	
	金额	增长率(%)	金额	增长率(%)	金额	增长率(%)	金额	增长率(%)	金额	增长率(%)
1927	68 647 113	11.9	42 745 836	33.038	25 901 277	−11.5	22 987 307	−11.7	2 913 970	−10.1
1928	61 306 108	−11	31 067 240	−27.32	30 238 868	16.75	28 082 778	22.17	2 156 090	−26
1929	55 923 928	−8.8	24 763 443	−20.29	31 160 485	3.05	27 476 137	−2.16	3 684 348	70.88
1930	53 340 166	−4.6	29 155 986	17.74	24 184 180	−22.4	19 471 688	−29.1	4 712 492	27.91
1931	38 770 823	−27	26 218 169	−10.08	12 552 654	−48.1	7 178 022	−63.1	5 374 632	14.05

资料来源：1907—1919 年数据根据《旧中国海关史料》安东关历年贸易册，1919—1931 年数据根据烟台港务管理局《近代山东沿海通商口岸贸易统计》，对外贸易出版社，1986 年版。

说明：1.净贸易总额＝毛贸易总额－再输出；

2.为消除银价波动的影响，表中统计数字均以该年南开进出口物价指数予以换算。

按照各年度净贸易额来划分，安东港贸易的长期发展趋势划分为三个时期：1907－1917 年为第一个快速发展时期，该时期安东港的贸易直线上升，从 1907 年的 537 134 余海关两增长到 1917 年的 34 996 391 万海关两，年平均增长率为 21.25%；1918－1927 年是安东港发展达到鼎盛的时期，净贸易总额从 1918 年的 30 333 643 万海关两增长到 1927 年的 68 647 113 万的海关两，达到安东港历史发展的最高峰值，但该时段增长速度放缓，年平均增长率为 9.03%；1928－1931 年是第三个时期，受世界经济危机的影响，安东港贸易出现了下滑跌落，从 1927 年的接近 7 000 万海关两总值下跌到 1931 年的 3 877 万余海关两，贸易总额下跌 43.5%，几乎重新回到第一发展时期末的水平，平均每年负增长率为 12.85%，可见贸易倒退剧烈。

细查安东港贸易发展、鼎盛、跌落的原因，就 1907－1917 年来说，该时期的净进口总值大于净出口总值，进口年平均增长率为 24.73%，出口年平均增长率为 24.64%。其中又以洋货进口增长较快，年平均增长率为 28.36%，可以说洋货的急剧进口促进了安东港贸易的快速发展；1918－1927 年的十年期间，安东港净贸易总值曲折上升，该时期出口超过了进口总值，出口年平均增长率为 16.12%，进口年平均增长率为 3.98%，出口发展速度加快，这是导致第二时期贸易鼎盛的主要因素所在；1928－1931 年虽然进出口贸易都出现了下降倒退，但尤以进口贸易和洋货进口贸易下跌最大；三个时期中土货进口一直都在缓慢增长，但发展速度较慢。

另据安东海关统计，出口主要是木材、丝茧和豆货三大特产，其次为其他农林产品，如杂粮、药材等。安东港的木材原料，都采自鸭绿江上游的长白山区。20 世纪 20 年代左右是木材出口最繁盛时期，每年的木排数目有 13 000 多张，每一张木排银价在 3 500－4 000 两，总值 4 000 万－5 000 万两，约合 7 000 万两银元。木排通常每年运销天津约四成，山东二成，上海一成，当地一成，日本朝鲜共二成。安东运到日本的木材，价值在三四百万海关两左右，1923 年高达 1 200 万海关两以上。①

① 参见武堉干，《中国国际贸易概论》，商务印书馆，1930 年，第 423 页。

1904年安东出口柞蚕茧丝共值115.1万海关两，1907年开埠后安东超过营口成为东北最大的柞蚕茧丝集散中心。据安东海关贸易年册数据统计，1918年安东出口的柞蚕丝和其他丝类的价值占该年出口总值的25.9%，1922年为31.1%，此后几年出口有所减少，1928年占17.7%，1930年占15.8%。1917年前安东柞蚕丝、茧主要运到烟台和上海销售，此后日本逐渐成为最大进口国。海关贸易记载，1917年安东丝、茧的3/4运往日本，运往中国口岸者不过1/4，较往年恰成反比例。安东丝、茧的出口舍上海而直赴横滨，因为用轮船运上海需要关平银8两7钱，运到横滨不过3两1钱。①

1912年前安东的油坊业，仅有规模极小的油房五六家。1912年以后，日本人购求以之肥田的需求渐多，逐渐发达。当时有油坊15家，年出产约140万片。同时因需求激增，旧式木搾出产能力薄弱，于是改用新式螺丝及冷气搾。其后因欧洲战争，日本购求豆饼增多，安东油坊业顿时兴盛，由年产140万片增至年产500余万片。另因朝鲜发展水田，需求肥料渐多，安东豆饼出口激增。产豆地方，以中东铁路沿线为最多，辽宁省北部次之，安东出口者为鸭绿江沿岸所产之物。豆饼出口以大连最多，哈尔滨次之，安东居第三位。东三省出口总额为3 000余万担，安东出口占全额1/9。②

同时，安东与朝鲜、日本之间粮食的三角贸易数额巨大，中国卖粟于朝鲜，朝鲜再卖大米于日本。③1916年日本在安东成立粮食交易所，以粟和大豆为交易物品，并垄断了粮食出口。安东进口货以布匹、面粉、煤油为大宗，其次为砂糖、火柴、纸烟、皮张、蜡烛、果品、茶叶等。进口货多来自中国各埠包括香港地区，以及菲律宾、朝鲜、日本、英美各国。

进口货物方面，安东通过铁路进口的日本商品日渐剧增，甚至有逐渐压倒日本大连之间轮船运输之势。通过安东运销的货物凭借廉价的运费与海关征税，除了独占东北东南部的腹地市场之外，还渗透到

---

① 《中华民国六年安东口华洋贸易情形论略》，载《中国旧海关史料》第76册，第219页。

② 束煜光：《安东三大特产》，《工商月刊》，1930年1卷2期，第34页。

③ 藤冈启著，汤尔河译：《东省刮目论》，商务印书馆，1930年，第51页。

沈阳以北的地方。以棉布输入为例，1913 年大连海关贸易报告记载："日本棉布类各货商因减税减价之故，凡向之运于本口者相率改由前项陆运矣，是以本埠商务实业各家皆极意研究熟筹对待方法以挽回"①，次年"本埠日本棉商数家或停止交易，或缩小范围"②。安东进口的棉纺织品 1916 年占进口总值的 64.4%，1922 年超过 70%，以后除个别年份外多在 70% 左右。

安东与日本、朝鲜间的贸易发展迅速，导致港口贸易额大幅度上升。1910 年安东港贸易额为 1 895 万海关两，营口港贸易额为 5 662 万海关两，安东港只及营口港的 1/3。然而，到了 1920 年，安东一跃到 6 325 万海关两，而营口港贸易额仍只有 5 993 万海关两，安东港已超过营口港，此后双方距离逐渐拉大，安东港发展成为东北地区的第二大港。

① 《中华民国二年大连湾口华洋贸易情形论略》，载《旧中国海关史料》第 61 册，第 264 页。

② 《中华民国三年大连湾口华洋贸易情形论略》，载《旧中国海关史料》第 64 册，第 274 页。

第三章　各港口城市腹地的演变

各港口城市在开埠以后，随着进出口贸易的发展和交通条件的改善，腹地的范围大大扩大，与腹地的关系日益紧密。此后，由于新的港口的兴起和交通条件的改变，区域港口的地位与作用发生了变化，各港口的腹地范围也发生了相应的扩大或缩小，从而对城市的经济发展产生重要的影响。本章将通过对出口货物直接来源地和进口货物直接销售地的分析，探讨北方各港口腹地的变迁。按照经济地理学的观点，这种基于货物联系形成的港口的腹地，实际上也是港口城市的腹地，两者的空间范围大致相同①。

第一节　天津的腹地

经济腹地一般由出口货物的供货地和进口货物的销售地两大部分所组成，天津港也不例外。本节将通过对皮毛、棉花、药材、干果等农畜产品供货地的研究，搞清天津港的出口货物的主要来源范围。再通过对鸦片、棉绒纺织品、洋杂货等主要进口货物的销售地的研究，搞清天津港的进口货物的主要销售范围。在上述研究的基础上，搞清天津港腹地的基本范围。

---

① 周一星、杨家文：《九十年代我国区际货流联系的变动趋势》，《中国软科学》，2001年第6期。

一、皮毛的供货地

1860年天津开埠以后，由于国内外市场对皮毛原料的需求，北方皮毛开始作为出口商品，通过天津港运销到沿海和国外市场。人们注意到："蒙古有广阔无垠之草原，除牛羊外亦罕有所出"，即便是"绵羊毛与骆驼毛之出口，近时如彼甚少，不值一提。抵津之货皆来自蒙古，即喇嘛庙（今内蒙古多伦市）附近及以外之处"①。这种不景气的状况，到19世纪80年代后期有所改观，运往天津港的皮毛，从种类到数量都有所增加了。至1909年京张铁路通车以前，北方地区通过天津港而输出的皮毛类畜产品日益增多。

早期的出口皮毛主要来自距离较近、交通较为便利的蒙古草原等地。津海关报告载："天津特有之出口货，计有毡、毡帽、马毛、各色皮货、骆驼毛、绵羊毛、山羊毛、牦牛尾、水牛角及水牛皮。所有此类商品，除毡及毡帽率由直省所制外，均产于蒙古。"②河北平原虽然也有一些皮毛加工点，但这些地方的皮毛主要不是产自当地，而是贩自草原牧区。如顺德府（治今河北邢台市），其"皮毛业约起源于前清同治末年及光绪初年，当时二、四两区的人民赴陕西定边、甘肃、西宁、张家口等处，贩运皮毛，归而出售"③。此后，天津出口皮毛的供货地范围不断扩大。

1909年，北京至张家口的京张铁路修成，1923年向西延伸到包头，改称京包铁路。这条通往蒙古草原钢铁通道的修成，为草原的皮毛出运提供了方便。此外，京包铁路与正太铁路、京汉铁路、京奉铁路相连接，也使东北、西北等地的皮毛，可以通过现代化的运输方式抵达天津港。随着货物运输方式的现代化，天津皮毛供货地的范围迅速扩大。到20世纪二三十年代，为天津港提供出口羊毛的地区，已包括河北、山东、山西、河南、陕西、甘肃、察哈尔、热河、绥远、东北

---

① 吴弘明整理：《津海关年报档案汇编（1865－1911）》，天津市档案馆、天津社科院历史所1993年刊印，1865年贸易报告。

② 吴弘明整理：《津海关年报档案汇编（1865－1911）》，1873年贸易报告。

③ 实业部天津商品检验局出版《检验月刊》，1934年2月号，"工商要闻"部分第14页。

三省，以至新疆、青、宁、蒙、藏等省；提供山羊绒的地区，包括河北、山西、绥远、陕西、察哈尔、热河等省；驼毛主要来自内外蒙古的张家口、包头与归化城一带；皮张产区则包括河北、山西、陕西、河南、山东、东北三省、热河、察哈尔、绥远、新疆、甘肃等省①。表3.1显示，新疆虽然离天津道路最为遥远，每年仍有大量的皮毛以及棉花等产品，或直接用骆驼运至天津，或运到绥远并转天津出口。

表3.1　1930－1932年新疆每年直接用骆驼运至天津出口的主要物产

货物	数量	价值（元）	货物	数量	价值（元）
马鬃马尾	120 000斤	84 000	美种棉花	220 000斤	36 000
巴哈白羔皮	45 000张	40 500	白羊毛	820 000斤	16 400
库车白羔皮	30 000张	24 000	杂羊毛	1 150 000斤	172 500
古城白羔皮	22 000张	19 200	干鹿角	4 000斤	2 000
哈萨红羔皮	64 000张	25 600	葡萄干	180 000斤	54 000
青山羊皮	2 500张	2 500	贝母	65 000斤	13 000
山羊板皮	14 000张	4 200	枸杞	13 000斤	4 200
狗皮	3 000张	5 100	蘑菇	20 000斤	18 000
驼毛	250 000斤	125 000	白宰羊皮	24 000张	36 000
总价值			682 200元		

资料来源：陈赓雅，《西北视察记》，上海申报馆，1936年，第15－16页。

表3.2　1930－1932年新疆每年运到绥远并转天津出口的主要物产

货物	数量	价值（元）	货物	数量	价值（元）
羊肠子	3 000 000根	2 400 000	扫雪皮	700张	28 000
羔庄皮	150 000张	750 000	灰鼠皮	30 000张	24 000
库车黑羔皮	64 000张	224 000	猞猁皮	1 200张	21 600
古城黑羔皮	20 000张	26 000	野狸子皮	25 000张	37 500
油旱獭皮	450 000张	405 000	野猴子皮	3 000张	1 500
狐皮	30 000张	270 000	狐腿子	22 000对	17 600
狼皮	4 000张	48 000	鹿茸	4 000斤	80 000
貂皮	300张	13 500	羚羊角	450斤	270 000
总价值			4 616 700元		

资料来源：陈赓雅，《西北视察记》，上海申报馆，1936年，第14页。

1924年以后，外蒙基本上断绝了与祖国内地的物资交流，蒙古经天津出口的皮毛总量相对减少，但西北地区的皮毛在天津港皮毛总量中所占比重却迅速上升，而正太铁路也为山西和陕西皮毛的外销提

① 实业部天津商品检验局出版《检验月刊》，1934年3－4月号，“工商要闻”部分第3－4页。

供了便利。据统计，1925 年，“天津输出之羊毛，青海、甘肃居其五成，山、陕居其成半，蒙古居其二成半，直鲁约居一成”①。新疆虽然路途遥远，也不失为天津港出口皮毛的重要来源②。由于皮毛供货地范围广大，直到 1937 前后，天津港依然是我国供货范围最广阔、出口量最大的皮毛出口港③。（见图 3.1）

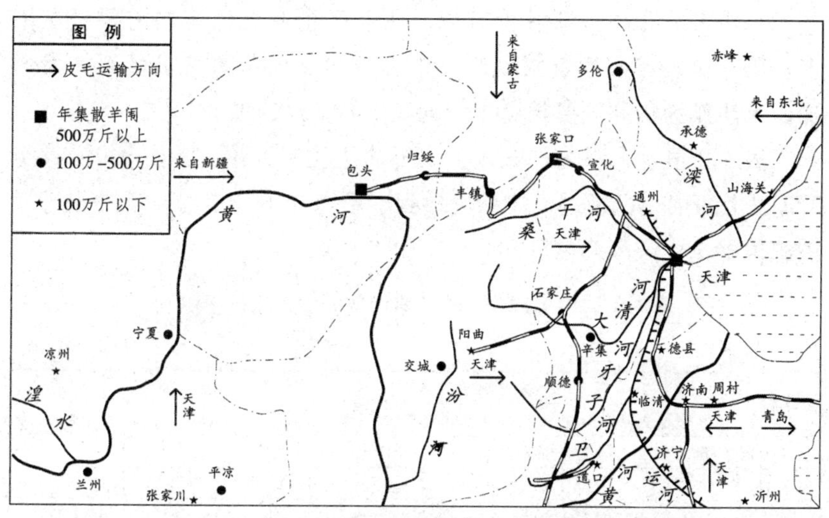

图 3.1　1933 年前后天津皮毛主要供货范围示意图

二、棉花的供货地

天津虽然在明清时期就已存在地方性的棉花市场，但交易量很少，仅供当地消费而已。20 世纪初，美、日等国的棉纺织业开始进口中国的棉花，加之以京津为中心的铁路网的建成，华北棉花开始经天津港出口。天津出现专业化的棉花批发商、出口商、货栈，为棉花出口而设的打包工厂、报单行等也遍布天津。与此同时，天津的棉花交易也从现货发展到期货、代购代销、看样成交等多种方式。到了 1911 年，天津已初步发展成为华北广大地区的棉花交易中心和出口

① 北京西北周刊社《西北周刊》第 15 期，第 2 页，1925 年 5 月 24 日版。

② 实业部天津商品检验局出版《检验月刊》，1934 年 9－12 月号，“工商要闻”部分第 32 页。

③ 许道夫：《中国农业生产及贸易统计资料》，第 313 页。

基地①。

在棉花出口扩大的同时，分布在中国沿海通商口岸城市的棉纺织工厂的棉花需求量也得到扩大。《马关条约》解除了列强在通商口岸投资设厂的限制以后，各主要资本主义国家在中国设立的纱厂数量迅速增加，民族纺织企业也同时兴起，设在天津的各大民族纺织公司如裕元、裕大、北洋、恒源、宝成、华新等企业对棉花的需要日益增多。第一次世界大战爆发以后，中外对华北棉花的需求量都大大增加，天津作为华北主要棉花市场的集散量，迅速增加。

表 3.3 显示，在内地输入天津的棉花当中，每年都有一半、甚至 2/3 以上的棉花，经过天津港出口到了沿海和国外市场，反映出天津港腹地棉花生产的高度外向化。

表 3.3　1919—1932 年天津棉花的输入与输出概况

（单位：担）

年份	天津棉花			国内他埠输入	洋棉输入
	内地输入	出口	出口占输入的百分比（%）		
1919	648 517	530 881	81.9		3
1920	386 957	258 568	66.8	2 670	14 345
1921	635 282	454 898	71.6	18 197	126 287
1922	953 679	548 973	57.6	11 493	162 318
1923	984 232	565 105	57.4	3 309	45 860
1924	573 732	415 541	72.4	1 854	2 244
1925	1 067 270	550 044	51.5	19 518	16 863
1926	945 147	627 510	66.4	90 458	69 563
1927	1 245 187	810 659	65.1	9 983	84 247
1928	1 279 082	837 047	65.4	15 557	24 254
1929	639 905	628 300	98.2	87 081	179 156
1930	1 017 847	831 029	81.6	58 840	264 571
1931	1 112 034	868 761	78.1	12 257	119 752
1932	1 352 466	841 028	62.2	276	50 818

资料来源：华北农产研究改进社编，《天津棉花运销概况》，第 28 页，第 10 表。

国内外市场对腹地棉花越来越多的需求，促进了棉花运输业更为快速的发展。

表 3.4 显示，假定河北省每年所产的棉花全部运销天津，那么，

① 以上参见张利民：《试论近代华北棉花流通系统》，《中国社会经济史研究》，1990 年第 1 期。

河北棉花总产量超过内地输入天津棉花总额的情况是，1922年超过26.4%，1924年超过28.2%，1929年超过20.1%。而另外8年则是后者超过前者，最少为4.2%，最多为95.8%。这一方面反映出天津棉花来源的广泛性，另一方面也在一定程度上反映出河北棉花在天津市场上的重要地位。

表3.4　1922－1932年天津的棉花输入概况

（单位：担）

年份	河北省棉花总产额（甲）	北方内地输入天津棉花总额（乙）	乙/甲的百分比（%）
1922	1 295 119	953 679	73.6
1923	944 973	984 232	104.2
1924	798 575	573 732	71.8
1925	958 290	1 067 270	111.4
1926	814 300	945 147	116.1
1927	770 550	1 245 187	161.6
1928	653 120	1 279 082	195.8
1929	801 260	639 905	79.9
1930	834 791	1 017 847	121.9
1931	844 000	1 112 034	131.8
1932	1 283 229	1 352 466	105.4

资料来源：华北农产研究改进社编，《天津棉花运销概况》，第2页，第1表。

总起来看，一直到1930年前后，天津港对我国重要的棉花产区华北棉花的吸纳都是相当繁盛的。（见表3.5）

表3.5　1922－1936年天津对华北棉花的收集情况

（单位：担）

年份	华北棉产量	天津收集量	天津约占华北的百分比	年份	华北棉产量	天津收集量	天津约占华北的百分比
1922	2 300 349	953 677	41.5	1930	3 005 449	1 017 844	33.9
1923	2 563 326	984 231	38.4	1931	3 080 510	1 106 429	35.9
1924	1 735 799	973 732	56.1	1932	3 111 243	1 328 112	42.7
1925	2 115 395	1 067 267	50.5	1933	3 416 256	805 276	23.6
1926	1 713 162	945 147	55.2	1934	4 771 276	804 942	16.9
1927	1 982 177	1 245 186	62.8	1935	2 826 255	853 535	30.2
1928	1 562 513	1 279 081	81.9	1936	4 826 298	1 245 782	25.8
1929	2 015 060	639 906	31.8				

资料来源：李洛之、聂汤谷，《天津的经济地位》，第23表。

天津棉花的来源地包括河北省，也包括山东、山西、陕西、河南、新疆吐鲁番等地。有关棉花的交易市场网络和运输概况，请参考图3.2。

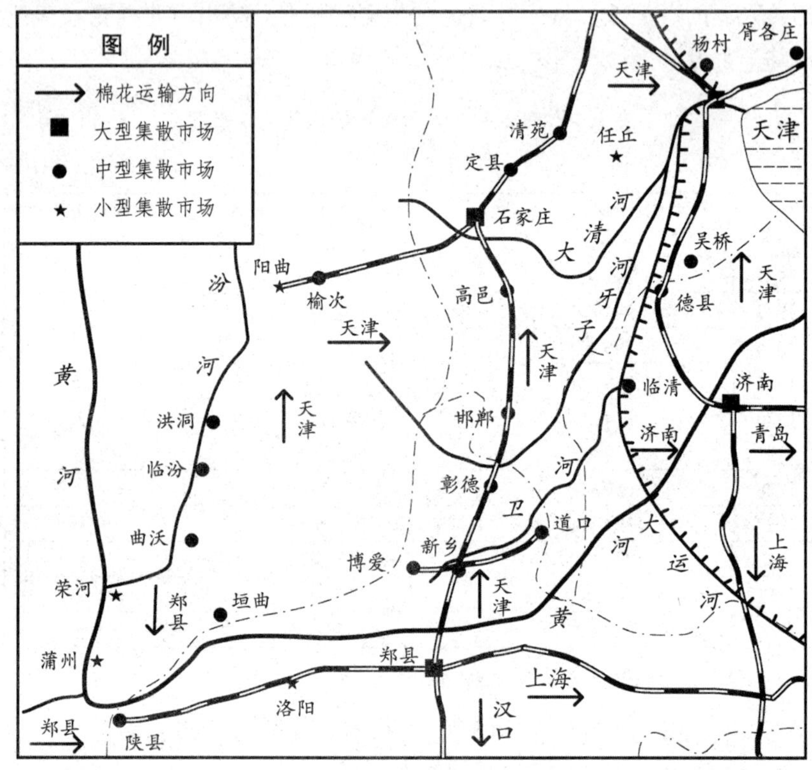

图3.2　1930年前后天津棉花供货范围示意图

进入20世纪30年代以后，由于日本进一步加大了对上海和青岛等地棉纺织工业投资的力度，直接影响了天津对华北棉花的吸引力。不仅陕西的棉花运往汉口与上海，就是山西南部的棉花、河南北部的棉花、山东西部的棉花也大量运往上海或者经由济南运往青岛。更有甚者，就连号称天津三大传统棉花产区之一的“御河地区所产棉花，亦大部由济南流往青岛，一部再运上海”①。天津港棉花的运销渐趋衰落，棉花供货范围也日趋缩小。据实业部天津商品检验局棉花检验处的统计，自1932年11月起至1933年8月止的10个月内，共有来自

① 李洛之、聂汤谷：《天津的经济地位》，第33页。

华北棉区的棉花616 131 包（每包一般重150 斤）。其中河北棉567 045 包，占92%；山东棉30 171 包，占5%；山西棉14 388 包，占2.3%；河南棉4 527 包，占0.7%①。

三、中药材的供货地

“中药”是“西药”出现以后才有的名称，此前称为“草药”或“汤药”等。北方人民采集并利用草药给人治病的历史源远流长，相关的药材贸易亦随之产生。至清代中期，以一些交通比较便利的内地城镇为中心的药材市场，始初具规模。天津当时的药材业，主要是把采购来的药材，按古方或秘方制成成药后，再通过药店门市进行零散销售。开埠前后，随着商业和交通地位重要性的日益显现，天津的药材批发和出口业开始兴起。当时，进行南北间杂货贩运的潮州帮、闽帮、广东帮等商人，利用天津便利的海上交通，将北方药材出口到南方，在南、北方之间进行药材的批发贸易②。盛京嫩鹿茸、关东参、高丽参等珍贵药材，大量地从天津港销往广州等东南沿海地区甚至国外③。1875 年，由直隶、河南、陕西、甘肃等省运经天津出口的药材，仅大黄一项，就达1 485 担之多④。

进入20 世纪以后，随着北方交通运输条件的改善，包括中药材在内的农副产品的市场化程度日益提高，越来越多的药材被运往内地较大的药材市场销售，或经天津等港出口到海内外，药材的流通范围进一步扩大了。

绥远是甘草的主要产区。在铁路未修至包头前，绥远出产的甘草，用牛车或骆驼运到托克托县的河口镇后，再发往河南、天津、河北、山西等地，除河南外，运往其他地方的甘草多用马车和骆驼运输。1923 年京绥铁路通车到包头后，绥远甘草多集聚到包头，主要

① 《棉花检验处1931 统计报告》，《天津棉鉴》，3 卷1 –12，1932 年11 月 –1933 年8 月，天津商品检验局出版。

② 刘华圃、高克成：《解放前天津的中药业》，《天津工商史料丛刊》，第1 辑。

③ 吴弘明整理：《津海关年报档案汇编》，1865 年报告。

④ 吴弘明整理：《津海关年报档案汇编》，1880 年报告。

利用火车东运天津等地[①]。

甘肃是当归、甘草、大黄、党参、秦艽、羌活、黄芪、麻黄等药材的重要产地，这些药材的运输，多由药农背负到各城镇，药商将其收集后用牲口驮运到武威，再用胶轮大车载到平凉集中。此后，再经西安等地，通过火车东运禹州、郑县、天津、汉口等地[②]。

平绥铁路沿线的昌平、康庄、怀来、辛庄子、宣化、西湾堡、天镇、大同、卓资山、旗下营、磴口、包头等处，皆盛产黄芪、知母、柴胡、大黄、赤芍等药材。仅包头一站，每年转输到平、津及祁州等地的枸杞数量约达百万斤，甘草约达 610 万－620 万斤，这些“甘草每年运销于日本为最多，美国次之，在对外贸易上极著佳誉。在津、沪及祁州各地成装，散销于东南各省”[③]。其中由天津出口的甘草，“总值年达100 万元，五分之三输往美国”[④]。

到 20 世纪 30 年代，天津的药材出口业，初步形成了以各地中小药材集散地为基础，以各大专业性药材批发市场为枢纽，以现代铁路、轮船和传统陆运与内河航运相结合的较为完整的供销网络体系。构成这一网络体系的，是大大小小的各级药材市场。其中，河北祁州，河南的禹县和郑县，天津属于大型的药材批发市场；青海的西宁，甘肃的兰州、武威、平凉，绥远的包头，陕西的西安、三原，山西的太谷，河南的彰德、怀庆等，属于重要的中型药材集散市场[⑤]。1936 年，天津港各类药材共输出 1 700 562 国币元，1937 年为 1 044 431 国币元[⑥]。（见图 3.3）

---

① 尹子衡等：《解放前原绥远省甘草和甘草行业的概况》，《内蒙古文史资料》，第 2 辑。

② 王肇仁：《甘肃药材产制运销概况》，《甘肃贸易季刊》，1944 年第 10、11 期合刊。

③ 平绥铁路车务处编：《平绥铁路沿线特产调查》，1934 年印行，第 75 页。

④ 赵习恒：《绥远之甘草》，《国货研究月刊》，第 1 卷第 4 期，1932 年 9 月。

⑤ 参见樊如森、姬天舒：《近代北方药品供销体系的构建》，《中国历史地理论丛》，2003 年第 2 期。

⑥ 韩启桐：《中国埠际贸易统计（1936－1940）》，中国科学院出版，1951 年，表 29。

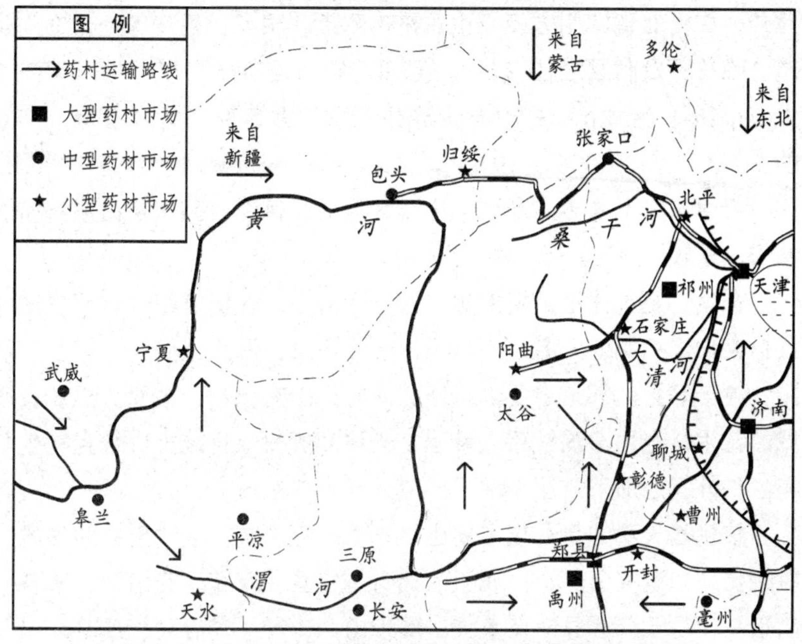

图 3.3　20 世纪 30 年代天津港的药材供货范围示意图

四、干果的供货地

干果作为天津港的重要出口货物，主要包括杏仁、红枣、黑枣、花生、核桃、瓜子、栗子等。

天津干果市场的直接供应地为河北平原，开埠以后，供货范围有所扩大，出口的干果数量和种类有了明显的增加。进入 20 世纪以后，天津港干果的出口更多了。

北平的西北等地盛产甜杏、中杏、苦杏，每年出口到英、美、德三国约 200 吨左右，其余由上海驻天津的大昌德、王成永、怡大隆、源顺祥、隆昌等商家收购运沪，分销他省①。“河南、山西虽有产量，运津数量极少，味苦而粒且小。”②

天津市场上红枣的产地，以河北省献县杜生镇为中心，“该地枣树常连绵二三里，土人均以此为唯一收获品，亦即为唯一之农作物。

① 工商部工商访问局编：《工商半月刊》，1929 年 1 卷 13 期，“调查”部分，第 32 －33 页，“杏仁调查”。

② 工商部工商访问局编：《工商半月刊》，1930 年 2 卷 19 期，“调查”部分，第 38 页。

此外，如河北省涿州方面及山东济南附近、泰安、乐陵等处，亦均生产。唯总不及献县之佳与多”。但“无论何县所产之枣，均以天津为中心市场”。天津出口的红枣，运往上海的占50%，运往香港、广东的占40%，其他地区占10%①。

天津市场上黑枣的产地，主要为河北顺德府、蓟州及山东济宁、泰安、乐陵一带②。

花生也是天津港重要的出口农产品之一。民国时期，河北省的滦县、遵化、卢龙、大名、南乐、密云、怀柔、深州、武强、献县、饶阳、肃宁等县，都是主要供货地。此外，山东德州、平原、禹城、肥城的花生，也由津浦铁路大量运抵天津。天津除直接出口带壳花生与花生仁外，还加工成花生油，出口外洋及广东③。

核桃是天津的另一项主要出口干果。据调查，天津出口的核桃及核桃仁“来源甚为广泛，属于河北省有完县、获鹿、石门镇、平谷、昌平县、易县、涿县、良乡县；属于山西省者，有汾县、辽县，以及河南省尚有数县。货质以石门镇、平谷、汾县所产最佳”④。

运到天津的黑瓜子主要来自河北省的廊坊、万庄、魏善庄等地，白瓜子主要来自迁安、获鹿、太谷等地，主要出口地点为上海、香港、广州等地。⑤

栗子是华北各省的重要果品，然“以河北为最多”，产区分为东山、北山两路。天津迤东，卢龙、迁安、滦县、遵化、蓟县、昌黎等地所产者称为东山货；北平迤东，昌平、怀柔、密云等地所产者称为北山货。均运至天津，除当地所用外，绝大部分出口外埠。⑥

---

① 工商部工商访问局编：《工商半月刊》，1931年3卷6期，“调查”，第7－10页，“天津红枣之产销情况”。

② 工商部工商访问局编：《工商半月刊》，1931年3卷7期，“调查”部分，第15－17页，“天津黑枣之调查”。

③ 工商部工商访问局编：《工商半月刊》，1930年2卷4期，“调查”部分，第20－25页，“天津花生油生产状况”。

④ 实业部天津商品检验局：《检验月刊》，1934年3－4月号，“工商要闻”，第1页，“津市出口货调查”。

⑤ 工商部工商访问局编：《工商半月刊》，1930年2卷19期，“调查”部分，第39页。

⑥ 工商部工商访问局编：《工商半月刊》，1929年1卷20期，“调查”部分，第15－16页，“天津栗子调查”。

五、土产鸦片的供货范围与进口鸦片的销售范围

外国鸦片通过天津港而进入北方内地，早在1860年天津港被迫辟为通商口岸之前，就已经开始了。仅道光十八年（1838年）十月，天津便在大沽口一带金广兴洋船上，查获到烟土82袋，计重131 500余两，并查获烟具、军械无数。其余停泊在大沽口外的123只洋船，见势不妙，起碇逃跑。鸦片的巨额走私，使天津逐步成为中国北方的走私鸦片集散地，“山陕等处商贾，来津销货，即转贩烟土回籍”①。

1858年的《天津条约》，明确规定鸦片属于“洋药”，每担交纳30两的进口税后，即成为合法的商品。而1860年天津的被迫开埠，更为鸦片的大量进口打开了方便之门，使其成为天津开埠早期最主要的进口商品。据津海关贸易年报统计，1863年，天津的鸦片的进口数量为3 714担，比1838年增加46倍；其进口值占天津港该年整个洋货进口总值的36.4%，仅此一项要比全部正当生活资料的进口值还要多。

为抵御鸦片的泛滥，清政府遂于1865年下令，禁止国内种植罂粟，这更反过来刺激了鸦片的进口②。1869年后，清政府鼓励国内大量种植罂粟，征收鸦片种植税，以图在增加财政收入的同时，以土产鸦片代替外洋鸦片。土烟大量涌入天津市场后，以其较低的价格，逐步排挤了洋烟原有的市场份额。（见表3.6）

津海关1892－1901年的十年调查报告书，分析这一趋势：“在好些十年报告与年报中提出了预言，经常提到的外国鸦片贸易下降的趋势，说明了外国鸦片的最后命运，这一点在过去十五年的记录中，得到了部分的证实。在1892年与1898年间，鸦片进口额减少一半，并且从那个时候起，除1899年外，进口额一直减少，直到现在只不过比先前总数十分之一稍多一点儿”；其原因在于，“本地商人毫不犹豫地把洋药的这种变动归之于印度鸦片的涨价，以及由于这样而造成的

---

① 李华彬主编：《天津港史（古、近代部分）》，人民交通出版社，1986年，第85－86页。

② 吴弘明整理：《津海关年报档案汇编（1865－1911）》，1865年报告。

表 3.6　1861－1910 年天津港各类鸦片进口情况

（单位：担）

年份	数量	年份	数量	年份	数量	年份	数量
1861	1 482	1871	7 090	1881	3 421	1899	1 344
1862	3 699	1872	4 624	1882	2 508	1903	308
1863	3 714	1873	4 957	1883	2 525	1906	272
1864	2 805	1874	5 331	1888	1 783	1907	150
1865	5 654	1875	3 908	1889	1 799	1908	153
1866	9 163	1876	3 635	1890	1 510	1909	152
1867	7 895	1877	4 034	1891	1 401	1910	43
1868	7 422	1878	4 030	1896	1 146		
1869	5 423	1879	5 246	1897	906		
1870	7 161	1880	3 219	1898	903		

资料来源：吴弘明整理，《津海关年报档案汇编（1865－1911）》。
表注：进口鸦片的种类主要有白皮土、公班土、喇庄土、波斯土、土耳其土、熟药膏等。

价格悬殊，因而外国鸦片无法同土产鸦片竞争”。而天津市场所用的大部分土烟，来自于山东、河南、陕西、甘肃与直隶的永平府。甘肃鸦片依其出产地不同而分成甘州（今张掖市）土与凉州（今武威市）土，每当产地的一家商店准备好大量的鸦片时，就先派出前哨买通沿途关卡，然后便经由归化与张家口等地顺利东来了①。

此后，洋鸦片的进口数值进一步下降。“1910 年白皮土进口减少到 19 担，公班土减少到 24 担，而且到 1911 年时，已无鸦片进口了”；其原因可归结为“地方当局采取有力的措施去实施颁布的禁烟规章，甚至有时变本加厉，这就是洋药消费迅速减少的原因。实际上，目前消费的只是土烟，而且数量非常有限”②。

与此同时，“1913 年 3 月 1 日，政府正式禁止鸦片输入直隶省；1914 年总统发出训令，颁布了若干条例以惩罚非法经营吗啡及古柯碱的罪犯”，其结果是“十年间，既无外国的也无中国的鸦片向海关

① （英）派伦著，许逸凡译：《天津海关 1892－1901 年十年调查报告书》，天津市历史研究所编《天津历史资料》，第 4 期，第 58－59 页。

② 许逸凡译：《天津海关十年报告书（1902－1911）》，天津社会科学院历史研究所编《天津历史资料》，第 13 期，第 35 页。

报税。但鸦片及其衍生物的走私规模却非常庞大。鸦片是经由北宁线从满洲向关内走私的，最近四、五年间，满洲种植了鸦片；而吗啡及古柯碱，则是从日本运来的，并且数目不断增加”①。

另外，其他历史资料的记载也可以明显地看出，进入民国以后，天津等北方地区的鸦片与其他毒品的进口（含走私）与销售，并非真的销声匿迹了。

据民国甘肃镇原县志载：“自道光末年，甘肃已有种鸦片者。至咸丰以后吸者日多，种者亦日众。利厚工省，又不择土之肥瘠，故趋之若鹜焉”；“清政府于光绪三十二年（1906 年）与英人订立专约，期以十年禁绝。在此期内，洋药则递年减进，土药则递年减种。至宣统二年（1910 年），又以土药充斥，吸者过多，若不早为筹备，恐难达十年禁绝之目的，遂复缩短年限，拟于宣统三年年底一律禁绝。……乃民国二年，又复大种特种，饮鸩止渴”②。

而陕西“宜川，近百年来即属产烟之区，多种植于县川、白水及河清等川道。清光绪初，陕督左宗棠、陕抚谭钟麟叠加严禁。光绪十年（1884 年）知县樊增祥莅任，履行原野，拔弃烟苗，禁种禁吸，同时并举。尔后清政不纲，禁令时弛。民国初年，军队派种收款，地方毒卉又复故态。七、八年间，政府严禁，雷厉风行，几经绝迹。后复日久玩生，驻军派种如前。二十四年，实行六年禁烟计划，二十五六年以后，逐渐减少”③。

河北广宗县，“自鸦片流入，吸食者众。清末明令禁烟。迄于民国，代以金丹（其原料均购自日本，内有吗啡，以机器制为丸，如梧桐子大），吸食者倾家亡身。近年，又代以料子（其原料不外海洛因、吗啡等物制为细粉），吸食较鸦片金丹为便，并可以鼻嗅。日须数元乃至数十元，倾家亡身者前后相望”。

由此可见，无论是先前的鸦片，还是后来的吗啡、古柯碱等毒品的进口（含走私）与销售活动，在近代天津港及其腹地上，并未根本

① 吴弘明译：《天津海关年十年报告书（1912－1921）》，天津社科院历史所编《天津历史资料》，第 13 期，第 54 页。

② 钱史彤等修纂：《重修镇原县志》，卷九“外交志·烟禁”，民国二十四年铅印本。

③ 余正东等纂修：《宜川县志》，卷十八“卫生志·禁烟”，民国三十三年铅印本。

绝迹。它们作为一种特殊的商品，依然对该地区人民的生产和生活产生着较大的影响。而天津港出口鸦片的供货范围与进口鸦片的销售范围，大致都在北方的黄河流域，此外东北也是土产鸦片的供货范围。

六、进口纺织品的销售范围

积极谋求在中国倾销商品的英国人，从一开始就对其工业纺织品在中国市场的扩展表现出了极为浓厚的兴趣。参与签订《南京条约》的英国全权公使，曾乐观地估计，鉴于中国市场的广大，“以至虽罄兰开夏诸纱厂所制长袜，亦不敷其一省之用”。然而，从一定程度上来说，由于“中国广植棉花，民人以之织成结实之粗布，此种粗布较之华而不实之（英国）机织布更合农工之所需”，因此开埠之初，英国对华的纺织品贸易远不如鸦片贸易那么繁盛。然仅就进口数量而言，天津却也成了和汉口、芝罘（烟台）并立的三大洋棉布交易市场之一①。不过，洋布的优势还是显露了出来：“洋布今已赢得普遍赞誉并广为使用，盖其似乎介于土布与较粗绸缎之间；虽不及土布耐用，但较美观；虽不如绸缎高雅，却较低廉”，当然，“洋布之主要买主，即在各口亦非劳力者，而是高其一、两等之人”，所以，“假使生产成本无以降低，劳力者犹复不堪购用”的话，洋布的销量就会受到进一步的影响。②

从表3.7的统计来看，随着天津港腹地对外来商品吸纳力的增强，各类纺织品的进口数量还是在缓慢增加的。这些纺织品，在20世纪以前，经过各条运输路线，销售到河北、河南、山东、蒙古等地。③

由表3.8可以明显地看出，进入20世纪以后，随着铁路交通网的建设和腹地经济商品化程度的进一步提高，纺织品的进口数量和种类都较前增加了，纺织品的销售量和销售区域也进一步地扩大。

---

① 吴弘明整理：《津海关年报档案汇编（1865－1911）》，1866年报告。

② 吴弘明整理：《津海关年报档案汇编（1865－1911）》，1867年报告。

③ 吴弘明整理：《津海关年报档案汇编（1865－1911）》，1868年报告。

表 3.7 1861－1899 年天津港各类纺织品的进口数量

[单位：棉布、绒货（匹），棉纱（担）]

年份＼种类	棉布	绒货	年份＼种类	棉布	绒货	棉纱
1861	1 457 788	17 903	1881	3 339 717	50 330	1 510
1862	1 131 711	11 946	1882	3 000 000		4 467
1863	133 997	13 874	1883	3 185 512		8 002
1864	335 072	28 119	1884			11 671
1865	852 586	72 111	1885			35 157
1866	1 391 574	101 627	1886	4 044 780	40 410	42 861
1867	1 187 182	102 139	1887	4 230 803	43 617	51 034
1868	2 426 242	106 220	1888	4 078 710	47 327	61 035
1869	2 818 611	130 110	1889	4 276 888	39 653	66 931
1870	3 255 176	110 814	1890	4 501 100		102 600
1871	3 792 404	83 365	1891	7 190 300		120 000
1872	3 361 926	94 930	1892	7 090 000		156 500
1876	2 734 480	58 783	1896			210 000
1877	2 041 013	43 586	1897			163 000
1878	1 772 029	34 655	1898			263 000
1879	2 991 763	66 913	1899			269 000
1880		42 444				

资料来源：吴弘明整理，《津海关年报档案汇编（1865－1911）》。

表注：棉布的种类包括本色市布、漂市布、染色市布、洋标布、英国斜纹布、美国斜纹布、荷兰斜纹布、粗布、未列等之棉布等；绒货的种类包括：英国羽毛、荷兰羽毛、羽绸、羽绫、小羽绫、绉羽绫、上等小呢、次等小呢、别色绒货及绒棉货等；棉纱的种类包括英国棉纱、印度棉纱、日本棉纱等。

表 3.8 1908－1937 年天津港主要纺织品的进口量

[单位：布匹（匹）、棉纱（担）、呢绒（码）]

年份	布匹	棉纱	呢绒	年份	布匹	棉纱	呢绒
1908	2 823 037	242 138	32 926	1923	4 759 726	353 766	331 676
1909	3 587 891	366 866	39 366	1924	3 320 697	270 253	173 066
1910	3 555 393	358 894	55 078	1925	4 124 442	208 187	255 305
1911	3 612 974	320 269	35 491	1926	4 193 938	289 289	373 253
1912	3 101 851	384 057	11 184	1927	4 710 667	254 263	374 783
1913	4 636 079	479 220	29 686	1928	4 135 241	188 498	477 985
1914	4 952 324	530 812	13 474	1929	3 528 551	192 954	290 482
1915	3 671 130	587 857	22 578	1930	4 536 228	218 599	363 929
1916	3 149 618	620 774	8 370	1931	4 535 260	305 307	324 674
1917	3 742 181	535 628	3 737	1932	2 577 462	292 538	119 711
1918	2 341 861	402 294	88 734	1933	837 104	230 091	137 920

续表 3.8

年份	布匹	棉纱	呢绒	年份	布匹	棉纱	呢绒
1919	3 001 952	386 802	79 346	1934	16 855 531	259 435	274 616
1920	4 786 752	297 666	120 930	1935	16 427 393	198 544	150 407
1921	3 918 553	344 549	91 420	1936	2 306 821	180 857	91 764
1922	5 151 978	356 578	147 300	1937	929 820	125 916	58 718

资料来源：茅家琦，《中国旧海关史料（1859－1948）》，京华出版社，2001年。

说明：1.布匹类包括美国、英国、日本本色市布、粗细布、粗细斜纹布，洋标布、印花布、席法布、玄素织花羽绸、缎、绫、洋红市布，中国粗布、粗斜纹布等；棉纱类包括英国、印度、日本、中国棉纱；呢绒包括哆啰呢、衣料呢、法兰毛绒、小呢、直贡呢、其他呢绒。

2.自1932年起，因统计单位不统一，本表布匹中未含国内布匹统计。

3.自1933年实行公制单位，匹、码改为公尺，担为公担。

七、进口五金、机器的销售范围

由于西方列强从事近代工业生产的时间比中国要早得多，其工业产品的技术性能较之中国相关的手工业产品也就要优越得多。因此，大规模地进口和使用西方的洋杂货，自然而然地成为天津开埠初期，输入广大腹地的重要商品。在洋杂货中，五金、机器是最重要的一类。（见表3.9、表3.10）

天津港五金的进口，直接源于中国金属冶炼和加工技术的相对落后。五金之中的钢，“据说大多用于中国西北边疆之石工，自1861年开埠以来，除一、二年外，进口稳增”①。不过，开埠初期，天津港五金类产品的进口，从种类到数值，还都比较稀少。

进入20世纪以后，随着铁路的修建和工厂的开办，天津及内地对五金与机器的需求大为增加，从而使得天津港五金产品的进口，种类与数值皆进一步扩大了。

据《津海关华洋贸易情形论略》记载，1902年的机器进口值为237 300余关平两，1903年为487 800余关平两，1906年为358 000余关平两；1903年的铁路机器与物料的进口值为3 312 400余关平两，1906年为2 814 000余关平两。

① 吴弘明整理：《津海关年报档案汇编（1865－1911）》，1869年报告。

表 3.9 1861－1899 年天津港主要五金产品的进口概况

（单位：担）

年份	铅块	钢	钉条铁	铜	年份	铅块	钢	钉条铁	铜
1861	226	1531	4 041		1 881	8 422	7 067	31 551	7 768
1862	36	1873	84	1 818	1882	13 372	4 891	16 076	9 242
1863	1 736	1 429		2 101	1883	14 684	8 679	26 218	1 068
1864	5 802	4 032		70	1884	5 616	11 030	27 107	2 961
1865	13 192	4 049	200	2 111	1885	5 461	10 530	27 953	4 724
1866	5 173	5 385	6	1 244	1886	7 427	6 383	38 109	2 669
1867	2 302	3 637	466	1 926	1887	12 601	3 278	39 286	3 856
1868	5 234	8 625	1 920	3 592	1888	4 426	7 260	27 654	1 527
1869	6 534	11 040	11 058	3 547	1889	13 583	7 701	28 102	4 980
1870	9 108	6 465	2 153	6 220	1890	9 674	11 075	24 253	1 554
1871	9 844	3 438	1 772	7 460	1891	6 580	9 050	33 263	3 288
1872	4 970	1 246	207		1892	13 283	8 462	38 289	4 321
1873	3 367	6 100	846	6 100	1893	9 210	12 971	24 927	1 923
1874	6 225	9 151	731	2 283	1894	3 242	12 159	28 146	2 462
1875	8 547	8 482	3 231	2 320	1895	20 628	11 751	30 773	2 096
1876	7 951	5 659	3 301	1 493	1896	8 191	23 243	31 247	3 804
1877	4 311	5 788	1 495	4 216	1897	7 190	12 619	23 634	3 346
1878	5 596	6 264	507	4 911	1898	10 347	17 283	35 626	2 407
1879	12 050	6 067	15 560	6 381	1899	7 662	19 455	30 440	1 093
1880	8 047	12 521	12 476	8 258					

资料来源：茅家琦，《中国旧海关史料（1859－1948）》，京华出版社，2001 年。

从种类上讲，天津港在开埠 5 年以后的 1866 年，进口的五金产品，有铅块、锡、锡板、铜、水银、铁、钢、他类五金等 8 个品种；尚未有机器进口的统计。到开埠 35 年以后的 1896 年，进口的五金产品则有铁支、铁条、铁箍、旧铁箍、镀锌铁、铁片板、铁丝、生铁块、旧铁、锡块、锡板、铅块、铅片、铜片板、铜丝、纯铜、日本铜块、黄铜片、黄铜丝、钢、粗锌、水银、白合金、镍、他类五金等 25 个品种；机器进口值为 166 669 海关两，但未进行分类。而到了天津开埠 70 年后的 1931 年，进口的五金产品种类又有了明显的增加和细化，包括有铝、铝箔、锡铅箔、未名箔、黄铜片板、未名黄铜、紫铜锭块、紫铜片板、紫铜丝、未名紫铜、工丁字钢铁、未镀锌的三角钢铁、钢铁条、钉、螺旋、箍、锭块、丝、丝绳、管子、轨、片板、马口铁、未名未镀锌钢铁、镀铅铁板、镀锌的钢铁、钢铁条、丝、丝绳、丝段、管子、片板、圈铁、剪口铁、旧碎铁、未名镀锌钢铁、竹

表 3.10 1908－1937 年天津港主要五金、机器的进口概况

[单位：五金（担）、机器（关两）]

年份	主要五金品	机器及零件	年份	主要五金品	机器及零件
1908	119 523	835 026	1923	1 120 767	3 187 460
1909	139 633	385 889	1924	1 431 938	2 741 280
1910	166 314	905 738	1925	1135 539	1 848 506
1911	186 320	362 440	1926	1 014 704	1 214 621
1912	171 224	189 588	1927	971 704	2 260 813
1913	219 878	443 724	1928	1 004 786	1 275 452
1914	470 010	706 031	1929	1 247 899	2 803 738
1915	335 350	370 466	1930	1 059 108	1 659 239
1916	246 612	1 077 909	1931	976 170	2 466 063
1917	240 938	304 000	1932	1 207 935	2 501 144
1918	280 303	618 418	1933	621 351	1 392 306
1919	633 095	1 803 954	1934	958 415	2 263 918
1920	886 343	2 707 940	1935	2 374 681	2 719 177
1921	760 474	9 675 165	1936	2 588 798	2 080 947
1922	1 417 377	5 499 690	1937	2 118 015	4 206 253

资料来源：茅家琦，《中国旧海关史料（1859－1948）》，京华出版社，2001 年。

说明：1. 五金包括各种铜、铝、铅、锡、钢、铁、锌等；机器及零件包括农机、发电机、电动机、变压器、抽水机、纺织机等及配件。

2. 自 1932 年起单位海关两改为海关金单位；自 1933 年起，数量单位实行公制，担为公担。

节钢、弹簧钢、建筑用钢、铅块条、未名铅、锡锭块、锌、未名金属等 44 个品种；进口的机器类别有农机、发电机、电动机、变压器、未名电气机、抽水机、缝纫针织刺绣机、纺织机、印书钉书切纸机、未名办事室用机、发动机、打字机、制烟机、未名机器及其配件等 14 个品种之多。五金和机器商品进口种类的增加和分工的日益细密，同样在一定程度上反映出，天津港及其腹地工、农业现代化的进程。

五金、机器的销售地，主要是天津和其他铁路沿线的城市，以及东部沿海省份等使用机器，进行近代化工业生产、加工以及发展铁路的地区。

八、进口煤油、海菜、玻璃、火柴等洋杂货的销售范围

国外的矿物类煤油进入以前，北方广大地区人民点灯照明用的油

料，是豆油、棉油之类的植物食用油。为使煤油打入中国市场，洋行采用免费试用的办法，连同煤油灯一块送给居民。由于煤油的照明效果确实高出植物油很多，遂逐步得到了当地居民的认可和消费。据直隶南皮县记载："二三十年前，民间燃灯均用瓦灯，棉籽油或豆油等，光绪季年皆用煤油洋灯。"①

尽管天津海关贸易统计自1872年就有了关于煤油进口的记录，但是，其文字记载到1880年才出现在海关的贸易报告中。1884年"煤油到埠之数视前退落，油价因华人投机商之活动而异常高昂"②，1885年"煤油业之殊形繁荣，表明华人热切欢迎新奇而有用之物"③。(见表3.11)

表3.11　1872—1899年天津港煤油的进口数量

(单位：加仑)

年份	煤油	年份	煤油	年份	煤油	年份	煤油
1872	4 262	1879	385 800	1886	903 674	1893	4 970 918
1873	6 835	1880	315 221	1887	1 121 080	1894	4 276 980
1874	5 550	1881	292 030	1888	1 506 645	1895	5 939 270
1875	23 650	1882	284 130	1889	2 008 100	1896	6 014 200
1876	25 050	1883	398 340	1890	2 210 131	1897	9 888 880
1877	39 610	1884	386 250	1891	6 136 910	1898	7 741 800
1878	86 570	1885	1 011 770	1892	2 043 750	1899	6 935 500

资料来源：茅家琦，《中国旧海关史料(1859—1948)》，京华出版社，2001年。

19世纪70年代以后，天津港及其腹地对煤油的吸纳量虽然在日渐增加，但从整体上来说，它们还基本上是通过某些洋行和华商零散地进口和销售的。进入20世纪以后，情形开始发生较大的变化。

1904年美国美孚石油公司、1911年英荷亚细亚火油公司、1919年美国德士古石油公司先后在天津设立分公司，直接控制和从事华北地区的煤油等矿物油的进口与销售，从而使该项营业得到了迅速的发展。

① 王德乾等修纂：《南皮县志》，卷三"风土志·民生状况"，民国二十二年铅印本。
② 吴弘明整理：《津海关年报档案汇编(1865—1911)》，1884年报告。
③ 吴弘明整理：《津海关年报档案汇编(1865—1911)》，1885年报告。

表 3.12　1900—1937 年天津港煤油等矿物油的进口数量

（单位：美加仑）

年份	煤油	其他矿物油	年份	煤油	其他矿物油
1900	3 243 640		1919	33 871 425	713 648
1901	11 584 470		1920	30 163 256	1 108 658
1902	11 530 720	3 371	1921	26 994 857	1 679 344
1903	9 849 013		1922	37 205 720	1 909 108
1904	8 379 743	28 876	1923	27 694 140	2 416 239
1905	15 861 697	108 955	1924	32 245 645	2 822 408
1906	1 946 4002	100 047	1925	44 204 594	2 738 086
1907	23 395 634	74 160	1926	31 169 636	3 166 015
1908	19 571 831	72 194	1927	23 654 296	3 388 341
1909	18 946 251	102 642	1928	38 054 549	3 612 345
1910	20 894 438	249 014	1929	30 307 870	4 887 394
1911	27 005 190	236 917	1930	28 545 823	5 992 857
1912	22 645 011	170 316	1931	21 879 896	2 950 407
1913	27 222 055	255 527	1932	2 800 375	1 376 747
1914	43 020 926	509 079	1933	134 238 143	14 453 667
1915	26 928 395	958 809	1934	70 975 229	13 141 839
1916	17 903 571	408 862	1935	89 750 405	15 314 596
1917	25 821 504	307 159	1936	77 246 549	14 127 513
1918	21 102 561	558 030	1937	44 922 144	13 376 155

资料来源：茅家琦，《中国旧海关史料（1859—1948）》，京华出版社，2001 年。

说明：1.煤油的种类包括美国煤油、俄国煤油、苏门答腊煤油、日本煤油，等等；其他矿物油包括机器油、滑物油、各类汽油，等等。

2.1933 年后，数量单位为公升。

再如直隶邯郸县，自“民初以来，销售美孚油者有贞记，销售亚细亚煤油者有怡元亨，均系合资营业”，销售地点为邯郸、邢台、磁县与永年四县①。而山东临清的情况则是，“煤油，民国以前均系杂货店代售，三、四年后始设专行包牌运销。此油之输入，惟美孚、亚细亚两种历史最深，销路亦最广”②。

海菜作为天津港进口的重要洋杂货，主要来自日本和俄国等地。传统的糊窗用纸，在美观和透光方面远逊于进口的石英窗玻璃。而在生火方面，中国人旧有的火链、火石取火法，也远不如廉价而方便的火柴。此外，“土针出于手工，是以甚为粗劣且不合用”。由于具有上

① 李肇基等修纂：《邯郸县志》，卷十三“实业志 · 商业”，民国二十九年刻本。

② 张自清等修纂：《临清县志》，“经济志 · 商业”，民国二十三年铅印本。

述优点，开埠以后这些物品都大量经天津输入北方，有的还“销运朝鲜，以易取高丽参及其他朝鲜土产”①。

表3.13 1864—1890年天津港海菜、玻璃、火柴、洋针等的进口数量

年份	海菜（担）	窗玻璃（箱）	火柴（罗）	针（千支）	年份	海菜（担）	窗玻璃（箱）	火柴（罗）	针（千支）
1864	4 078	17 055	40 973	140 563	1870	27 261	9 228	45 964	333 480
1865	27 996	11 190	52 259	309 575	1871	33 384	7 031	67 002	515 680
1866	36 887	11 649	115 200	299 370	1872	53 931	9 613	51 066	676 581
1867	34 546	1 382	46 995	52 227	1873	50 931	10 613	28 000	776 581
1868	29 445	6 852	86 107	469 547	1889		11 700	391 000	690 100
1869	48 434	9 752	145 011	806 719	1890		24 500	565 000	612 000

资料来源：吴弘明整理：《津海关年报档案汇编（1865－1911）》。
说明：火柴1罗［也作各罗斯（Gross）］=12打=144盒

随着中外经济交流的发展，进口的日用洋杂货开始进入天津港腹地老百姓的生活之中，从而使其进口的数量和种类进一步增加。比如直隶望都县的人们，在谈到这种变化时说，“光绪庚子（1900年）以前，居民取火以火镰、火绒、火石取火；燃灯则以瓦灯，棉籽、豆、麻等油；炊薪率用柴薪；吸烟则烟叶、烟丝，皆国产也。近则取火易以洋火；燃灯多用煤油，而油坊稀少；炊薪以柴薪不敷，半用煤炭；他如纸烟充斥，洋货盛行”②。（见表3.14）

各类进口洋杂货对腹地的销售，有几种主要的渠道。

首先是通过天津杨柳青镇“赶大营”的商人，将包括天津港进口的洋杂货在内的商品，向西北尤其是新疆地区销售。

其次是以晋商为主、深入广大蒙古草原地区经商的所谓旅蒙商人。他们以张家口和归化等地为主要据点，将各种包括从天津港进口的土洋杂货，输往包括外蒙古在内的草原各地，再换回皮毛、药材等畜产品与土特产品。③ 同时，晋商也沿上述运销布匹的路线，贩运洋杂货后，由子牙河经水路向西，再转陆路辗转到达山西境内。④

① 吴弘明整理：《津海关年报档案汇编（1865－1911）》，1865年报告。
② 王德乾等修纂：《望都县志》，卷十“风土志·民生状况”，民国二十三年铅印本。
③ 参见孙荫樊：《谈谈张家口的旅蒙商》，《张家口文史资料》，第6辑。
④ 吴弘明整理：《津海关年报档案汇编（1865－1911）》，1868年报告。

表 3.14　1912－1937 年天津港主要洋杂货的进口数量

年份	纸烟（千枝）	火柴（罗）	针（千枝）	纸（担）	海菜（担）	糖（担）
1912	747 834	3 644 527	593 960	72 890	82 167	478 317
1913	1 071 518	3 154 136	774 672	173 612	60 484	859 143
1914	836 678	3 772 908	641 683	110 010	72 463	674 176
1915	903 531	4 511 495	96 153	110 046	88 795	564 101
1916	1 140 088	3 492 756	50 924	101 114	75 065	746 186
1917	1 562 520	2 334 641	258 291	103 010	69 372	811 588
1918	1 349 757	1 523 390	514 915	103 312	94 488	913 902
1919	943 746	2 310 176	965 270	180 700	75 018	502 042
1920	972 986	926 475	785 360	130 962	64 778	368 549
1921	647 212	95 889	356 877	166 944	74 781	763 637
1922	1 058 237	41 245	671 378	219 341	90 628	852 254
1923	1 242 487	3 216	915 984	231 058	95 905	608 303
1924	931 825	18 585	1 633 687	232 319	72 265	835 880
1925	638 778	22 376	1 491 254	258 565	87 050	1 244 701
1926	885 900	57 424	422 381	222 420	103 278	1 278 184
1927	1 017 926	218 882	465 764	282 834	72 301	1 280 370
1928	840 693	408 672	229 771	276 527	117 446	1 739 380
1929	822 161	302 243	551 732	265 771	111 523	1 263 871
1930	393 194	282 084	272 313	267 728	89 183	1 529 112
1931	228 117	17 544	859 336	257 967	105 294	1 134 557
1932	46 293	1 373	740 797	386 820	129 029	565 079
1933	30 726	6 137	376 198	141 976	26 612	400 671
1934	29 358	1 499	306 583	243 456	73 849	349 060
1935	30 868	3 864	192 434	861 010	385 293	372 021
1936	8 137	1 218	47 966	319 826	614 283	19 190
1937	9 661	391	124 127	396 122	382 826	96 125

资料来源：茅家琦，《中国旧海关史料（1859－1948）》，京华出版社，2001 年。

说明：1.纸烟包括一般纸烟和雪茄烟；海菜包括海菜、海带、石花菜；针包括手工缝纫针和他用针；纸包括上蜡印图纸、普通印书报纸、薄面花纹纸、白染油光纸、洋表古纸、牛皮纸、模造纸、薄纱纸、写字纸、未名印书纸等。

2.1933 年后，数量单位担为公担。

再者，顺德的皮毛商人，也将包括天津港进口的土洋杂货在内的商品，运销到蒙古草原西部及宁、甘、青等广大西北地区。

与此同时，附近来津贩运的商人，在各类杂货的运销中，也起了很大的作用。如早在光绪年间，山东德州的商人，就将“洋线由天津水运至州境行销，岁计 1 200 件，内转山东内地者 900 件。洋油由天津水运至州境行销，岁计16万箱，内转山东内地者15万箱。……洋布自天津水运至州境行销，岁计900匹，内转邻封各地者500匹。洋纸自天津水运至州境行销，岁计值银500两。杂色洋货自天津水运至州境行销，岁计值银5 800两”①。（见图3.4）

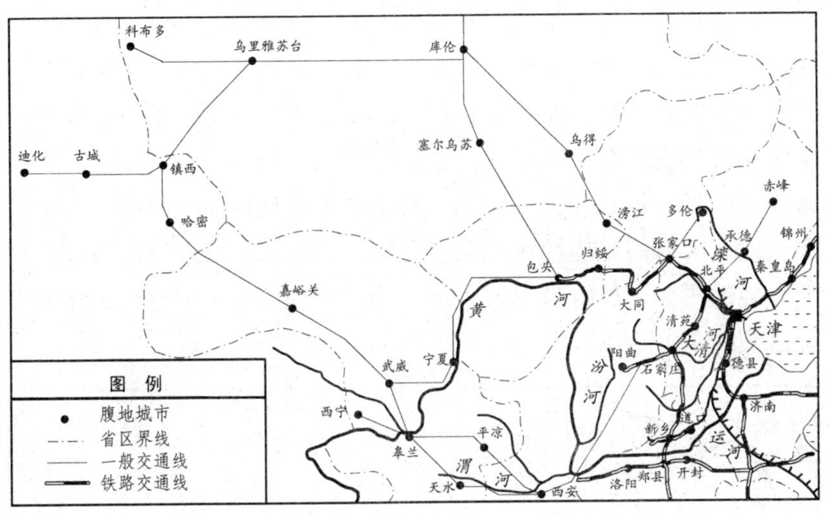

图3.4 1930年前后的天津经济腹地示意图

综上观之，天津港的出口货物主要供货范围和进口货物的主要销售范围，已遍及华北、西北、蒙古的主要地区，以及相邻的东北的边缘地带。两者相加，所得的空间范围，即是天津的经济腹地。

第二节 烟台、青岛、连云港的腹地

一、烟台的腹地

自1863年开埠通商以来，截至1899年，烟台港是山东省唯一的通商口岸。虽然山东的西北部受到天津港、西南部受到镇江港的影响，但是对山东经济起主要作用的还是烟台港。通过烟台—潍县—济南的陆路和大小清河的水路的商品集散市场，烟台港口进出口贸易

① 冯翥编：《德州乡土志》，“商务”，光绪年间抄本。

覆盖整个山东的北半部，甚至沿着黄河进入河南和山西。1899 年青岛在德国人的占领下，开始对外开放。德国人为了吸引进出口货物到青岛，在青岛成立自由贸易区，并修建了现代化的港口和自青岛通往山东内地的胶济铁路。凭借着廉价便捷的交通，青岛在 1907 年左右就达到了烟台贸易的发展水平。烟台的另一个强大的竞争对手是东北的大连港，烟台的贸易地位由于青岛和大连的竞争逐渐下降，贸易的范围开始局限在胶东地区。1904 年之前，烟台港洋货的销售市场主要在今山东北部的烟台—济南一线和胶东地区；土货的来源地虽然也远达河南、安徽、直隶省等靠近山东的地区，甚至跨海远达奉天省的某些地区，但其主要地区还是在山东北部地区。按照腹地的概念，1904 年之前的烟台腹地范围在黄河以东的山东北部地区[①]。（见图 3.5）

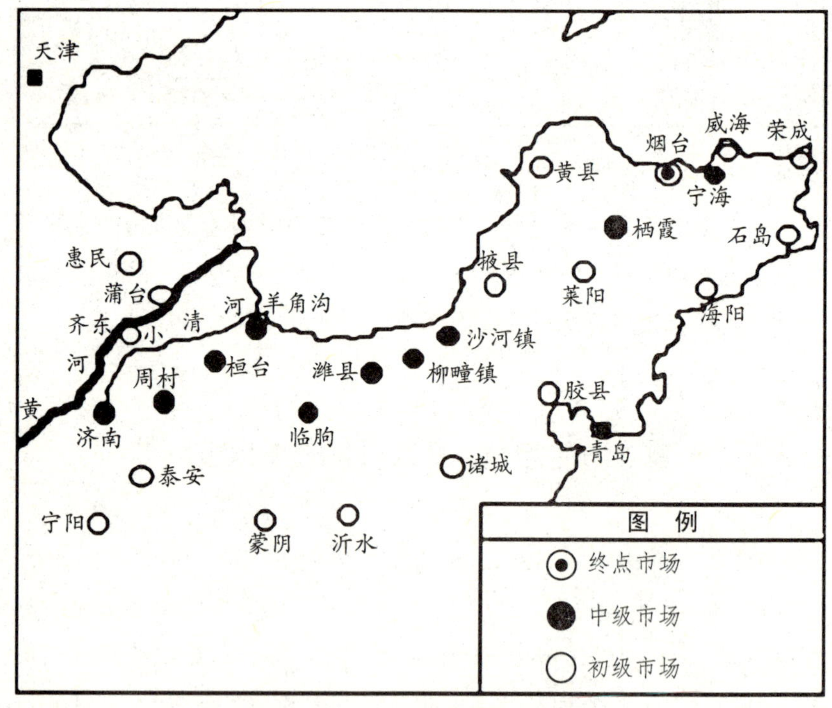

图 3.5　1903 年烟台港腹地范围

① 陈为忠，《山东港口与腹地研究（1860－1937）》，复旦大学硕士论文（未刊稿），第 36－38 页。

自1904年胶济铁路修通以后，铁路沿线、小清河流域原属于烟台港的地区，开始转向青岛港。山东的各种水果、蔬菜、胡桃、豆类、豆油、烟草、毛皮、牲畜等大量运往青岛；同时，外国工业品如棉纱、棉布、机器、纸张、煤油、火柴、染料、建筑材料等，也通过铁路输往内地①。青岛港夺取了烟台的腹地，青岛港的贸易在1907年就赶上并超过烟台港。尤其是第一次世界大战以后，青岛贸易蒸蒸日上，烟台贸易江河日下，其原因自然是腹地范围缩小。截止1935年，烟台在山东出口贸易只占17.61%，而青岛占到70.89%；在进口贸易中烟台仅占9.3%，青岛占87.2%。即使在胶东，龙口和威海的开埠，也分割了本属于烟台的贸易份额，龙口在山东出口贸易中占6.19%，威海占5.31%；在山东进口贸易中龙口占2.16%，威海占1.43%②。

《中国实业志》（山东省）1932年胶东各县的进出口货物概况，真实地反映了烟台腹地极度萎缩。

由表3.15可见，由于大连、青岛、龙口、威海的竞争，烟台在胶东的腹地已变得很小，只有福山、牟平、栖霞、蓬莱四县，以及烟

表3.15 1932年胶东各县的主要进出口商品概况

县别	进口品			出口品			备注
	种类	数量	来源港	种类	数量	进口港	
福山	煤油	12 000箱	烟台	花生	90万担	烟台	原属登州府
	红白糖	60 000斤	烟台				
	纸烟	4 500箱	烟台				
	面粉	50 000袋	烟台				
	布匹	500 000匹	烟台				
栖霞	煤油	11 000箱	烟台、青岛	茧绸	1万匹	烟台	大多数商品在烟台购买，一般商贩运花生油到烟台，回程购买布匹、棉纱、煤油等大宗货物。③
	面粉	25 000袋	烟台、青岛	花生	50 000担	烟台	
	红白糖	40 000斤	烟台、青岛	花生油	250万斤	烟台	
	纸	10 400刀	烟台、青岛	花生饼	434.8万斤	烟台	
	布匹	500 000匹	烟台、青岛	花边	6万件	烟台	
	棉纱	300件	烟台、青岛				
	火柴	45万包	烟台、青岛				
	棉花	120 000斤	烟台、青岛				
	纸烟	3 500箱	烟台、青岛				

① 单威廉著，周龙章译：《德领胶州湾之地政资料》，“中国地政研究所”，1980年，第37页。

② 《中国实业志》（山东省）第一册，104页。

③ 《山东各县乡土志》，卷一“栖霞县”。

续表 3.15

县别	进口品			出口品			备注
	种类	数量	来源港	种类	数量	进口港	
蓬莱	粗布	20 000 匹	烟台、潍县	花生	30 000 担	烟台	《实业志》中没有洋货进口统计，故用《山东各县乡土志》的统计数据。
	棉纱	250 件	烟台、大连	鸡蛋	24 000 百枚	烟台龙口	
	棉花	15 万斤	烟台	花生油	120 万斤	烟台	
	火柴	500 箱	烟台	粉丝	300 万斤	烟台	
	色布	15 万匹	烟台、大连				
	面粉	2 万袋	烟台				
	纸	800 捆	烟台				
	煤油	5 000 箱	烟台				
牟平	洋布	10 000 匹	烟台	花生	7 000 担	烟台	原属登州府
	洋纱	200 件	烟台	沙参	10 万斤	烟台	
	糖	25 万斤	烟台	粉丝	1 000 担	烟台	
	洋面	24 600 袋	烟台	水果	118 000 斤	烟台	
	洋油	42 000 筒	烟台				
招远	煤油	7 000 箱	烟台、龙口	花生	7 万担	烟台龙口	原属登州府
	糖	2 000 包	烟台、大连	粉丝	1 800 万斤	烟台、龙口	
	粗布	1.8 万匹	烟台、潍县	花生油	420 万斤	龙口、烟台	
	色布	1.8 万匹	烟台、大连	花边	4.5 万套	烟台	
	火柴	600 小箱	烟台、龙口				
	面粉	7 000 袋	烟台、龙口				
	棉纱	1 500 件	烟台、青岛				
	纸烟	500 箱	烟台、龙口				
	粗纸	3 000 块	烟台、龙口				
黄县	粗、细布	1 800 件	龙口、烟台	花生	8 万担	龙口烟台	原属登州府
	线呢	100 箱	龙口	豆油	33 万斤	龙口	
	棉纱	100 件	青岛	豆饼	295 万斤	龙口	
	面粉	6 万袋	龙口、烟台	粉丝	640 万斤	龙口	
	煤油	3 000 筒	龙口				
	糖类	3 000 包	龙口、烟台				
掖县	大米	40 万斤	烟台	粉丝	600 万斤		
	桐油	100 篓	烟台				
	煤油	1 000 箱	大连			烟台、天津、大连	
	粗细布	300 件	青岛				
	火油	500 箱	青岛				
	火柴	400 箱	烟台、青岛				
	红糖	50 包	龙口				
	纸张	300 件	烟台				
	粳米	300 包	龙口				
	面粉	20 包	龙口				
海阳	杂粮	10 000 石	东三省	花生	800 万斤	青岛	
	面粉	10 万包	青岛	食盐	1 200 万斤	朝鲜仁川、江南	
				鱼类	500 万斤	江南	

续表 3.15

县别	进口品			出口品			备注
	种类	数量	来源港	种类	数量	进口港	
荣成	布匹	5 000 匹	青岛、大连	鱼类	60 万斤	青岛、烟台、上海、大连	
	米	1 000 石	江苏	花生	40 万斤	烟台、威海	
	木材	1 000 石	东北	食盐	50 万担	朝鲜、本省	
	杂粮		东北	鸡蛋	1.5 万百枚	威海	
文登	洋布	5 000 匹	青岛	鱼类	50 万斤	青岛、烟台、大连、上海	
	布匹	2 000 匹	大连、潍县	杂粮	4 000 石	威海、青岛、烟台	
	杂粮	500 石	东北	药材	1 000 斤	烟台	
	大米	1 000 石	江浙	花生米	80 万斤	青岛、上海	
	化妆品	70 000 元	青岛、烟台	白菜	40 万斤	威海	
	木材	20 000 元	东北				
	纸张	10 000 元	大连、杭州				

资料来源：《中国实业志》(山东省)，第一册，189－192（乙）。

台特别市本身。招远、黄县、掖县是烟台和青岛的交叉腹地，文登、荣成是烟台、威海、青岛、大连的交叉腹地。龙口港腹地范围主要局限在黄县等附近地区，威海港的腹地范围主要局限在港口附近地区。

二、青岛的腹地

1904 年胶济铁路开通以后，烟台港在沿线的腹地逐渐转向青岛。烟台港由全省的门户港口逐渐沦为胶东地方港口，腹地范围变小，青岛则成长为山东的主要大港，腹地范围不断扩展。以下是通车初期各府州主要的洋货来源以及土货的外运方向，据此可以看出青岛港和其他相邻港口的腹地的大致范围。

由表 3.16 可见，青州府、莱州府、济南府东部黄河沿岸地区，基本上是青岛、烟台洋货的销售市场；临清州、德州被天津港的洋货占领，济宁州、兖州府和沂州府由镇江（实际是上海，经镇江北运）进口洋货；东昌府、泰安府受到天津、镇江（上海)、青岛的共同影响。这时的山东省还没有一个中心市场，济南的地位甚至在周村和潍县之下。青岛港初期的腹地范围主要局限在附近地区，而且发展空间在西部。

表3.16 清末乡土志等记载的山东各县洋货来源

府别	各县洋货来源	来源港
莱州府	平度：每年经由即墨从青岛转购棉纱一万余件，以及大宗火柴、南纸、糖、煤油等商品。 掖县：经沙河转购青岛棉纱、棉布，从烟台运来砂糖、海产品和其他杂货。 高密：为诸城、莒县、安丘一带的商品集散地，自青岛输入棉纱5 000包，煤油1万箱，呢绒、杂布等零星洋货。	青岛、烟台
青州府	临朐：洋布、洋线自潍县运来，销行北关、冶源、五井等。 诸城：每年由高密从青岛转运棉纱2 000余件，煤油9万余箱，还从胶州运入茶叶、洋布、洋杂货、红白糖、纸张等大宗货物，价值约每年40万两。 临淄：每年洋线价值36 000两，煤油35 000两，纸张6 500两，火柴价值5 000两，由青岛运来。	青岛
泰安府	泰安：牛皮、猪鬃运销青岛 肥城：每年经济南从潍县、周村、青岛购入洋布、煤油、火柴、绸缎等货物，大约5万两。 平阴：经黄河从泺口输入棉布等杂货，价值四五万两。 东平：自镇江、清江、上海购入煤油、火柴、棉纱、糖等，价值约数万两。	青岛、镇江、上海
济南府（西部）	乐陵：每年天津运来煤油约3 000箱，洋线、洋布等价值七八千两，火柴约三四千两。 陵县：每年输出天津的羊毛、羊皮、猪鬃等畜产品约三四万斤，花生约15万斤。 德州：向天津输出花生13万石，从天津输入煤1 300吨，转销邻县500吨；煤油16万箱，转销内地15万箱；洋布900匹，转销邻县500匹；棉纱1 200件，转销内地900件；杂货货值5 800两，洋纸价值500两。	天津
兖州府	宁阳：自滕县购入棉纱价值1万两，另外自周村转购洋布货值2万两。 滕县：向宁阳转销棉纱每年约6 000余件，贸易主要靠运河，每年向江南输出大量枣、梨等土产，生丝、花生、草帽辫等土货运到镇江出口。	镇江
东昌府	恩县：自济南、周村、潍县输入棉纱、布匹等洋货，输出牛皮和棉花等，花生、枣由卫运河运销天津。 寿张：从济南、周村等地输入洋布、洋纱、洋缎价值4万余两。 博平：货物主要来自临清、济南，从临清经运河输入的货物有洋纱、洋布、绸缎、糖、纸张。 堂邑：经运河输出红枣、乌枣，发往镇江、上海等地。后来输出改由胶济铁路运到青岛再转运上海，每年价值约8 000两，此外当地所需其他洋广杂货，从天津、济南、潍县、临清等地输入。 聊城：自上海、天津输入煤油、火柴、红白糖、纸张等货。南来货物在河道淤塞后，多采取水陆接运的方式运入。	

续表 3.16

府别	各县洋货来源	来源港
东昌府	冠县：花生和棉花由运河运到天津，从天津由水路运入煤油、布匹。 馆陶：棉纱、布匹、茶叶、煤油、灯罩等从临清购入，梨、枣等货运天津。 高唐：洋布由天津、济南运到。自青岛铁路通车后，皆由青岛或周村运入。	天津、上海、济南、青岛
临清州	武城：花生、棉花运到天津，从天津购买大批棉布、纸张、红白糖。	天津
济宁州	济宁：从镇江输入洋广杂货，棉纱100余万斤，洋布七八万匹，火柴1 000余箱，煤油四五千箱，糖三四十万斤，纸三四千捆。	镇江
沂州府	山东的东南部特别是沂州地区，依靠青口、海州两港供给货物。棉纱、棉织品、糖等，由镇江经过运河和清江浦运到海州和青口，再由陆路和水路运到目的地。	海州、青口、镇江

资料来源：光绪《平度县乡土志》，1908年，“商务”。吉田丰次郎：《山东视察报告文集》，1913年，第162－163页，转引自庄伟民上引书。光绪《高密县乡土志》，1908年，“物产”，“商务”。光绪《临朐县乡土志》，“商务”。光绪《诸城县乡土志》“商务”。光绪《临淄县乡土志》，“商务”。光绪《泰安县乡土志》，“商务”。光绪《肥城县乡土志》，1908年，“商务”。光绪《平阴县乡土志》，1907年，“商务”。光绪《东平州乡土志》，1907年，“商务”。光绪《乐陵县乡土志》，“商务”。光绪《陵县乡土志》，1907年，“商务”。光绪《德州乡土志》，“商务”。光绪《宁阳县乡土志》，1907年，“商务”。光绪《滕县乡土志》，1907年，“商务”。宣统《滕县续志稿》，卷2，“建置”、“交通”。光绪《恩县乡土志》，1908年，“商务”。光绪《寿张县乡土志》，1907年，“商务”。光绪《博平县乡土志》，“商务”。光绪《堂邑县乡土志》，“商务”。光绪《聊城乡土志》，1908年，“商务”。光绪《武城县乡土志》，1908，“商务”。光绪《济宁直隶州乡土志》，“商务”。《1899年胶州贸易报告》。

港口腹地范围是不断变化的。要确定青岛的腹地，不仅需要对进口品的销售地和出口货物的来源地进行叠加，还需要确定合适的具有代表意义的时间。港口腹地的大小与港口贸易和经济形势密切相关，因此需要分析当时的经济形势。1929年经济危机爆发后，西方各国纷纷高抬贸易壁垒，限制外国商品的进口。这一做法，极大影响了依靠出口贸易的山东工农业。例如在山东益都、临朐生产的丝绸、发网，贸易额曾经超过1 000万元，但1933年以后已日渐衰落[①]。省会济南由于受到经济恐慌的影响，1933年起工商业也开始衰败，营业总值远不如前[②]。由此看来，1933年左右山东工农业经济在达到了巅峰后开始衰退。据此，选择20世纪30年代初期的青岛腹地范围，能

① 《山东各县乡土志》三，临朐县、益都县。
② 《山东各县乡土志》二，济南市。

够代表青岛港贸易极盛时期的腹地。《中国实业志》（山东省）刊于1934年，其各县进出口商品调查资料是1932年以前的统计。而且在1932年青岛贸易额达到顶峰。因此，可以依靠《中国实业志》各县进出口商品表来确定20世纪30年代青岛港腹地的最大范围。

1. 青岛、潍县、周村为中心的胶济沿线地区

这一地区对青岛港的影响最为重大，不但有大量的原料出口，工艺品贸易也非常发达。早期，青岛、潍县、周村是这一地区的集散中心。20世纪二三十年代，随着各地经济的发展，各县与青岛的直接联系增强，不必经过原来的集散中心。但潍县、周村仍然有一定的集散作用，而且这些集散中心的内部经济逐渐发生了变化，土特产行栈势力减弱，生产制造行业发达，表明这些集散中心已逐渐发展成为制造业的中心。下表各县进出货物概况和前面各市场内部工业发展的情况充分说明了这个重要变化。

由表3.17可见，胶济铁路沿线地区的进出口货物都通过青岛。青岛通过济南、周村、博山、潍县等市场辐射到鲁中山地莱芜、新泰、蒙阴、沂水等县，以及小清河流域各县。

表3.17　1932年以青岛、潍县、周村为中心的胶济铁路沿线各县货物运销概况

县别	进口品			出口品			备注
	种类	数量	来源地	种类	数量	出口地	
平度	棉纱	2 000件	青岛	花生油	10万斤	青岛	原属莱州府
	洋油	20万桶	青岛	花生米	303 898斤	青岛	
	红白糖	30万斤	青岛	草帽辫	1 000万块	青岛、掖县	
	纸张	170万刀	青岛				
	布匹	62 500匹	青岛				
	铁器	34万斤	青岛				
	茶叶	1.8万斤	青岛				
	火柴	204万包	青岛				
昌邑	柞蚕丝	12 000斤	莒县、日照、诸城	柞丝绸	1 300匹	青岛、济南、上海	原属莱州府
胶县	煤炭	750万斤	博山	花生	500万斤	青岛	原属莱州府
	洋油	8 000箱	青岛	花生油	30万斤	青岛、上海	
	纸张	5 000件	青岛	豆油	20万斤	上海	
	棉纱	8 000件	青岛	豆饼	1.3万斤	青岛	
				耕牛	480头	青岛	

续表 3.17

县别	进口品			出口品			备注
	种类	数量	来源地	种类	数量	出口地	
高密	棉纱	1 000 件	青岛	大豆	3 000 石	青岛	原属莱州府
	糖类	2.5 万斤	青岛	瓜子	200 石	青岛	
	纸张	3 万块	青岛	豆油	20 万斤	青岛	
	布类	8 000 匹	青岛	花生米	25 000 斤	青岛	
即墨	煤油	15 000 箱	青岛	牛	500 头	青岛	原属莱州府
	铁器	2 万斤	青岛	土布	2 万元	莱阳、海阳	
	布	20 万元	青岛	煤油	5 000 箱	莱阳、海阳	
	烟卷	340 箱	青岛	铁器	10 万斤	莱阳、海阳	
				烟卷	200 箱	莱阳、海阳	
				山果	5 000 元	青岛	
				花生	6 万元	青岛	
昌乐	煤油	4 万桶	青岛	牛	1 000 头	青岛	原属青州府
	卷烟	100 万盒	青岛	花生	55 万斤	青岛	
	毛织品	1 500 匹	青岛	鸡蛋	200 万个	青岛	
	染料	1 200 斤	青岛	蚕茧	10 万斤	青岛	
	洋纱	2 万块	青岛	豆油	4 万斤	青岛	
益都	纸张	100 件	青岛	生丝	15 万元	青岛	原属青州府
	纸烟	2 000 件	青岛	山果	10 万元	青岛	
	洋油	5 万箱	青岛				
	铁器	6 万元	青岛				
临淄	洋纱	800 件	青岛	烟叶	9 000 车	青岛	原属青州府
	洋油	750 吨	青岛	花边	3 万打	烟台	
	糖	1 700 包	青岛	花生	1.2 万斤		
	布匹	800 匹	青岛	蚕茧	5 万斤		
	洋火	180 吨	青岛	鸡蛋	10 万个		
	纸张	500 捆	济南				
	洋面	120 吨	青岛、济南				
	烟卷	1 000 箱	青岛、济南				
	洋铁	150 吨	青岛				
	海带	300 吨	青岛				
	肥田粉	45 吨	青岛				
广饶	洋纱	2 000 件	青岛	花生	2 万担	青岛	外来货物多来自青岛、济南，青岛货物由铁路运至辛店，再用大车转运；济南货物由小清河输入。①
	红白糖	1 000 包	青岛	烟叶	5 000 担	青岛	
	纸张	3 700 包	青岛	鸡蛋	600 万枚	天津	
	洋布	5 200 匹	青岛、济南	牛	600 只	青岛	
	纸烟	5 200 箱	济南				
	火柴	350 箱	济南、潍县				
	煤油	9 200 筒	青岛、济南				

① 《山东各县乡土志》，广饶县。

续表 3.17

县别	进口品			出口品			备注
	种类	数量	来源地	种类	数量	出口地	
寿光				豆类	30 万担	青岛	杂货多来自济南、青岛，济南来货由小清河运入，青岛货物由火车运入。①
				烟叶	10 万担	青岛	
				花生	2 万担	青岛	
				棉花	300 担	青岛	
				花生油	80 万斤	青岛	
				豆油	200 万斤	青岛	
临朐	棉纱	25 000 件	青岛	花生仁	450 包	青岛	原属青州府
	面粉	7 000 袋	潍县、青岛、济南	丝	3 000 箱	青岛	
	煤油	15 万箱	潍县、周村、青岛	豆油	4 000 篓	青岛	
	布匹	20 万匹	潍县、青州	烟草	2 600 万镑	青岛	
安丘	洋油	12 000 筒	青岛	豆饼	9 万斤	青岛	原属青州府
	洋纱	8 000 件	青岛	豆油	9 万斤	青岛	
	洋火	5 000 箱	青岛	花生油	9 万斤	青岛	
	洋布	1 000 匹	青岛	烟叶	160 万斤	青岛	
	纸张	50 万刀	青岛	花生	1 185 000 斤	青岛	
	糖	8 万斤	青岛				
潍县	棉纱	27 000 件	青岛	烟叶	1 500 万斤	青岛	原属青州府
	糖	24 000 包	青岛	绣货	50 万件	青岛	
	香烟	2 000 箱	青岛、上海	猪鬃	50 万斤	青岛	
	猪鬃	50 万斤	邻县				
	染料	200 万元	青岛				
	杂货	500 万元	青岛等				
诸城	洋线	1 000 件	青岛	花生	30 万镑	上海	原属青州府
	洋油	5 000 桶	青岛	山茧	500 万个	浙江	
	洋火	5 000 箱	青岛	豆饼	5 万枚	江苏	
	皮鞋	500 双	青岛	花生油	1 000 车	江苏	
	礼帽	4 000 个	青岛				
博兴	火柴	5 700 箱	周村	棉花	72 万斤	益都、博山	原属青州府
	纸张	160 200 刀	周村				
	糖	36 万担	周村				
	铁器	36 万件	周村				
	洋布	204 000 丈	周村				
	石油	6 万筒	济南				

① 《山东各县乡土志》，寿光县。

续表 3.17

县别	进口品			出口品			备注
	种类	数量	来源地	种类	数量	出口地	
高苑	纸张	1 万元	周村	棉花	46 875 担	青岛	原属青州府
	糖	1.7 万包	周村	牛	1 000 头	青岛	
	火柴	450 箱	周村	鸡蛋	30 万枚	青岛	
	布	1 420 匹	周村				
	面粉	3 万袋	济南				
博山	布匹	26 087 尺	周村、济南				原属青州府
	花生米	1 万担	青岛、周村				
	花生油	5 万斤	莱芜、新泰				
	面粉	5 万袋	青岛、济南				
	煤油	4 000 桶	青岛				
蒙阴	洋布	1 000 匹	周村	花生油	20 万斤	青口、博山	原属沂州府
	洋油	1 000 箱	博山	丝	3 万斤	周村	
	洋火	1 000 包	博山	烟草	20 万斤	青口	
	铁器	5 000 斤	博山	棉花	5 万斤	青岛	
	红白糖	1 000 包	博山				
沂水	洋布	1 万匹	潍县	花生米	40 万斤	青岛	原属沂州府
	洋线	200 件	潍县	花生油	7 000 篓	青岛	
	花尖纸	8 000 块	潍县	黄丝	2 000 块	周村	
	糖	5 000 包	潍县	羊毛	15 000 斤	周村	
	茶叶	2 000 联	安徽	猪毛	20 000 斤	周村	
	洋火	1 000 箱	青岛	烟叶	20 万斤	周村	
	洋油	5 000 箱	青岛	山果	9 000 元	日照	
	盐	200 万斤	日照				
	化妆品	1 万元	青岛				
	染料	5 000 桶	潍县				
邹平	面粉	500 袋	济南	蚕茧	5 000 斤	济南、周村	原属济南府
	药材	1 500 斤	济南	丝	30 捆	周村	
	食盐	2 万斤	济南	棉花	4.7 万担	周村	
	花生油	1.9 万斤	济南	土绸	6 000 尺	周村	
	洋布	200 匹	周村				
淄川	煤油	6 000 箱	青岛	煤炭	45 000 吨	青岛、济南	原属济南府
	布匹	1.5 万匹	潍县				
	红白糖	900 包	青岛				
	火柴	1 200 桶	青岛				
新泰	布匹	42 万丈	博山、济南	生丝	2.5 万斤	泰安、博山	原属泰安府
	煤油	5.4 万桶	博山、济南	花生油	32.5 万斤	泰安、博山	
	火柴	1 440 箱	博山、济南	花生米	150 万斤	泰安、博山	
	纸张	32.4 万刀	博山、济南				
	红白糖	14.4 万斤	博山、济南				
	铁器	21.6 万斤	博山、济南				
	洋纱	450 件	博山、济南				

续表 3.17

县别	进口品			出口品			备注
	种类	数量	来源地	种类	数量	出口地	
莱芜	煤油	4 万桶	泰安、博山				原属泰安府
	洋纱	3 500 件	济南、博山	丝	3 万斤	上海、周村	
	洋火	4 000 箱	博山	花生	2 000 万斤	博山转运青岛	
	各种洋布	4 万匹	周村				
	茶叶	4.5 万包	泰安、博山				

资料来源：《中国实业志》（山东省），第一册，第 169、170、194－200 页。

2. 以济南为中心的鲁西北、鲁南地区

在胶济铁路修筑以前，鲁西北受天津的影响，进出口货物以天津为依归。济南的贸易为天津人控制着，各种商业组织和商店，与天津贸易圈有着密切的联系。后来德国人占领青岛并修建一个附带铁路的港口，情况发生了变化。上海、烟台、青岛商人来到济南，对济南产生了有力的影响。随着大运河的停运，天津商人对山东的控制松弛，上海商人把越来越多的商品引入济南。德国也把济南作为扩展贸易的前沿阵地①。

1904 年胶济铁路通车，1906 年济南开埠，1912 年津浦铁路全线通车，再加上黄河、小清河畅通的水上交通，这些都加快了济南的发展与市场转型。此时与济南联络的重要市场，省内首推青岛，其次烟台、潍县、周村、德州等；省外以天津、上海、开封、郑州、徐州为重要。济南成为区域中心市场，辐射范围达到鲁南、鲁西北甚至豫东、冀南地区。济南市场的发展，体现了以青岛、济南为中心的市场体系逐渐发展壮大。30 年代的济南已经是今非昔比，其商业规模远远超过省内各大城市，辐射范围有了进一步的扩展。既然济南的洋货主要来源地和主要销售地是青岛港，那么济南的辐射范围就是青岛的腹地。

从表 3.18 可见，济南市场在山东西部的集散作用比 1906 年有了显著的增强。在济南以下的黄河和小清河沿岸地区，许多县的货物进

① David D. Buck：*Urban Change in China*：*Politics and Development in Tsian*，*Shantung*，*1890－1949*，The University of Wisconsin Press，1978，pp.45－46.

表 3.18 20 世纪 30 年代济南市场的辐射范围

县别	进口品			出口品			备注
	种类	数量	来源港	种类	数量	出口港	
章丘	糖类	14.5 万斤		棉花	500 万斤	济南、青岛	原属济南府
	纸烟	600 箱		大米	180 万斤	济南	
	洋布	81 540 匹		烟叶	762 万斤	济南、青岛	
	煤油	15 万筒		花生	3 000 万斤	济南、青岛	
齐河	日用品	20 万元	济南	豆类	12 万担	济南	原属济南府
	烟	1 000 箱	济南	花生	6 万担	济南	
	煤油	4 万箱	济南	水果	1 万担	济南	
	布匹	20 万元	济南				
	杂货	30 万元	济南				
	五金	10 万元	济南				
	棉花	2 000 担	济南				
齐东	洋线	150 件	济南	棉花	549516 斤	张店	原属济南府
	洋油	15 550 桶	济南	花生	600 万斤	青岛	
	火柴	13 550 箱	青岛	豆子	5 188 520 斤	周村	
	大米	1 500 包	青岛				
济阳	煤油	216 000 斤	济南、上海	红枣	无统计		原属济南府
	棉纱	5 000 斤	济南	花生米	无统计		
	洋布	4 000 匹	济南	蚕丝	无统计		
	纸烟	5 万条	济南	花生油	无统计		
	火柴	216 000 包	济南	豆油	无统计		
	红白糖	9 000 斤	济南				
长清	煤油	12 000 桶	济南				原属济南府
	糖	5 万斤	济南				
	烟卷	120 箱	济南				
	布匹	2 000 匹	济南				
历城	煤油	1 000 箱	济南	棉花	10 000 担	济南	原属济南府
	烟卷	500 箱	济南	花生	58 000 担	济南	
	火柴	100 箱	济南	牛	500 头	济南	
	棉纱	160 件	济南	鸡蛋	1 000 万个	济南	
	纸张	600 件	济南				
	铁器	1 万件	济南				
	红白糖	1 万斤	济南				
临邑	面粉	1 000 袋	济南	棉花	15 000 包	济南	原属济南府
	纸张	5 200 刀	济南	花生米	1 000 万斤	济南、青岛	
	糖	12 000 斤	济南	枣	15 万斤	济南	
	大米	6 000 斤	济南				
	棉纱	15 000 个	济南				
	布匹	65 000 丈	济南				
	煤油	12 000 筒	济南				
	火柴	3 040 箱	济南				
	茶叶	5 万斤	济南				
	纸烟	500 箱	济南				

续表 3.18

县别	进口品			出口品			备注
	种类	数量	来源港	种类	数量	出口港	
禹城	煤油	8 000 箱	济南	花生	15 万担	济南、青岛	原属济南府
	布	17 万匹	济南	棉花	30 万担	济南、青岛	
	纸张	25 万刀	各省				
	糖	20 万斤	各省				
	化妆品	5 万瓶	济南、青岛				
	棉纱	200 件	上海、济南、青岛				
	染料	500 斤	济南				
	茶叶	4 万公斤	济南				
利津	面粉	2 万包	济南				原属武定府
	纸烟	600 箱	周村、济南				
	糖	3 000 包	青岛、烟台				
	煤油	6 000 箱	济南				
	纸张	2 000 件	济南、烟台				
	大米	260 包	济南、烟台				
	染料	5 000 筒	济南、周村				
青城	煤油	1.2 万桶	没有说明				原属武定府
	布匹	1.2 万匹					
	颜料	100 桶					
	纸烟	500 箱					
	药品	2 100 镑					
	棉纱	600 件					
商河	洋油	2 000 箱	济南				原属武定府
	纸烟	300 箱	济南				
	洋靛	300 桶	济南				
	纸张	3 000 刀	济南				
阳信	洋油	3.6 万桶	济南	枣	580 万斤	江苏一带	原属武定府
	洋火	2 万箱	济南				
	洋烟	3 000 箱	济南				
	棉纱	900 件	济南				
肥城	煤油	2 万桶	济南	肥城桃	60 万个	济南、泰安	原属泰安府
	洋布	1 万匹	济南	花生米	30 万斤	济南、泰安	
	洋纱	5 000 捆	济南	花生油	20 万斤	济南、泰安	
	红白糖	2 500 包	济南	羊毛	7 万斤	济南	
	火柴	72 万包	济南	猪鬃	1 万斤	济南	
	火纸	3 000 块	济南				
	杂色纸	4 000 刀	济南				

续表 3.18

县别	进口品			出口品			备注
	种类	数量	来源港	种类	数量	出口港	
东平	红糖	700 包	济南	花生米	7 万斤	济南	原属泰安府
	纸张杂货	12 万元	济南				
	洋布	5 000 匹	济南				
	洋纱	3.6 万斤	济南				
	烟卷	500 箱	济南				
	洋油	1 万箱	济南				
东阿	洋布	2 000 匹	济南	薰枣	2 000 担	上海	原属泰安府
				阿胶	5 000 斤	济南、上海	
滋阳	洋布	100 件	济南				原属兖州府
	棉纱	600 件	青岛				
	煤油	1.5 万箱	青岛				
曲阜	棉纱	1 000 件	青岛、济南	花生米	5 000 吨	青岛、济南	原属兖州府
	煤油	1 万箱	济南、青岛				
	纸烟	100 箱	济南、青岛				
	火纸	3 000 块	青岛、上海				
汶上	红白糖	35 万斤	济南				原属兖州府
	纸张	1.5 万刀	济南				
	布匹	2 万匹	济南				
	海带	7 000 斤	济南				
寿张	火柴	5 700 箱	济南	黄豆	1 942 000 斗	济南	原属兖州府
	布	4 800 匹	济南	桃	1 823 800 斤	济南	
	煤油	1 570 箱	济南				
	糖	12 万斤	济南				
	大米	8 万斤	济南				
聊城	糖	800 包	济南	黑枣	10 000 包	上海	原属东昌府
	纸	200 件	济南				
	煤油	1 000 担	济南				
	洋火	400 箱	济南				
	洋烟	300 箱	济南				
堂邑	洋火	300 箱	济南	棉花	2 100 万斤	济南	原属东昌府
	煤油	800 担	济南	黑枣	2 000 包	天津	
	洋布	100 件	济南	梨	300 万个	天津	
	洋烟	150 箱	济南				
博平	红白糖	6 万斤	济南	黑枣	5 000 包	济南	原属东昌府
	纸张	5 万斤	济南	花生	5.7 万斤	济南	
	煤油	2.5 万筒	济南、天津	花生油	40 万斤	济南	
	洋布	1.3 万匹	济南	豆油	30 万斤	济南	
	洋纱	500 件	济南				
	洋靛	200 筒	济南				
	铁器	15 万斤	济南				

续表 3.18

县别	进口品			出口品			备注
	种类	数量	来源港	种类	数量	出口港	
高唐	纸烟	60 万小盒	济南	棉花	15 万担	临清、济南	原属东昌府
	洋油	10 万桶	济南	鸡蛋	600 万个	济南	
	洋杂货	5 万元	济南	枣	1 000 包	上海	
	自行车	600 辆	济南				
	白糖	5 万斤	济南				
	布	2 万匹	济南				
	纱	100 件	济南				
鄄城	煤油	1 500 对	泺口	花生	具体数量无统计		原属曹州府
	纸烟	200 箱	泺口				
	洋火	50 箱	泺口				
	糖	100 包	泺口				
朝城	布匹	2 万匹	济南	豆子	20 万斤		原属曹州府
	洋油	4 万桶	济南				
	洋纱	1 000 件	济南				
观城	洋油	5 000 筒	济南	草帽辫	31 万元	济南、天津	原属曹州府
	洋火	2 000 箱	济南				
	纸烟	500 箱	济南				
	棉纱	1 000 件	济南				
范县	煤油	5 000 箱	济南	鸡蛋	100 万个	济南	原属曹州府
	布匹	1 800 匹	济南	豆子	63 600 担	济南	
濮县	洋油	1 万桶	济南	草帽辫	30 000 斤	清平	原属曹州府
	洋火	5 000 筒	济南				
	洋纱	1 000 件	济南				

资料来源：《中国实业志》（山东省）第一册，第 158－161、165、166、173、185 页。

出依靠济南；溯黄河而上，沿岸原济南府、泰安府、兖州府、曹州府的州县也在济南的辐射之下；而且济南也对东昌府、临清州、德州、武定府等地施加了巨大的影响，并把一些与原来受天津控制的州县纳入自己的集散范围。

总之，以济南、潍县、周村和青岛市场为中心的广大地区，既是青岛主要出口土货的供货地，又是洋货的主要销售地区，因此是青岛港的腹地。

3. 青岛与上海、天津港的交叉腹地

由于青岛港在华北势力的增强，天津和上海的洋货受到挑战，基本上停留在济宁以南、临清到天津运河沿岸地区。青岛港在山东西部

的腹地随着济南市场集散功能的增强而扩大。不仅如此，就是在临清、济宁市场附近地区，天津与上海来货已经不能单纯控制，青岛的来货也进入这些地区，形成了青岛与上海港、青岛与天津港的交叉腹地。以下是交叉腹地临清、济宁、沂州、江苏海州地区的货物进出状况。

临清地区。临清位于卫河与运河的交界处，运河由于有卫河水接济，水量充足，航运特别发达，是鲁西北进出的必经之道，每年都有大量的土货出口天津，同时从天津运回洋货。1853 年前后，由于受到太平天国战争的影响，临清开始走下坡路。津浦路修通以后，因货物多走铁路，临清再遭不幸。但是临清依靠低廉便捷的水运，作为山东棉花、果品、粮食的最重要的产区集散地，尤其在近代棉花出口贸易的刺激下，仍然不失为鲁西最大的集散市场。鲁西地区如临清、馆陶、夏津、高唐、恩县、清平、武城等处所产的棉花，多先集中到临清市场，并由此转运到济南和天津。民国初年，临清棉花输出量约为 400 万斤（3.3 万担），后来随着美棉种植的推广，到 20 世纪 30 年代初期年输出量已达 6 000 余万斤（50 万担）[①]。由于传统的贸易关系，再加上水运比铁路运输便宜，临清地区与天津的贸易关系最为密切。

德州地区。德州当水陆交通的要冲，是冀东南、鲁西北等地的集散中心。德州通过津浦铁路由天津、济南输入货物，以煤、煤油、纸、烟草、棉纱、棉布、陶瓷器、杂货为大宗，输出的货物以棉花、匹货、花生、枣、干鲜果、羊毛等为大宗。德州的贸易关系，以与天津最为密切。每年从天津输入的货物，除在当地消费外，其余部分要分销到平原、禹城、齐河、陵县、临邑、高唐、德平等县。清末德州向天津输出花生 13 万石，从天津输入货物情况大致是：煤 1 300 吨，转销邻县 500 吨；煤油 16 万箱，转销内地 15 万箱；洋布 900 匹，转销邻县 500 匹；棉纱 1 200 件，转销内地 900 件；杂货货值 5 800 两，洋纸价值 500 两[②]。20 世纪 20 年代，德州一度是鲁西、冀南的

① 民国《临清县志》，1935 年，“经济志 · 商业”。
② 光绪《德州乡土志》，“商务”。

棉花集散地，每年棉花集散量达6万包，其中4万包运到天津，2万包运到济南①。

表3.19　20世纪30年代鲁西各县的货物进出概况

县别	进口品			出口品			备注
	种类	数量	来源地	种类	数量	出口地	
茌平	洋布	5 000 匹	济南	豆类	2 万担	济南、临清	属原东昌府
	糖	3 000 斤	济南	烟叶	60 万斤	济南、临清	
	洋纱	2 000 件	济南				
	杂货	1 万元	济南、临清				
	煤油	3 万箱	济南、临清				
	铁器	9 万元	济南、临清				
	纸烟	250 箱	济南、临清				
莘县	洋烟	3 000 箱	济南	花生米	53 万斤	济南	原属东昌府
	洋火	9 000 箱	济南	豆类	30 万斗	临清等	
	洋油	1.4 万吨	天津、济南				
	洋布	4 万匹	济南				
冠县	洋烟	3 000 箱	济南	籽花	600 万斤	天津、济南	原属东昌府
	洋火	1 万箱	济南	花生米	2 500 万斤	济南	
	洋油	1.5 万箱	天津、济南				
	洋布	5 万匹	天津、济南				
清平	洋油	8 942 箱	济南	棉花	2 700 万斤	济南	原属东昌府
	织贡呢	3 162 丈	济南	枣	40 万斤	青岛、上海	
	色布	4 216 匹	济南	油	3 万斤	济南	
	纸烟	627 箱	济南	花生	120 万斤	济南	
	棉纱	50 件	临清				
	五金	3 万元	临清				
	杂货	5 万元	临清				
馆陶	洋烟	3 000 箱	济南	籽花	600 万斤	天津、济南	原属东昌府
	洋火	1 万箱	济南	花生米	2 500 万斤	济南	
	洋油	15 000 筒	天津				
	洋布	4 万匹	天津				
恩县	洋油	2.1 万桶	天津	棉花	1 万包	济南	原属东昌府
	洋布	2 万尺	济南	花生	3 000 万斤	济南	
	纸烟	800 箱	济南	梨	60 万斤	济南	
	铁器	2 万元	天津	枣	12 万斤	济南	
	火柴	5 000 箱	济南	杏	50 万斤	济南	
	棉纱	100 件	济南	鸡蛋	500 万个	济南	
	纸张	500 件	济南				

① 青岛守备军铁道部：调查资料第20辑，《周村德州间及德州石家庄间并石家庄沧州间调查报告》，1921年，第74、85－89页。

续表 3.19

县别	进口品			出口品			备注
	种类	数量	来源地	种类	数量	出口地	
临清	面粉	8 万袋	天津、济南	棉花	20 万担	济南、天津	原临清州
	日用品	40 万元	天津、济南	棉籽油	3 500 担	天津	
	卷烟	2 000 箱	天津、济南	鸡蛋	10 万元	天津	
	煤油	1.3 万吨	天津、济南	牛皮	5 万元	济南	
	布匹	70 万元	天津、济南	棉籽	40 万石	济南、天津	
	纱	15 万元	天津、济南				
	洋广杂货	50 万元	天津、济南				
	五金	33 万元	天津				
武城	煤油	22 000 筒	天津	棉花	900 万斤	天津、济南	原属临清州
	洋烛	4 000 元	天津	洋毛线	20 万支	天津	
	染料	400 筒	天津	鸡蛋	1 000 个	天津	
	茶叶	1.8 万斤	天津	牛皮	200 张	天津	
	纸烟	1 000 箱	天津、济南	猪鬃	1 000 斤	天津	
	纸张	6 500 刀	天津、济南				
	糖	5 万斤	天津、济南				
	五金	4 000 元	天津、济南				
	棉织品	1.5 万匹	天津、济南				
	毛织品	200 匹	天津、济南				
	罐头	1 000 筒	天津、济南				
	人造丝	2 000 匹	天津、济南				
夏津	烟	800 箱	济南	棉花	10 万包	济南	原属临清州
	煤油	3 万箱	济南	花生	30 万斤	天津	
	布匹	20 万元	济南				
	五金	5 万元	济南				
	杂货	20 万元	济南				
丘县	洋油	1 260 箱	天津	棉花	50 万斤	天津、济南	原属临清州
	洋烟	40 箱	天津				
	洋火	5 000 箱	天津				
	洋布	1.2 万匹	天津				
德县	面粉	4 000 吨	天津、济南	草帽辫	5 万斤	济南、天津	原属济南府
	茶叶	4.5 万斤	天津	花生	600 万斤	济南、天津	
	糖	76 500 斤	天津、济南	棉花	820 万斤	济南、天津	
	煤油	19 500 筒		大豆	750 万斤	济南、天津	
	洋烛	500 箱	天津、济南	枣	10 万斤	济南、天津	
	染料	500 箱	天津、济南	梨	120 万斤	济南、天津	
	纸张	5 700 刀	天津、济南	羊毛	6 000 斤	济南、天津	
	五金	4 000 元	天津、济南	猪鬃	500 斤	济南、天津	
	棉织品	2 000 匹	天津、济南	鸡蛋	1 200 万个	济南、天津	
	毛织品	200 匹	天津、济南				
	卷烟	750 箱	天津、济南				

续表3.19

县别	进口品			出口品			备注
	种类	数量	来源地	种类	数量	出口地	
德平	煤油	4 000 筒	天津	烟叶	80 万斤	北平	原属济南府
	洋纱	6 000 斤	济南	花生油	40 万斤	天津	
	洋布	1.5 万匹	济南	芝麻	40 万斤	天津	
	烟	1 200 箱	天津、济南				
	洋火	3 500 箱	天津、济南				
	糖	3 250 担	天津、济南				
平原	面粉	2 000 吨	济南	黄豆	600 万斤	天津、济南	原属济南府
	茶叶	45 万斤	天津	花生	1 200 万斤	天津、济南	
	糖	7 万斤	天津、济南	羊毛	4 000 斤	天津	
	煤油	2 万桶	天津	猪鬃	500 斤	天津	
	洋烛	500 箱	天津	毛皮	1 300 张	天津	
	染料	500 箱	济南	棉花	500 万斤	天津、济南	
	纸张	5 000 刀	济南、天津	鸡蛋	1 000 万个	天津、济南	
	五金	4 400 元	济南、天津	梨	60 万斤	天津、济南	
	棉织品	2 万匹	济南、天津				
	毛织品	100 匹	济南、天津				
	卷烟	650 箱	济南、天津				
陵县	纸张	3 000 刀	济南	棉花	1 万包	济南	原属济南府
	布匹	7 万匹	天津	花生米	200 万斤	济南、天津	
	棉纱	1 万吨	天津	枣	15 万斤	济南	
	糖	1 万斤	天津				
	煤油	1.5 万桶	天津				
	火柴	5 100 箱	天津				
	茶叶	1 万斤	天津				
	纸烟	800 箱	天津				

资料来源：《中国实业志》（山东省）第一册，173－186 页。

从以上各县的进出口货物流向可见，德州、东昌、临清地区尤其是运河附近各县，仍然与天津港保持着密切的贸易联系，但来自济南、青岛的货物也在这一地区占有很大的分量。从总体上看，天津在这一地区已失去了以前的独霸地位，这一地区只能看作天津与青岛港的交叉区域。

济宁地区。济宁是运河沿岸的中心，东自沂州，西自开封，南自徐州，北到济南，莫不以此地为百货转运之地，商业之盛，甲于全省①。清光绪年间，济宁出口“土货如枣、柿、花生、饼油、布、粮

① 《中国实业志》（山东省）第一册，第226页（丁）。

食、皮革之属，岁出不下数百万”，每年进口洋货棉纱100余万斤，洋布七八万匹，火柴1 000余箱，煤油四五千箱，糖三四十万斤，纸三四千捆[①]。济宁市场的货物进出口港是长江沿岸的镇江港，镇江由运河运往山东的洋货占镇江洋货输出的20%[②]。1900年运河漕运被海运替代，济宁运河贸易受到影响。贸易的衰退除了与铁路的运输有关外，还与运河淤塞和税关林立有关[③]。1912年津浦铁路兖济支线修通后，商品流通状况逐渐恢复。20世纪初，济宁市场运出的花生、豆油、牛羊皮、豆饼、面粉、小麦、蛋粉等土货每年不下千余万元。济宁是全省最大的皮货市场，皮货来源于曹州、沂州、青州府以及邹平、滕县、峄县等地。进口的棉纱、煤油、杂货等项，每年也不下数百万元。据1921年调查，济宁进出口货物以浦口（实际转运至上海）、天津、济南为口岸。年货运量30万吨，其中输出占20万吨，输入10万吨[④]。

由表3.20可见，天津、浦口、济南在济宁的贸易中三足鼎立，出口货以天津最占优势，进口货以浦口占优势。这种贸易态势与济宁的特点有关，济宁是山东皮毛的集散中心，也是鲁南苏北的粮食集散地。当时北方缺少粮食，而天津是皮毛出口的最大港口，鲁南、苏北所产的粮食、皮毛北运，要集中到济南或天津。济宁从黄台桥运入的

表3.20　20世纪20年代济宁市场的进出口商品概况

（单位：吨）

市场	输出货物	输入货物	合计
浦口	20 000	40 000	60 000
济南	50 000	10 000	60 000
天津	100 000	2 000	102 000
黄台桥	20 000		20 000
蚌埠	5 000		5 000
枣庄	30 000		30 000

资料来源：青岛守备军民政部调查资料第27辑，《大运河及盐运河都邑经济事情》，1922年，第87－88页。

① 光绪《济宁直隶州乡土志》，商务。

② 《光绪十八年华洋贸易总册》下卷，1893年，镇江口。

③ 《1913年镇江口华洋贸易情形论略》，《1918年镇江口华洋贸易情形论略》。

④ 青岛守备军民政部：《大运河及盐运河都邑经济事情》，1922年，第87－88页。转引自庄伟民上引书166页。

应该是食盐。另外，由于交通和金融习惯等缘故，济宁附近的大量枣柿果品运到南方，所需要的洋广杂货一般都从上海等南方港口进入。我们再来看20世纪30年代济宁附近各县的货物进出情况。

由表3.21可见，济宁附近包括原来的济宁州，兖州府枣、峄、滕等县在内的南部地区，以及曹州府的大部分地区，都受到济宁市场

表3.21　20世纪30年代济宁、兖州、曹州地区的货物进出概况

县别	进口品			出口品			备注
	种类	数量	来源港	种类	数量	出口港	
邹县	海产	800斤	青岛	生米	800万斤	上海、青岛	原属兖州府
	呢绒	1 000匹	青岛	鸡蛋	100万个	济南、上海	
	药品	1 000元	青岛、上海				
	染料	600筒	青岛、上海				
	煤油	1万箱	青岛、上海				
	洋烛	2 199箱	青岛、上海				
峄县	布匹	18 000匹	济南、潍县	花生	135万斤	济南、上海	原属济南府
	洋线	600件	上海、济南	生米	460万斤	上海、徐州	
	糖	140 000斤	上海、徐州	豆子	450万斤	济南、上海	
	纸张	15 000刀	济南、上海				
	茶叶	6 000斤	江苏、杭州				
	洋烟	6 000箱	上海				
济宁	杂粮	6万吨	邹县				原属济宁州
	煤铁	2万吨	峄县、曲阜				
	布匹棉纱	2 000吨	济南、青岛				
	杂货糖纸	3 000吨	青岛、上海				
嘉祥	煤油	3 000筒	济宁	梨	3万斤	浦口、南京	原属济宁州
	纸烟	24箱	济宁	枣	11.2万斤	浦口、南京	
	煤炭	30万斤	济宁				
	焦炭	10万斤	济宁				
鱼台	洋线	200件	济宁	豆类	1万石	济宁	原属济宁州
	洋油	5 000箱	济宁	瓜子	5万斤	济宁	
	洋布	6 000匹	济宁	鸭蛋	20万个	济宁	
	洋烟	200箱	济宁				
	白糖	1万斤	济宁				
	杂货	1.5万斤	济宁				
菏泽	火柴		济南	山楂	15.2万斤	开封、济南	原属曹州府
	洋布		济南	牡丹	2万株	广东	
	煤油		济南	紫梨	204 100斤	归德、济南	
	纸烟		济宁	曹丹皮	4 000斤	全国	
	糖		济宁	石榴	3万斤	济南	
	南纸		济宁				

续表 3.21

县别	进口品			出口品			备注
	种类	数量	来源港	种类	数量	出口港	
曹县	棉纱	30 件	上海	花生米	5 万斤	上海	原属曹州府
	纸张	300 捆	亳州	棉花	2 万斤	徐州	
	药材	500 斤	济宁	瓜子	1 万斤	徐州	
				羊毛	1 万斤	汶州	
单县	糖	9.25 万斤	徐州	花生	1 500 担	济宁	原属曹州府
	大米	1.34 万斤	徐州	羊皮	5.6 万张	济宁	
	火柴	45 万封	济宁	羊毛	250 担	济宁	
	洋油	2.5 筒	济宁	豆油	700 担	济宁	
	纸张	5 000 刀	济宁	硝	800 担	济宁	
	布匹	2 万匹	济宁				
定陶	煤油	3 万筒	济宁				原属曹州府
	纸烟	1 000 箱	济宁				
	布匹	3 万丈	济宁				
	火柴	480 箱	济宁				
	茶叶	4 万斤	济宁				
	红白糖	15 万斤	济宁				
巨野	煤油	1 000 担	济南				原属曹州府
	纸烟	200 箱	济宁				
	糖	200 包	济宁				
	洋布	1 250 匹	济宁				
	药类	1 200 斤	济宁				
	洋火	50 箱	济宁				
郓城	油	1 万筒		花生	5 万斤		原属曹州府
	蓝靛	200 桶		牛油	1 万斤		
	布匹	1.2 万匹	济南	羊皮	800 张		
	纸烟	1 000 箱					
	煤炭	100 万斤	济宁				
	焦炭	50 万斤	济宁				
	棉纱	500 件	济南				

资料来源:《中国实业志》(山东省), 第一册, 第 166 −172 页。

的影响。济宁的进出口依靠南方的镇江、上海，但这一地区与济南、青岛的贸易也在加强。因此，济宁州、兖州府的南部地区、曹州府的大部分州县，都可以看作上海与青岛港的交叉区域。

沂州地区。沂州府地势南倾，沂河水入夏水势平槽，数百担粮船可以直入运河。清朝后期，每年都有粮船自南方运粮食来贩卖，当地的柿饼、核桃、枣、落花生之类成为回头货①。另据海关报告，山东的东南部特别是沂州地区，依靠青口、海州两港供给货物。棉纱、棉织品、糖等由镇江经过运河和清江浦运到海州和青口，再由陆路和水路运到目的地②。

由于传统的贸易关系，沂州货物大部分以江苏青口为吞吐口，但也有相当一部分要靠青沂商路转运。例如，沂州每年输入棉纱 2 000 件、棉布 3 400 件，两项货物约一半要由青岛陆运输入。沂州对山区的商品集散起着十分重要的作用，据 20 世纪 20 年代中期调查统计，沂州主要土货集散状况是，花生 500 万斤，花生油 1 200 万斤，豆油 500 万斤，豆饼 100 万个，兽皮 15 000 张，羊皮 2 万斤。③

另外，涛雒港（日照市涛雒镇）也是临沂地区货物进出的转运港。涛雒港沿海贸易可达上海、浒浦、盐城、海州、青岛、大连。民国初期，涛雒民船航运贸易上海占七成，青岛占三成。涛雒农产品输出以莒州、沂水为货源，陆路运输用小车、马车和骆驼，单是每月由莒州抵涛雒港的运货骆驼就有 100 头。输出的货物大部分为上述货源地的花生、花生油、牛皮、柿饼等农产品。据 1917 年统计，涛雒港每年由沿海民船输出花生油 2.3 万篓（每篓 180 斤），最多时 7 万篓；花生 2.5 万包（每包 200 斤），最多时达 7 万包；腌猪 2.5 万头；输入煤油 5 000 箱，火柴 4 万箱，糖 2 500 包，洋布 100 包，洋纱 1 200 件，棉花 1 000 包④。20 世纪 30 年代货物进出如表 3.22。

表 3.22　海州、沂州洋货进口概况

货物	海州	沂州
棉花	65 704 件	4 292 件
棉纱	312 担	1 152 担
糖	6 200 担	3 312 担

资料来源：《1899 年胶州贸易报告》。

① 吴树声：《沂水桑麻话》，原文载《临沂文史资料》第三册，第 521 页。

② 烟台港务局档案馆藏：《1899 年胶州贸易报告》。

③ 青岛守备军民政部：《沂州事情》，1917 年，第 6－7 页；济南总领事馆《山东概观》，1926 年，第 81 页，转引自庄伟民书。

④ 青岛守备军民政部：调查资料第 10 辑《南山东及江苏沿岸诸港调查报告书》，1919 年，第 135、140－141 页。

由表3.23可见，20世纪30年代沂州府南部地区仍有大量的直接帆船贸易联系，由上海进口的货物既有洋货又有土货，沂州出口到上海的土货以花生米、花生油、果品等为主。与此同时，青岛的影响加强了，不仅表现在青岛的货物占领了沂州北部，而且在南部也有了一定的份额。因此应把沂州地区看作青岛港与上海港的交叉腹地。

表3.23　20世纪30年代沂州地方货物进出概况

县别	进口品			出口品			备注
	种类	数量	来源港	种类	数量	出口港	
临沂	煤油	6 000箱	镇江	黄丝	1 000块	上海	原属沂州府
	洋线	200件	青岛	花生	30万斤	青岛	
	洋布	12 000匹	潍县	鸡蛋	100万个	青岛	
	卷烟		青岛、济南	花生油	4 000篓	上海、青岛	
费县	红白糖	1 000包	青口	花生油	10万斤	青口	原属沂州府
	水糖	110担	青口	花生米	30万斤	青口	
	洋布	1 000匹	青口	银花	500包	青口	
	洋油	2 000箱	青口	黄梨	5万斤	青口	
	洋烟	120箱	青岛	羊毛	1万斤	青口	
日照	土布	600件	崇明	猪	6万只	上海	原属沂州府
	烧纸	6 000块	上海	花生米	2万袋	青岛、上海	
	红白糖	71 000包	上海	花生油	1 000篓	上海	
	棉花	10万斤	上海	冬菜	30 000斤	上海	
	桐油	100篓	上海				
	洋面	10万袋	上海				
	洋油	5 000箱	外洋				
	纸烟	300箱	外洋				
	洋火	3 000箱	青岛				
	煤炭	10 000吨	青岛				
	棉纱	3 000件	青岛				

资料来源：《中国实业志》（山东省）第一册，第168－172、201页。

海州地区。江苏东北部的海州与鲁南沂州府水陆相通，沂河、沭河发源于沂州境内，或流经海州入海，或经海州进入运河。海州境内水网密布，交通便利。海州、沂州盛产粮食、豆类，海州是这个州外销粮食和豆类的集散中心，海运是主要的外运通道之一，经过青口港、大浦港和灌河口，可运达青岛和上海①。尽管海州诸港是青岛港的内港，而且到上海的距离是到青岛的四倍，但是海州诸港在贸易上

① 徐德济：《连云港港史（古近代部分）》，人民交通出版社，1987年版，第32页。

却显示出依靠上海市场的倾向，进口品也主要来自上海，不过青岛的产品在此也占有一席之地。因此，可将海州地区看作上海与青岛港的交叉腹地。

三、以连云港为中心的海州湾港口群的腹地

海州湾地区港口众多，除了后建的连云港港口条件较好之外，其余都是容易淤塞的河口港，因此中心港也在不断转移。这种转移会在一定程度上影响腹地的范围。而且，海州湾的港口开埠以来始终是胶海关的分关，没有直接对外贸易，需要经由青岛或者其他口岸进出口货物。从连云港与青岛、上海的国内贸易关系可以看出，鲁南、苏北区域是青岛和上海两大港口的竞争区域。再者，鲁南的日照也有直达青岛和上海的河口港，鲁南货物可以由此进出；鲁南、苏北的西部还受到镇江港的影响。以上种种因素导致港口群腹地范围很难准确的划定。

为了反映当时鲁南苏北与海州湾港口的关系，必须对港口辐射范围进行分类。从上述中心港转移和贸易发展情况看，海州湾中心港的

图 3.6 1932 年山东港口腹地示意图

腹地范围主要是海州地区的赣榆、东海、灌云等县和连云港市。鲁南地区和苏北其他地区与该港口群联系紧密，但由于其他港口的竞争作用，只能作为交叉的腹地区域。

第三节　东北诸港腹地的变迁

一、营口港的腹地

营口是东北近代最早兴起的港口。从清朝康熙到嘉庆初年（1800年以前），东北的移民主要被限制在柳条边以南的盛京地区，因此辽河航运也只限于南部，以牛庄港为中心，分别通过浑河、太子河、沙河连接盛京、辽阳和海城等腹地城镇。1861 年开埠以后，营口成为东北物资进出中心，柳条边墙解禁，其腹地范围也随着辽河航运逐渐向中上游地区扩展。

1861 –1874 年，逐渐开放的铁岭、西安、海龙等盛京围场之地也成为营口港的腹地；1875 年后，随着内蒙古东部科尔沁左翼、右翼各旗的开放，科尔沁新农垦区的通江口、昌图、怀德、农安、长春等城镇成为营口的腹地；1900 年后，东辽河源头的三江口、西辽河源头的郑家屯（今双辽市），以及远至吉林、黑龙江的新呼兰农垦区的货物运销也都以营口为中心。①

1907 年大连开埠，与辽河航道几乎平行的南满铁路通车，再加辽河天然结冰期、河道淤浅以及社会人为等诸多因素的综合影响，营口港腹地面积逐渐萎缩。原经营口港，通过辽河帆船和马车输送的物资，纷纷转经南满铁路由大连港集散。例如，开原县以前通过帆船与营口进行商业往来，铁路修通后，货物的运输舍河就陆②。铁岭“昔因辽河水运，铁岭与营口关系最深……其后铁道开通与大连联络，铁岭与营口商务颇受影响”③。表 3.24 显示了 1912 –1927 年东北腹地

① 邓景福主编：《营口港史》，人民交通出版社，1995 年，第 30 页。

② 李毅修：《开原县志》，卷 9“实业志 · 商业沿革篇”，台北成文出版社，1965 年。

③ 中央银行总管理处：《东三省经济调查录》，近代中国史料丛刊第 3 编 276 册，1987 年，第 100 页。

大豆物产向营口、大连和安东三港的流向，根据数字统计可见，大连港平均占南满铁路沿线地区货物运输的80%以上，营口和安东年均只占南满铁路的运输的20%。总之，1907年以后的营口与大连相比，铁路、水运优势逐渐丧失，1907－1931年，仅剩下辽西的黑山、新民、辽中、台安等地方到营口的短途马车陆路运输略有一定地位，因此营口港辐射与吸纳的核心腹地萎缩在辽河以西少数城镇地区。①

表3.24　东北腹地豆货流向表

（单位：万吨）

年份	沿南满路由大连输出者		满铁沿线以外转向大连输出		满铁沿线以外经营口输出		满铁沿线以外经安东输出		总计	
	数量	百分比	数量	百分比	数量	百分比	数量	百分比	数量	百分比
1912	700	70	25	2	280	25	31	3	1 112	100
1913	835	78	7	1	191	18	37	3	1 072	100
1914	1 155	74	—		343	22	55	4	1 557	100
1915	689	76	13	1	202	18	53	5	1 138	100
1916	1 040	73	55	4	227	16	106	7	1 430	100
1917	1 240	86	22	1	118	8	69	5	1 450	100
1918	1 409	76	53	3	260	14	122	7	1 846	100
1919	1 529	84	9	1	172	9	111	6	1 823	100
1920	1 679	87	10	1	102	5	130	7	1 933	100
1921	1 498	81	25	1	182	10	146	8	1 853	100
1922	1 668	80	13	1	238	11	165	8	2 086	100
1923	1 491	83	17	1	185	10	105	6	1 799	100
1924	1 219	81	14	1	169	11	111	7	1 514	100
1925	1 507	80	26	1	197	11	159	8	1 891	100
1926	1 403	82	27	2	83	5	193	11	1 707	100
1927	1 770	80	20	1	157	7	132	7	2 081	100

资料来源：《东北大豆实况》，《工商半月刊》卷3，1931年12月，第40－41页。

二、大连港的腹地

20世纪初大连港崛起，营口地位下降，营口的大部分腹地逐渐为大连港所夺，大连港并将自己腹地扩大到东北各主要地区。

在传统的陆路马车以及河流帆船为主要交通运输工具的时代，自

① 蔡德等编：《辽宁公路交通史》（第一册），人民交通出版社，1988年，第122页。

然地势通常决定了港口可能达到的最大的腹地范围。俯视全东北地区的地形，以松嫩平原为中心，西、北、东三面环绕着丘陵和山岭，最外是黑龙江、乌苏里江、图们江和鸭绿江，成为国界①。正北的山岭通称为伊勒呼里山，海拔1 500米。沿黑龙江斜向东南走向的是小兴安岭，高度不及1 000米。西面的大兴安岭，南部高过1 600米，北部约1 000米②。外部崇山峻岭的阻隔使东北地区成为一个独立的地理单元，同时这些地理障碍决定了大连港腹地的最大范围，大连港的最佳发展选择是加强与东北中央辽沈大平原的陆路联系。

还可进一步从大连港与内陆平原水路和陆路交通条件分析。从东北全区的河流分布与流向来看，绝大部分面积属于黑龙江水系，剩下东北区南部不到1/10的面积，分属绥芬河、图们江和鸭绿江三个水系，另有辽河自内蒙古流入，从营口汇注渤海。对于大连港而言，河流不但没有可以利用的价值，而且它们还从地理单元上进一步分割了大连港辐射的腹地范围。辽东半岛为丘陵地形，大连与其他各地的陆路交通也不方便，沿着海岸线即丘陵的边缘地带通往外部的道路，仅有大连到安东、岫岩、海城和盖平（今盖州市）的几条。从陆路交通条件分析，大连港的腹地也不理想。1903年东北“丁”字形的铁路修通后，大连港在近代化铁路交通的基础上，打破山岭和水路的界限，实现了大的跨越。根据地形，“从盖平附近向南，山岳重叠，平地很少，由此向北，东边的山岳逐渐完结，而入茫茫的满洲平野。到了奉天（即今沈阳市）以北，一望平原，差不多没有像山岳似的地方，不过里面也有高低，成为波状地。平坦的地方，土人叫做平地，其中高燥地方叫做高地，又叫旱地”③，因此南满干线所辐射的地域可以沈阳为界，分为沈阳以南和沈阳以北两大地域。南满铁路修通以后沈阳以南和沈阳以北两大区域的交通运输和商业市场发生了显著变化。

1. 沈阳以南地区

沈阳以南主要是丘陵山地及沿海地带，有大豆、杂粮、柞蚕以及

---

① 1860年第二次鸦片战争以后，东北北部大片领土被俄国侵占，黑龙江、乌苏里江、图们江和鸭绿江成为国界。

② 参见刘培新：《东北区自然地理》，新知识出版社，1957年。

③ 满铁农事试验场编，汤尔和译：《到田间去》，商务印书馆，1930年，第6页。

海产品等物产。在营口唯一开埠时期，该地方货物主要通过陆路或者辽河沿岸的田家台、海城、辽阳等航运码头，向营口集聚。直达大连港的南满铁路开通以后，这一区域交通局面大变，可以该地区的两个商业中心市场变化为例。

盖平附近盛产柞蚕丝与其他农产物品，1908 年盖平城内有大小商店 600 余户，一年经过营口输出柞蚕丝大约 200 万元。同时由营口输入杂货，如面粉、火柴、石油、砂糖、棉布等，供给附近村落消费。铁路通车以后，盖平到营口的马车日渐稀少，货物进出主要通过铁路，每年经铁路运输约六七百吨货物，通常由大连输入面粉、烟酒等杂货。①

辽阳陆路距离营口 240 里，另外城东 10 里有黄家林子码头，距离营口 65 里。1907 年前辽阳的进口货物均由营口输入，然后再分散到周围地域，区域内的物产先集中辽阳再输往营口。铁路修通后，到大连的运费比水运低，辽阳通过铁路年发送大宗货物：小米 1.5 万吨，豆饼 1 万吨，大豆、高粱 1 万吨，其他还有木材和酒。经大连、营口输入面粉、盐、砂糖、棉丝布等货物，再分输到太子河上游地区②。

2. 沈阳以北地区

沈阳以北、长春以南的地域是东北中部平原农业区，近代大连港货物的吸纳与分散多寡，关键在于此地区物品的流向。南满铁路沈阳以北主要有铁岭、开原、公主岭等大的车站，此外还有昌图、郭家店、范家屯等中小车站。营口唯一开埠时期，此地区的货物大多运输到辽河沿线的码头集散，铁岭、开原、昌图、三江口等都是著名的市场。铁路开通以后，由于沈阳以北的铁路线与辽河水运平行，辽河水运的优势失去。辽河沿岸码头城镇日见萧条，各铁路车站渐次成为货物集散中心。

辽河从上游平原到铁岭附近河道变窄，铁岭因此成为东北地区南北交通的咽喉。当时调查，铁岭商业范围大致是：北面到山城子 360

① 满铁庶务部调查科：《满蒙全书》（第七卷“都市”），满蒙文化协会发行所，大正十二年，第 32 页。

② 满铁庶务部调查科：《满蒙全书》（第七卷“都市”），满蒙文化协会发行所，大正十二年，第 33、41 页。

里，东面到海龙城470里，西面到法库门90里，南面到开原80里等。铁岭城西五里有马蜂沟码头，与营口水路860里，5昼夜可以到达，东北北部货物多经铁岭水运南下。铁路开通后，水路运输遭到打击，输出货物7/10经铁路，3/10经河运。同时铁岭的市场地位遭到大连、营口、开原等地的蚕食，难以再现20世纪前水路运输时代的繁盛景象。①

铁路未开通前，开原货物通过辽河进出营口。铁路开通后，开原车站由原县城南18里的小村落发展成为沈阳北部最大的市场，实力仅次于沈阳。该站的商业范围到达海龙城、掏鹿（今西丰）、开原城以及铁岭的大部分。20世纪20年代经铁路年发送到大连的货物记载：大豆18万吨，高粱5.6万吨，豆饼2.2万吨，此外有涂料、柞蚕茧、豆油等物品。输入的货物比铁岭少，有棉布、杂货、建筑材料等。铁路开通以后，开原老县城的货物集散区域仅剩下境内与昌图府下的一部分地方，年集散数额大为减少，大豆下降到6万石，高粱下降到3万石。②

3. 大连港腹地的最终形成

自1907年成立满铁株式会社接管大连港和南满铁路以后，日本采取了种种措施，以扩大大连港的腹地范围，发展大连港的贸易。主要措施之一，是要充分利用南满铁路来控制东北南部的货物运销，并修筑吉长、四洮等运输支线，从而使南满铁路由一条笔直的树干型的铁路线，发展为枝杈蔓延扩展型的多条铁路线，而各条铁路线周围的货物最终都要经过大连港口吞吐。

1912前货物经大连港进出的地区在南满铁路干线的两侧，此后随着吉长（吉林—长春）、四洮（四平—洮南）支线建设，逐步扩大到铁路支线所及的庄河、岫岩、兴京（今新宾县）、海龙、吉林、榆树、陶赖昭、洮南、开鲁、法库等地方。1917年俄国“十月革命”以后，因国内局势动荡俄国在东北的竞争力大大下降，受俄国控制并通往俄国大陆与远东重要港口的海参崴的中东铁路的集输运范围，逐

① 满铁庶务部调查科：《满蒙全书》（第七卷“都市”），满蒙文化协会发行所，大正十二年，第18－19页。

② 满铁庶务部调查科：《满蒙全书》（第七卷“都市”），满蒙文化协会发行所，大正十二年，第17页。

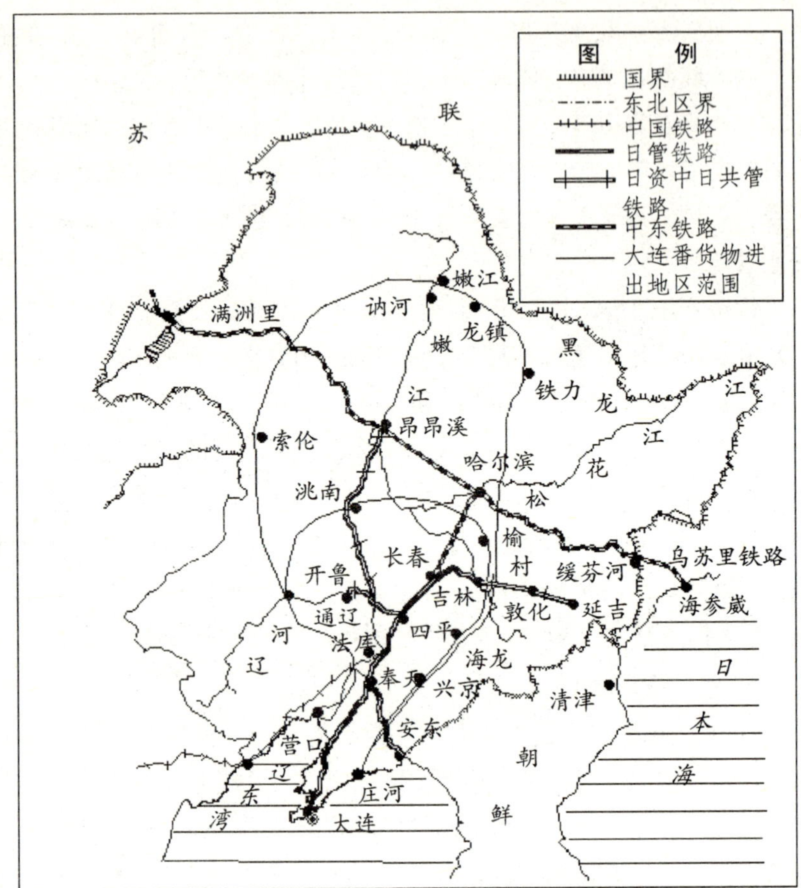

图 3.7　1922 年大连港腹地范围示意图

渐被日本控制的南满铁路所夺。东北北部相当一部分地区的货物，不再走中东铁路经海参崴输出入，而是经南满铁路到大连港吞吐。于是，大连港腹地的边界，推移到内蒙古的索伦（今属乌兰浩特市）和黑龙江省的讷河、嫩江、龙镇（今属北安市）、铁力、巴彦、阿城等地。①（见图 3.7）1935 年满铁成功购并中东铁路，至此大连港的腹地便覆盖了东北三省和内蒙古东部的大部分地区。

另外，通过综合计算每年度满铁营运货物的记载数据（见表 3.24），不难看出，大连港的腹地还具有如下的特点：

① 参见满铁庶务部调查课：《大连港背后地の研究》，大正十二年，第 34 页。

表 3.25 大连港进出货物地方统计

（单位：吨）

年份	总计	核心地区			百分比（%）	扩展地区			百分比（%）	
		沈阳南	沈阳北	长春		安奉线	四洮线	吉长线		
1912	1 337 786	652 227	430 881	235 998	98.60	5 285			13 395	1.40
1913	1 893 851	1 061 114	493 894	284 716	97.14	8 806			45 321	2.86
1914	1 876 545	1 113 210	439 571	256 181	96.40	12 927			54 656	3.60
1915	3 073 154	926 161	644 178	347 256	92.50	18 848			136 711	7.50
1916	2 163 104	1 069 435	611 822	320 768	92.55	62 616			98 463	7.45
1917	2 462 128	1 108 296	592 911	462 898	87.90	98 239			199 784	12.1
1918	2 795 289	1 124 293	622 233	635 042	85.20	79 090	5 188	10 171	319 272	14.8
1919	3 190 670	1 131 044	801 085	575 465	81.73	142 688	76 425	118 360	245 603	28.27
1920	3 534 138	1 026 133	754 073	834 389	73.98	84 920	47 650	140 839	646 134	26.02
1921	4 177 349	1 540 983	865 889	576 856	73.82	74 584	49 404	284 146	585 487	26.18
1922	5 092 638	2 266 050	1 145 627	483 343	76.48	88 140	89 773	326 188	693 517	23.52
1923	5 310 531	2 649 383	750 059	281 442	74.96	65 927	112 967	349 824	800 929	25.04
1924	5 756 908	3 089 323	929 887	274 001	74.57	87 615	138 068	268 089	769 925	25.43

资料来源：据神足笃太郎，《大连港》，大连港编纂所发行，大正十四年，第 89—91 页的表 7、表 8 改绘，原文提到的奉天即今沈阳市。

第一，大连港货物吞吐量的绝大部分，都来自南满铁路干线两侧的大连—沈阳—长春周围地域，而其余铁路干线的两侧地区只占较小的比重。因此，大连港腹地的核心地区在大连—沈阳—长春周围，而安奉线、四洮线、吉长线、中东线的两侧只能算是腹地的扩展地区。

第二，大连港腹地的核心地区由沈阳南、沈阳北和长春三部分所组成。由于受铁路特殊运费政策的影响，沈阳以南区域进出大连港的货物量明显高于沈阳以北，而沈阳以北区域又高于长春区域。但如果将沈阳以北和长春两大区域的货物量相加，则与沈阳以南基本持平。

第三，安奉线、四洮线、吉长线、中东线的两侧虽然在大连港货物吞吐量中只占次要的地位，但其贸易量在铁道支线修建以后却呈不断上升之势，年平均货运量在大连港货物吞吐总量中所占的比重，由10%以下逐渐增长到25%左右，最高一度达30%。这就表明，随着铁道支线的修建，大连港对核心地区以外的影响力不断增长，供货地开始呈现多元化的倾向。当然，大连港的辐射力随着运销距离的递增而不断下降的这一趋势仍然保持着，同时，新扩展地区的货物也存在着多元分流的态势。

三、安东港的腹地变迁

1907－1911 年是安东开埠的初期，贸易虽有增长，但增速缓慢，年贸易总额都在1 000万海关两以下。当时的海关贸易报告有如此记载："本埠之进口货物并无速涨速退之象、或多或少之数，因在本埠后部之地段乃为天然障屏所界限，非甚大之中心点，致有非常之兴衰，可以掉弄市价。安东埠进口货乃供给一厅六县之地。该七厅县约居鸭绿江山谷平原斜西方之地，况进口货亦供给高丽北部各县所需用，考核从前地段，似为新义州所围，然必须多年方可将旧新义州至安东之踏平旧路，直抵高丽岸上全变路径，查其另外方向，乃料大孤山将吞入西部边界贸易之半。"①上述记载概括出了安东贸易增速缓

① 《光绪三十三年安东口华洋贸易情形论略》，载《中国旧海关史料》第46册，第185页。

慢的原因，主要是安东港的腹地受山地丘陵交通不利条件的限制，空间有限，另外西部还受到大孤山港的腹地竞争，因此安东港初期的腹地范围大致限于鸭绿江下游水路船运所及的安东县、宽甸县、桓仁县、辑安县（今集安市）、朝鲜新义州的部分地区，以及陆路马车所达的岫岩县和凤凰厅等地方。

日俄战争期间，日本为了运输物资，未征求清政府同意，擅自修筑了从安东到奉天（今丹东－沈阳）的轻便铁路。1905 年根据中日《满洲善后条约》，安奉铁路改为商用铁路。1910 年日本完全吞并了朝鲜，此后为了加强东北和朝鲜半岛之间的交通联系，1911 年在鸭绿江上修建铁桥，将东北与朝鲜的铁路联通。日俄战后签订的《满洲善后条约》规定东北与朝鲜交界处陆路通商，中国按最惠国的待遇减去经朝鲜进入的货物关税的 1/3。因有此优惠，1913 年开始，日本便通过朝鲜半岛，实行“日满鲜”三线货物联运，日本货物从日本国内转朝鲜的釜山至新义州线，再转东北的安奉线。

铁路的通车，促进了安东港腹地的扩大和进口贸易的急剧增长。1913 年的海关报告写道：“鸭绿江铁桥联络朝鲜铁路一事，于本埠商业如名角登场，可演出一番活跃。迨至六月二日实行特别减税约章，火车运转货物自必增加活动。溯去年同期时也，共运货估值关平银一百四十余万两，本年七个月间共运货估值五百余万两之谱，增加二十五成六矣，本年本关贸易净数共估值一千四百八十余万两，较上年贸易共估值一千一百余万两，其增加皆因铁路运输货物之故也。”① 1914 年贸易报告又记载：“经过本口直入内地之货物，更见源远招徕，闻日本业棉布者，组织一棉布出口公会，该会员运棉布类输入本口，直往满洲一带，凡过日本及朝鲜铁路，该公司等均授以特别减轻运费作为奖励，以致棉布类及特定品，由安入口，较连营两口成本为廉。”②上述记载看出，1913 年日本三线联运和 1914 年第一次世界大战爆发后，日本输入东北的货物急剧增长，安东成为东北的重要口岸，其腹地空间沿安奉铁路扩展到长春等铁路沿线地方。

---

① 《民国二年安东口华洋贸易情形论略》，载《中国旧海关史料》，第 61 册，第 227 页。
② 《民国三年安东口华洋贸易情形论略》，载《中国旧海关史料》，第 64 册，第 226 页。

20 世纪 20 年代以后，安东所在的东边区域随着移民大规模的开发，伐木、采矿以及柞蚕、大豆等出口导向的产业旺盛。安东的腹地扩展到鸭绿江中上游地区，出口贸易发展加速，出口贸易的增长速度和总值都超过了进口。

综上所述，安东港的腹地空间变迁分为三个时期。1911 年前，主要集中于鸭绿江下游河谷平原地区，腹地范围有限，贸易增长缓慢。1912 年后，由于三线联运而通过安东进口的日本货物激增，安东腹地随安奉和南满铁路本线扩展到沈阳、长春等铁路沿线地方。20 世纪 20 年代以后，随着伐木、柞蚕饲养和大豆种植等外向型经济活动的开展，安东的腹地扩展到鸭绿江中上游地区，最远达到长白、抚松、濛江等县。

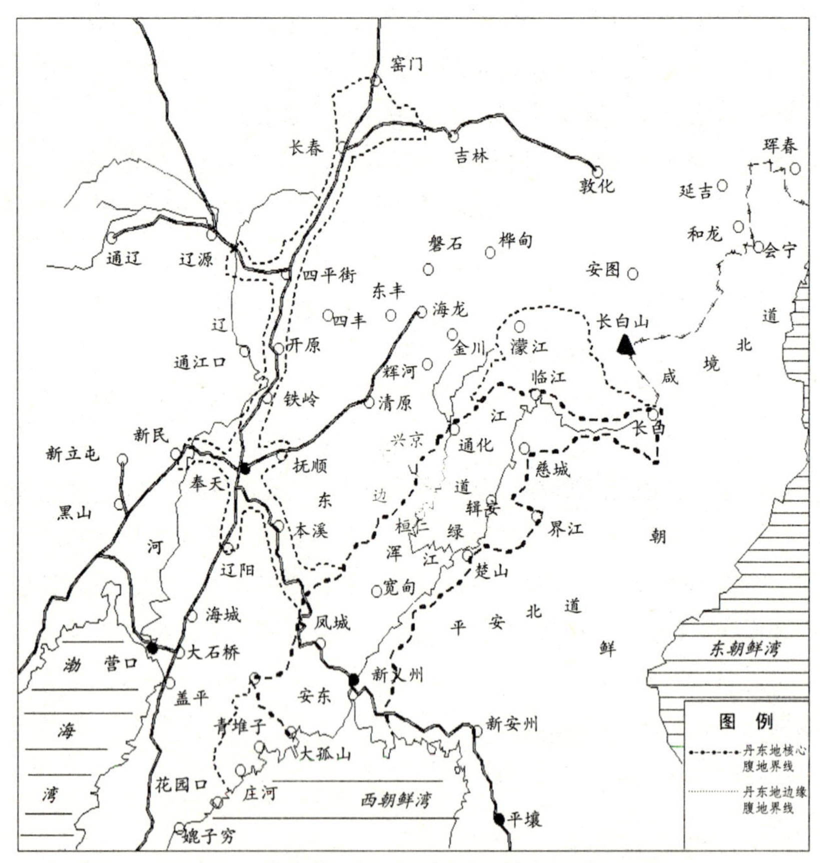

图 3.8　20 世纪 20 年代安东港腹地范围示意图

第四章 港口—腹地的交通和市场体系

港口城市通过交通沟通腹地，对于双方的发展和联系而言，交通是至关重要的因素。天津、营口、烟台三口岸开埠以前，北方的交通运输，以人力和畜力为动力的短途陆路运输为主，以人力和风力为动力的内河和沿海航运为辅。开埠以后，火车、轮船和汽车运输这些近代交通工具陆续出现，发挥了传统的交通工具不曾具有的速度快、运输方便、运量大的优势。不过，北方近代交通的发展经历了漫长的过程，在它们未曾进入的地区，传统的运输工具仍然大行其道，即使在近代交通已相当发达的地区，传统交通工具仍在城乡之间的短途运输中发挥着作用。与此同时，近代的邮政和电讯网络，也开始在北方建立起来，为各种信息包括商业信息的快速流通提供方便，加强了地区之间的联系。

随着各地经济联系的加强和交通与邮电网络的日渐稠密，区域之间，尤其是港口城市与其腹地之间，逐渐形成以港口城市为指向，通过密如蛛网的道路和逐层衔接的结构，构成相对完善的市场体系，而这一切必然要促进北方经济的巨变。

第一节 天津腹地的交通和市场体系

一、现代交通兴起之前的交通运输

天津一带地势平坦，水网密布，南北大运河和海河在此相交，具有沟通河北平原各地的便利的水运条件。在开埠之前，天津作为拱卫京师、联通南北的港口城市，通过向东入海的海上航线，可联通我国东北和东南沿海；经京杭大运河这条内河航线，可北通京师、南达苏杭，并经由海河各大支流，方便地抵达直隶全省、山东西部、河南北部、山西东部的广大地区。天津开埠以后，由于现代交通工具尚未兴起，仍然基本上使用上述传统的交通路线和人力与畜力、风力为动力的交通方式。由于进出口贸易规模的日渐扩大，传统交通路线和传统交通工具的利用，在现代交通工具使用以前达到登峰造极的程度。

如第二章所述，在以三汊河口为中心的内河港区，以木帆船为主的内河水运依旧非常繁忙。稍下游的紫竹林租界港区，修建了可供大型轮船进出的近代化码头，便利了天津港海上运输业的发展。陆路方面，以天津为中心可北通京师、塞北，东至冀东、山海关，西抵文安、保定，南达沧州、德州，交通均相当畅达[①]。

借助于这种便利的水陆交通，开埠之初的天津港与其腹地之间，保持了较为密切的进出口贸易关系。

据津海关贸易报告记载："豫省之彰德府（治今河南安阳市）去津行程17日，长达480哩（英里，下同），全程几皆水路，是以商货之运费大为减少；鲁省之临清州及东昌府（治今山东聊城市），去津有13日之路程，计长330哩，其情形亦复如是。"[②]

陆运道路四通八达，不妨以通往蒙古草原的道路为例。商人从天津运货销往蒙古草原，共有三条线路可以通行，一条经张家口，一条经独石口，一条经古北口。"凡欲去津前往喇嘛庙（今多伦市）之商人，向取古北口之路，因其最为直接；倘生意需该商趋赴归化城（今呼和浩特市），则必选择张家口一途。各路均可通行大车，虽有几处崎岖不平。唯商货之上山下山，全凭骆驼载运。"[③]而由草原上外销的皮毛等"货物全凭骆驼运出蒙古，每峰负载3担左右。每逢夏令骆驼即脱其毛，更有雨水伤及其足，故夏日多听其静养。夏月之运输，

① 岳丹：《从"河北"看天津交通的发展》，《天津河北文史》，第2辑。

② 吴弘明整理：《津海关年报档案汇编（1865－1911）》，1868年贸易报告。

③ 吴弘明整理：《津海关年报档案汇编（1865－1911）》，1865年贸易报告。

或以负荷较小之骡子，或以联牛、马及驴所挽之车。斯二种方式，其费用俱较骆驼为高。出于西伯利亚之货运方式，与蒙古境内如出一辙”①。

陆路使用的运输工具，不外乎人力和兽力为动力两种。“以人力执行的有手推车及挑运，利用兽力的驼、骡、马、驴驮运和骡、马所拉的大车运输。手推车的载重，可达500市斤，挑运每夫可肩150－160斤，兽力则每驼可驮500斤，每骡可驮300斤，每马可驮260－270斤，每驴可驮200斤左右。车辆则二骡所拉的大车，可载1 000公斤以上的货物。其行程，无论人力或兽力，每日的行程，可达百里以上。”②

事实上，这一时期，天津港与腹地之间进出口货物的运输，并非采用单一的运输方式，而是水陆各种交通运输方式兼用并行。

例如，山西的商人，把天津港进口的洋布贩运回晋，往往“以船只上溯子牙河，行2日而至小范镇（属今武强县）。在小范装入每辆可载20包之大车，尔后沿陆路西向运往获鹿县城。该县城位于直、晋交界之山麓，因获鹿至晋省之路不通大车，故须在此更换交通工具。是故此时须以骡子或骆驼行完抵达太谷县之余程。唯最后四五十里之路，可借小骡车运送。以此路计之，太谷县去津约450哩，货运需用13日”③。

天津与蒙古地区间的货物交流，也常常如此。“运往蒙古之商货，先由水路运至京郊去津150哩之通州，后以骡子或骆驼再行150哩，而达于地际南蒙之张家口。”④而“骆驼毛之运输，主要依赖自天津运来茶叶而后返回之骆驼，但必要时则可采用其他各种适宜之运输方式。譬如，是秋洪水泛滥之际，在骆驼无法前进之处，更番代用之大车、骡子及马匹，斯时又为船只所替代”⑤。

传统水陆运输方式的运用，沟通了天津港与腹地之间的进出口贸

---

① 吴弘明整理：《津海关年报档案汇编（1865－1911）》，1866年贸易报告。
② 武国安：《驿运制度与西北资源》，《西北资源》，第1卷第2期，1944年。
③ 吴弘明整理：《津海关年报档案汇编（1865－1911）》，1868年贸易报告。
④ 吴弘明整理：《津海关年报档案汇编（1865－1911）》，1868年贸易报告。
⑤ 吴弘明整理：《津海关年报档案汇编（1865－1911）》，1877－1879年贸易报告。

易，为天津港进出口业务的繁荣以及腹地外向型经济的起步和发展，做出了巨大的贡献。然而，传统运输工具不仅载货量少，耗用时间多，耗用劳力大，运输费用昂贵，而且深受自然条件的制约。

在水路方面，天津“与其销场间迄今用于运货之小川、小河，因旱魃肆虐而无法通船，运费因之大为腾涨，昔取廉价水运方式之众多地方，今已不得不改行陆运”[①]；即便丰水年份，冬季亦有 3 个月的冰封期而不能通航。

陆路运输所受的限制也相当明显。山区道路狭隘，不便多车通行，限制了运输量的扩大。山西省的东向交通便受到太行山的影响，在逢灾年需要赈济时，由天津发过来的运粮车辆往往要数周才能通过河北、山西二省的交界处，而“车来人往致使山隘之狭道不断壅塞”。修建穿越太行山的铁路，自然成为山西人的梦想。[②]蒙古草原主要靠骆驼和马（牛）车，不仅运量有限，而且输运速度异常迟缓。比如，骆驼队“由古城（今新疆奇台县）至归化（今内蒙古呼和浩特市），平常 70 日可达，运货则至少非半年不可，盖任重道远，不能终日行走，或遇骆驼疲乏，则耽搁数月，亦往往有之”[③]。非但如此，“骆驼一年只秋冬二季为强壮之时，春、夏全身脱毛，疲敝无力，不能运货，故春夏必须休息，谓之下厂。秋冬起运，谓之起厂”[④]。而从归化或包头等地运货至天津，则还要再大耗时日。除此之外，驼队的通行状况还要受沿途牧草丰歉的影响。“彼处殆皆用作驮畜之大群单峰驼，向以此草为生，刍秣之丰歉于此项贸易之繁盛甚有影响”；如果牧草生长不好，“单峰驼饿毙者甚伙，俾行此路之运茶工具极形短缺”，而牧草生长繁昌，通行的驼峰量多，贸易自然繁昌。由于这样的原因，从事中俄贸易的俄国商人，无不渴望修建一条从张家口至库伦（今蒙古国首都乌兰巴托）的轻便铁路。[⑤]

---

① 吴弘明整理：《津海关年报档案汇编（1865－1911）》，1869 年贸易报告。

② 吴弘明整理：《津海关年报档案汇编（1865－1911）》，1877－1879 年贸易报告。

③ 林竞：《西北丛编》，《中国西北文献丛书》，总第 122 册，兰州古籍书店，1990 年 10 月影印，第 406 页。

④ 林竞：《西北丛编》，《中国西北文献丛书》，总第 122 册，兰州古籍书店，1990 年 10 月影印，第 405 页。

⑤ 吴弘明整理：《津海关年报档案汇编（1865－1911）》，1886 年贸易报告。

二、现代交通的发展与港口—腹地间经济联系的加强

1. 铁路和公路的兴修

北方投入运营的第一条铁路，是唐胥铁路。1881 年为了便于开平煤的外运，修通了唐山胥各庄铁路。1888 年，唐胥铁路经北塘、大沽延展到了天津。李鸿章视察后的评价是："自天津至唐山铁路一律坚实，桥梁车轨均属合法，除停车查验工程时刻不计外，计程 260 里，只走一个半时辰，快利为轮船所不及。"[①]津唐铁路的通车，揭开了天津港腹地现代化交通运输的新纪元。

进入 20 世纪以后，华北地区铁路建设的速度大大加快。1904 年，青岛至济南的胶济铁路通车。1905 年，北京至汉口的京汉铁路通车。1907 年，北京至奉天（今沈阳）的京奉铁路、正定至太原的正太铁路、河南道口至清化的道清铁路均全线通车。1909 年，北京至张家口的京张铁路通车。1912 年，天津至浦口的津浦铁路通车。在华北铁路网中，天津居于中心位置。天津不仅成为京奉、津浦两条铁路的交会点，而且可以通过津浦铁路在济南与胶济铁路相接，通过京奉铁路在丰台与京汉、京张铁路相接，通过京汉铁路在石家庄与正太铁路相接、在新乡与道清铁路相接。此后，京张铁路又继续向西延展，1920 年拓至归绥（今呼和浩特市），1923 年又拓至包头。华北铁路网的逐步建成，使天津与腹地之间的交通运输有了很大的改善。

铁路修筑以后，以其量大快速的运输方式，对天津与其腹地的货物运送产生了重大的影响。京张铁路开通不久，津海关贸易报告便高度评价其作用："方今铁路宏通，运货便利，出口贸易之腾振不无由来。出口土货，曩之用驼或土车或船只载运来津，受途中种种耽延，种种遗失者。今则虽仍用旧法载运，不过自产地至本省之张家口，或丰台或晋省之太原府，即可易由火车转运本埠矣，故迟误既少，伤耗亦轻。本年出口之货……进步堪为猛锐。"[②]据此可见，铁路的兴修，虽然不能使火车通达到腹地的每一个地区，但却使得广大区域内

① 中国近代史资料丛刊：《洋务运动（六）》，上海人民出版社，1961 年，第 199 页。
② 吴弘明整理：《津海关年报档案汇编（1865－1911）》，华洋贸易情形论略，1909 年。

的人们，可以先用传统的水陆运输方式，将货物集结到沿线的车站，再借助火车比较快捷地运往天津港。因此，铁路大大加强了天津港和广大腹地之间的经济联系，而且也能使天津港的腹地范围进一步扩大。

自京汉、正太、京张、津浦各铁路开通后，由华北各地运往天津出口的土特产品增长显著，其中山东、张家口和河南增加最多。据统计，1912 年的出口量与1910 年相比较，两年间山东增加 286.21%，张家口增加 251.67%，河南增加 76.92%。津浦铁路未建成前，冀东南和山东地区与天津的商品流通走南运河，1912 年津浦铁路开通后，改走铁路，商品流通总额比两年前增加 50.31%。①

近代化的陆路运输，除铁路之外，当数汽车路即所谓的公路了。1910 年，天津市内出现了第一辆汽车，1915 年开设了第一家汽车行，1917 年开始使用汽车从事货物运输。

与此同时，天津至河北各地汽车公路的修建也取得了进展。天津至北京、天津至保定、天津至霸县、天津至德州、天津至盐山、天津至白沟河、天津至大沽、天津至沧州等几条较为正式的近代公路，都得以修筑起来。尽管这些公路的工程质量不高，有的连路面也没有铺装，但毕竟开启了天津近代公路建设的新时代。

公路的修建为汽车运输企业的建立提供了可能。1927 年，天津的商营汽车公司和运输行已发展到了 69 家，经营客、货运输的汽车在 100 辆以上，并且大都具有较为固定的营运路线。

据表4.1 可知，20 世纪 20 年代，天津的汽车运输已经比较繁忙，为天津城乡及外地间的人员和物资交流提供了较牛马大车快捷得多的运输工具。

同一时期，蒙古的汽车运输业也开始出现。20 世纪 20 年代，京绥铁路沿线上的主要县城，都出现了商营汽车。其运行路线一般利用旧有的车马大道或自然路，对旧有大道的整修，成为近代公路建设的前奏。1928 年绥远建省之后，在省政府设置了建设厅，有计划地修建以省会为中心、通往各县的公路线，并谋求各县之间公路的联通。

---

① 罗澍伟主编：《近代天津城市史》，第 450、451 页。

表 4.1　1927 年前天津的客货汽车营运路线

起点	终点	途经概况
天津	北京	线路有二：一经西沽、丁字沽、杨村、武清至北京，一经北仓、杨村、河西务至北京。
天津	德州	经郭家村、独流、沿南运河东岸过静海而至德州。
天津	保定	经大稍口、杨柳青、独流、文安、任丘、高阳至保定。
天津	山海关	经芦台、马城镇、昌黎至山海关。
天津	大沽	从梁园门，沿海河南岸经白塘口、咸水沽、新城至东、西大沽。
天津	塘沽	经吴家嘴、新河至塘沽。

资料来源：耿捷主编，《天津公路运输史》，第一册，人民交通出版社，1988 年，第 99 页。

绥远的所有公路，均以铁路线上的主要县城为起点，分别通往各县，从而形成了归绥、包头和集宁三个公路中心。

绥远的公路建设是北方各省公路建设的一个缩影。除了上述省区内部的短途汽车运输之外，还出现了跨省区的长途汽车运输。比较有代表性的，一是张库路，一是绥新路。（见表 4.2）

表 4.2　1937 年绥远省汽车营运路线概况

线路名	起止地点	所经主要地名	里程（千米）	开始营运时间	本年营运车数
包乌路	包头－乌拉河	五原、临河	365	1928.10	33
归百路	归绥－百灵庙	武川、召河	155	1928.6	9
武乌路	武川－乌兰花	哈乐	61	1931	
归托路	归绥－托县	三两、官土窑	81	1935.10	10
归和路	归绥－和林	桃花板、一间房	60	1935.10	
归凉路	归绥－凉城	西沟门	71	1935.10	
集陶路	集宁－陶林	大土城	60	1936.3	4
集隆路	集宁－隆盛庄	榆树湾	51	1936.9	
集商路	集宁－商都	大六号	75	1936.6	
集兴路	集宁－兴和	孤神庙、红帽营	99	1936.12	
丰兴路	丰镇－兴和	隆盛庄	100	1937.1	3
丰凉路	丰镇－凉城	天成、麦胡图	96	1937.1	
合计	13 条		1 380		59

资料来源：韦胜章主编，《内蒙古公路交通史》第一册，人民交通出版社，1993 年，第 140 页。

张库路的营运区间是张家口至库伦，最早的营运商是成立于 1918 年 2 月的大成张库汽车股份有限公司，此后其他汽车公司和车行相继加入了这条运输线路。张库间 1 900 余里，骆驼车需 30 天，牛

车需50天，汽车只需10－15天①。绥新路的运营区间是归绥至哈密，营运商是1933年成立的新绥汽车公司。（见表4.3）

表4.3 1935－1936年新绥汽车公司营运概况

[单位：车（辆）、人（位）、货（公斤）]

年份	类别	往返车次	客车	货车	载人	载货	邮包
1935	西去	10	11	88	546	24 306	56 595
	东归	11	2	66	106	14 282	5 069
	合计	21	13	154	652	38 588	61 664
1936	西去	9	23	65	230	41 776	41 976
	东归	10	15	66	78	18 917	4 463
	合计	19	38	131	308	60 693	46 430

资料来源：韦胜章主编，《内蒙古公路交通史》，第一册，第158页。

汽车的运输量虽然不及火车，却远远超过传统的运输工具，而其快捷则超过火车，又由于公路的修筑远较铁路的修筑方便，容易深入农村和边远地区。因此，随着公路的修建，汽车运输便得到发展，成为铁路运输的延伸和补充，同样促进天津与腹地之间进出口贸易的发展。例如，在张家口和库伦的贸易方面，“清末民初，张库商务日繁一日。惟民国七年以前，交通不便……自边防军筹建汽车路以还，输运愈便，商务尤盛，西沟外管增至1 600家，贸易额达15 000万两”②。

与此同时，天津内河水运也出现了轮船，轮船的出现，大大提高了木船运输不曾具有的快捷的速度和运量。1914年官办的直隶内河行轮局设立，业务兴旺，连续九年赢利。③

由于北方面积广大，铁路和公路得到修建的区域仍只占较小的一部分，在天津广大腹地的大部分地区，还须使用传统的运输工具。必须指出，尽管传统运输工具与火车、汽车比较，运量少，动作迟缓，但在当时农村劳动力价格很低的情况下，运输费用居然还比汽车运输低廉。“据调查所得，胶轮兽力车，运费每千斤每日约需3元，较之

① 窦卫华：《我省最早的汽车路——张库公路早期通车运营简况》，《河北文资料选辑》，第7辑。

② 黄奋生：《蒙藏新志》，中华书局，1938年，第786页。

③ 宋美云：《近代天津商会》，天津社会科学院出版社，2002年，第327页。

汽车运输，相差在半数以上。”[①]可见，运费高昂也是汽车运输难以迅速普及的重要因素之一。同样，铁路也具有站点固定，运费较水运高的缺陷。所以，在天津腹地，传统的水陆交通运输工具不但没有被完全替代，相反还起着巨大的作用[②]。特别在不通铁路、公路数量也极少的西北地区，由于皮毛大规模运往沿海口岸输出的需要，黄河干支流上的皮筏运输，因快捷、载货量大、运价低廉，在甘、青、宁一度得到普遍运用。据记载，仅青海和县就有专业筏客五六十户，在甘肃筏客中还形成兰州、靖远、条城等帮派。这些筏客来往于包头与青海之间1 600多千米的黄河水运航道上，这里外运货物中70%以上通过筏运完成，而传统的“脚户”用驴、马、骡、骆驼等畜力陆路承运量约占30%。[③]

表4.4显示，1925年以后，尽管天津地区的铁路网建设已经非常的完善了，但是，受运费和时局的影响，民船运输竟然达到了天津棉花输入量的2/3以上。

表4.4 1921－1930年不同运输工具在内地棉花输入天津过程中所占的比例

（单位：担）

年份	总计	火车	百分比（%）	民船	百分比（%）	大车	百分比（%）
1921	635 381	496 544	78.1	125 761	19.8	13 076	2.1
1922	944 166	724 514	76.7	215 185	22.8	4 467	0.5
1923	959 796	715 959	74.6	230 166	24.0	13 671	1.4
1924	554 686	381 617	68.8	159 255	28.7	13 814	2.5
1925	1 057 320	464 338	43.9	574 845	54.4	18 137	1.7
1926	945 147	73 055	7.7	841 809	89.1	30 283	3.2
1927	1 232 428	227 065	18.4	956 670	77.6	48 693	4.0
1928	1 212 435	30 4238	25.1	846 465	69.8	61 732	5.1
1929	516 556	64 779	12.5	421 868	81.7	29 909	5.8
1930	887 417	167 039	18.8	682 812	77.0	37 566	4.2
总计	8 945 332	3 619 148	40.5	5 054 836	56.5	271 348	3.0

资料来源：华北农产研究改进社编，《天津棉花运销概况》，第10页，第6表。

① 武国安：《驿运制度与西北资源》，《西北资源》，第1卷第2期，1944年。
② 汪胡桢：《民船之运输成本》，《交通杂志》，第3卷第3期，1935年。
③ 参见胡铁球：《近代西北皮毛贸易与社会变迁》，《近代史研究》，2007年第4期。本段论述原文为戴鞍钢所写。

综上所述，在天津港腹地的交通运输体系中，火车和汽车运输的作用虽然非常明显，但是，它们却远远没有能够替代传统的水陆运输方式。由此，也可以找到造成近代天津港及其腹地经济联系虽有加强但却并不十分密切，外向型经济虽有发展但却较为迟缓的一个重要原因。

2. 现代邮电的发展

天津是中国近代邮政的发源地。1878 年，李鸿章经过与海关总税务司赫德协商，派遣津海关税务司德璀琳在北京、天津、烟台、牛庄、上海五地开办新式邮政，总办事处设在天津。紧接着，又在 24 处设有海关的城市都设立了海关邮局。在此基础上，逐渐将邮政服务从通商口岸扩大到内地，并利用火车和轮船运送邮件。①

近代邮政系统在商业上的作用，除寄发信件、传递商务信息外，还承担了大小宗货物的邮寄业务，从而为商品的流通，提供了又一条安全、便捷的运输渠道。如顺德府（今河北邢台市）的大、小皮货商人，在蒙古和西北各地购置到皮毛以后，“其贩运方式，大半由邮局或转运公司寄回，其临铁道者由火车运至顺德”②。再如，郑县从上海、天津等地采购的西药，多采用函购邮寄的方式进行③；而包头的西药，有的购自京、津，但主要是向上海的药房、药厂函购，由邮局运到包头④。

天津也是近代通讯兴起较早的城市，1879 年，开通了天津与大沽、北塘之间的电报，架通了天津与大沽之间的电话线。1880 年设立天津电报局，并于次年把电报线从天津架设到了上海，逐步联通了全国和世界。到 20 世纪 30 年代，在天津港的广大腹地，都建立了近代通讯网络。当时，陆上电线属于一等线的有：北平—天津—济南—铜山（今徐州市）—蚌埠—南京线，汉口—郑县—北平线，天津—山海关线，石家庄—阳曲（今太原市）线，青口—铜山—郑县—西安—南郑线，北平—万全（今张家口市）—滂江—乌得—库

① 顾联瑜：《中国邮政网的历史沿革与发展展望》，《邮政研究》，1996 年第 2 期。
② 实业部天津商品检验局出版：《检验月刊》，1934 年 2 月号，“工商要闻”，第 15 页。
③ 王天翔：《郑州药业见闻》，《河南文史资料》，第 37 辑。
④ 马从中：《包头的西医西药业》，《包头文史资料选编》，第 6 辑。

伦一恰克图线。属于二等线的有：北平一承德线，天津一清苑（今保定市）线，石家庄一沧县线，大同一太原一潼关线，大同一万全一多伦线，大同一归绥一包头一宁夏一固原线，皋兰（今兰州市）一酒泉一哈密一吐鲁番一迪化一绥来一乌苏一伊犁线，乌苏一塔城线，吐鲁番一疏勒线。属于三等线的有：绥来一阿尔泰线，乌里雅苏台一伊尔库茨克线，龙江（今齐齐哈尔）一胪滨（今满洲里）一赤塔线。水上电线，有上海一烟台一大沽正水线，以及烟台一大沽副水线。此外，天津、济南、北平、皋兰、西安、洛阳、郑县、迪化、疏勒、酒泉等地，都设有无线电台。①总之，尽管各地密度不同，但天津广袤的腹地已建立了覆盖巨大空间的近代通讯系统。

近代邮政和通讯事业的发展，为天津港与腹地间的商业和市场信息的交流，提供了便捷的服务，密切了各地尤其与天津之间的经济联系，促进了天津外向型经济的发展。

3. 市场网络体系概况

以上所述，实际已涉及天津进出口贸易过程中，港口城市与腹地之间，通过商品运输路线和各级市场连接起来的市场网络体系问题。总的说来，在天津腹地，存在着以一个天津为中心，通过若干个城市为中介，连接广大乡镇的紧密而庞大的市场网络体系。这一体系，是在天津开埠以后出现的，并随着口岸进出口贸易规模的扩大、口岸城市与腹地主要通过进出口贸易这一途径表现出来的经济关系的日趋密切，以及交通网络的稠密化和现代化，而得以发展和完善。正是这一体系，保证了港口城市和腹地之间畅通的商品联系和在此基础上形成的资金、人员等各方面的联系，它是港口一腹地间经济互动的主要渠道，并促进了各地市场经济的发展。

相关研究成果表明，中国国内区域市场的明显扩大和统一市场的形成，肇始于宋代，而加速于明清。到鸦片战争以前，无论是从商品运输距离的长短、主要商品种类和商业城镇数目的多少、商人资本额和农副产品商品化程度的高低等方面来看，国内市场化的水平已经有

① 王益厓：《高中本国地理》，世界书局，1934 年，第 190 页。

了很大的提高[①]。然而，受市场发育程度和中央集权政治体制的制约，直到清代前期，市场经济的发展，依然严重依附于政治统治的需要。最为明显的表现，就是各级各地的行政中心，同时也是它的经济中心。换言之，从首都到省城、从府治到县城的各级行政中心，就是各级各地的经济中心。政治中心和经济中心合而为一，在城市的职能上后者完全从属于前者。首都北京不仅是全国的经济中心，也是北方的经济中心，无论是居于大运河沿线、专为北京转运漕粮和南方其他消费品的济宁、临清、天津等城市，还是处于中俄恰克图贸易重要中继站上、为北京供应皮张和牧畜的张家口，其主要的经济功能，无不在于为首都北京的经济运转而提供全方位的服务。从城市体系上说，自元至清，以北京为核心，逐步形成了半径大小不同的 3 个完整而严密的城市圈，直接涵盖了华北大部分和东北南部地区的大、中城市。[②]因此，当时北方的市场网络体系，无疑是以北京为枢纽，各级行政中心为基础的国内市场体系。

天津开埠以后，北方原有的市场结构发生了重大的调整。首要的因素就是以天津等沿海港口城市为基础，与更加辽阔的国际市场发生了越来越密切的商业贸易联系。世界许多地区的商品和生产方式，通过天津等通商口岸而辐射到包括北京在内的北方内陆地区；北方广大腹地的农牧业和手工业产品，也越来越多地通过天津口岸而出口到沿海和国外的广大市场上去。这样，就在北方逐步形成了一个以经济中心城市天津为龙头的外向型市场网络新体系。这一新的市场网络体系，一改以前以政治需要为主的色彩，凸显其经济功能为主的应有本质，以天津等沿海港口城市为北方中心市场、以次一级商业市场为结点、以对沿海和国际市场的商品进出口为主要内容、以日趋现代化的商业机构和融资手段为依托，层次分明、联系密切、运作有效。从整体结构上说，这一新型的市场网络体系，在天津以下，是由区域性中心市场、中级市场和初级市场 3 个相互衔接的市场层级而组成的。

需要指出的是，由于市场的复杂性以及各相邻口岸城市对市场的

---

① 吴承明：《中国的现代化：市场与社会》，生活 · 读书 · 新知三联书店，2001 年，第 144 －164 页。

② 王玲：《北京与周围城市关系史》，燕山出版社，1988 年，第 76 －80 页。

争夺，存在着天津腹地的市场的边缘部分与其他口岸腹地市场的边缘部分相重叠且空间范围屡有变迁的现象。此外，它所涵盖的市场层次，尽管可以从整体上概括为区域性中心市场、中级市场和初级市场几个"个层级"，但它们在地理空间上的分布，却并不是均质和整齐划一的，以至于无法用一种或几种几何图形把它们抽象地勾勒出来。

近代形成的天津中心市场之下的北方外向型市场网络体系，由区域中心市场、中级市场和初级市场三个层级所组成。以下予以简要的介绍。

区域性中心市场，是指那些地处天津整个腹地内各次一级经济区的交通和贸易要地，在该区域的内、外贸易中起关键作用，并直接同天津进行大规模商品交流的综合性枢纽市场，主要有太原、张家口、包头、兰州、古城（今新疆奇台县）等。

太原很早就是山西的经济都会，交通便利，商业发达，近代以来"为全省进出口之中心，亦天津商埠之尾闾"①，是天津对山西经济辐射的最大关节点。1907 年正太铁路通车以后，太原和外埠特别是天津的商业贸易进一步扩大，销售进口商品的洋货行成为太原最活跃的行业。20 世纪 20 年代，太原有各类商业店铺 2 500 多家。太原的一些大商号，如主要从天津进货的义升厚棉布庄，除零售外，还大量转批给太原附近各县以及晋中等地的布匹销售商②。

张家口自清中期以后逐步发展成为塞北的一个贸易中心，车驼逶迤，商贾辐辏。在 1909 年京张铁路通车、1914 年自开为商埠以后，商品交流更加繁荣。中外商人在此都很活跃，"尤其是民国七、八年徐树铮经营外蒙的时候，有大小商号七千余家，银行上堡六家，下堡三十二家，外管一千六百余家，茶庄、毛庄亦各二、三十家，每年进出口贸易额达三万万元"。后因内战、饥荒及外蒙独立的影响，有所衰退，但仍不失为天津对塞外倾销洋货、并吸纳蒙古皮毛等出口货物的一大商品集散市场③。

---

① 实业部国际贸易局编纂：《中国实业志（山西省）》，第三编第一章"太原"，1937 年，第 31 页。

② 任步奎：《解放前的太原商业》，《太原文史资料》，第 7 辑。

③ 贺扬灵：《察绥蒙民经济的解剖》，上海商务印书馆，1935 年版，第 51 页。

包头位于黄河中上游河运与陆运的联结点，1850 年以后黄河中上游的皮毛开始在此中转，形成小型皮毛市场。天津开埠后，西北地区的皮毛和甘草等向包头集结的数量有所增加。1921 年，归绥至包头的铁路动工，北洋政府随即宣布包头为自开商埠。1923 年，延伸到包头的京绥铁路通车，包头在西北地区商品交流和外向型经济中的桥梁作用迅速体现出来。据铁路的调查，“包头据西北中心，当水陆要冲，东由平绥路直出平津，以达内地，以通外洋，南连晋陕，西接宁、甘、新、青，北通内外蒙古，凡由内地运往西北各处之零整杂货及由西北各处运赴内地之皮毛、药材等货，均以包头为起卸转运之中枢”①。

兰州作为黄河上游的重要中心市场，地理学家以为：“甘、青、宁三省地居黄河上流，在商业上俨然自成系统，而以兰州为最大焦点……言水运，上起西宁，下达包头；言陆路，东起潼关，西至迪化，皆为其贸易区域。”②兰州商业繁荣，大商号林立，或收购甘、青等省的皮毛、药材一类物产，运销于东部，或运入东部的布匹、茶、糖、杂货等项，分销于青海和甘肃各地。过境贸易也相当兴盛，兰州所在的皋兰县每年输出货物值 900 余万元，输入货物值 1 700 余万元，而过境货物也值 1 300 余万元，而青海所产的羊毛、木料之由黄河直运包头，由此经过而不发生商业关系者，为数甚多，尚不计在内。③

古城在新疆经济当中的中心地位，民国初年即已获首肯。人们认为：“迪化不居要冲，惟古城绾毂其口，处四塞之地。其东，至嘉峪关趋哈密为一路，秦、陇、湘、鄂、豫、蜀商人多出焉。其东北，自归化趋蒙古为一路，燕、晋商人多出焉。自古城分道，西北科布多，为通前后营路，外蒙古人每岁一至，秋籴麦谷并输毛裘皮革易缯帛以归。又循天山而北为北路，取道绥来以达伊犁、塔城。循天山而南为南路，取道吐鲁番以达疏勒、和阗。故古城商务于新疆为中枢，南北

① 廖兆骏：《绥远志略》，第 269 页。

② 任美锷、张其昀、卢温甫：《西北问题》，科学书店，1943 年，第 6－7 页。

③ 铁道部业务司商务科编：《陇海铁路甘肃段经济调查报告书》，1936 年，第 64 页。

商货悉自此转输，廛市之盛，为边塞第一。”①在20世纪二三十年代，每年自以上各条道路输入的绸缎、茶叶、纸张、漆器及东西洋货达300余万元。其中，自归化来者居十之六七，而归化之货又来自京津。这些货物到古城以后，再分流到天山南北两路各商镇。因此，“古城者，实新疆输入内地货物之总汇也”②。

中级市场，是指那些作为次一级的区域的交通和贸易中心，直接同其上的大区域性中心市场进行大规模商品交流的区域性中转市场。它们一方面担负着各地区域性商品交流的中心的任务，同时又在吸纳天津的洋货、帮助当地物产出口、促进当地经济的外向化方面，起着无可替代的作用。类似的市场颇多，以下几个是比较重要者。

陕西西安。关中在近代一直是天津、汉口、上海诸多通商口岸的交叉腹地，加之在1935年陇海铁路修通前主要靠传统的太行山—黄河南岸—关中驿路保持与天津的联系，与天津的经济联系一向比较微弱。因此，尽管西安是西北重要的区域市场，但在天津腹地的市场网络中只是一个中级市场。自天津、上海、汉口等商埠输入绸缎、布匹、油类、颜料、食糖、纸烟、日用品等，有的再转运到省内各中小市场销售。此外，上述口岸输出甘肃的物资，也多由汽车沿西兰公路转运。③

山西大同。位于山西北部，扼平绥铁路的中枢，西抵包头可通宁夏、内外蒙古，东北可至北京和天津，往南通往太原与河南。天津开埠特别是民国年间京绥铁路通车以后，大同便成为天津腹地的重要中级市场，“为晋北进出口货物之总汇，其商业地位之重要，于本省列第二位。全市商铺林立，大小商号共计1 000余家”④。

绥远归化（今呼和浩特市）。西北地区的重要商业城市，1914年自开商埠，1921年京绥铁路修通后，商业更加繁盛。每年转销来自蒙旗以及甘肃、新疆等地来的羔皮、细毛约值40万两，本地羊皮年销约20万张。众多的旅蒙商人还从这里贩运大量的砖茶、绸、布、

① 钟广生：《新疆志稿》，卷之二“商务”，民国年间铅印本。

② 林竞：《西北丛编》，《中国西北文献丛书》，总第122册，第404－405页。

③ 铁道部业务司商务科编：《陇海铁路西兰线陕西段经济调查》，1936年，第107页。

④ 实业部国际贸易局编：《中国实业志（山西省）》，第三编第二章“大同”，第75页。

棉花、米、面等物，分赴各蒙旗牧区交换牧民的牲畜和皮毛[①]。人们认为："凡华北之工商品，销售于西北各省，或宁、甘、新等省之货物转销于平、津各地，均以归绥为重心。"[②]

甘肃甘州（今张掖市）。作为天津腹地市场网络在甘肃西部一个区域性中级市场，"商务素称繁盛"；输出以大米为大宗，牛羊、骆驼、药品出产也不少，此外青海所产的皮毛在1919年左右每年有百余万斤运到甘州，转售于各个洋行。火烟和煤炭均由兰州运来，以供本地使用，进口货多由天津或包头运来[③]。

甘肃清水县张家川镇。位于陕西与甘肃交界处，"凡百货物之往来于天水与西安间者靡不经此。然虽为必经之道路，而并不为百货之市场。惟甘肃各地以及青海等出之皮货，则以此为一中心市场，各地生皮纷集于此；其中一部分就地制成皮统，再行发售；大部分则以生货销售。各省皮商每年按时至此收货。故地虽村镇，而俨然城市也"。每年在此交易的各色生皮约150万张，值380余万元，加当地制成的皮统外销，共值400万元左右。[④] 在此设庄收购皮毛的洋行达9家，其中的8家总部设在天津。[⑤]

青海湟源。青海境内皮毛从各地汇集到西宁，再用皮筏由湟源入黄河至兰州，再从兰州装皮筏顺黄河而运至包头，转经平绥铁路、北宁铁路而抵达天津出口。因此，湟源是青海皮毛的重要中转地，有华洋客商设立的羊毛行数十家，每年输出各类皮张80 000余张、羊毛约300余万斤；亦是进口洋货的集散地。[⑥]

其他如山西的交城、热河的赤峰、直隶的顺德（今河北邢台市）、辛集、遵化、大营（在今河北枣强）等地，也都是重要的皮毛中级市场。奉天的营口、天津的河头（在今天津塘沽区境内），则为天津猪鬃的重要来源市场。直隶的祁州（今安国县）则为天津中药材

① 廖兆骏：《绥远志略》，南京正中书局，1937年，第229－230页。
② 廖兆骏：《绥远志略》，第268页。
③ 林竞：《西北丛编》，《中国西北文献丛书》，总第122册，第326页。
④ 铁道部业务司商务科编《陇海铁路甘肃段经济调查报告书》，第65页。
⑤ 马守礼：《帝国主义洋行在张家川的经济侵略》，《甘肃文史资料选辑》，第8辑，第178页。
⑥ 许公武：《青海志略》，铅印本，1945年。

的重要来源市场。这些地方的市场结构和功能，与张家川大体类似，不一一细述。

介于各中级市场与商品生产者和消费者之间的，是广泛分布于广大农牧区的集市和庙会等产地市场，即所谓的初级市场。其中，规模较大、层次较高的初级市场，往往集中在县城或当地主要商业集镇上。这类初级市场的基本结构和功能，可以20世纪30年代河北省泊头镇（今为市）的情况为例来加以说明。

泊头位于天津以南的平原上，地处津浦铁路与南运河的交会点。附近各乡、县的出产物，大部分由此输出，而当地农民大部分的日用品也由此输入。1935年，泊头镇有固定商店230余家，流动摊贩无算。输入品以面粉、火柴、棉纱、棉布、煤、煤油、洋广杂货、木材、纸、竹等制造品和日用消耗品为主，输出品以粮食、梨、枣、西瓜、麻、蜡烛、核桃、花生、柿饼等农产品为主。除了平日的交易外，主要靠定期的集市进行贸易。每逢农历的三、八日为小集，五、十日为大集。集市之日，住在乡村的农民，一大早就背着口袋、推着小车、套着大车，到集市上去买、卖物品。“集”设在镇上开阔的地方，摊位众多，衣食、器物，应有尽有。农民和商贩在集市上出售手中的商品，买回需要的东西。前来赶集的人，从距离数里到数十里的都有。①

总之，北方广大区域的中心市场，各次一级的区域中心市场、中级市场，数以万计的初级市场，共同组成了以天津为尾闾、以腹地为依托的完整的市场网络体系，是近代天津及其腹地保持密切的经济联系、实现经济市场化外向化的基本渠道。

第二节　山东港口城市与腹地的交通网络和市场体系

一、烟台与腹地的交通网络和市场体系

1. 交通网络

烟台离省会济南等西部人口稠密地区较远。当时烟台洋货西进、

---

① 王干：《泊头镇一瞥》，《工商学志》，第7卷第1期，天津工商学院，1935年，第85－94页。

西部土货运到烟台出口，都要从海路和烟（台）潍（县）大道运输。运输工具陆路以大车、驮兽为主，海路以帆船为主。

烟台港相当多的进口商品由帆船西运到大清河（后来成为黄河河道）。到了利津县，货物再由海船转到内河船上，然后运到济南府（今济南市）、东昌府（今聊城市）、兖州府（今兖州市）、曹州府（今菏泽）、东平州（今东平），甚至到达直隶的大名府（今河北大名）[①]。烟台货物进入内地的水路还有小清河，小清河也可直达济南。洋货等由烟台运至羊角沟（今寿光县），由羊角沟改装小平船，溯小清河上行200里至索镇（今桓台境内），一部分货物由索镇陆路运到周村，其余直抵济南[②]。每年有大约2 500艘船往来于烟台港与山东沿海各小港口之间，用以疏散烟台港的货物[③]。烟台和山东西部各海口之间不但有民间帆船往来，也有轮船。莱州府附近的货物，如草帽辫等，在虎头崖（今莱州市境内）用小火轮运至烟台[④]。

陆路也是重要的运输路线，但陆路运输的成本比较昂贵。以200担货物为例，海运需一只帆船，车运需40头驴子拉8辆大车，驮运需要100匹驮兽。三者一年的维持费用分别是：帆船需要3个人工和220芝罘两，驴子需要16个人工和6 185芝罘两，驮兽需要33个人工和8 000芝罘两[⑤]。尽管如此，贵重的货物仍然由烟潍大道运到内地，因此烟台与内地陆路往来十分频繁。从烟台到内地每天有2 000匹牲口进进出出，平均每天从烟台转运200吨的商品[⑥]。到19世纪八九十年代，每天进出烟台的驮畜达到3 000头，数以百计的驼队往来于这条大道之上。当时，一支往来烟台的运货商队，一般有200头牲畜，每头可载货150－200斤，商队的单程运货能力3万－4万斤[⑦]。

---

① 烟台港务局档案馆译：《1865年贸易报告》，烟台港务局内部本。

② 烟台港务局档案馆藏：《光绪二十五年胶州口华洋贸易情形论略》。

③ 烟台港务局档案馆译：《英驻烟领事致阿礼国》，1868年2月，原载《英国文书》第8卷，烟台港务局内部本。

④ 烟台港务局档案馆藏：《光绪二十六年胶州口华洋贸易情形论略》。

⑤ 烟台港务局档案馆译：《1882－1891烟台十年贸易报告》，烟台港务局内部本。

⑥ 烟台港务局档案馆译：《1879年芝罘贸易报告》，《1879年贸易报告》，烟台港务局内部本。

⑦ 烟台港务局档案馆译：《1866年芝罘贸易报告记载》，烟台港务局内部本。

由于商队的来往，烟潍大道上兴起了许多繁荣的城市。黄县是南来北往的重要转运站，那里有许多商行和商业机构；下一个重要的地方是莱州府（今莱州市），它的主要的大宗商品是草帽辫、柞蚕丝和粉丝；再下一个值得重视的城镇是潍县（今潍坊），其商业和制造业有相当重要的地位。在淮县通向济南府的道路上，下一个重要的城镇是青州府（今益都），有柞蚕丝和粉丝的制造业。济南府是商品集散中心，有一些本省最富有的商行和山西票号。①

在1904年胶济铁路通车之前，烟潍大道一直是烟台口岸与内地交通的动脉。烟台当地商绅曾经酝酿修造烟台到潍县的铁路，由于官商缺乏配合，最后无疾而终。截止1956年，烟台与内地没有铁路交通。1924年3月烟台至潍县的汽车路贯通，每日皆有汽车对开，烟台与内地交通条件略有改善。

登州府的东部，有宁海（牟平县）、威海等重要的海口，从烟台用帆船运回进口品，同时也把土货运到烟台出口。另外烟台到东部也有大道相通。烟台到宁海（牟平县）再到威海卫都有公路。②

2. 市场体系

烟台开埠后，大量洋蜡、洋靛、洋布、洋油、火柴、洋纱等货进入烟台。这些洋货除了在烟台和山东北部地区销售外，向西运到河南、山西、陕西。烟台进口的糖和纸就是先运到济南府以及东昌府，再运到河南、山西、陕西等地，然后再收购当地的土货，如河南的百合花、蜂蜡和药材，山西的甘草、药材和毛皮，陕西的烟草和药材，运回烟台③。大量的洋货通过不同的途径进入内地，同时土货也通过各级市场集聚到烟台。烟台与腹地之间的物资流动，形成了几个重要的连接农村与烟台和中级货物集散市场。

烟台市场胶东各地直接从烟台购进洋货，是烟台的基本市场，市场发育最为完善。这通过煤油的运销可以看得出来。

烟台煤油进口始于19世纪70年代，主要来自美国。1888年煤油

---

① 《帝国主义与胶海关》，第223页。

② 烟台港务局档案馆译：《1866年贸易报告》，烟台港务局内部本。

③ 烟台港务局档案馆译：《1886年贸易报告》，《1888年贸易报告》，烟台港务局内部本。

进口量上升到 44.4 万加仑，煤油开始大量进入城乡家庭。到 1894 年，煤油进口达 183.4 加仑，世代相传的豆油灯逐渐被煤油灯所取代[①]，1901 年煤油进口增至 8 798 334 加仑。据当年的美孚、亚细亚、德士古等外国油商在烟台华账房回忆，三个公司在烟台地区共设立朱桥、沙河、掖县、龙口、黄县、蓬莱、烟台市区、牟平、威海、石岛等十处经销代理店，用来代销煤油公司的招牌。1913 年以前全是煤油，第一次世界大战爆发以后，烟台民族工商业、渔业、交通运输业蓬勃发展，柴油、汽油、润滑油、润滑脂等产品涌入烟台市场。到了 30 年代，柴油成为市场上的大宗产品。美孚石油公司的轮船将柴油运到烟台，储存在油库内，再用舢板将油品运到烟台山西侧码头仓库，从那里出售。威海、龙口、黄县、牟平、文登、荣成、石岛等沿海城镇的代理店的煤油，多是从烟台用民用船只运去[②]。

洋角沟中转市场洋角沟俗称羊口，位于寿光县境内。同治年间，羊角沟还是“寥落数十家，谋微利营生”的小市镇，1892 年小清河全线疏通，羊角沟市镇南迁至河口处。此后，羊角沟商务日益繁盛，成为百货云集、舟楫辐辏的商品集散市场[③]。沿海港口的货物可经过羊角沟进入小清河航道，达到周村、济南等内地市场。由于水运比陆运便宜，内地货物先汇集黄台桥（济南境内），经由小清河抵达羊角沟，装海船出海。同样，烟台大宗货物也经过海路来到羊角沟，由小平船运到内地市场。19 世纪末烟台每年有大量的棉纱、布匹等洋货经由羊角沟转运内地[④]。胶济铁路通车后，小清河贸易受到有力竞争，洋货贸易减少。

桓台集散市场在小清河沿岸有桓台索镇、广饶石村、新城岔河三个主要码头，羊角沟转运来的洋货由此运销附近地区，形成了几个重要的集散地市场。因桓台最为重要，故统称桓台集散市场。其中，桓台索镇是小清河沿岸的重要码头，外来货物多由烟台以海轮运至羊角沟，再换装河船，经过小清河、乌河来到索镇，然后分销各县，商业

① 《烟台文史资料》第七辑，第 137－147 页。
② 《烟台文史资料》第七辑，第 137－147 页。
③ 光绪《寿光县乡土志》，“商务”。
④ 烟台港务局档案馆藏：《光绪二十五年胶州口华洋贸易情形论略》。

十分繁盛[①]。广饶石村是水陆转运码头，清末烟台的洋货多由羊角沟经小清河运入广饶石村码头，再由旱路运到临淄县城西关，然后分销到益都、淄川、博山等县。[②]新城岔河地当小清河中段，距离周村60里，是周村货物经小清河输出的咽喉，交通便利，又是长山、新城、高苑三县水路贸易的集散码头。单是新城一县，每年从羊角沟运入煤油数千箱、火柴数千箱、洋布数千匹、棉纱数百件、铁数万斤、糖数千斤，然后分销于周围各县。[③]

周村市场周村地处山东腹地，南通鲁中山地，西边经过索镇与小清河相通，货物经过小清河出海，陆路正处在济南到青州、潍县的大道上。19世纪后半期，周村是山东北部国内外货物的最大的集散地。洋布、棉纱、铁、煤油、火柴等由烟台运至羊角沟，由羊角沟改装小平船，溯小清河上行200里至索镇，由索镇起陆路到周村。这些货物除在周村销售外，还销售到蒲台、齐东、泰安、东平、宁阳等地。周村本镇的年交易额约达1 500万两[④]。可见在铁路未开通之前，周村是烟台棉布、棉纱、煤油等进口货物进入内地的中级市场。胶济铁路修到周村后，从青岛进口的棉纱、棉布等货物多经周村输入。据日本人调查，1905年周村输入棉布价值达到200万两，其余由日本输入洋货总值也在30万两左右。[⑤]

潍县市场潍县位于烟潍商路的终点。清末以来，在烟潍商路的影响下，潍县市场交易基本以烟台为主要对象，同时与烟潍商路沿线的昌邑、沙河、莱州、龙口与小清河的羊角沟都有密切的联系。当时山东中部和东部的物流多以潍县为集散地，并由潍县向烟台、龙口输出。[⑥]另外临朐等地的洋布、洋线等货物自潍县运来，销行北关、冶源、五井等地。[⑦]

---

① 《山东各县乡土志》，卷三“桓台县”。

② 《山东各县乡土志》，卷三“临淄县”。

③ 光绪《新城县乡土志》，“商务”。

④ 《光绪二十五年胶州口华洋贸易情形论略》。

⑤ 《中国近代农业史资料》，第一辑，第483页。

⑥ 胶济铁路管理委员会：《胶济铁路经济调查报告汇编》，青岛文印出版社，1934年版，潍县。

⑦ 光绪《临朐县乡土志》，“商务”。

济南市场烟台开埠通商后，济南通过烟潍大道的延长线和大小清河，每年从烟台港口输入大量的洋货。19 世纪 80 年代，济南每年从烟台输入价值 200 万两的纺织品，并输出部分土货①。济南的码头以洛口和黄台桥最重要，洛口是黄河的码头，黄台桥是小清河的码头。济南、武定、济宁三府是烟台进口白糖、红糖主要的消费区，这些货物均经黄河水路转运过去，洛口是重要转运码头②。

二、青岛与腹地的交通网络和市场体系

1. 交通网络

在烟台一口通商时代，山东交通落后的状况没有得到根本的改观。19 世纪末期，为了把青岛建设成为北方的香港，德国人不惜巨资，在短短的几年里，修建了现代化的港口和通往西部的铁路。从此，山东铁路交通时代开始了。

胶济铁路自青岛到济南，始修于 1899 年，1904 年 3 月 15 日全线通车。此外，还建成从淄川到博山的铁路支线。便捷廉价的铁路交通，很快就吸引了内地的土货流向青岛，青岛的进口规模也很快超过烟台。铁路使青岛与山东内地最大的集散市场济南建立起快捷方便的联系，大大扩大了商品贸易的集散范围，山东相当多的地区都成为青岛的腹地。山东的各种水果、蔬菜、胡桃、豆类、豆油、烟草、毛皮、牲畜等大量运往青岛出口；同时，外国工业品如棉纱、棉布、机器、纸张、煤油、火柴、染料、建筑材料等，也经青岛进口，再通过铁路输往内地③。

1912 年津浦铁路修成，替代大运河成为南北交通大动脉。津浦铁路在济南与胶济铁路接轨，济南因此成为南北交通的枢纽。津浦铁路把济南、德州、济宁、兖州、天津、上海连成一线，山东西部的物流重新南下北上。由于上海、天津的影响，青岛的势力范围在西部受到了挑战。

---

① 烟台港务局档案馆：《1882 —1891 年烟台十年贸易报告》。

② 烟台港务局档案馆：《1888 年贸易报告》。

③ 单威廉著，周龙章译：《德领胶州湾之地政资料》，“中国地政研究所”，1980 年，第 37 页。

山东公路建设发轫于1920年。至1936年，全省共有通车公路61条，总长6 700余千米。比较重要的干线有烟潍、青烟、台潍、青威、济濮、济冠、济临、济沾、济乐、历济等线。同时各县之间还修筑县道14 557千米。从当时的实际情况看，公路运输的意义不仅仅在采用了先进的运输工具，更重要的是路面的质量远胜于旧有的路面，大量的传统畜力车、胶轮大车加入到运输中来，提高了商路货运能力。①

在近代经济的发展中，邮政和电报电话都是不可少的沟通方式。山东是我国近代邮政建立较早的省份，1922年之前在山东省内，已有日本设立的25处邮便局，其中12处在胶济铁路沿线，12处在胶澳租界地内，另有1处在烟台。1912年以来，青岛电话用户增多，到1922年时共有电话2 380部，1931年达3 281部。电报局也创自日本。②

在以铁路和公路为主的近代化交通设施和新式邮政及电报电话的辅助下，青岛与各地市场之间的联系进一步加强，运输成本大为降低，山东农副产品发展不再受制于交通。而且，现代化港口和轮船又把山东和世界市场联系起来，这一切都给这个传统的农业大省的近代经济发展创造了必要的前提。

2. 市场体系

德国人在撰写1904年的胶州发展报告时，曾不无感慨地提到青岛的兴旺与发展离不开两个重要的前提：其一，现代化的、规模宏大的港口设施对海运事业的促进；其二，对辽阔的内地销售市场，特别是通过铁路对内地重要经济区的开发③。青岛的兴旺发达确实得益于港口与胶济铁路，优良的港口使青岛得以成为山东进出口贸易的枢纽，并在此基础上迅速走上了以港兴商兴市的道路，方便的胶济铁路以及后来的津浦铁路使沿线的各大市场连贯一体，形成了强大的运销体系和三级市场结构。详见表4.5和表4.6。

---

① 《近代山东市场经济的变迁》，中华书局，2000年，第138页。
② 青岛档案馆，《帝国主义与胶海关》，档案出版社，1986年，第225页。
③ 《胶州地区发展备忘录》，1903年10月–1904年10月。

表 4.5　1904－1937 年经青岛出口的主要土货的中级市场状况

出口品种类	中级市场
花生	济南、大汶口、泰安、齐东、临濮集、日照、石岛、金家口、海州
棉花	临清、济南、张店
草帽辫	莱州沙河镇、泰安浮邱镇、宁阳、郯城马头镇、潍县、胶县王台、阳信、桓台、寿光、广饶，天津兴济、大名府辛庄，归德府鹿邑、开封府惠济桥。
烟叶	潍县坊子、临淄辛店、益都县谭家坊、杨家庄。
丝、丝绸	青州、临朐、潍县、周村
牛等畜产品	济南、潍县
煤炭	淄川、博山

资料来源：陈为忠，《山东港口与腹地研究（1860－1937）》，复旦大学 2003 年硕士论文（未刊稿），第 57－58 页。

表 4.6　1904－1937 年从青岛进口的洋货销售的市场状况

进口品种类	中级市场	初级市场分布县
棉纱、棉布、煤油、火柴、糖、纸、五金、染料等	青岛	胶县、即墨、高密、平度、诸城
	潍县	旧青州府和沂州府、泰安府的部分地区
	周村	高苑、博兴、桓台、广饶、邹平、齐东、青城、滨县、浦台、利津
	济南	济南以下的黄河和小清河沿岸地区；溯黄河而上的原济南府、泰安府、兖州府、曹州府的州县也在济南的辐射之下。济南也对东昌府、临清州、德州、武定府等地施加巨大的影响，并把一些与原来受天津控制的州县纳入自己的集散范围

资料来源：陈为忠，《山东港口与腹地研究（1860－1937）》，复旦大学 2003 年硕士论文（未刊稿），第 57－58 页。

以下是几个主要市场的具体情况。

潍县市场胶济铁路通车以后，潍县正好处在济南、青岛两地的中间，因此贸易以青岛、济南为输出入市场。1906 年潍县自行开埠，商业更加兴盛。青州府、沂州府、泰安府的部分地区的土货如土布、茧绸、草帽辫、花生、烟草、畜产品等，往往先集中到潍县，然后再运往通商口岸。同样，通商口岸的货物也运到潍县，然后再分到各个小的市场。据 1906 年统计，潍县从青岛输入了价值 200 万两的棉纱和价值 150 万两的布匹，这些棉纱、布匹由 15 家洋布庄分销到沂州、莒州、泰安、临朐、蒲台、泗水等地①。

潍县及其周围地区是山东近代手工业和农业的重要产区，产品主要有土布、草帽辫、刺绣、猪鬃、烟叶、花生等。民国初年，随着铁

① 日本外务省：《清国事情》，1907 年，第 287 页。

路货运比重的不断上升，越来越多的花生、烟草、猪鬃、绣货从潍县车站运出。第一次世界大战后，潍县是全省最大的烟草、绣货、猪鬃的集散地。1928－1931 年潍县境内五处货运车站，平均每年自青岛输入棉纱等货物 116 729 吨，输出猪鬃、花生、烟叶等货物 77 272 吨。①手工业与新兴产业的发展为市场集散贸易提供了基础，据 1932 年潍县税局和县商会两方面的报告，全县大小商号不下 3 000 家，市场交易额总值不下 4 000 万元。②

周村市场周村位于山东中部，向为山东东西大道必经之地，商业繁荣冠于全省。胶济铁路修到周村后，从青岛入口的棉纱、棉布等货物不少。据日本人调查，1905 年周村输入青岛棉布价值达到 200 万两，其余由日本输入洋货总值在 30 万两左右。③民国初期，周村每年经铁路运出羊毛 135 万斤，占集散总量的 90%，运出牛皮 10 万斤，棉花 200 万斤。第一次世界大战期间，周村每年向青岛输送棉花 2 万担，牛皮 10 万斤，羊毛 150 万斤，黄丝 3 500 担，输送量在青岛相应的出口数中占很大的比重，如棉花占 29%，黄丝占 72%。④1916 年，护国军占领周村，对工商业户大肆勒索，周村工商业损失惨重，洋货、洋布各庄移于省城者 200 余家，殷实商户纷纷外迁。⑤20 世纪 20 年代后周村逐渐复苏，30 年代初仍然是鲁北地区的商业中心。输出货物以棉花、花生、鸡蛋、布匹等为大宗，主要来源于利津、滨县、蒲台、惠民等地，年输出 12 835 吨。输入货物以煤油、面粉、糖、烟叶、木材、纸烟、火柴、布匹、纸张等为大宗，年输入 15 435 吨，70% 的货物在青岛采购，10% 的货物在济南采购。上述货物，以高苑、博兴、桓台、广饶、邹平、齐东、青城、滨县、蒲台、利津等县为市场。⑥

济南市场 1904 年胶济铁路通车后，济南的主要贸易对象转向青岛。1905 年，济南经青岛输入的货物价值超过 200 万两，其中棉布 73 万两，

---

① 胶济铁路管理委员会：《胶济铁路经济调查报告》，1934 年，潍县。

② 实业部国际贸易局：《中国实业志（山东省）》，1934 年，第 87、107－112、114、195 页。

③ 《中国近代农业史资料》，第一辑，483 页。

④ 青岛守备军铁道部：《周村事情》，1917 年，第 26、28 页。引自庄书。

⑤ 林传甲：《青岛游记》，《地学杂志》第九卷第一期。

⑥ 胶济铁路管理委员会：《胶济铁路经济调查报告汇编》，长山县。

五金48万余两，棉纱20万两，火柴11万两，包括煤油、砂糖、染料在内的各类杂货50万两①。1906年济南自行开为商埠，烟台、青岛的洋行纷纷到济南经营与口岸贸易有关的土洋货输出入业务，民国初年商埠洋商发展到25家。与此同时，经营土产贸易的行栈商人资本也开始在棉花、粮食、畜产品等行业崭露头角。这一时期，济南市场的年贸易额已达1 200万两，其中输入占700万，输出占500万②。每年自青岛、烟台输入的主要洋货，计有棉纱价值300万两、布匹85万两、糖137万两、火柴120万两、煤油12万箱，其中棉纱的输入额约占青岛进口额的1/3。同时，济南作为通商口岸的货源地，主要土货的出口量也很大。其中花生70万担，占山东花生出口量35%，另有棉花3万担，草帽辫6万担，牛皮200万张，牛油5 000担，黑枣8万包，红枣300万斤③。

第一次世界大战以后，济南市场的集散水平大大超过了潍县、周村，贸易量居山东内地市场的首位。山东西部及山西、河南等省之土货，先集中到济南再运到通商口岸，济南成为鲁、晋、豫三省出口土货集中市场，青岛是出口的商埠。洋货输入华北内地，先集中于青岛，然后运到济南，济南成为中部洋货集散的商埠。④ 1918年济南市场的商品集散总额已达1亿元。这一年，济南与口岸市场的贸易达6 000万元，其中自青岛、烟台、天津、上海输入的主要商品货值为棉纱1 500万元，棉布700万元，砂糖600万元，卷烟590万元，金属400万元，这些商品除了部分在济南及其附近地区销售外，大部分运到附近各县。济南市场的花生集散量为2万余吨，其中30%来自齐东，60%来自大汶口，10%来自邻省河南；集散的花生约由55%运到青岛，35%运到浦口。济南市场牛皮的集散总量为40万张，货源主要来自济宁，15万张，潍县7万张，徐州7万张，临清和德州8万张，从青岛、龙口、天津出口。⑤

① 日本外务省：《清国事清》，1907年，第285－286页。

② 《济南之商工业》，《中华实业界》，第2卷第5期。

③ 吉田丰次郎：《山东视察报告文集》，1913年，第240页；田原天南：《胶州湾》，1914年，第101页。

④ 实业部国际贸易局：《中国实业志（山东省）》，1934年，第87、107－112、114、195页。

⑤ 冈伊太郎、小西元藏：《山东经济事情——济南を主として》，1919年，第373－376页。

济南市场包括三部分，除了济南，还有泺口、黄台桥两个转运河码头市场。

泺口是山东、陕西、山西、河南、直隶等省内外贸易的要冲，是当时的黄河沿岸的第一码头。除秋季河水泛滥外，泺口自冬至夏，通行无阻。从下游来的是利津、蒲台的食盐，南方的纸、茶叶、烟草等其他杂货；从上游来的是山西的铁，河南的桐油、药材等。通常黄河上游河南、山西等省运销山东或经由山东出口的货物，一般在泺口登陆，运到济南。1906年泺口与黄台桥的铁路支线修通，使黄河流域和小清河联系起来，黄河沿岸的货物可以经由小清河和胶济铁路运到东部港口。如河南的豆子经过黄河水运泺口，然后在泺口上火车运到胶济铁路沿线，供应榨油作坊。20世纪20年代中转贸易以煤油和粮食两种最盛，“黄河帆船所运之粮食土产由此卸船，转运济南或改装津浦车，煤油、煤炭、杂货、棉纱、布匹、济南面粉由此装船分销各处”①。

黄台桥离济南城、泺口很近，是小清河上游最大的码头，位于小清河、津浦路、胶济路交会点。黄台桥是小清河贸易的转运站，与济南和羊角沟的关系最为密切。运出的货物以洋货棉纱、煤油等为主，主要销到小清河沿岸各县；输入主要是小清河沿岸的粮食、食盐、棉花、花生、豆制品和东三省木材②。

自胶济铁路修成，济南市场的进口商品主要来自青岛，出口商品也主要从青岛出口。这一方面，可以胶济铁路和津浦铁路在济南的八个火车站的主要货物的来源和走向中得到证明。

表4.7 20世纪30年代济南车站进出物资统计

车站	输入品			输出品			备注
	种类	数量	来源	种类	数量	输出港	
津浦泺口站	煤油	400吨	济南、天津	乌枣 黄豆	2 400吨 4 200吨	浦口上海 泰安 蒙阴	输出货物以小麦、黄豆、黑枣为大宗；输入品以煤炭和煤油两项为主

① 胶济铁路管理委员会《胶济铁路经济调查报告》，1934年，分编六“济南”。转引自庄伟民书。

② 《山东各县乡土志》（二），济南市。

续表 4.7

车站	输入品			输出品			备注
	种类	数量	来源	种类	数量	输出港	
济南站	糖类	2 500 吨	青岛	棉花	3 120 吨	青岛	济南也生产棉纱、火柴、烟卷等产品
	棉纱	2 500 吨	本市、青岛	花生	31 650 吨	青岛	
	火柴	2 万吨	本市、青岛				
	煤油	7 000 吨	青岛				
	烟卷	2 000 吨	本市、青岛				
	纸类	1 600 吨	本市、青岛				
	煤油	790 吨	天津				
	纸张	500 吨	天津				
	五金	1 000 吨	天津				
	烟卷	300 吨	天津				
	糖	600 斤	上海				
胶济黄台桥站							该站为运盐的车站
白马山站							货运量与客运量极少
胶济黄台站	乔木	225 吨	青岛	花生	1 917 吨	青岛	
	煤油	3 560 吨		棉花籽	11 331 吨	青岛	
				乌枣	900 吨	上海	
				花生米	1 665 吨	青岛	
黄台桥站							该站货物不多，统计并于黄台站
北关站							以客运为主
济南站	棉纱	10 589 吨	青岛	棉花	55 430 吨	青岛	
	棉布	18 507 匹	潍县	花生米	79 256 吨	青岛	
	糖类	22 441 吨	青岛	花生油	4 786 吨	青岛	
	烟卷	8 239 吨	青岛	大豆	6 605 吨	青岛	
	纸张	8 012 吨	青岛	麻	954 吨	青岛	
	面粉	215 袋	青岛	麻子油	159 吨	青岛	
	机油	700 吨	青岛	枣	7 854 吨	青岛	
	柴油	400 吨	青岛	草帽辫	409 吨	青岛、上海	
	火柴及原料	10 498 吨	青岛	牛皮	30 吨	青岛	
	木料	14 021 吨	青岛	牛骨	795 吨	青岛	
	海带	7 143 吨	青岛	骨粉	1 620 吨	青岛	
	麻袋	1 501 吨	青岛	猪毛	135 吨	青岛	
	染料	1 460 吨	青岛	牛	5 443 头	青岛	

资料来源：《山东各县乡土志》（二），济南市。

自胶济铁路和津浦铁路修通以后，济南的洋货输入和土货输出主要依靠铁路。综合20世纪30年代初期济南的八个车站的进出情况，济南与青岛、天津、上海三个港口有密切的贸易联系，但是济南市场集中的出口土货和销售的洋货主要来自青岛，天津和上海的进出口货物只占小部分。因此，济南是青岛港在山东西部的集散中心。

以青岛、潍县、周村、济南为中心的胶济铁路沿线地区是青岛港货物集散的核心地区。20世纪30年代这一地区的经济有了进一步的发展，与青岛港的联系更为密切。

第三节　东北港口城市与腹地的交通网络和市场体系

一、营口与腹地的交通网络和市场体系

1. 交通网络

1861年开埠以后，营口成为东北进出口物资的吞吐中心，自营口通向东北北部的辽河成为港口联系腹地的主要通道。辽河有两个源头，一个是发源于今内蒙古自治区赤峰市的西辽河，一个是发源于今吉林省东辽县的东辽河，东、西辽河在今吉林省双辽市郑家屯附近汇合后进入中游，始称辽河，于营口入海，总长近1 340千米。其中，适于航行的河段，上以郑家屯为起点，下至入海口，加支流共有航程1 548里。

据1905年日本人的调查，营口到辽阳黄家岭子的航运水路计620里，到奉天（今沈阳）长滩670里，到通江口（在今辽宁开原境）共1 380里。营口到通江口上航快则十四五日，慢则二十四五日；下航快则八九日，慢则十二三日。航行时夜间因马贼盗匪或者不知河流深浅，因此一般都停泊休息。辽河每年三月下旬解冰，四月开始航行，至十一月解冰，航运期是七到八个月左右时间。在此期间，航行船只上下往返一般六次，少数船只可达七次。表4.8是辽河河水较多，航行最便利季节时的船只上下航行所需日期：

表4.8　辽河航运里程时间表

地名	田庄台	辽阳	新民屯	奉天	铁岭	通江口
里数（里）	80	620		670		1 380
上航（日）	1早				16－17	21－22
下航（日）	1早	3	4	5	6	8

资料来源：日本外务省编，《南满洲ニ於ケル商业》，东京金港堂书籍株式会社，1909年，第558－569页。

19世纪末期，由于营口进出口贸易的繁盛，又以营口为中心，形成了与清中期官方驿站交通所不同的冬季马车商业运输路线。1861年东北口岸未开放之前，从盛京通往黑龙江大道的陆路交通驿道，东出威远堡边门到吉林城，从吉林城西北行到伯都讷，然后到齐齐哈尔。营口开埠和柳条边外陆续放垦以后，陆路交通更加繁忙。该时期陆路交通与清中期相比，重心西移。新的道路即从威远堡东北行改为出法库门正北行，经科尔沁蒙地昌图、长春到伯都讷，然后北上呼兰，把几个主要的农业区联系成一体。

不过，由于开发早晚和自然面貌的关系，新道的各段有一些区别。据观察，自奉天（今沈阳市）至吉林首府（今吉林市）条件较差，“此道路者于满洲二省之首府连接为官道，其大姑勿论。然比通江子至宽城子之间之通商路，大有逊色。且沿道村落近况，亦不及通江宽城子之间繁盛。延长至700清里，其间可称大市邑者，不过铁岭、开原、伊通州二三处而已”。通江子至宽城子（今长春市）道路条件较好，“自商业发达，此为最要。自然作成道路，沿道市邑，为农安、奉化、康平、怀德诸市，皆随辽河发达，自然发生之新都府也。道路延长五百清里，无一丘陵，至河川亦不过二三之小溪流。故此道路为商界中所必要”①。

海关贸易报告对营口与东北主要地方的货物运销有生动的描述：“惟内地载来豆子为本口生意之大宗，系由宽城子（今长春）、船厂（指吉林市）两处，用坚固牲口七套大车运来。每车能载五十担，并查大车自宽城子、船厂运到本口计程一千里至一千四百里。每日可行五十里至八十里，以路途优劣而别也。至大车最远到口者，约系由

① 松本敬之著，马为珑译：《富之满洲》，第139－140页。

卜魁（今齐齐哈尔市）装油而来，距本口有两千六百里，须行三四十日始能抵口。每车用二人，一在车旁随行，一在货上稳坐。手持巨鞭，不时吆喝，以警骡马远行。阅其牲口体质，极其坚固肥壮。因歇于客店，夜置院中不但无所遮蔽并能耐受风霜用是。”①

2. 市场体系

营口开埠后，鸦片、棉纺织品、煤油、五金、砂糖等货物进入营口再销售，同时豆货、皮毛等土货也通过各级市场大批集聚到营口再出口。营口与腹地之间的物资流动规模扩大，形成了几个重要的货物中转和集散市场。初级市场分布于各地的集镇，中级市场以铁岭、通江口两个转运市场为重要。

铁岭转运市场 铁岭位于辽河东岸，营口开埠后逐渐成为东北中北部农副产品输出和外来商品输入的集散地。《铁岭乡土志》记载，咸丰三年（1853 年）马蓬沟码头正式开设：“时本境贸易渐盛，乃会旗署防御双成禀开河运。自此而后，南达营口，利赖无穷。”营口开埠和光绪初年（1875 年）盛京的东西围场正式招垦以后，铁岭的河运进入繁盛时期。县志载：“海龙、成山子、朝阳镇又放围荒，每值冬令，该镇及吉林南境粮车麇集于此，商业愈形发展。光绪甲午后，东丰、西丰、西安又先后出荒，粮车益多。凡出口之粮咸萃于此，铁岭商务蒸蒸日上，大有一日千里之势。”光绪二十年（1894 年），铁岭“大小粮栈达七八十家之多。至春季开河，再有城内运至河口，装载船只，直达营口”②。

通江口转运市场 光绪初年，随着内蒙古东部科尔沁左翼、右翼各旗的开放，辽河航运码头进一步北移到开原的通江子，靠近科尔沁新的农垦区。通江口码头因插入农垦区内部，迅速兴旺发达起来。《富之满洲》一书如此记载：“辽河航运在十数年前，仅至铁岭。自此地以北，多以车马相送。然自营口贸易繁盛，以辽河水运因之扩张，遂逾铁岭而达于通江子。夫原来之江岸之一渔村耳，及水运四通，估

① 《光绪十五年山海关华洋贸易情形论略》，载《中国旧海关史料》第 15 册，第 89 页。

② 《铁岭县志》，卷 9“交通志 · 航运”。

舟云集，几历星霜，而寂喧迥别，俨有都会气象。”[①]1897年，通江口航行的船只达到1万只，用于储存粮食的货栈“高壁环绕，规模宏大，累累如山”，积粮最多时曾达到100余万石。通江口的商业范围包括昌图、农安、怀德、长春以及伯都讷、齐齐哈尔等地。这些地区的农产品及其加工品，冬季用数百辆马车运到此地，待次年冰融河开，再装船运至营口。

以上的铁岭、通江口，都是经营口进出的货物的中转市场，出口货物的终端市场和进口货物的始发地都在营口。开埠以后，随着进出口贸易的迅速发展和辽河水运的兴盛，营口成为东北广大地区的货物集散枢纽，并逐渐形成批发、金融、实业和装船业四大行业。批发业是营口的主要商业，又称“大屋子”，专由上海、宁波、汕头、福州等地采购棉布、杂货以及洋货，运到后再批发给腹地各商号，同时把腹地运销到营口的豆货商品输出到国内外地区。营口的大屋子和腹地杂货店之间，存在一种特殊的赊销制度，这是营口商业进口长期兴旺的重要原因之一。东北内陆城镇的商号，多是小本营业，其活动资本不足周转，但营口交易惯例，如三月初旬买货，则交款期为六月一日以前，有两个半月之延期。因此常有腹地城镇的商号只用一人久驻营口，在营稍有声名即可赊买货物。待将货卖出，再还贷款，将第一批货款旧清，再买第二批货物，如此循环周转。[②]

二、大连与腹地的交通网络和市场结构

1. 交通网络

19世纪90年代，沙俄为争夺远东霸权，独占中国东北，积极寻求不冻港并攫取修筑铁路权益。1896年沙俄通过《中俄密约》，攫取了在东北修筑铁路的特权。1897年派军舰占领了旅顺口和大连湾，1898年又通过《续订东清铁路公司合同》，取得了通向大连、旅顺两港铁路的修筑权和经营权。东清铁路，亦称中东铁路，其干线是俄国西伯利亚铁路穿越中国东北境内一段，西从满洲里入境，中经哈尔

---

① 松本敬之著，马为珑译：《富之满洲》，普及书局，1907年，第40－41页。

② 于胥梦：《营口炉银史》，《营口文史资料》第1辑，第47页。

滨，东至绥芬河出境。其支线北起哈尔滨，中经长春、沈阳，南抵大连、旅顺。1898 年东清铁路干线及其支线工程全线开工，1903 年总长达 2 500 多千米，纵贯东北三省，直达俄国境内，连接欧亚大陆，沟通大连港与腹地联系的大动脉——东清铁路全线正式通车营业。至此，东北地区以铁路为骨干，以港口为门户的现代交通网络开始逐渐形成。以辽河和陆路商道为骨干，以帆船和马车为主要运输工具的传统交通体系开始中落。1904 年日俄战争爆发，1905 年日本通过日俄《朴次茅斯和约》，攫取了长春以南铁路（即南满铁路）和大连港的全部权益。

日本接管大连港后的首要目标，是依靠大连港和纵贯东北南部的南满铁路，控制东北南部平原地区的货物运销。1907 年，日本制订了大连“中心主义”政策，即自沈阳到长春这 350 千米间，不管距离长短，长春—大连—营口，沈阳—大连—营口，一律实行同价运费。日本的长远企图，是在控制东北南部货物运销的基础上，进一步夺取主要为俄国人所控制的东北北部的市场。在日本人看来，“满洲铁路经营的成败，关键在于如何掌握北满和中满一带的特产品”①。长春是中东铁路哈尔滨—长春段的终点，南满铁路的起点，优惠的运价不仅保证东北中部的物资不被中东铁路吸引经海参崴东出，而且可以吸引东北北部的物资南下大连。

除了依靠南满铁路作为运输干线与俄国的中东铁路竞争外，日本还通过强迫贷款、包工承建等方式，积极谋求南满铁路支线的修建，使直线型的南满铁路发展成具有众多分支的树杈型铁路网络。1905 年日俄战后、第一次世界大战期间和 20 世纪 20 年代后期，满铁相继修建并控制了吉长、四洮、洮昂、吉敦等线路，大连港的腹地范围不断地向东北中、北部地区拓展。

吉长铁路，自吉林至长春。1906 年日本代替俄国继承了合办权，一半的修路费用来自日本贷款，1912 年修成通车。贷款规定在 30 年的借款期限内，由满铁掌管该路的管理和监督权，因此时人分

① 参见（日）满史会著，《东北沦陷十四年史》，辽宁编写组译：《满洲开发四十年史》（上卷），内部出版，1988 年，第 102 页。

析吉长铁路管理和营运状况："吉长路虽属中国国有铁路之一，然日本投有巨资，并派有人员充任重要职务，路轨宽度与南满铁路同。自该路开通以后，即与东省铁路（中东铁路——引者注）竞争，攘取东铁所运之出入口货载。"①原中东铁路运销范围内的吉林省北部五常、榆树、舒兰等县货物被其吸收，转南满铁路运到大连港。

四洮铁路，自南满铁路四平车站，经过内蒙古东部的贸易中心郑家屯（今吉林省双辽市）到达洮南。1915 年贷日款修筑，1922 年建成通车。从前内蒙古东部地区的农产品由郑家屯通过辽河运到营口，铁路开通后货物多经四洮铁路与南满铁路联运，输送到大连②。该区的畜产资源向来丰富，皮毛和牲畜是大宗出口货物，过去由旅蒙的山西商人收购后，南经张家口运天津出口，少量北运中东铁路出口。四洮铁路开通后，输出情况大变，向东经南满线路抵大连，经过大连港出口的皮毛和畜产占到该区出口总量的 1/3 以上③。

洮昂铁路，自洮南至昂昂溪。该路横穿中东铁路，为了避免俄国的抗议，1924 年满铁假借中日合办公司的名义，与东北地方政府订立承包合同，1926 年建成通车，1927 年包工契约改为借款契约。黑龙江省西部的货物可以从昂昂溪运到四平，转南满铁路抵大连。据满铁计算，"中东路输出货物中每年至少失去 170 万圆日金，即同时为满铁所得"④。

吉敦铁路，自吉林至敦化，由满铁提供资金并修筑，1928 年建成通车，该路的运输和管理权也被满铁掌握。由于吉林到敦化多是山地丘陵，开发较晚，吉敦铁路的经济价值不大，但该路为 1931 年后日本修通的吉会铁路（吉林至会宁）做了重要铺垫。

为了保护民族利权，东北地方政府修建了一些国有线路。但这些铁路不能连通成为独立的商业运输体系，又因运费较高、运输效率低等原因，只能作为南满铁路的运输支线。例如北宁铁路，由沈阳至北京，1907 年全线通车，但铁路运费高于经海路转运，如由辽宁装运

① 《北满与东省铁路》，第 431 页。

② 参见民国：《奉天通志》，卷 164 "交通志 · 四洮铁路形势篇"。

③ 参见满铁：《东部内外蒙古调查报告书》（第二班）别册，昭和二年，第 13 页。

④ 《日本帝国主义对华交通之侵略》，第 27 页。

粮食到天津，比大连海运到天津每车多花大洋98.07元[①]。由于这一原因，沿线不少地区的货物主要经过大连港进出。例如，辽宁省西部新民、彰武、康平、法库等地方同大连港经济联系程度便大大超过同秦皇岛、天津等港的联系[②]。

近代邮政和通讯事业的发展，也为大连港与腹地间的商业和市场信息的交流，提供了便捷高效的服务。1905年日本侵入大连后，从军邮开始，逐步建立了邮电通信网。1904年为日俄战争需要，日军在南满、安奉铁路沿线设立了49处野战邮便局和军事通信所，1905年10月，向民用邮电开放。1906年前，大连至日本间的电报均经朝鲜，越来越不能满足政治和经济需要。1906年日本佐世保敷设海底线到大连，成为沟通日本与东北的主要通信线路。1919年，日本当局为增强大连对外通信能力，又开通了大连经朝鲜直达东京的陆路电信线路。对外信息联络日渐通畅的同时，日本当局也逐渐加强大连与东北内地城市的邮政通信联系。1924年架通大连到奉天的长途电话线路，1928年又将该线延伸到长春。[③]近代大连的邮政通信业务虽然带有殖民地邮电业畸形发展的一般特征，如邮政局、所分布和网路极不均衡，大多数通信机构和设施集中在日本人居住地区，但客观上为东北地区商业的近代化提供了一定基础保障。

2. 市场体系

自1910年超越营口以后，大连一直是东北最大的货物进出口贸易中心，1910－1931年的贸易额占到东北地区贸易总额的60%以上。东北各地的货物源源不断地运到大连，进口物资则自大连运到东北各地，大连成为东北广大地区货物集散的中心。

为了适应大豆、高粱、玉米以及豆油、豆饼等东北农特产品交易输出的需要，1913年成立了大连粮谷交易市场。中日双方都有粮谷交易所经纪人，粮谷交易所成立了经纪人同业公会，由日本人担任组

① 参见北宁铁路局：《北宁铁路商务会议会刊》，“吉林商会提案”，1930年，第64页。

② 参见《北宁铁路商务会议会刊》，“新民县转运商会提案”、“彰武县兼运商代表提案”，第68－87页。

③ 满铁调查科：《满洲电政》，1930年，第383页。

合长，掌握着同业公会的组织权。中方经纪人大部分是油坊、粮店、钱庄、银号、代理店中的大户等。到了一战前后，油坊业大发展，交易额大增，又涌现出一批新兴粮店、代理店，他们相继加入经纪人行列。当时银号、钱庄也认为有利可图，在参加钱钞交易所的同时，也参加粮谷交易，因而20世纪20年代是粮谷交易的极盛时期。当时大连粮食交易所每天成交六百车（每车三十吨）左右的大豆和高粱，两者的期货贸易则日成交两千车以上。①

大连原不过是一个海边渔村，开埠以后在港口贸易的刺激下城市工商业迅速发展，1920年已与沈阳、哈尔滨并列为东北20万人以上的三大城市。大连的期货交易所、仓库业、对外贸易必需的各种中介服务机构，以及第三产业如金融、保险、房地产等业骤然间新兴勃发，现代工业随之得到成长，港口贸易由此带动了整个城市工商业的繁盛。日本对南满铁路垄断性运输的扩展政策，在造成大量货物向大连港集聚的同时，也带动了铁路沿线城市的兴起，东北南部地区围绕各铁路枢纽地方，兴起了许多新的商业中心城市和货物中转中心。

大连与其腹地的中级市场，以开原、四平、长春三个中转市场最为重要。

开原中转市场 开原最初是县城东南十八里的孙家台村，后因铁路车站设于此，逐渐成为沈阳以北、长春以南的最大的货物集散中心。1908年全城只有226人，1918年增加到1.2万人。当孙家台因铁路而获得迅速发展时，开原旧县城却日渐衰落，在县境内的地位远不如孙家台。开原附近是东北商品粮的重要产区，由于粮豆出口甚多，进口规模也由此相当大。20世纪20年代，开原出口货年平均约大洋1 500万元有奇，入口货年均约大洋400万元。②

四平中转市场 四平位于东辽河流域，在南满铁路通车前，只是几个零散的小村落。南满铁路通车以后，人口逐渐增多，铁路两侧逐渐盖起房舍和杂货商铺。四平附近也是东北商品粮的重要产地，粮食

---

① 陈季升：《黑龙江省粮栈概况》，《黑龙江省文史资料》第1辑，黑龙江人民出版社，1980年，第183页。

② 中央银行总管理处：《东三省经济调查录》，近代中国史料丛刊第3编276册，1987年，第114页。

是主要的出运物资。以前，当地没有粮谷市场，粮商和农民的交易不通过市场，而是送货上门或者下乡收购。四洮铁路通车，粮食市场逐渐在四平形成，梨树、昌图、辽源、辉南、东丰、海龙、双山、双辽等地农产品集散于四平。当地从事粮谷购销和加工的商人日渐增多，1906 年只有 2 家粮商，1931 年粮栈增至 121 家。四平著名的八大粮商，如玉成隆、高盛全、高盛成等商号，全在周围铁路陆续通车的 1907 –1920 年出现。①

长春中转市场 18 世纪末叶以前，长春尚为人烟稀少的荒原，为蒙古郭尔罗斯前旗游牧之地。以后因垦荒和人口的集聚，出现了聚落。1874 年升为长春府，逐渐成为附近地区的政治中心与农副产品集散中心。1905 年以后长春因位于南满铁路最北端，同时位于中东铁路南部线路的终点，成为重要的铁路枢纽，1912 年后更有吉长铁路交会于此。由于交通位置的显要并且地处东北平原的中部，周围农产丰富，它发展成为东北中部最大的中心市场。1907 年长春开埠时，外运的大豆及其他农产总额不过 30 万石。随着铁路的修成和商业的繁荣，外运的农产品数量不断增长，1909 年达 40 万石，1912 年达 75 万石，1913 年达 85 万石，到 1914 年因第一次世界大战中东铁路东运不便，北满豆粮大部分运输南下，竟达 185 万石之巨。②交通和贸易带动城市商业的发展，1919 年时人说长春："吉省商业中心点，输出入货物均集中于此，故市场至为宏阔，总计大小商铺一千二百余家，规模较大者计有粮栈三十余家，其资本较巨，十万乃至二三十万元。"长春迅速发展，逐渐取代了吉林省原省城吉林市的地位。

三、安东与腹地的交通网络和市场体系

1. 交通网络

鸭绿江是安东与其腹地物资往来的主要交通动脉。东北东南各地所产大豆、高粱、柞蚕、木材均在夏季水涨时，利用鸭绿江船运抵安

---

① 参见张文魁：《解放前四平商业》；刘丹：《四平粮谷市场的兴衰》，载《四平文史资料》，第 85 –89 页。

② 《东三省经济调查》，第 193 页。

东。但是，鸭绿江有结冰和水量多变两大缺点。冬季江水结冰封港，冰期约在四个月左右，轮船一般在11月上旬或10月下旬即行停开。融冰期约在翌年3月中旬或下旬，但冰块初溶，仍有碍航行，轮船须在4月20日前后方可航行。夏季鸭绿江水量又常有深浅变化，不便航运，另外水流速度，到下游而渐渐缓和。在安东附近，水流最急之时，每小时约1.6万尺，最缓之时甚至像湖水一样平静，停滞不动，在64尺左右。

安奉铁路是安东沟通东北东南部与朝鲜、日本的主要交通动脉。日俄战争期间，日本为了运输物资，未征求清政府同意，擅自修筑了从安东到奉天的轻便铁路。1905年根据中日《满洲善后条约》，安奉铁路改为商用铁路。但是，日本曲解约文，1908年强迫清政府签订《安奉铁路条约》，租借安奉铁路25年，1915年通过“二十一条”又把安奉铁路的租借期延长至99年。1910年日本完全吞并了朝鲜，其后为了加强东北和日本控制下的朝鲜半岛之间的交通联系，1911年在鸭绿江上修建了铁桥，将东北与朝鲜的铁路联通。海关贸易报告记载：“该铁路甚有进步，将欲添设快车表，则商务可望加增，既有快车15点钟可到高丽京城，计有933里，24点钟可到釜山，计1 749里；行人由釜山启程，12点钟可到日本下关海口，再过34点钟可到日本东京。或可谓行人由新义州起程，于70钟点内可到东京。若在鸭绿江筑桥，并将安东奉天铁路改良，则日本东京至奉天在80点钟之内。火车之便如此，即一切货物输入奉天者皆便矣。在吉林以南之土产现由南满铁路运出大连者，亦可转移输出。”①

2. 市场体系

安东开埠后逐渐成为东北东南部地区的贸易中心。东北的木材、大豆、粮谷、大茧、药材等源源汇集于安东，转销内地和海外，国内外的布匹、食盐、杂货、棉油、纸、糖等经安东沿江、沿铁路而上，供给各县。东北东南部形成以安东为集散中心的运销网络和市场结构。

经安东出口的物资，以木材、柞蚕丝和大豆三大特产为主。木材

① 《宣统元年安东口华洋贸易情形论略》，载《旧中国海关史料》第199页。

来自鸭绿江上游流域，每年夏季顺鸭绿江漂流而下。[①]辽宁是我国柞蚕丝的重要产地，安东所在地区是生产中心。20 世纪头 10 年后，辽宁全省产茧的60% 在安东制丝，东三省所产柞蚕的 30%–40% 也都运到安东销售，其余虽在产地制丝，但除小部分柞丝就地消费外，大部分柞丝运集安东市场出售。[②]此外，鸭绿江沿岸地区也是东北大豆的重要产地，安东的豆饼出口仅次于大连和哈尔滨，而居第三位，约占东北出口总额的 1/9。[③]

安东的发达，带动了鸭绿江沿岸中小市场的繁盛。安东及其腹地的中级市场，以桓仁、通化、临江较为发达。

桓仁中转市场 浑江发源于吉林省龙岗山脉，在桓仁县境蜿蜒流经六百余里之后入鸭绿江。桓仁县城和沙尖子是当年两个水路码头，每到冬季，农民用马车把大豆、粮食和土特产品运往两地，商人将其囤积起来，待到来春开江，再水运至安东。两镇粮仓林立，商家店号鳞次栉比，因水运发达两镇都有一定规模的造船业，每年制造敞口帆船约五百余只。[④]

通化中转市场 通化陆路东达临江、抚松，西通兴京、奉天，北通柳河、山城镇；水路下流安东，交通运输便利，是东北东部的一个区域中心。光绪三十三年（1907 年）通化有山货业、杂货业、绸缎布业、果品业、药业、旅店和饮食业等 1 618 家，从业人员 3 625 人。输出的主要是当地林、矿、山货和农副产品。1920 年后每年输出木材 3 000 余排，焦矿 1 000 吨，大山参 50 余公斤，秧子参 1 万余公斤，大豆万余石，豆饼 15 万块。另从安东输入日用消费品，如布匹、棉花、盐、糖、纸张等。[⑤]

临江中转市场 从光绪二十年开始，在临江、八道江和濒临鸭绿江的三道沟有了山货庄和货栈等。随着浑江、鸭绿江流放木排的增多

---

① 萧惺伯：《鸭绿江采木之沿革与安东商业之关系》，安东总商会编《商工月刊》，第 17 页。

② 洪家奇：《安东柞蚕业发展简史》，《安东文史资料》第 1 辑，1984 年，第 87 页。

③ 束煜光：《安东三大特产》，《商工月刊》1930 年 1 卷 2 期，第 34 页。

④ 崔宗善，白尔杰：《解放前桓仁的工商业》，载《桓仁文史资料》第 2 辑，1987 年，第 56 页。

⑤ 崔宗善，白尔杰：《解放前通化的工商业》，载《通化文史资料》第 2 辑。

和槽船往来于临江和安东之间，地方商业逐渐繁荣起来。1902 年临江建县后，特别是长白府的设立，临江城有“小安东”之称，成为长白、抚松、濛江三县的粮食、农副产品、山货、药材和线麻等大宗物资和日用商品的集散地。①

① 李宗尧：《解放前临江工商业概貌》，载《临江文史资料》第 7 辑。

第五章　天津与腹地的经济互动

近代是中国经济从传统向现代转化的时期。由于中国的现代化因素是从国外输入的，通商口岸城市是现代化最早形成的地方，加之历史的基础，往往成为各区域的贸易中心、工业中心、交通中心和最重要的城市，并对其腹地的现代化产生巨大的影响。就北方地区而言，近代生产力首先主要发端于沿海港口城市，然后再往自己的腹地扩展。因此，港口城市和自己腹地之间的经济关系，是北方各城市、各区域经济关系的主要体现，在港口城市和腹地之间的经济互动，导致了北方经济的巨变。

开埠通商以后外国资本主义对中国传统经济的冲击，首先通过进出口贸易，而中国近代工业发展又相当地迟缓。因此，在相当长的时间内，口岸城市对腹地经济的第一波的冲击，来自经过口岸吞吐的进出口贸易，以及为贸易服务而获得发展的近代交通运输等方面，若干年以后随着口岸城市自身工业、金融、商业的发展以及城市的成长，又产生第二波的冲击。由于这样的原因，在天津对腹地的经济互动中，占主导地位的是口岸城市天津，但腹地变化的快慢也影响着腹地的发展。而在这些变化中，首先是外向型经济的兴起。

第一节　腹地商业的外向化

一、开埠之前腹地的商业

天津开埠以前，后来成为天津腹地的北方广大地区无论是农业还是畜牧业经济，都处于一种自给自足的自然经济状态，经济的商品化程度并不高。

北方绝大部分人口从事农业，农业区主要是衣食两种基本生活必需品的生产，即耕与织的结合。在这种经济形态之下，人们生产的目的主要是为了自给，只是在自用有余的情况下，才会用数量有限的商品去交换所需的其他物品，交换的主要目的在于谋生而不在于谋利。参与交换活动的，以不脱离生产劳动的农民和手工业者为主，专门居间从事贸易的职业商人为数不多。

就区域而言，东部沿海的山东和直隶由于自然条件较好，交通相对便利，农副产品的商品化程度相对高一些。19 世纪中叶，山东粮食作物的商品率至少达到 20%－25%，棉花、蚕桑、果树、烟草、花生等经济作物的种植面积低者可达 3%－5%，高者则达 20%－30% 以上①。直隶农副产品的商品化程度一般说来不及山东，省志说各县“男力稼穑，女勤纴织”，“耕稼纺织，比屋皆然”②，正是其很好的写照。并且，各地的发展程度很不平衡。水平较高的如栾城县，“货则棉布、蜂蜜、黄蜡、大靛、小靛、麻油、棉花子油，其最著曰棉花。栾地四千余顷，稼十之四，所收不足给本邑一岁食，贾贩于外济之；棉十之六，晋、豫商贾云集，民竭终岁之勤，售其佳者以易粟，而自衣其余”③。发展水平较低者如宣化，“地瘠民贫，风俗朴素，人民多务农，营商者少”④。而有的地区如深泽县，虽然水运交通方便、土地肥沃、距离天津也不远，但直到咸丰十年（1860 年），依然是“民俗重农，不能商贾，鬻财于外者少，故邑鲜狙狯”⑤。昌黎县同样靠近天津，到了开埠初期的同治五年（1866 年）与天津也没有过密的经济联系。该县“地非通区，故无富商大贾，若粟米则籴于关东口外，绸缎则来自苏、杭、京师，土著多而客民少。虽城堡各

---

① 许檀：《明清时期山东商品经济的发展》，中国社会科学出版社，1998 年，第 398－399 页。

② 黄彭年：《畿辅通志》，卷 24。

③ 桂超万等修，高继珩等纂《栾城县志》，卷二“食货 · 物产”，道光二十六年刻本。

④ 陈坦纂修：《宣化乡土志》，“风俗”，清康熙五十年抄本。

⑤ 张衍寿修，王肇晋纂：《深泽县志》，卷四“典礼志 · 风俗”，同治元年刻本。

有集市，集市各有定期，日出而聚，日昃而散，所易者不过棉布、鱼盐，以供邑人之用”[①]。据此可见，天津的主要职能是从军事和交通等方面为首都北京服务，在华北地区的商业影响相当有限。

沿海的山东、直隶尚且如此，内陆省份如山西、陕西、甘肃等，商品经济的发展程度更逊一筹。山西虽然一方面产生晋商这种贾行天下的著名商人，另一方面省内却又有许多县不重视工商，万泉县“俗尚节俭，男务耕耘，女务纺绩”；临汾县人“居不近市，女不向街”，便是例证。[②]地处关中的耀州（今陕西耀县），在乾隆三十年（1765年）前后，“居民务稼穑，尚蓄积，近又能种木棉，事织纺，然为布无多，不能出村落也”[③]，可见居民虽然已经植棉织布，但此项主要的农副业生产的目的尚限于自给，并不用于对外交换。甘肃隆德县（今属宁夏）康熙二年（1663年）前后，“民止农作，不习商贾之事……男子冬夏披羊裘，间著疏布短衣，即称富民……能织褐，又渍麻及胡麻为布，但粗恶特甚，村民自蔽体耳”[④]，经济的商品化更无从谈起。

地处边塞的新疆，“惟和阗回人知养蚕缫丝织绢，他处桑虽多，食椹而已。惟赖种棉织布为衣，其纺车梭形虽小异，而用则同。远近各外夷以羊马诸货易去，回人颇为利益，每年额收布匹，官为运送伊犁与哈萨克易换牛羊马匹，为伊犁、乌鲁木齐、巴里坤等处应用”[⑤]。其商品交换虽然看起来相对繁盛一些，但仅限于个别的民族和少数的地区，并且发展水平也不过是以物易物而已。在蒙古草原牧区，“蒙人生养之计，惟马匹牛羊是赖”；尽管农垦区的“大部分蒙古族已转化为农民”；并且“在商业集镇地区（如归化、多伦诺尔、乌里雅苏台等地），出现了以运输为生的牧民。阿拉善、鄂尔多斯、察哈尔地区，很多贫困牧民以贩卖盐和碱维持生计”。但是，牧区的商品经济的发展仍不显著。只有经过清政府特许的汉族旅蒙商人，才可

---

① 何崧泰等修，马恂纂，何尔泰续纂：《昌黎县志》，卷10“志余·风俗”，同治五年刻本。

② 参见刘建生等纂：《山西近代经济史》，山西经济出版社，1995年，第36－48页。

③ 汪灏修、钟研斋纂：《续耀州志》，卷四“田赋志·风俗”，清乾隆三十年刻本。

④ 常景星修，张炜纂：《隆德县志》，上卷“风俗”，康熙二年刻本。

⑤ 苏尔德纂：《回疆志》，卷二“织纴”，清乾隆三十七年纂，1950年吴丰培校订油印本。

以从事蒙古草原与中原地区之间的商品交易①。

当然，在华北平原的一些较大城市当中，商品交换还是比较频繁的②。但是，作为区域性的国内市场，其影响北方地区商品经济发展的深度和广度，还比较有限。担负物资流通任务的商业，主要为了地方性区域市场之间的余缺调剂，市场网络以大大小小的政治或交通中心为结点而组成，物流指向具有明显的内向性。

二、开埠之后商业结构和商人群体的变化

天津的开埠，为城市职能的转变提供了前所未有的历史契机。天津成为北方发展进出口贸易的主要口岸市场，以进出口为主要内容的新型商业，成为天津腹地商业的主体和主导。对于天津的广大腹地而言，开埠之后进出口贸易的迅速发展，不仅促进了腹地的商业繁荣，而且改变了物流的主要流向。开埠以后，洋行和买办控制了腹地洋货进口和土货出口，利用各种渠道将洋货销售出去，把出口的土货收购上来。这样，就使得北方广大地区的物流流向，由传统的内陆商业中心，转向了通商口岸天津。

开埠之后的广大腹地的商业流通，有许多新的内容。表现在商业结构上，一是洋货销售业的兴起，二是土货出口业的繁荣；表现在商人队伍上，一是买办商人的出现，二是传统商人的转型。

1. 商业结构的变迁

物美价廉洋货的大量进口，使腹地旧有的手工业产品很难与之竞争，从而造成了相当一部分传统手工业生产和销售的衰落，促成了洋货销售业的兴盛。

首先，是经营土纱土布的行业，逐渐为经营洋纱洋布的行业所替代。

进口机纱代替土纱的过程，首先在天津及其邻近地区展开，很多手纺业者被迫放弃了手工纺纱，转入以洋纱织布的手工业。这样，原

---

① 参见阿岩、乌恩：《蒙古族经济发展史》，第五章“清代蒙古族经济”，远方出版社，1999 年。

② 龙登高：《中国传统市场发展史》，人民出版社，1997 年，第 463 –477 页。

先从事土纱土布贩运与销售的商人，也随之销售洋纱洋布了。

土纱织土布受到猛烈冲击的例子很多。直隶枣强县，以前“乡民农隙藉以纺织，获利虽微，颇觉充裕。自商舶云集，洋布输入，而土布遂一落千丈。若线若油，亦为洋线洋油所抵制，余不堪问矣”[①]。文安县“前时妇女纺花，比户皆然，颇为出产之大宗。自洋布、洋线盛行，人竞趋之，纺织均缀业，邻里过从，不复闻轧轧声矣”[②]。

在土纱织布竞争力下降的情况下，人们转而使用洋纱织布。深、冀二州“布利甚饶，纺织皆女工。近来，外国布来，尽夺吾国布利，间有织者，其纱仍购之外国，故利入益微”[③]。束鹿县的情况也大体相似，“第近来洋布输入甚伙，尽夺中国纺织之利。间有织者，其线仍购之外国，故利入益微”[④]。昌黎县在1900年以前，“几于家家纺绩，比户机声。近以棉纱、洋布来源日多，棉产日少，纺织者亦大减矣。而蛤泊堡所织之洋线布、冷布，现仍为大宗。年来邑人多留学天津，回里之后织爱国布，颇足挽利权”。由上可知，如果说深州、束鹿人用洋纱织布尚颇感无奈的话，在昌黎则已成“邑人”之共识。随着时间的推移，适应市场对原料和技术进步要求的洋纱织布业，在华北大地迅速发展起来。在这种情况下，腹地商人经营洋纱洋布，便是顺理成章之举了。

其次，是经营土杂货的行业，逐渐为经营洋杂货的行业所替代。

随着洋铁、洋针、火柴、煤油等洋杂货的大量进口，土铁、土针、火石、植物油等等土杂货的销售日渐萎缩。由于商人靠贩卖洋杂货容易赢利，土杂货的经营遂受冷落。

如直隶望都县的百姓多用洋货，“光绪庚子（1900年）以前，居民取火以火镰、火绒、火石取火；燃灯则以瓦灯，棉籽、豆、麻等油；炊薪率用柴薪；吸烟则烟叶、烟丝，皆国产也。近则取火易以洋火；燃灯多用煤油，而油坊稀少；炊薪以柴薪不敷，半用煤炭；他如

---

① 宋兆升等修纂：《枣强县志料》，卷二“物产”，货类，民国二十年铅印本。

② 陈桢等修纂：《文安县志》，卷一“物产·货属”，民国十一年铅印本。

③ 吴汝纶撰：《深州风土记》，卷二十一“物产”，光绪二十六年刻本。

④ 李中桂等纂：《光绪束鹿乡土志》，卷十二“物产”，光绪三十一年修，民国二十七年铅印本。

纸烟充斥，洋货盛行”①。

这样，贩运洋杂货，便成为相当有利可图的事情。天津府青县，“自外人通商以来，邑之眼光敏锐者，营充洋行买办，至获巨利。渐而自设行栈，收买内地土货，转售外商或承办各行转运事业，蜚声繁盛都埠者，实有数家”②。直隶宁晋县商业上的类似变化也很明显。“宁邑滨临滏河，交通便利，城市、集镇商业素称发达。近来铁轨繁兴，远方贸易者日众。惟是（棉）花、粮（食）而外，贩洋货奢侈品者颇多。只知图利肥已，不顾民艰，宁俗之日就奢靡，此其重因。”③

商业结构变迁的另一个方面，是土货出口业的繁荣。如前所述，为适应沿海和国外市场对腹地原料产品的需求，皮毛、棉花、药材和干果等很快成为天津港的重要出口商品。与此相适应，收购和运销出口土货的商人日益增多，土货出口业也就很快繁荣起来。

2. 商人群体的变迁

买办商人的出现并形成规模，是开埠以后天津腹地商人队伍变迁的重要方面。

中国的买办商人，最早出现在鸦片战争前一口通商的广州，主要职责是代理外商居间贸易，并管理外国商馆里的内部事务。五口通商以后，演变为对外商雇佣的华人中介人员的称呼。天津开埠之初的1866年，外国商人在天津设立的洋行代理处或分号，便达到15家之多。鉴于语言、风俗、商业习惯、社会关系等方面的诸多障碍，他们便把行之于广州、上海等地的买办制度引入天津。尽管洋商要付买办高额的佣金，并且还要在一定程度上受买办的挟制，但他们还是离不开买办，“要是突然不用自己的买办，他就会发现自己像一个试图不要代理人而去做议会候选人一样，不能不处在进退维谷的境地”④。据罗澍伟先生的研究，天津的买办阶层，形成于19世纪80年代以后。著名的“四大买办”，有怡和洋行的梁炎卿、太古洋行

① 王德乾等修纂：《望都县志》，卷十“风土志 · 民生状况”，民国二十三年铅印本。

② 万震霄等修纂：《青县志》，卷之十一“故实志 · 风俗篇”，民国二十年铅印本。

③ 张震科等纂修：《宁晋县志》，卷之一“风俗”，民国十八年石印本。

④ 吴弘明整理：《津海关年报档案汇编（1865－1911）》，1866年贸易报告。

的郑翼之、汇丰银行的吴调卿、道胜银行的王铭槐。[①]

买办商人在为外国洋行推销商品和收购原料的过程中，主要采取代销代购、经销承购和包销包购等三种方式。[②]

代销代购，即买办商人作为外国洋行的雇员，直接为外商服务。每当洋行从国外把商品运到天津口岸以后，买办商人不是先购进商品，然后再向内地推销，而是按外商的要求和规定的价格，直接向内地推销；洋行收购农副产品出口时，买办商人也不是先收购产品，然后再卖给洋行，而是按洋行的要求和价格，直接为外商采购。在经营过程中，买办商人可从洋行领取薪俸，并从买卖双方获得佣金和差价，而不担负任何的盈亏和责任。

经销承购，就是买办商人依靠外商庇护而建立自己的商号，然后开展的业务。他们一方面为洋行推销或购买商品，另一方面又向洋行购买或出售商品；一方面成为洋行的雇员，另一方面又是同洋行做生意的商人。

包销包购，就是买办和洋行双方事先订立合同，向洋行承担一定数量的购销任务，以充分保障洋行的相关利益。

买办商人在为外商赚取高额利润的同时，自己也获得了很大的收益。双方相互利用，又互为依存，从而为外国洋行在天津港腹地推销商品和收购原料，逐步构建起了一个完善的商业购销体系。

到了清代后期，天津的外国洋行，在北方的许多地方都建立了分支机构，作为销售进口洋货和收购当地出口土货的营业网点。例如，在山西省寿阳、榆次、交城、潞安、汾阳、忻县、新绛、太原等地，都设立了称之为“外庄”的洋行的分支机构。这些“外庄”从事的进出口业务，大多是在买办商人的操持下进行的。[③]这样，洋行和买办一起控制了北方广大地区的洋货进口和土货出口的业务。

传统商人的转型，是开埠以后天津腹地商人队伍变迁的另一个重要方面。

---

① 罗澍伟主编：《近代天津城市史》，中国社会科学出版社，1993 年，第 201 -202 页。

② 参见王相钦：《中国近代商业史》，北京商学院，1983 年刊印，第 22 页。

③ 渠绍水、庞义才编：《山西外贸志》上卷，山西地方志编纂委员会办公室，1984 年出版，第 124 页。

开埠以后，中国的传统商人也发生了变化，除了一部分继续从事国内传统贸易，一部分如前所述已改为经营进口洋货和出口土货之外，内部组织上也发生了巨大的变化。开埠初期，天津商人的社会组织，仍然是以血缘、地缘关系而组成的商业会馆，以地缘、业缘关系组成的行业公所。随着国内外市场的日益扩大，这种会馆、公所组织因其具有的封闭性和排他性，缺乏联络，严重限制和束缚了下属成员的商业活动。而且，它们规模狭小，管理不民主，机构设置杂乱，也难以应付西方商品涌入后新的商业竞争形势。在此背景下，一种能够统辖全体工商界的规模较大的新式工商团体天津商会，便依照其他口岸的经验，在清末应运而生。在天津商务总会下面，有直属其管理的保定、张家口、山海关等商务总会，以及设立在秦皇岛、芦台镇、顺德府、磁州彭城镇等县、镇、集市上的商务分会或分所，从而构成一张联系紧密、管理垂直的商业组织网。各地的分会、分所，在兴办实业、处理商务、抗捐抗税、立宪运动等重大的经济和社会活动中，基本上要向天津商务总会征询方策，才能做出重大决定。民国以后，商会的组织系统和运行机制更加严密和完善，直属和附属系统纵横交织，商会的经济和社会功能进一步加强。①这种以天津为首，统辖各地的商会组织，反映了天津在北方商业中的领袖地位，也是天津联系自己腹地的一种有效的形式。

三、商品销售方式与销售网络的变迁

近代的进出口贸易既如此不同于传统的商业，其商品的营销方式必定也不同于传统商业。这种不同，在天津腹地的进口货物的销售和出口货物的采购，以及它们的营销网络方面，都有所体现。

1. 洋货的销售方式和销售网络

天津与其腹地间的洋货销售，主要通过五种渠道进行。

第一，洋行和买办控制下的各级洋货销售，是天津及其腹地洋货销售的主要渠道。以天津的煤油和卷烟的销售为例，可以搞清其基本

① 以上据宋美云：《近代天津商会》，第四章，天津社会科学院出版社，2002 年。

概况。

美孚、亚细亚、德士古三大油行均以天津为中心，划分若干业务段，直接控制和支配遍布城乡的代理店和分销店。（见表5.1）

表5.1 “七·七事变”以前天津三大外国石油分公司的销售网络

	大致经营范围	所辖主要区段及代理店数	主要品牌及销售状况
美孚	南起黄河两岸，北至张家口及内蒙西部，东迄山海关外，西达陇海铁路西段	北京、保定、石家庄、新乡、郑州、德州、秦皇岛、张家口、太原和西安等，代理店120多家	老美孚牌、鹰牌、虎牌煤油，年销约3万吨，另年销汽油约5 000吨，润滑油约800吨
亚细亚	河北、河南、山西、陕西、绥远、察哈尔、热河及山东、江苏的一部分	天津、北京、秦皇岛、保定、石家庄、新乡、郑州、太原、西安、张家口、德州、徐州等，代理店170多家	元宝、铁锚、僧帽牌煤油，占全部业务的70%，另销汽油、洋蜡、柴油、机械油、润滑油及凡士林、蜡料等百余种
德士古	河北、山西、察哈尔、绥远、热河、山东北部、河南北部	天津、北京、保定、石家庄、郑州、太原、德州、秦皇岛、张家口等，代理店130多家	红星、幸福、银箱牌煤油之外，另售机械油、柴油、沥青油、石蜡、油膏等200余种

资料来源：闵文，《英美三大油行侵入天津概述》，《天津文史资料选辑》，第28辑。

代理店俗称“经理家”，被油行选中担任代理店的对象多为粮栈、洋广货店或杂货店。代理店作为“二批发”，负责一个地区的销售业务，它们与油行之间结成托售关系，按照代理契约包销产品。双方在签订油品批发业务合同时，代理商必须先向油行缴纳一笔押金，保证不再经营其他油行的产品，并严格遵照油行规定的价格售油；而油行也不能再包给其他商号经营，并在平时稽查不出问题的情况下，每月按售货额向代理店发放佣金，有时为笼络代理商，也暗地给一些额外的好处。

代理店从油行批到油料后，除自身销售一部分外，再转手分发到下一层的分销店去。在三大油行天津分公司的辖区内，约有代理店400余家，分销店4 000－5 000家。以亚细亚油行太原供应段为例，山西省境内归孔祥熙财团的“祥记”字号独家经营，“祥记”在石家庄、太原、大同等地区都设有代理店，这些代理店又分管大小分销店百余处，布满山乡僻壤。①

① 闵文：《英美三大油行侵入天津概述》。

天津英美烟公司，也拥有庞大而严密的销售网络，同样通过各级经销机构、代理店、零售商，将其产品运销到腹地广大地区。由于英美烟公司在中国的总部抗战前设于上海，天津烟公司属于其五大分公司之一，天津港进口的外地英美烟公司其他品牌的产品，也由天津烟公司的销售网来营销。

各分段又下辖若干较小的县和镇，如天津段的泊头分段，管辖泊头镇、交河、董村、霞口镇、南皮、高川镇、段庄、弓高城、塘上村、淮镇、阜城、寺门村、刘家庄、三里庄、尹家簸箩、老公村、建桥、陈屯等20多个县城和乡镇。在这些县城和乡镇之下，又都设有不止一处的代理店，每个代理店又掌握着若干个零售商[①]。凡此种种，共同组成了严密的卷烟销售网络。（见表5.2）

表5.2　天津英美烟公司的销售网络

北方区	芦汉区	山东区	边沿区
管辖河北省北部及热河省，总办驻天津，下设4个段：天津段下辖天津、泊头、胜芳、沧州、大城、连镇、庆云、宁津等分段；北京段下辖北京、海甸、通州、廊坊、蓟县、密云等分段；唐山段下辖唐山、古冶、乐亭、滦州、热河等分段；秦皇岛段下辖秦皇岛、昌黎、台头营、抚宁、山海关等分段	管辖河北省南部和河南省北部及山西省，总办驻石家庄，下设4个段：石家庄段下辖高邑、正定等分段；保定府段下辖河间、涿州等分段；彰德府段下辖顺德、邯郸等分段；太原府段下辖汾州、平阳等分段	管辖山东省，总办驻济南	管辖绥远省、察哈尔省及外蒙古，总办驻张家口

资料来源：肖祝文，《天津英美烟公司的经济掠夺》，《天津文史资料选辑》，第3辑。

除了煤油公司和烟草公司外，其他的洋行同样在天津及其腹地建立了洋行，或者洋行的分行与分庄。例如在山西，清末大约有53家在天津的外国洋行，陆续前来销售洋货和收购土货。一开始这些洋行销售和收购任务完成之后，便回到天津的洋行本部。后来随着业务的扩展，一些洋行便在某些商业城镇和重要的集散中心设立自己常驻性的外庄。[②]

第二，通过天津杨柳青镇“赶大营”的商人，将包括天津港进口

① 肖祝文：《天津英美烟公司的经济掠夺》。
② 渠绍水、庞义才编：《山西外贸志》，上卷，第122－124页。

的洋杂货在内的商品，向西北尤其是新疆地区销售。

1875－1878年，清政府开始重新收复新疆。为巩固和建设边疆，一度大力鼓励人民贸易实边，包括天津杨柳青人在内的内地人民纷纷前往经商。由于当时驻屯新疆的军队营幕称为“西大营”，前往新疆贸易便被称之为“赶大营”。他们以肩挑车载畜驮等方式，带上各类土洋杂货，分三路往返于天津与新疆等地之间。南路是沿着旧有的驿道，出河北，过河南，穿陕甘，入新疆；中路是由天津向西，经张家口、归化、阿拉善而抵新疆之古城、迪化；北路是北上满洲里，乘俄国西伯利亚火车、转阿尔泰支线到斜米，再由塔城入新疆。三路以中路最为繁盛，京包铁路通至包头以后更是如此。天津杨柳青人的这种经商活动，民国前期达到鼎盛。①

第三，是以晋商为主、深入广大蒙古草原地区经商的旅蒙商人。

他们以张家口和归化等地为主要据点，将各种包括从天津港进口的土洋杂货，输往包括外蒙古在内的草原各地，再换回皮毛、药材等畜产品与土特产品。② 同时，他们也将天津进口的洋杂货，由子牙河经水路向西、再转陆路辗转运达山西境内。③

第四，顺德的皮毛商人。

他们为从事皮毛的贩运，也将包括天津港进口的土洋杂货在内的商品，运销到蒙古草原西部及宁、甘、青等广大西北地区。“资本较小之皮贩，每值秋后或骑骡马，或相伴步行，奔赴西北，彼等所携带资本为布匹、线带、土布、厂织品、火柴等物，对西北各地土人大半行直接交易，近者由骡马或人力运回，远者由邮局运回，或转运公司代运。……由皮店作中间介绍，售于天津及其他各地商客。”④

第五，天津及周边商人直接的洋货贩运。

天津城内及周边地区的商人，利用地理和交通上的方便，在洋货营销中表现得相当活跃。新疆虽然离天津道路遥远，但在当地的商人

① 王鑫岗等：《天津帮经营西大营贸易概述》，《天津文史资料选辑》，第24辑。

② 参见孙荫樊：《谈谈张家口的旅蒙商》，《张家口文史资料》，第6辑。

③ 吴弘明整理：《津海关年报档案汇编（1865－1911）》，1868年报告。

④ 实业部天津商品检验局出版《检验月刊》，1934年2月号，“工商要闻”部分，第14－15页。

中，最有名而且力量最大、分布最广的，却是主要来自天津杨柳青的津帮。[1]不仅津门内外的商人，甚至海河各大支流沿线的商人，也往来于天津与当地之间，从事洋杂货的直接营销。例如，山东德州的商人，早在光绪年间，就将“洋线由天津水运至州境行销，岁计1 200件，内转山东内地者900件。洋油由天津水运至州境行销，岁计16万箱，内转山东内地者15万箱。……洋布自天津水运至州境行销，岁计900匹，内转邻封各地者500匹。洋纸自天津水运至州境行销，岁计值银500两。杂色洋货自天津水运至州境行销，岁计值银5 800两”[2]。

2. 出口土货的采购渠道及其网络

腹地土货的采购渠道，与洋货的销售渠道相类似。主要来说，一是洋行—买办—分庄收购系统，二是皮毛商、棉花商、杂货商等华商收购系统。

天津开埠之初，纷至沓来的西方洋行在经营进口洋货的销售的同时，也建立了土货采购、出口的业务。他们在各地设立的代理商，既推销洋货，也收购土货，成为土货收购与出口的重要力量。

中国商人的收购方式，不同地方有所区别。例如在蒙古草原，旅蒙商早年以车拉驼载的“出拨子”的形式，用洋货到草原深处与牧民交换皮毛，运回到归化城、张家口等中转市场，再转运到天津。20世纪初以来，由于火车和汽车运输在很大程度上取代了缓慢的驼运车拉，加之皮毛出口量的急增，旅蒙商改变以前落后的购销方式，纷纷在各中转市场建立自己的商号，并且在草原众多的集市和庙会上设立了自己的分号店铺，以作为在牧区进行皮毛收购的据点，从而形成以各中转市场的大商号为根本、以各采购地的店铺为依托的现代化的皮毛购销体系。[3]

大致自1908年以后，河北等地的棉花开始较多地出现在天津市场。棉花的收购程序是从最小的村级棉花市场，逐步向较大的镇、县

① 蔡家艺：《清代新疆经济史纲》，第三编第三节，人民出版社，2006年，第323－324页。

② 冯翥编：《德州乡土志》，“商务”，光绪年间抄本。

③ 贺扬灵：《察绥蒙民经济的解剖》，上海商务印书馆，1935年，第51页。

棉花市场集聚，然后经水陆道路运往天津。[①]而各地棉花从棉农手中集运到天津的棉花市场或出口海内外，同样要通过一个复杂的商业系统来进行[②]。

表5.3 华北棉花的营销系统

卖方	中介	买方
棉农 贩运商 棉花店 棉花栈	经纪人	零售商 纱厂 棉花栈 出口商

资料来源：张利民，《试论近代华北棉花流通系统》，载《中国社会经济史研究》，1990年第1期。

天津华、洋商人采买鸡蛋的方式和地点有所不同。华商大多在河北各县及天津附近一带派人到各村庄订购收买，定期运到天津再转售给洋商；而洋商则大多在河南郑州和山东德州等地设庄收买，或委托华商代办购买。除日商因为距离尚近愿意直接购运鲜鸡蛋外，英、德、法、美等国都在各产区设立蛋厂，利用当地廉价的工资，就地将鸡蛋加工成干蛋黄、干蛋白、飞黄白子、湿蛋白、湿蛋黄等，以便于储运。[③]

草帽辫收购的大致情况是，乡民将草帽辫编好分束后，由游走于乡间的零星商贩收购，转卖给辫庄；辫庄再将各处集聚而来的草帽辫分类打包，转运到更大的草帽辫集散中心；再由那里运输到天津等港埠出口。当时，山东商河、掖县、平度、昌邑、寿阳、阳信等县的草帽辫，就先由商贩或辫庄，在商河等地收集，然后用船运到潍县，再由潍县运到天津或青岛；而山东西部的草帽辫，则先集运到济南，再由济南转运天津等地；直隶南部的南乐、清丰、濮阳、长垣等县的草帽辫，也是先运往济南，再转运天津；直隶东半部各县的草帽辫，则先在沧州集结，再运往天津。[④]

① 曲直生：《河北棉花之出产及贩运》，商务印书馆，1931年，第87－89页。

② 参见张利民：《试论近代华北棉花流通系统》。

③ 工商部工商访问局编：《工商半月刊》，1930年2卷3期，“调查”部分，第27－28页，“津埠之鸡卵调查”。

④ 工商部工商访问局编：《工商半月刊》，1929年1卷11期，“调查”部分，第27－28页，“中国草帽辫之制造与销路”。

干鲜水果的收购情形又有所不同。平、津等地的商人多到北平西北等盛产甜杏、中杏、苦杏的地方，通过向农户预先包株、或先向农户贷款，然后让其以杏、仁合价偿还的办法，将所收集来的杏仁运到天津。每年约200吨左右出口到英、美、德三国，其余由上海驻天津的大昌德、王成永、怡大隆、源顺祥、隆昌等商家收购运沪，分销他省[①]。红枣运销则是，将枣用麻袋装好，由农主或客商自各产地运到天津，存放到各山货栈行，然后把货样拿给江南客商或本地的掮客，由货栈居中促成买卖。[②]黑枣的运销方法、渠道及行销区域，与红枣基本上相同。[③]

四、天津与腹地间因贸易引起的资金流动

天津是近代我国北方的金融中心，天津与其腹地的经济联系，最为突出的是以天津为中心的商品贸易关系，而贸易必然会引起资金的流动。因此，贸易所引起的资金流动，对天津与腹地间的资金流动有着决定性的影响。根据龚关的研究[④]，这种影响突出表现在两个方面：

第一，天津与腹地资金流动的路线是由贸易路线决定的，资金流动的路线基本上就是贸易路线。

第二，资金流动的季节性，即天津与腹地的金融市场资金的供求关系呈现的季节性变化，受到农产品贸易的强烈的影响。当农产品大量上市时，对货币需求量大，金融出现紧急；反之，金融松弛。具体地说，当华北的棉花、小麦、高粱、芝麻、花生等农产品，或者皮毛等畜产品大量上市时，资金从天津流向腹地，反之则从腹地流向天津，从而在北方区域内形成以天津为中心资金有节奏地聚集和分散。

---

① 《工商半月刊》，1929年1卷13期，“调查”部分，第32–33页，“杏仁调查”。

② 《工商半月刊》，1931年3卷6期，“调查”部分，第7–10页，“天津红枣之产销情况”。

③ 《工商半月刊》，1931年3卷7期，“调查”部分，第15–17页，“天津黑枣之调查”。

④ 龚关：《近代天津金融业研究（1861–1936）》，天津人民出版社，2007年，第三章第三节“天津与腹地间的资金流动”，本节“四、天津与腹地间因贸易引起的资金流动”部分依据此书。

因商业贸易而引致的天津与腹地间的资金流动，主要是为了完成贸易结算，同时还包含着商业性融资。商业性融资的一种方式是商业信用，即天津的商号向腹地商号的融资。另一种方式是金融机构的融资，例如，金融机构直接向腹地商号贷款、银行间的借贷，等等。除了与贸易相关的资金流动，还有对金融业、工矿业、农业的放款与投资所引起的资金流动。这种资金流动，也是双向的，既有天津流向腹地，也有腹地流向天津。天津是工商、金融业聚集的中心，对腹地的投资者有很大的吸引力，从而形成了因投资向天津的资金流动。

近代天津与腹地间的资金流动，一种方式是运现（运送现金），天津运送现金的范围，几乎覆盖东至唐山、秦皇岛，西北至归绥、包头，南至郑州的北方广大地区。另一种方式是汇兑，北方各地的对外汇款均以天津为主要汇兑之地，无论是张家口、包头还是邯郸、石家庄、兰州以及山西的城市，无不以天津为主要汇兑对象，只有山东、河南两省的许多地方与青岛、上海、汉口等口岸的联系密度超过天津。①

如上所述，通过进出口贸易体现出来的腹地商业的外向化，无疑是天津与腹地经济互动在商业上的集中表现。天津开埠以前，北方商业的基本功能，主要在于狭小市场范围内商品的余缺调剂，其经营内容和营销方式也都相对封闭。开埠以后，腹地商业从成员身份、经营内容、营销方式、通达渠道、区域范围等方面都有了明显的新变化，也就是加入了许多外向化的成分和内容。其基本的经济功能，也由以前为国内区域市场间的余缺调剂服务，转向为广大腹地与沿海和国际市场间的商品进出口服务。也就是由内向型的商业，逐步转化为外向型的商业。商业性质和功能的这些转化，是腹地经济全面外向化的基础和保证。

---

① 参见龚关：《近代天津金融业研究（1861－1936）》，第三章“货币资金的区域流动”，天津人民出版社，2007年，第155页。本节“四、天津与腹地间因贸易引起的资金流动”部分主要依据此书。

第二节　腹地农牧业的市场化和外向化

农、牧业是北方最基本的两大经济产业。天津开埠以前，腹地的农业和畜牧业，都处于一种自给自足的状态。农产品中，以粮食作物的种植为主，经济作物仅在国内区域性的市场间进行贸易；畜产品中，皮张等的市场化程度非常低下，而羊毛尚未作为商品。在天津开埠以后的头一二十年，腹地的农牧业经济，依然处于相对封闭的状态之中，因此并无多少产品可供出口。到了19世纪80年代前后，开始有了一定的农牧产品出口，以后出口的种类和数量都在持续的增长，农、牧产品成为天津出口贸易的两大支柱（参见第二章第一节）。农牧产品出口的增加，是腹地经济以商品性生产为主要目的的市场化、以出口为主要目的的外向化两种趋势日益加强的结果。这一变化，冲击着腹地的传统的自然经济结构，有利于近代新经济因素的成长，是北方地区近代经济变迁和发展的一个重要方面。

一、畜牧业

蒙古高原和西北地区草原广阔，草原居民以畜牧业为主业，畜群是他们的衣食之源和基本财产。然而，开埠以前草原地区畜产品的市场化和外向化程度却并不高。原因主要在于，清政府为抑制蒙古族的发展，不仅严厉禁止蒙古族内部的商品交易，而且严格限制蒙古民众赴内地贸易；只有经过特许的汉族旅蒙商人，才可以从事蒙古草原与中原地区之间的商品交易①。那些政府许可的旅蒙商人，将在草原地区换来的细皮张，在山西和北京等地加工成各种裘皮服装，再转销到东北、直隶、山东、河南、湖北等地。

1860年天津开埠以后，由于国内外市场对皮毛原料的需求，北方皮毛开始作为出口商品，通过天津港而运销到国外和南方市场。开

① 参见阿岩、乌恩：《蒙古族经济发展史》，第五章“清代蒙古族经济”，远方出版社，1999年。

埠初期，由于传统运输方式的落后等原因，皮毛在天津整个出口结构中所占的比重并不大。猪鬃和皮张在前20年中尚不在出口之列，即便是驼绒和羊毛，和其他商品相比较，出口量也是很少的。这种不景气的状况，到19世纪80年代后期有所改观。随着国际市场对皮毛等畜产品需要量的日益增加，越来越多的汉族商人和洋行买办，深入到广大牧区，从事各种畜产品的采购和运销，经天津出口国际市场以及我国沿海市场的皮毛，从种类到数量方面都有所增加（见表5.4）。

表5.4 1866－1906年天津港皮毛出口概况

［单位：毛鬃（担）、皮（张）］

概况 / 年份	绵羊毛	骆驼毛	年份	绵羊毛	骆驼毛	猪鬃	山羊皮褥	生山羊皮
1864	114	428	1885	19 700		326 014		
1865	134	738	1886	25 189	20 939	546 093	2 217	
1866	946	638	1887	35 302	14 739	452 041	2 824	
1867	430	462	1888	37 125	24 473	462 508		1151
1868		309	1889	62 579	25 681	519 173		
1869		303	1890	80 600		474 000	4 100	
1870		702	1891	80 000	10 000	519 000	5 000	648 000
1871	46	125	1893	88 000		791 000	7 200	
1872	971	1 935	1894	207 574			8 500	700 000
1875		4 071	1895				9 100	1 700 000
1876		9 824	1897	188 000	23 000		10 000	1 690 000
1877		13 384	1898	98 000	17 000		13 000	1 700 000
1878		11 592	1899	218 000	41 000		14 000	2 600 000
1879		9 802	1901	93 000			11 000	1 353 000
1880		16 442	1902	165 232	15 271		15 000	3 000 000
1881		9 772	1903	118 000	15 528		15 000	2 155 000
1882	2 327	14 951	1904	178 000			15 000	1 186 000
1883	8 015		1905	165 801			11 000	2 140 000
1884			1906	269 114			15 103	2 521 507

资料来源：吴弘明整理，《津海关年报档案汇编（1865－1911）》。

天津的皮毛出口值，1898年为56 071关平两，占整个出口总值的11.44%；1903年为370 144关平两，占整个出口总值的32.28%；

1908 年为 223 567 关平两，占整个出口总值的 14.46%。①

进入 20 世纪以来，由于铁路、公路修通带来交通的便利，以及国内外市场需求的扩大，经由天津港出口的畜产品，包括皮毛和肉类，出口数量又较前大大增加。据统计，本时期各类皮毛及其加工产品，在天津主要出口商品总值中所占的比重，从 1908 年的 15.70%，增长到 1924 年的 35.10%。此后虽由于农副产品出口比重的增长等原因，皮毛的出口比重相对下降，但仍占较高的比重，1925 年为 30.80%，1926 年为 24.08%②。表 5.5 表明，1927 —1931 年，天津港畜产品的出口每年都达到 8 000 万海关两上下，畜产品占天津港出口总值至少在 1/3，最多的 1928 年甚至占到一半，可见皮毛对天津港出口贡献之大。

表 5.5 显示，天津港的畜产品 1928 年时曾占到了出口总值的 51%，其他年份所占的份额也都在 1/3 以上，说明到 20 世纪二三十年代，畜产品已成为天津港出口业的一大支柱。

表 5.5　1927 —1931 年天津港畜产品的出口状况

（单位：海关两）

年份 畜产品	1927	1928	1929	1930	1931
牲畜	12 667	30 160	41 031	7 783	13 653
肉类	1 278 039	1 442 960	1 778 170	2 192 934	1 894 995
猪鬃	3 007 968	2 538 261	3 761 325	3 041 579	2 558 176
其他动物原料	1 530 726	1 672 489	1 761 003	1 449 279	2 558 176
羊毛/驼毛	13 966 743	17 577 613	11 821 606	6 028 791	7 875 843
各类皮张	10 564 646	16 419 776	18 058 708	14 615 879	14 430 376
合计	30 360 789	39 681 259	37 221 843	27 336 245	29 331 219
占出口总值的百分比（%）	38.26	51.01	47.32	36.54	34.67
1927 —1931 年出口总值	79 348 284	77 786 880	78 655 227	74 802 121	84 602 726

资料来源：蔡谦、郑友揆，《中国各通商口岸对各国进出口贸易统计》，“主要土货各通商口岸对各国出口统计”，商务印书馆，1936 年，第 355 —599 页。

① 据王怀远：《旧中国时期天津的对外贸易》中“天津口岸 1898 —1908 年直接出口商品结构表”推算。

② 王怀远《旧中国时期天津的对外贸易》中“1924 —1926 年天津口岸主要出口商品价值表”，载于《北国春秋》，1960 年第 2 期，第 38 页。

天津是我国皮毛的主要出口港，其出口值所占的百分比远远超过另一个主要出口港上海。据表5.6，在1934－1937年，天津港出口的绵羊毛，通常要占全国出口的85%−90%。

表5.6　天津、上海绵羊毛、山羊绒输出占全国同类品出口的百分比

品类	城市	1934	1935	1936	1937
绵羊毛	天津	86.01	85.74	89.37	84.70
	上海	13.63	14.26	10.59	15.29
山羊绒	天津	91.74	97.53	74.45	81.49
	上海	7.45	2.50	25.55	18.50

说明：据许道夫《中国农业生产及贸易统计资料》第313页表改绘，上海人民出版社，1983年。

而山羊绒出口也在74%以上，最高达98%。可以说，全国绝大多数的出口皮毛，都来自天津港。

皮毛的大量出口，无疑是草原的畜牧业，在出口贸易的带动下走向市场化和外向化的结果。

开埠之前，草原牧民过着食肉穿皮的生活，后来作为主要出口产品的羊毛，在天津开埠前仅限于制造当地人用的毡毯和帐篷等，用量很小，绝大部分都因得不到利用而白白地废弃了。天津开埠以后、特别是20世纪以来，由于国际市场的需要，羊毛变成了广大牧区最重要的出口商品。不仅蒙古草原如此，西北的草原地区同样如此。据日本人1910年前后在甘肃、青海和内蒙古的阿拉善、鄂尔多斯等地的调查，“十五六年前，即1895年，羊毛还未经洋行之手办理，当地畜牧的主要目的是食用，羊皮被利用来作为冬天的寒衣。自从洋行开始进出这一地带后，羊毛的需求量猛增，羊的经营完全改变成以羊毛为目的的饲养”。由于饲养的羊只能取毛或取皮，而取羊毛的收入超过取羊皮，牧民多以取毛为主，由此导致“优质的羊皮逐渐减少，羊毛产量逐渐增加，这也可以看出洋行的买卖给这一地区的牧业生产带来怎样的后果”①。

在皮毛大量出口的同时，羊肠、骨头等的出口量也在逐年加

① 和龚等辑译：《“新修支那省别全志”宁夏史料辑译》，北京燕山出版社，1995年版，第147页。

大。羊肠、骨头等本来是没有什么用途的，但20世纪以后，却由于出口的需要而大量地“由新、甘两省发至绥远，再由平绥路运平转津；陕、晋各省则由陇海、正太两路转运至平津”，出口欧美等国[①]。

畜牧经济的市场化和外向化的不断增强，导致畜牧产品出口种类和数值的不断增加，羊毛、羊肠、羊骨头等畜牧产品变废为宝，以至羊毛成为主要的出口产品，这一切都是天津腹地畜牧产业结构日趋市场化的集中体现。在这一过程中，草原的畜群结构、饲养目的和牧民的收入状况，都发生了很大的改变。这一切的改变和长途贸易的兴旺，导致了草原经济生活和商业方式的进步。不仅草原如此，对那些有较多的人卷入皮毛出口贸易和加工的内地的村庄或市镇，例如直隶顺德府（今河北邢台市），也同样如此。

顺德府的居民一向以务农为生，生活相当清贫。天津开埠后，受畜产品贸易不断扩大的影响，顺德二、四两区的农民为了增加收入，趁秋收冬藏的农暇时间，结伙赴陕、甘、蒙古等地贩运皮毛，开春返回。起初，规模小，货物少，所贩来的皮毛仅在集市之日才拿出来摆摊交易。到20世纪初，参与此业的人越来越多，贸易规模不断扩大，出现了从事皮毛中介业务的皮店，最多时达到了70多家。收购来的皮毛，除大量转运到天津出口外，当地人还将部分生皮就地加工成皮袄、皮褥等成品，销售到国内各地。据统计，20世纪20年代，顺德城关及城西王村、刘家庄、西北面等村，共有熟皮作坊400余家，每坊工人三五人至三四十人不等，工人总数在两三千人以上。各皮制成之后，再交给女工依样式缝制成各种成品。参加这种工作的乡村妇女有三四万人之多，每日可得工资铜元百枚，成为顺德农村妇女农闲时期最重要的副业收入。皮毛运销与加工业的兴旺，又带动了该地布匹业、洋广杂货业、金融业、服务业的发展与繁荣，使顺德逐步发展成为天津重要的畜产

① 国民政府工商部工商访问局编辑：《工商半月刊》，1卷13期，“调查”部分，第13页，“天津肠衣调查”。

品出口来源地和洋广杂货的销售市场之一，从事非农业生产的人越来越多。①

二、棉花种植业

在华北平原，棉花是种植面积最大、市场化与外向化程度最高的农业经济作物。

华北平原的推广植棉始于明代，清中叶前后又有所发展，而且在明清时期存在着北棉南运的现象。然而，“当时的棉花主要作衣被填充物和制作土布的原料，而且产量有限。因此，直至清末以前，华北各地棉花的集散活动，大多分布于产地县城和乡村市集之上”②。

从表5.7可见，天津港对国内外的棉花出口，在1911年以前一直发展缓慢。1862年尚不足百担，此后时增时减，极不稳定。津海关税务司查尔斯·汉南（C.Hannen）认为，天津“棉花之出口，因美国内战而增至136 000担者，在1869年间已降至1 000担。1867年与1868年内南方因所进印棉转销英国而使北省棉花乃有销路。本年（1869年）对南方之出口既已停止，我亦未闻出口将次恢复。盖有来自上海与宁波之竞争，有碍北省棉花之种植，何况本年春令之亢旱致其产量更为减少”③。也就是说，这一时期，华北棉花的种植虽然已相当普遍，但作为商品尤其是出口商品的竞争优势尚不明显，而在美洲和欧洲市场上，更是难以与美棉和印棉相抗衡。因此，腹地棉花出口的绝对数量在有些年份虽然也不算少，大部分还只是出口到了南方的国内市场，直接出口到国际市场上去的天津棉花一直不够兴旺。但不管怎样，腹地棉花的外向化进程毕竟已经开始，在出口量最多的1911年，天津的出口棉花一度占全国棉花出口总量的12.7%。

---

① 参见《顺德皮毛业调查》，实业部天津商品检验局编：《检验月刊》，1934年2月号，“工商要闻”部分，第12－21页。

② 从翰香主编：《近代冀鲁豫乡村》，中国社会科学出版社，1995年，第146页。

③ 吴弘明：《津海关年报档案汇编（1865－1911）》，《1869年天津贸易报告》。

表 5.7　1862—1910 年天津港的棉花出口及在全国的地位

（单位：担）

年份	输往国外	输往国内各埠	合计	全国输往国外	天津港所占比重（%）
1862			74		
1863			2 366		
1864	27 457	39 825	67 282		
1865			63 758		
1866	630	135 547	136 177		
1867	1 395	23 758	25 153	29 391	4.7
1868			9 699	38 141	
1869	237		237	69 274	0.3
1873		68	68	25 349	
1875		2 016	2 016	31 610	
1876		113	113	42 976	
1881	478	7 286	7 764	22 908	2.1
1882	1 793	5 169	6 962	41 690	4.3
1883	1 015	6 679	7 694	22 074	4.6
1884		5 559	5 559	53 572	
1885		192	192	61 850	
1886	63		63	47 572	0.1
1887		452	452	69 227	
1888		344	344	202 546	
1889	733	1 525	2 258	504 420	0.1
1890		90	90	298 887	
1891		3	3	355 584	
1899	274	3 503	3 777	229 220	0.1
1900	629	25 634	26 263	711 882	0.1
1901		760	760	290 865	
1902	12	539	551	774 536	
1903		238	238	759 521	
1904	2 940	7 657	10 597	1 228 588	0.2
1905	7 213	4 436	11 649	789 273	0.9
1906	1 447	9 187	10 634	769 542	0.2
1907	475	7 458	7 933	988 055	0.1
1908		3 824	3 824	613 509	
1909	164	24 964	25 128	633 687	
1910	23 906	101 320	125 226	1 247 304	1.9
1911	111 708	275 722	387 430	877 744	12.7

资料来源：据华北农产研究改进社编《天津棉花运销概况》，1934 年，第 40 页，第 17 表改绘。

由表 5.8 可见，进入民国以后，天津港对国内外的棉花出口整体上呈上升趋势。输出国际市场的棉花数量的增长尤其迅速，天津已成为中国棉花的主要出口港，在1912－1933年，半数以上的年份里都占到了全国棉花出口总额的50%以上，1932年竟达到了93.2%。

表5.8 1911－1933年天津港的棉花出口及在全国的比重

（单位：担）

年份	输往国外	输往国内各埠	合计	全国输往国外	天津所占比重(%)
1911	111 708	275 722	387 430	877 744	12.7
1912	172 432	248 857	421 289	805 711	21.4
1913	125 533	210 851	336 384	738 812	17.0
1914	119 988	118 703	238 691	659 704	18.2
1915	238 301	206 431	444 732	725 955	32.8
1916	121 180	161 319	282 499	851 137	14.2
1917	49 877	108 315	158 192	832 463	5.6
1918	226 629	99 401	326 030	1 292 094	17.5
1919	340 502	190 379	530 881	1 072 040	31.8
1920	145 390	113 178	258 568	376 230	38.6
1921	390 079	64 819	454 898	609 481	64.0
1922	478 088	70 885	548 973	842 010	56.8
1923	465 035	100 070	565 105	974 574	47.7
1924	284 313	131 228	415 541	1 080 019	26.3
1925	418 749	131 295	550 044	800 786	52.3
1926	579 733	47 777	627 510	878 512	66.0
1927	762 451	48 208	810 659	1 446 950	52.7
1928	653 416	183 631	837 047	1 111 558	58.8
1929	608 745	19 555	628 300	943 786	64.5
1930	715 659	115 370	831 029	825 545	86.7
1931	706 089	162 672	868 761	789 862	89.4
1932	619 293	231 735	851 028	663 264	93.4
1933	456 956	293 262	750 218	723 632	63.2

资料来源：华北农产研究改进社编，《天津棉花运销概况》，第40页，第17表。

据表5.9，棉花是天津的主要出口商品之一，20世纪30年代初期一度占到全部出口总值的1/3。此后，随着国内棉纺织工业对棉花需求量的增大，以及腹地其他商品出口比重的增加，棉花出口在天津港出口总值当中所占的比重有所下降，但它依然是天津港的重要出口商品之一。

表5.9 1930—1936年天津棉花出口在该港出口总值中的比重

（单位：国币元）

年份	出口总值	棉花出口值	棉花在总出口中所占比重（%）
1930	122 690 623	41 431 782	33.8
1931	138 196 596	46 623 563	33.7
1932	97 961 625	30 173 147	30.8
1933	88 472 265	19 801 947	22.4
1934	81 070 043	12 033 839	14.8
1935	91 201 950	13 504 373	14.8
1936	117 826 623	23 275 420	19.8

资料来源：王怀远，《旧中国时期天津的对外贸易》。

说明：1930—1931年包括国内转口。

天津棉花出口数量的增长，无疑是腹地棉花生产受出口拉动而不断扩大、棉花产量大量增加的结果。到20世纪20年代，黄河流域的产棉量，已经占到了全国的54%。棉花种植面积，河北、山东、河南均名列前茅。1928年河北省的棉花种植达3 275 671亩，山东省达3 316 022亩，河南省达2 856 822亩，山西省达898 151亩，陕西省达1 588 961亩[①]。在这些省份的一些地区，已出现一批面积颇广的以出口国内外市场为生产目的的商品棉专业种植区。《中华国货报》1916年的调查说："吾国之产棉之区，在北方黄河流域者，则为直隶、山东、山西、河南、陕西诸省。直隶以保定、正定、顺德、广平为最，山东以周村以北、新城（今桓台县）附近为最，山西以平阳、蒲州（今永济市）、解州（今解县）、绛州（今新绛县）、泽州为最，河南以郑州为最，陕西以西安、同州（今大荔县）为最，年产不下50万担，以天津为集散市场。"[②]在上述专业生产区，棉花种植已成为农民的主要生活来源。例如，河北"正定一带居民，类皆以产棉为主要之职业……农民对于耕作地，十分之八皆为植棉之用"，"故食料一项，不得不仰给于山西及临近各省矣"[③]，即是一个有力的证明。1920年前后，由于日本人在沿海广兴纱厂，陕西、河南、山西等省人民便广种棉花，争趋其利，甚至有每年连麦全不种的[④]。

① 章有义：《中国近代农业史资料》，第二辑，第221页。

② 章有义：《中国近代农业史资料》，第二辑，生活·读书·新知三联书店，1957年版，第220页。

③ 章有义：《中国近代农业史资料》，第二辑，第133页。

④ 章有义：《中国近代农业史资料》，第二辑，第150页。

另一方面，出口量的增长和棉纺织业的发展，又促进了华北棉花品种的改良。考虑到原棉不足、棉质退化已成为中国棉纺织工业发展的两大障碍，1919 年在上海一带的民族纺织企业的组织华商纱厂联合会设立了植棉改良推广委员会，由上海德大纱厂创办人穆藕初任委员长。他特意聘请东南大学农科主任邹秉文等农学专家协助工作，并从国外引进优良棉种，在河南、河北、湖北等省设立植棉试验场 16 所，就地研究指导植棉改良。1920 年，华商纱厂联合会从美国购进 10 吨优良棉种，运往河南、陕西等主要产棉区引种。步其后尘，青岛华新纺织厂也从上海等地“购买大宗美棉种子，在（山东）清平、滨县等处分散农民种植，秋后收买棉花”。①棉花质量的提高无疑是出口量扩大的前提之一。②

三、干果、麻类生产和药材的采集

干果、麻类和药材也是天津腹地外向化程度很高的经济作物。

干果主要包括花生、杏仁、红枣、黑枣、核桃、瓜子、栗子等。它是天津最初的出口产品之一，此后出口数量不断增加（见表 5.10）。进入 20 世纪二三十年代，干果已成为天津港出口量仅次于皮毛的大宗土货③。

表 5.10　1861－1900 年天津港主要干果的出口状况

（单位：担）

种类／年份	黑枣	红枣	种类年份	杏仁	黑枣	红枣	花生
1861	3 422	2 989	1881	22 902	28 916		
1865	7 102	7 558	1885	6 600	27 569	32 830	
1870	4 260	26 047	1890	8 285	31 753	27 592	
1875	12 848	19 467	1895	10 323	22 857	26 418	49 358
1880	14 218	22 992	1900	3 512	14 455	12 881	420 080

资料来源：《中国旧海关史料（1859－1948）》相关年度的天津贸易报告。

① 章有义：《中国近代农业史资料》第 2 辑，第 169 页。

② 本段戴鞍钢原撰。

③ 工商部工商访问局编：《工商半月刊》，1930 年 2 卷 19 期，“调查”部分，第 37 页，“天津干果调查”。

表 5.11 1901－1937 年天津港主要干果的出口状况

（单位：担）

种类 年份	杏仁	黑枣	红枣	花生	瓜子	核桃	核桃仁	栗子
1901	10 902	42 466	32 885	242 518				
1905	11 131	60 491	40 670	183 601				
1910	11 977	61 544	64 758	215 397	35 888	23 675	6 928	20 072
1915	54 388	58 151	83 979	272 774	63 305	58 649	3 958	24 852
1920	19 703		93 431	135 004	31 100	34 309	18 067	37 808
1925	54 347	52 047	82 596	158 862	20 788	65 430	39 710	45 224
1930	56 676	49 713	164 354	179 117	12 717	24 485	85 313	60 059
1935	45 456	31 777	60 468	487 092	12 526	18 497	36 107	42 248
1936	48 050	35 988	76 759	471 715	12 120	10 907	41 736	34 870
1937	48 837	14 214	41 258	447 036	8 053	11 010	51 532	24 893

资料来源：据《中国旧海关史料（1859－1948）》相关年度的天津贸易报告。

说明：1. 自 1918 年起，花生统计部分含花生仁在内。

2. 自 1933 年起，单位为公担。

表 5.12 1901－1937 年天津港花生的出口状况

（单位：担）

年份	数量	年份	数量	年份	数量	年份	数量
1901	242 518	1911	369 027	1921	165 981	1931	183 238
1902	338 402	1912	481 323	1922	266 634	1932	391 490
1903	99 742	1913	451 623	1923	392 760	1933	584 991
1904	248 061	1914	452 983	1924	322 805	1934	401 450
1905	183 601	1915	272 774	1925	158 862	1935	487 092
1906	211 443	1916	86 563	1926	192 020	1936	471 715
1907	133 427	1917	22 829	1927	235 183	1937	447 036
1908	157 815	1918	44 352	1928	133 759		
1909	151 216	1919	118 694	1929	146 721		
1910	215 397	1920	135 004	1930	179 117		

资料来源：据《中国旧海关史料（1859－1948）》相关年度的天津贸易报告。

说明：1. 自 1918 年起，含花生仁在内。

2. 自 1933 年起，单位为公担。

花生是干果中最重要的一种，早在天津开埠之前，直隶、河南、山东等省就有大面积的种植，开埠之后开始输出到我国沿海市场。1909 年，德国商人开始将中国花生出口到欧洲，“嗣后欧洲需求渐殷，产额顿增”①。天津是花生的出口港之一，据表 5.12，1902 年花生出口量为 24 万担，此后不断增加，到 1912 年在出口较多的年份都

① 农商部编辑处刊行：《农商公报》第 5 卷第 10 册，第 15 页，民国八年五月。

在40余万担。

干果的生产规模虽然远不及棉花，但在一些广泛种植的地方，却也是居民的主要衣食之源。例如，天津市场的红枣产地以河北献县杜生镇为中心，“该地枣树常连绵二三里，土人均以此为唯一收获品，亦即为唯一之农作物”。①

内蒙古的河套平原各县，山西的潞安、清源、徐沟等县，河北的顺德、望都、正定、晋县、磁县，河南的彰德，山东的泰安等县，是大麻的主产地；而河北、山东、河南、山西等省的低湿地带，又是青麻的主要产区。麻类作为北方重要的经济作物，在天津港的出口贸易中也占有一定的地位。据表5.13，在华北的天津、秦皇岛、龙口、芝罘、威海卫、青岛等六个港口出口的麻类中，无论大麻和青麻，天津几乎都占出口总量的绝大部分。

表5.13　1933—1937年天津港麻类的出口
及在华北六港出口贸易中的地位

（单位：吨）

年份	港口	大麻	青麻	年份	港口	大麻	青麻
1933	六港	936.3	3 551.0	1936	天津	4 322.7	6 136.9
	天津	907.7	3 551.0	1937	六港	2 212.6	4 339.1
1934	六港	1 684.6	3 275.7		天津	2 199.0	4 338.4
	天津	1 579.3	3 274.7	五年平均	六港	2 867.7	4 350.9
1935	六港	5 172.6	4 451.7		天津	2 823.2	4 349.6
	天津	5 107.7	4 451.7	天津/六港		98.5%	99.9%
1936	六港	4 333.2	6 137.4				

资料来源：据李洛之、聂汤谷《天津的经济地位》，第35页之表格改绘。

随着国内外市场对药材越来越多的需求，药材成为腹地、特别是西部地区对外出口的重要商品，药材采挖业随之兴盛起来。在开埠前后，天津的药材批发和出口业开始兴起。当时，进行南北间杂货贩运的广东商人和福建商人，将北方药材出口到南方，在南、北方之间进行药材的批发贸易。1863年，天津港出口的药材为18 466担，此后不断增加，一般都达二三万担、价值一二十万海关两，出口量最高的年份达60余万海关两（见表5.14）。

① 工商部工商访问局编：《工商半月刊》，1931年3卷6期，“调查”部分，第7—10页，“天津红枣之产销情况”。

表5.14　1863－1908年天津港的药材出口状况

[单位：数量（担），价值（海关两）]

年份	数量	价值	年份	数量	价值	年份	数量	价值
1863	18 466		1870	23 969	89 162	1890		407 000
1864	59 762		1871	15 382	106 688	1891		469 000
1865	29 263		1872	21 340	156 651	1902		658 974
1866		150 928	1887		294 684	1903		435 471
1868	18 381	73 124	1888		282 821	1908		339 510
1869	37 690	141 581	1889		358 600			

资料来源：吴弘明，《津海关年报档案汇编（1865－1911）》。

经由天津港出口的中药材，有大黄、人参、枸杞、甘草等多种，而以甘草的出口数值为最多。

民国绥远地方志回顾甘草出口的历史：“甘草，俗名西草，除一部为山西北部生产外，余皆为鄂尔多斯所有，其销路多从天津输出国外，有一部运销于内地，但数量甚占少数。大战后，美国购入中国甘草甚多，因制造口香糖及香烟均需甘草，因此，1919年至1921年，中国甘草出口特盛。1921年至1922年，甘草市价忽落，1923年又转活跃。原以供给欧美甘草著名之土耳其，彼时因缺货之故，而致中国甘草出口特旺。”①由于绥远的甘草出口数量巨大，甘草成为包头等地的主要运输物资之一。据统计，在铁路修成后，包头每年转输到平、津、沪及祁州等地的甘草数量，就约达620万斤②。

在晋西北、雁北、陕北等地特别是保德、河曲、偏关三县，多前往口外（今内蒙古西部）去采挖和经营甘草，当地人以此为重要的经济来源。一般情况下，保德每年大约出去3 000－4 000人，偏关约2 000－3 000人，河曲约4 000人，若遇大灾年，每个县都要超过万人。最初的方式，是春去秋回的雁行，到后来转为定居。河曲人主要居住在临河、陕镇、萨拉齐、土默特左旗和乌拉特中后旗等地，从1875年至1940年，在内蒙古定居的河曲人约有10万人。保德人分布

① 廖兆骏编：《绥远志略》，第11章“绥远之物产”，第5节“植物”，民国二十六年铅印本。

② 平绥铁路车务处编：《平绥铁路沿线特产调查》，1934年，第75页。

较广，比较集中的地方是包头、固阳、东胜、五原、临河、乌拉特左旗、达拉特旗、杭锦旗，人称“哪里有甘草，哪里就有保德人”。从事掏甘草劳动的都是男性劳力，一般每个劳力一天能掏 30 斤到 50 斤左右的湿甘草，而在杭锦旗能掏到 80 斤。①

甘草、苁蓉等野生中药材的大规模采挖和大量出口国内外市场，增加了相关人员的收入，促进了当地经济的开发。但由于它们都是优良的防风固沙类植物，大规模地采挖和销售活动，引起了植被的破坏和土地的沙漠化。据宁夏盐池县的土壤实地调查测算，每挖 1 公斤甘草，就要破坏 10 平方米的草地（包括挖洞及挖出的土埋压周围草地）。盐池县由于滥挖甘草，一年就要破坏草场约 2 800 公顷。土地被挖过以后，如要靠自然恢复植被，需 5 年以上。因此，许多被滥挖的地方，植被尚未恢复就演变为沙丘地了②。据此不难推测，开埠以后西北的甘草、苁蓉、麻黄、虫草等药材的采挖活动规模有多大，对当地土地沙漠化的影响就有多大。

四、粮食的流动

一般说来，在同一个地区，经济作物种植面积的扩大，往往意味着粮食作物种植面积的缩小，如果粮食不够吃，便需要进口外地的粮食。因此，一个地区扩大经济作物种植面积，往往也意味着有另一个地区可能会扩大粮食种植面积，以便为缺粮地区提供商品粮。从民国时期北方的农业史资料来看，一方面是外向化经济作物种植面积的扩大，另一方面是粮食作物商品化程度的提高，商品粮供给的增加自然也是天津港腹地外向化经济作物种植面积扩大的基础。

天津和北京既是华北最大的两个都市，拥有上百万人口，周围又是北方外向化经济较为发达的地区，工业人口和城市人口都比较多，而粮食种植面积日趋缩小，因此近代是北方商品粮的主要输入地。此外，天津还有相当规模的面粉工业，加上大批粮食经天津中转运往其他地方，需要输入的粮食为数甚多。由于广泛种植棉花等经济作物以

① 陈秉荣：《话说走西口》，《山西文史资料》，第 84 辑。

② 李士成等：《宁夏土地沙漠化现状及防治对策》，《宁夏农林科技》，2000 年第 4 期。

及近代城市的发展，需要运入粮食的区域远不止天津和北京两市。因此，由营口、大连海运来天津的东北高粱，通过外地商贩，大批运销到海河上游各县；而“到津的上海面粉和进口面粉，除通过零售商在当地销售外，也转销外地。北京、沧州、泊镇、胜芳、廊坊、保定、唐山等地均有粮商前来采购”①。因此，天津发展为北方粮食的主要中转港。

据统计，山东北部和河北的小麦，大多输往天津②。津浦铁路北段德州、济宁、枣庄等产粮区的小麦，也多运往天津③。平绥铁路沿线的绥远省、察哈尔省出产的小麦，每年约有46 000吨以上输出，除供应沿线的各面粉厂生产面粉外，大部分运往北平；如果天津的售价比较高，也运往天津销售④。而京、津一带所消费的杂粮，如高粱、小米、豆类等，主要来源于“北宁（铁路）之关外段与平绥（铁路）之察、绥两省之沿线各地”；“九·一八事变”以前，东北高粱、大豆，畅销于平津附近及滦东市场，自“九·一八事变”后，关内外经济关系几乎断绝，平绥铁路沿线的粮食得以源源不断地输往京津一带⑤。以上所提到的粮食大量输入京津的山东德州、济宁、枣庄等地区，绥远省，察哈尔省，以及河北的某些地区，显然都是以提供商品粮为目的的专业粮食产区，粮食生产在当地经济中占有重要地位。

小麦是华北商品化程度最高的粮食作物，20世纪以后，商品粮需求量的增加，农民“粜精籴粗”行为的频繁和普遍化，近代面粉工业的发展，都使得华北小麦种植的面积逐年扩大。而且，不仅使小麦，也使杂粮的商品化程度大大提高。并且，粮食商品化的市场范围，不仅再限于当地，而是扩展到了相当广泛的地域空间。⑥

表5.15反映了20世纪二三十年代河北、山东和河南三省小麦种植面积的稳步增长状况，而当时全国小麦的种植面积不仅没有增加，反而有所减少。据表亦可见，在这十余年中，河南的小麦单位面积产

---

① 朱仙洲：《天津粮食批发商业百年史》，《天津文史资料选辑》，28辑。

② 吴传钧：《中国粮食地理》，重庆商务印书馆，1943年版，第75－76页。

③ 朱仙洲：《天津粮食批发商业百年史》，《天津文史资料选辑》，28辑，第78页。

④ 平绥铁路车务处编：《平绥铁路沿线特产调查》，1934年5月，第9页。

⑤ 平绥铁路车务处编：《平绥铁路沿线特产调查》，“本路粮食与平津粮食问题”，第22－23页。

⑥ 从翰香主编：《近代冀鲁豫乡村》，第276－277页。

量略有提高，而河北、山东两省可能因自然灾害等原因反而有所下降。受此影响，河南小麦总产量有一定的提高，而河北、山东两省没有提高，山东甚至还略有减少。显然，受各种因素特别是单位面积产量的制约，即使是商品化程度最高的小麦，所能提供的商品粮总量，短期内也很难有太大的突破。或者说，完全依靠腹地内部提供商品粮，来扩大外向化经济作物种植面积的做法，是行不通的。当时解决这一矛盾的办法，就是通过天津港来进口大量的粮食，尤其是来自南方的上海、无锡生产的机制面粉。

表5.15　20世纪二三十年代冀鲁豫三省及全国小麦的播种面积与产量

地区	1924－1929年			1931－1937年		
	面积（千市亩）	总产量（千市斤）	亩产量（市斤/亩）	面积（千市亩）	总产量（千市斤）	亩产量（市斤/亩）
河北	28 820	3 645 145	126	32 211	3 651 900	113
山东	45 713	7 259 234	159	51 213	7 170 500	140
河南	54 766	7 397 566	135	58 455	8 136 700	139
全国	314 981	50 381 579	160	302 311	43 485 800	144

资料来源：从翰香主编，《近代冀鲁豫乡村》，第276页。

表5.16　1912－1937年天津输入机制面粉的数量

（单位：关担，1933年起为公担）

年代	洋粉	华粉	年代	洋粉	华粉
1912	281 780	457 993	1925	457 702	2 805 732
1913	139 240	582 604	1926	1 185 716	1 869 084
1914	49 511	642 476	1927	17 97538	2 868 888
1915	1 594	311 389	1928	2 634 555	4 056 504
1916	7 085	463 038	1929	5 317 654	4 648 134
1917	86 154	997 816	1930	1 729 006	1 179 974
1918	6 138	647 328	1931	1 544 414	3 014 393
1919	529	712 938	1932	1 134 367	4 263 645
1920		1 413 222	1933	978 733	5 300 264
1921		1 163 493	1934	44 871	2 824 297
1922		1 204 864	1935	105 173	2 982 630
1923		948 473	1936	54 924	2 086 838
1924	1 348 824	2 568 205	1937	4 310	1 460 160

资料来源：《中国旧海关史料（1859－1948）》相关年度的天津贸易报告。

说明：华粉包括上海机制面粉、汉口机制面粉、满洲机制面粉等。

1912年以来，面粉的进口数量大体呈上升之势，最高的1929年进口量已是1912年的13倍，此后进口量才开始下降。

五、腹地农牧业市场化和外向化的影响

农牧业的市场化和外向化，是天津腹地经济市场化和外向化的一个缩影，尽管其促进农牧业现代化的作用尚未得到充分体现，因近代时局经常处于动荡之中农民生活状态也未见根本性的提高，而且一些地区的农业或牧业部门的市场化和外向化程度仍然不高，但它却已大范围地改变了所在农区和牧区的经济面貌，是这一广袤的区域近代农业取得进展的主要体现。

天津腹地所在的北方地区，是我国古代文明的中心，唐以前长期执中国经济文化之牛耳。但是，因地理位置和首都所在地的关系，北方也备受民族战争、改朝换代战争和内乱的摧残，以黄土高原的水土流失和黄河在中下游的河道决堤为特征的生态变迁，又使这一地区的生态环境唐宋以后朝着不利于人类生产生活的方向发展。因此，唐中叶经济重心南移以后，北方经济经历一次又一次的恢复—破坏—再恢复—再破坏这样的周期性循环，长期徘徊不前，人口数量与密度也无较大的提高，未能像南方那样在原有基础上不断地向新的高度发展。这种徘徊的局面，直到清代中叶才得以结束，清前期玉米、甘薯、花生、马铃薯等美洲作物的广泛种植和近代资本主义先进生产力的发展，无疑是促进北方经济大发展的两大重要因素。①开埠通商引起的进出口贸易大发展，受此刺激而引起的农牧业多个部门的市场化和外向化，是资本主义生产力影响北方传统农村的一种特殊而有效的表现形式。虽然乍看起来这种市场化和外向化是由于世界市场的需要而引起，但进出口贸易过程中的洋行、买办、代理店等经销方式，不同于传统时代的市场体系，以及主要按照资本主义制度操作的贸易方法和金融制度，加上铁道、公路、轮船等现代运输工具，都足以使我们明白，不能只从“市场扩大”这种狭隘的角度来考虑问题，而要看到它们所引起的时代变化。

① 参见吴松弟：《中国人口史》第三卷“辽宋金元时期”，复旦大学出版社，2000年版，第14章第2节、第3节；又见邹逸麟主编：《黄淮海平原历史地理》，第七章（吴松弟撰），安徽教育出版社，1993年版，第244－247页。

自19世纪末以来，来自腹地农牧区的商品皮革、羊毛、棉花、干果、药材等，便成为天津港的主要出口商品。腹地农副产品的大量出口，是天津港成为中国北方最重要港口，并保持持续繁荣的主要因素。因此，腹地农牧业的市场化和外向化进程，不仅初步改变了农村的面貌，也促进了港口城市天津进出口贸易的繁荣。如果考虑到出口产品的生产、采购、运输、销售和加工的各个环节，与商务、运输、旅馆、金融、码头、仓栈、农村工业等多方面的关联作用，则可以推测，卷入农牧业市场化外向化的并不仅仅是在这些部门从事商品生产的农民和牧民，而是涉及天津及其广大腹地的农工商贸金融交通的多个部门的无数的人员，由此带动了北方经济的市场化和外向化，促进了农村和城市的发展。

自宋元到明清，我国的主要出口商品陶瓷、丝绸、茶叶乃至土布、纸张、食糖等物，基本上出产于南方，北方地区能够提供出口的商品为数甚微。鸦片战争前后南方丝绸、茶叶、土布源源不断出口，而天津在开埠以后的一二十年间仍无多少产品出口，即是一个证明。在国际市场的刺激下，主要由于天津腹地的农业经济和牧业经济的市场化和外向化得到发展，皮毛、棉花、干果等农牧产品在19世纪末开始大批出口，才一举扭转了北方地区没有多少出口商品的局面。因此，天津开埠以后北方农牧业的市场化和外向化，标志着北方商品性农牧业的重新兴起，并是区域经济实力重新上升的一个体现，在这一区域的农牧业发展史和商品经济发展史上无疑具有里程碑的意义，并对我国的南北经济格局产生一定的影响。

近代中国内忧外患接踵而至，走向现代化的道路尤其充满了艰难险阻。北方更是如此，政治黑暗，自然灾害频发，多战争和社会动荡。尽管被多方面不利因素所抵消，但出口商品的生产和购销、运输，仍给相关地区的人民带来一些好处。1929年《工商半月刊》一篇报导，有助于这方面的分析。报导说，天津开埠后，包头逐渐发展为西北各省及外蒙地区的皮毛等物转运到天津、然后再大量出口到欧美各国的总集散地。在该项贸易顺利发展的1923年前后，这一地区商业繁荣，社会安定，人民乐业。此后，由于军阀混战、捐税苛重、外蒙叛乱、洪水肆虐等原因，交通运输大受破坏，严重阻碍了天津与西北地区之间的进出口活动，致使包头的商业贸易一落千丈，当地人民谋生无路，多铤而走险，沦为土匪[①]。由此可见，腹地进出口贸易和出口生产的蓬勃发展，促进了当地经济的繁荣和人民生活的安定，而天灾、人祸等其他非经济因素对进出口贸易和出口生产正常秩序的破坏，却引起了腹地经济的衰退和社会的激烈动荡。

总的说来，天津开埠只是引起腹地农牧业走向市场化和外向化的外因，当地居民对外来生产方式和生活方式等方面的接触、了解与适应，才是腹地经济变迁的内因即根本原因。腹地农、牧民之所以最终调整了原有的产业结构，去努力适应国内外市场对农、牧、副、手工业产品不断增长的需求，最根本的还是现实经济利益的驱动。因为随着天津进出口对腹地经济的冲击，广大农、牧民本能地意识到了传统产业对增加自己收入方面的局限，看到了为市场和出口而生产给自己带来的明显实惠。因为对牧民而言，进行羊毛、羊皮出口和加工的机会成本，要比单纯地养羊卖肉低，或者说前者比后者有更大的比较优势，能够获得更多的经济收入；对农民而言，进行棉花种植的机会成本，要比种植谷物小，或者说前者比后者有更大的比较优势，能够获得更多的经济收入。因此，腹地的农、牧民们便主动地从事农、畜产品的市场化外向化生产，以适应国内外市场日益增长的需要。

第三节　天津及其腹地的工业发展

早在开埠以前，北方地区便存在着与农业和畜牧业领域相结合的传统手工业，它包括自给自足性的手工业和以满足市场需要为目的的商品化手工业两类。开埠以后，代表西方工业文明的使用各种动力的机器及其制成品开始进入中国，在国外机器、机制工业品和资本主义生产方式的冲击之下，天津及其腹地自给自足性的传统手工业趋于衰落，而商品化手工业的相当一部分则在不断的学习、调适中快速向前发展。与此同时，采用机器生产、按照西方式工厂管理方式运行的现代企业，也在沿海口岸城市及其附近首先发展起来，并逐渐往内陆扩

① 《工商半月刊》，1卷19期，“工商消息”部分，第8页，“包头皮毛出口之状况”。

展。因此，开埠以后的天津及其腹地，实际上存在着两类工业：一类城市工业，现代化的整体水平较高，是北方现代工业的主导力量；一类是农村的农产品加工工业，这些工业或从传统的商品化手工业中脱胎出来，或虽然新建立但却多采用手工劳动的形式与作坊式的管理。

一、天津发展为北方最大的现代工业中心

天津在开埠通商以后，成为北方受到西方现代工业品和工业生产方式冲击最大最直接的地方。为了革新图强，清政府本着“师夷长技以制夷”和“中学为体，西学为用”的原则，开始在天津投资建设一批现代化的军事和民用工业企业，成为北方城市现代工业的开端。

1866 年，清政府创立天津机器局，除了生产枪炮弹药以外，还生产清理海河淤泥的挖河船等非军用产品。1872 年，设立官督商办的轮船招商局天津分局，把天津作为其北洋航线的终端，除运输南方的漕粮外，还大批揽载南北间的客货运输。为解决机器和船用动力的能源问题，1878 年，又在天津成立了开平矿务局，以扩大开平煤的开采规模，1890 年以后开平煤完全占有了天津的军民用煤市场，并大量销往南方沿海。开平煤矿和以后创立的启新洋灰公司、华新纺织厂等大型近代工业企业，虽然厂址位于唐山，但它们的办公地点都在天津；并且在资金、技术、市场等方面，对天津有着极大的依赖性，实际上它们也是天津早期工业的重要组成部分。

与此同时，外国资本也纷纷在天津创建与商品进出口有关的轮船驳运公司和羊毛打包厂。19 世纪 80 年代以后，他们又在租界经营印刷、煤气、自来水、卷烟等城市公用事业和小型轻工业。

受近代工业高额利润的诱导，许多官僚和军阀如袁世凯、曹锟、周学熙、黎元洪、段祺瑞、冯国璋、张作霖等人，纷纷投资于天津的轻工业。在他们的带动下，中国民间资本对近代工业的投资，进一步活跃起来。

1881 年，天津附近修通了中国自己斥资建设的第一条铁路——唐胥铁路，1888 年唐胥铁路延展到了天津。到 20 世纪初，以天津和北京为中心的北方铁路运输网络逐渐形成，为天津近代工业的发展提供了现代化的交通运输手段，并增强了天津近代工业的经济辐射能力。

清末是天津走向工业化的重要时期，除了工业企业的纷纷建立之外，生产中开始较多使用机器和管理上较多采用企业经营形式更是不可忽视的关键之处，而后两者是判断是否属于现代工业的标准。20世纪30年代成书的《天津志略》指出："天津乃九河下稍为工业繁盛之区，不难从想像得之。然从史的方面观察，天津工业发展最要之关键，当在清季末叶。盖庚子以后欧西各国挟其物质文明以俱来，乃令我有趋重改革之倾向。工业之由手工业蜕变而为机器工业，由家庭工业而进为工厂工业，实而蘖于此。"①

表5.17显示，到1911年前，各类民族资本企业已达到了107家，所涉及的门类已近20个，表明这一时期天津的民族工业已初具规模。

表5.17　1911年前天津各类民族资本企业的分布状况

门类	家数	门类	家数	门类	家数	门类	家数
矿业	5	机器	10	纺织	28	面粉	12
榨油	4	烛皂	12	火柴	4	皮革	5
制碱	3	瓷器	1	玻璃	1	化妆品	2
交通	1	垦业	1	烟酒	7	其他	11

资料来源：宋美云，《北洋军阀统治时期天津近代工业的发展》，《天津文史资料选辑》第41辑。

民国时期，天津的现代工业有了更快的发展。据时人记载，"民元以后，工业乃见进展。观夫丹华公司之成立于民国二年，北洋火柴公司成立于民国三年，久大精盐公司成立于民国四年，恒源纱厂成立于民国五年，华新纱厂成立于民国九年，永利碱厂及宝成、裕大两纱厂皆成立于民国十一年，可资佐证"②。天津逐渐发展为轻工业为主，包括化学等部分重工业，部门较多的工业城市。

据表5.18，1914－1928年是天津近代工业迅速发展的时期，共新设工厂1 286家，平均每年建厂92家。这期间不仅建厂数量多，而且规模大，天津的一些大型工厂如久大精盐公司，寿丰、大丰、福星、民丰等8大面粉公司，裕元、裕大、北洋、恒源、宝成等5大纺织公司，都是在此期间创立起来的。它们规模庞大，资本雄厚，机械设备先进，生产能力强，成为天津近代工业的主体。

① 宋蕴璞辑：《天津志略》，民国二十年铅印本，第九编"工业"，第一章"述略"。
② 宋蕴璞：《天津志略》，第九编"工业"，第一章"述略"，民国二十年铅印本。

表 5.18　1914－1928 年天津设厂数量统计

年份	设厂总数	中国资本	外国资本	占历年设厂总数（%）	年份	设厂总数	中国资本	外国资本	占历年设厂总数（%）
1914	48	47	1	3.9	1922	107	103	4	8.7
1915	220	219	1	17.8	1923	80	77	3	6.5
1916	60	59	1	4.6	1924	297	292	5	24.0
1917	53	50	3	4.3	1925	48	43	5	3.9
1918	41	37	4	3.2	1926	64	63	1	5.2
1919	45	35	10	3.6	1927	58	56	2	4.7
1920	43	42	1	3.5	1928	68	65	3	5.5
1921	54	48	6	4.4	合计	1 286	1 236	50	100.0

资料来源：罗澍伟主编，《近代天津城市史》，表 11.2，中国社会科学出版社，1993 年，第 417 页。

据 1928 年天津社会局的调查，在天津的中国城区（即不包括租界的地区），共有中国人开办的工厂 2 186 家，资本总额约 3 300 余万元，其中制盐、碱、棉纱、面粉、火柴等 17 家大型工厂资本额合计为 2 900 余万元，占资本总额的 93.3%。另外，各国租界内还有中外工厂 3 000 多家。从而共同构筑起天津以轻工业为主的近代工业格局①。

1940 年，天津的工厂数目超过了青岛。工业资本也在 1941 年超过青岛，该年城市的生产能力、工业部门的种类，均超过青岛，成为华北最大的工业城市。据 1947 年《全国主要都市工业调查初步报告摘要》，天津的工厂数目、工人人数、工业用电数，1947 年均居全国各城市第二。虽然和上海仍有相当大的距离，但天津已毫无疑问地成为全国第二工业基地。②

天津工业的发展，建立在广阔的腹地和进出口贸易的基础上。1931 年的天津工业，可分为纺织、化学、机器、饮食品、服用、日用品、器具、印刷等八类。其中，纺织业居第一位，占全市工业资本总额的 70.2%；次为饮食业，占 16.32%；再次为化学工业，占 12.37%。如再进一步细分，天津规模较大的工业部门，依次是纺

① 罗澍伟主编：《近代天津城市史》，第 418 页。
② 罗澍伟主编：《近代天津城市史》，第 651、729 页。

纱、面粉、火柴、制碱、制盐、地毯、提花等7个行业[1]。这些工业部门的发展，都离不开腹地市场或腹地的原料。有的是产品满足了腹地市场的需要，如纺纱业的机制纱供应北方大大小小的织布厂，面粉厂的面粉和火柴厂的火柴满足市民的每日所需。有的是原料取给方便，天津附近盐田广布，盐碱取之不尽，便于发展制盐业和制碱业；蒙古和西北的羊毛源源不断运到天津，便于发展地毯业和提花业；天津是华北最大的棉花市场和小麦市场，则便于天津发展纺纱业和面粉业。天津之所以发展为中国第二大工业中心，显然和天津港是北方首屈一指的大港、其腹地面积可和中国最大港口上海相伯仲，有着因果关系。

二、腹地其他城市现代工业的发展

天津工业的繁荣，推动着整个腹地现代工业的发展。

近代以来，受国外机器工业产品的刺激以及天津现代工业发展的影响，腹地的其他城市利用当地的资源和市场，开始兴办一些现代工厂和矿山。这些工矿和力图转型的原有的手工业工厂相结合，促使所在城市在工业化方面朝前迈出一步。

天津之外，腹地工业企业较多、工业规模最大的城市就是唐山了。唐山原来不过是个村庄。开埠以后天津进出口贸易、城市工业等方面的发展和城市人口的增多，需要消耗大量的煤炭。为解决天津以及另一大都会北京的煤炭供应，唐山开平煤矿自1882年开始，借鉴西方的管理和技术，大规模使用机械动力进行开采，并用铁路运输煤炭，成为我国煤炭工业现代化的先导。此后，开平的煤不仅供应天津和北京，还出口到上海、福州等沿海城市。[2]除此之外，启新洋灰公司也是中国早期为数不多的现代工业企业，曾名噪一时。此后的唐山华新纱厂，其经济实力和生产能力，也不亚于天津市内的著名的纺织企业。

长期作为政治、文化和商业中心的北京，一直是以北方最大的消费城市而不是生产城市而存在的，尽管这样，到民国时期工业也有了一定的发展。1932年约有“700余工厂，7万余工人”[3]，象牙雕

① 宋蕴璞辑：《天津志略》，第九编“工业”，第一章“述略”，民国二十年铅印本。

② 吴弘明整理：《津海关年报档案汇编（1865—1911）》，1882年报告。

③ 池泽汇、娄学熙、陈问咸编纂：《北平市工商业概况》，北平市社会局，1932年，第1页。

刻、景泰蓝、地毯、宫灯、日用小商品和中成药的制作等远近闻名，并建立了制呢、煤矿、炼铁厂等一定规模的企业。然而，从规模和技术水平上讲，北京像样的现代工业企业十分的零散和落后，多为手工业生产。直到抗日战争胜利以后，北京工业中手工业仍然占80%以上[①]。石景山炼铁厂1937年以前尚未正式投入生产，清河制呢厂的年产量也只有7 000米；现代工业的不发达，使得北京连普通的牙膏、香皂、钉子也要靠天津等地来供应[②]。

太原是山西省最大的工业城市。太原本非工业区，到1937年以前几年开始形成一定的现代工业规模。“以境内全体工业计算，作坊工业家数虽较机制工厂工业为多，但在资本、职工、产值方面比较，后者占极大优势。”1927年采用机器生产的工厂共37家，分成纺织、面粉、卷烟、化学、陶瓷、造纸、火柴、制革、电气、印刷、机器、修理、铸造、水压机、洋灰、窑及农工器具制造等17种。大部分由地方政府投资，私营资本所占成分甚少。[③]

河南焦作是华北重要的煤矿城市。以前，这里的手工采煤业虽然开始较早，但规模不大。1907年，英国中福公司出资修建了道清铁路，将岔道直接修到了矿厂，使其所产之煤“由道清路转运平汉、陇海路各站销售”；与此同时，焦作煤矿开始使用机器采煤，进一步提高了该矿的近代化水平，增加了煤的产量和销量[④]。1940年，在各大煤矿的产量统计中，焦作中福公司的年均产煤量为1 052 448吨，居全国第三位[⑤]。

西安的第一家近代企业，是左宗棠于1869年建立的西安机器局，建后不久便西迁到兰州，改名兰州机器局。1894年甲午战争以后，为解决陕西军队的军火供应问题，政府在西安建立了陕西机器局。1904年，西安知府尹昌龄兴办陕西工艺厂，主要生产者有竹

① 中国人民大学工业经济系编著：《北京工业史料》，北京出版社，1960年，第1、6页。

② 北京市社会科学院：《今日北京》，燕山出版社，1986年，第90页。

③ 实业部国际贸易局编纂：《中国实业志（山西省）》，第3编第1章“太原”，1937年，第15页。

④ 河南省地质调查所：《河南矿产志》，1933年，第64页。

⑤ 实业部国际贸易局：《煤》，长沙商务印书馆，1940年，第15页。

工、木工、掌工、针工等。1917 年西安出现电灯公司，发电用于照明。1921 年，西安兴起手工纺织业，采用脚踏织布机和手摇纺纱机生产。此外，还有制革、罗底、笼篓、木工、竹器等多种手工业。抗战前后，东部的一些工厂内迁，推动着当地工业的发展，建立了大华纱厂、集成三酸厂、西京电厂等现代企业。抗战胜利后内迁工厂回迁东部沿海，西安的工业水平大幅下降。1949 年，西安使用机器的工厂仅占 35%，作坊工场手工业占 65%，机械工业尚处于幼年阶段。即使这样，西安仍是陕西工业最集中的地方，全省工业的 80% 集中于此，其余地区的落后可想而知。①

1872 年兰州机器局的迁入，表明兰州是西北另一个较早创立近代企业的城市，1880 兰州又建立机器织呢局。这两家企业此后经历了数次关、开的过程，生产大受影响，分别于辛亥革命后和 1937 年最后关闭。此外，1902 年设立印刷厂，1914 年建立兰州电厂，并开始设立多家火柴厂，1935 年兰州出现烟草公司，这些企业都使用机器和动力。除了这些为数不多的现代企业之外，其他工业部门仍以手工业为主。②

清末和民国时期，青海尚无现代工业，只有手工业。1949 年手工业产值约占全省工业产值的 81%，另外的工业产值是基本采用手工生产的采金、采盐和煤炭业。青海省会西宁也不例外，只有手工业，并无现代工业。西宁是全省最大的手工业中心，主要有制鞋、烟丝、印刷、榨油等，尚处于细小、分散、设备落后的状态。③

依据中央工厂检查处 1936 年的统计，天津腹地合于《工厂法》（“凡用发动机器之工厂，平时雇用工人在 30 人以上者”的民族企业）的工厂，北平市有工厂 31 家，工人 2 920 人，平均每厂有工人 94.2 人；天津市有工厂 92 家，工人 20 102，平均每厂 216.5 人；河北有工厂 28 家；工人 14 382 人；平均每厂 513.6 人；河南有工厂 24 家，工人 8 810 人，平均每厂 367.1 人；山西有工厂 27 家，工人 7 293 人，平均

① 参见宋仲福主编：《西北通史》，第五卷第三章，兰州大学出版社，2005 年；岳珑：《抗日战争中兴起的西安工业》，载张铭洽主编：《长安史话 · 宋元明清民国》。

② 宋仲福主编：《西北通史》，第五卷第三章。

③ 宋仲福主编：《西北通史》，第五卷第三章；崔永红等主编：《青海通史》，第 14 章第 3 节，青海人民出版社，1999 年。

每厂 293.4 人；陕西有工厂 2 家，工人 82 人，平均每厂 41 人；察哈尔有工厂 2 家，工人 64 人，平均每家 32 人。①

据此可见，到 1935 年，华北、西北的绝大部分省份都有数量不同的使用机器的民族企业，但各省市这种现代企业的数量和工人的数量相差均极其悬殊。工人数以市而言，青岛最多，天津次之，北平又次之，但北平工人的数量只是天津的六七分之一。以省而言，河北最多，河南次之，山西第三，山东第四，其余的陕西、察哈尔等省微不足道。

总的说来，直到 20 世纪 30 年代，在天津的广大腹地，现代工业仍然局限在东部和中部的少数城市，西北内陆刚刚处于起步阶段。除天津、唐山等少数城市工业以现代工厂居多之外，其他城市，包括北京、太原、西安、兰州，都以手工业工场为主，且越向西手工业工场所占的比重可能就越大，西宁甚至全部是手工工场。北京是北方大都会和故都所在，另外几个城市都是省会，尚且如此，其他城市也就可想而知了。《绥远概况》指出，绥远境内“新式工业，仅绥远、包头各有电灯、面粉股份有限公司一所，包头有晋源西油粮面粉公司一所，丰镇、平地泉各有蛋厂一二家，及芬兰人维利俄斯在包头开设甘草厂一所而已”②。而在 20 世纪 40 年代的一位研究者看来，西北的“陕、甘、青、宁、新五省之工业，尚在萌芽时期，历史甚短，基础薄弱。除纯属手工业不计外，稍具规模之工厂，当以左宗棠所创办之兰州织呢厂为最早，成立于 1876 年。其后曾有翻砂厂，制革厂、火柴厂、肥皂厂、玻璃厂之类，次第举办，惟大抵设备简单，不足以称新式工业。且或因政局不靖，或因经理不善，旋兴旋停者亦不少”③。

以上各城市的现代工业，已表现出大体上离天津等沿海口岸城市的空间距离越远，水平越低这一特点。除此之外，还表现出，大体上离天津等沿海口岸城市的空间距离越远，成规模的现代工业出现越晚这样的特点。显然，天津与其腹地在现代工业上的互动，体现了来自国外的和沿海口岸城市后发的工业文明的影响自东向西的传播，和各

① 《冀察平津工厂工人数与其他省市之比较》，载冀察政务委员会秘书长第三组第三科编印《冀察调查统计丛刊》，第一卷第二期，1936 年 8 月。

② 绥远省政府编印：《绥远概况》下册，第七编“工业”，1933 年，第 1 页。

③ 袁翰青：《西北五省工业现况》，《甘肃贸易季刊》，第七期，1943 年。

地利用本地原料和市场发展工业这种需求相契合的过程。由于工业文明的影响自东向西扩散，由于天津腹地地域的广袤，必然造成这种影响在空间分布的差异，形成越往东影响越早、影响越大，越往西影响越晚、影响越小的特点。而东部在交通、技术、金融和人民的商业意识方面具有的历史基础和先发优势，自然也有利于现代工业的形成和壮大。此外，广大中西部地区的工业的长期不发达，不仅为天津等口岸城市提供源源不断的原料，也为其提供持久稳定的广阔的市场，由此又导致沿海口岸城市与腹地远离口岸部分的差距的继续存在。

三、乡镇手工业的转型和发展——以棉纺织工业为例

我国城乡的手工业历史悠久，产品门类众多，其性质按生产目的和组织形式的不同，可分成自给自足性的手工业和以满足市场需要为目的的商品化手工业两类。近代开埠以后，洋货从通商口岸源源不断地输入，还停留在手工作坊阶段的各手工业部门，因其生产效率低、产品成本高、价格相对昂贵，而且质量多不如洋货，遭到洋货的强烈冲击。在洋货的强烈冲击下，那些自给自足性的手工业无力竞争，大多走上衰败的道路。而那些以满足市场需要为目的的商品化手工业，在经过痛苦地挣扎之后，有的走上衰败之路，有的则逐渐适应新变化，并通过变更原料来源乃至采用机器生产的某些方法，而存在下来，甚至得到发展。天津腹地的类似事例颇多，这也是港口城市及其腹地互动关系的一种表现形式。现以河北尤其是高阳县的棉纺织业为例，加以简要说明。

早在明代，华北农村就有了棉纺织手工业。清前期，家庭棉纺织手工业在华北地区已相当普遍。所织之布，除供农家自用之外，还销售到本地或外地的市场上去。例如，乾隆年间，直隶正定府“西鄙资布帛之用，郡近秦陇，地既宜棉，男女多事织作，晋贾集焉。故布甫脱机，即并市去，值视他处亦昂”①。山西蒲州府虞乡县，“布皆妇女所为，自衣被外，折价贸易白银，以供官赋”②。

---

① 郑大进纂修：《正定府志》，卷十二“风物下 · 物产 · 货属”，乾隆二十七年刻本。

② 周大儒纂修：《虞乡县志》，卷一“地舆志 · 物产”，乾隆五十四年刻本。

天津开埠通商以后，英国现代机器所织的洋布和所纺的洋纱，开始进入腹地市场，对传统的棉纺织业造成巨大的冲击。最大最明显的，是洋纱对土纱的冲击。据临近口岸牛庄（营口）的记载，1887年每300斤1包的洋纱，售银57两，而同样数量的土纱则要售银87两才能成交①。双方的这种比价在天津及其腹地，应该相差不大。洋纱便宜的价格和较优的质量，自然要击败北方的手工纺纱。自1881年以来，天津口岸洋纱的进口数量扶摇直上，从1 510担一直上升1916年的620 774担，1917年以后随着天津城市本身现代纱厂的兴办，洋纱进口的数量才开始下降。由于洋纱和洋布的大量进口，严重影响着直隶一带的手工棉纺织业，一些地方的棉纺织业因之破产，一些地方则为了生存改用廉价的进口洋纱。文献载："畿辅深冀诸州，布利甚饶，纺织皆女工。近来（1900年前——原注）外国布来，尽夺吾国布利。间有织者，其纱仍购之外国。"②

河北高阳县原来盛产以土纱为原料的家庭纺织的窄面土布，除了自给外还有一部分销往山西、蒙古一带。随着洋纱洋布的输入，原有的土纱土布纺织业深受打击。1906年以后，高阳商会经过反省和调查，毅然决定从天津购买新式织机，培训人才，改良技术，试办工厂；并且，不再利用本地自纺的土纱、而是购买天津中外纱厂出产的"洋纱"，来纺织宽面的"洋布"。熟悉织布方法的贫民，可以在找人担保之后，向布庄先交纳织机价格一半的资金，领取织机与棉纱，从事织布。剩下的一半机价，等布织出来以后，用其所应得的工钱抵扣，这样，贫民织布数十匹就可以得到一部织机。另外，由于织布所用的原料也由布庄供给，即便是毫无资本的人也可以从事织布工作。那些积累工资稍多的人，便可以由领纱织布转变为购纱织布的自由营业者了。这些措施推行以后，"高阳布业之基础乃渐趋于巩固，大利所在，织布者日多，经营布庄业者亦如风起云涌。宣统二、三年间，制品之销路仅及于附近各县及山西榆次、太原，民国元、二年间扩充

① 严中平：《中国棉纺织史稿》，科学出版社，1955年，第77页。

② 彭泽益编：《中国近代手工业史资料（1840－1949）》，第二卷，生活·读书·新知三联书店，1957年，第217页。

至北京、济南、汉口”[①]。高阳织布区也从最初的高阳县城及其周边，扩展至高阳县全境和蠡县、清苑、安新、任丘等县的一部分。1932年高阳织布区包括村庄414个，人口434 510人。[②]

高阳织布业在外来机制洋布的巨大冲击下，改良旧有的织机，采用机制洋纱，淘汰老式手工织布工艺，逐步过渡到使用机纱和半机械化的铁轮机的新式织布工艺，很大程度上完成了由传统手工织布向现代化机器织布的转型。蓬勃发展的织布业成为高阳县的主要经济命脉，“周围五十里内，几于比户皆有织厂。该县共有居民十三万，其中十分之九均以织布为业”[③]。当时，不仅高阳的织布业经历了这样的变迁过程，河北另外一些县的传统纺织业也同样完成了这一转型。“宝坻手织工业之兴起，即系受新式织布机及洋纱输入之影响”[④]。另外，“直隶河间、顺德、正定、保定各属，并京东乐亭、宝坻等县，向产棉花，既多且佳。近年（1908年）民间织布，其线大都买自东洋”[⑤]。

上述改良，促进了直隶乡村新式织布业的蓬勃发展。海关1912－1921年的十年报告说，“在高阳、饶阳和这两处地方半径50里以内的无数村庄，共有织布机15 000架进行织造，每一人家至少有一架织布机，有的人家有四、五架。而且有种种迹象表明，这些家庭手工业正在渐次成为工厂的组织。织布用的棉纱，质量是较好的，估计每年要消费60 000包，其中大部分都是洋纱。这些织布机，估计可产布100 000包，每包20匹，即每年产布2 000 000匹。这种布普遍都称为高阳爱国布，分销河南、山西、直隶、蒙古、甘肃、山东、湖北等地。许多产品质地都非常优良，足可以与机织洋布媲美”[⑥]。

此后，因受国内外布业的竞争，高阳等地平面布的市场占有率缩

① 经济讨论处编辑：《中外经济周刊》，“高阳之布业”，第195期。
② 吴知：《乡村织布工业的一个研究》，商务印书馆，1936年，第2页。
③ 张其昀：《中国经济地理》，第二章“衣”，商务印书馆，1930年，第55页。
④ 方显廷、毕相辉：《由宝坻手织工业观察工业制度之演变》，《政治经济学报》，第4卷2期，第268页。
⑤ 彭泽益：《中国近代手工业史资料》，第2辑，生活·读书·新知三联书店，1957年，第229页。
⑥ 彭泽益：《中国近代手工业史资料》，第2辑，生活·读书·新知三联书店，1957年，第629页。

小。于是，他们又及时地从天津引入了新的纺织机器——提花机，采用了新的纺织原料——人造丝，纺织新的产品——明华葛（或称为人造丝布、麻布），从而造就出高阳织布业的二次兴盛，同时带动了邻近地区织布业的新发展。

据县志记载，民国元年以后，高阳爱国布的销路相当广远，“绥远之包头，甘肃之兰州、凉州，东三省之哈尔滨，外蒙之库伦，河南之洛阳、郑州、开封、信阳、漯河、许州各地，（黄）河北之彰德、新乡、卫辉各处，山西之全省，山东之邹县、兖州、临沂一带，江苏之徐州、海州一带，无不有本县营布业者之足迹”；进入20世纪20年代，麻丝提花布出产以后，“销路亦大加扩充，如江苏之上海，福建之福州、厦门、汕头，广东之澳门，安徽之蚌埠、芜湖，湖北之汉口、武昌、宜昌、沙市，湖南之长沙、岳州、宝庆，四川之重庆等地，均有高阳之销售麻织品者”①。

表5.19　1915－1930年高阳织布区各类织布机的数量

（单位：张）

年份	高阳		蠡县		安新		清苑	任丘	总计	
	平面	提花	平面	提花	平面	提花	平面	平面	平面	提花
1915	1 756	49	2 088	4	872		661	296	5 673	53
1916	2 210	54	4 023	6	1 200		932	1 326	9 691	60
1917	2 698	71	4 659	6	1 518		1 875	2 356	13 106	77
1918	3 188	91	5 258	7	1 924		2 089	3 387	15 846	98
1919	3 663	172	5 877	7	2 168		2 735	4 420	18 863	179
1920	4 082	202	6 523	8	2 475		3 162	5 452	21 694	210
1921	5 047	240	7 315	26	2 741		3 387	5 097	23 587	266
1922	5 250	289	7 506	41	2 826		4 044	4 742	24 368	330
1923	5 618	394	7 932	73	3 220		4 471	4 387	25 628	467
1924	6 129	531	8 197	99	3 064		4 213	4 032	25 635	630
1925	6 863	734	8 411	128	2 505		4 379	3 677	25 835	862
1926	7 838	1 354	8 779	290	2 699		4 994	3 322	27 632	1 644
1927	7 692	1 900	8 461	486	2 533	122	4 431	2 967	26 084	2 508
1928	8 056	2 195	8 073	1 696	2 367	165	4 466	2 613	25 575	4 056
1929	8 465	2 219	7 509	1 976	2 199	129	4 468	2 259	24 900	4 324
1930	8 043	1 762	7 296	1 237	2 029	90	4 195	1 905	23 468	3 089

资料来源：彭泽益，《中国近代手工业史资料》，第2辑，第632页；第3辑，第197页。

① 李大本修，李晓冷等纂：《高阳县志》，卷二“实业”，民国二十二年铅印本。

表5.19各类织机的增长，反映了高阳、蠡县、安新、清苑、任丘诸县（统称为高阳织布区）棉织工业的蓬勃发展。其实，在河北省的其他地区，棉织工业也相当的繁荣。据调查："河北省129县中，凡89县有棉织工业。以民十八年论，89县的布匹总产额约为25 690 923匹，总值约为81 360 597元，占全省各种重要乡村工业总值108 504 923元的74%"；按1929年的产额，"西河区棉织工业占总额66%，御河区6%，东北河区21%，冀南鲁边区7%；以产值论，西河区占总值71%，东北河区20%，御河区3%，冀南鲁边区6%"；"高阳及宝坻两处总产值占河北省89县总产值46%，占44县纱布产值63%"①。换言之，除了主要产区高阳织布区诸县之外，河北的其他各县都有一定规模的棉织工业，这些县的棉纺织业显然也完成转型。

河北是传统棉纺织业完成转型并得到发展的典型，而山西的平遥县则从无到有地兴起乡村的织布业。平遥县以前并不产布，1916年左右祁县的益晋公司将提花织布技术传授到该地之后，织布业得以兴起。进入20世纪20年代后，形成了一个包含平遥，毗连介休、汾阳的织布区。所用原料，来自榆次晋华纱厂、石家庄以及天津的各个纱厂，"布匹之销路，除山西本地外，多由碛口镇渡河运往陕西之榆林、米脂、绥德州，甘肃之安边、定边、宁夏、西宁等处。本地有布庄数十家，专营贩卖业"②。

尽管直隶等地的乡村织布业，一直到20世纪30年代还处于不尽如人意的工场制和商人雇主制水平之上③，但它毕竟代表了北方乡村传统工业转型和走向现代化的最高水平，是北方现代工业的重要组成部分。

这一转型，发生于靠近天津的河北而不是其他省份，体现了口岸城市天津对高阳织布业的带动作用，而这是口岸城市的进步促进腹地经济转型的一个体现。

首先，天津直隶工艺总局对先进织布工艺的倡导，为高阳织布业

① 毕相辉：《高阳及宝坻两个棉织区在河北省乡村棉织工业上之地位》，方显廷编辑：《中国经济研究》下，长沙：商务印书馆，1938年，第664－675页。

② 经济讨论处编辑：《中外经济周刊》，"平遥县之生计状况与织布业"，第185期。

③ 方显廷：《华北乡村织布工业与商人雇主制度》，南开大学经济研究所，1935年。

的兴起提供了契机。1903 年，直隶总督袁世凯委派周学熙在天津创建直隶工艺总局，从日本引进各种织机，并聘日本技师为教习，传习先进织布技艺。高阳旅津人士李长生等人从家乡选出 3 名擅织土布的农民来津学习，并从天津日商洋行购买数台铁轮机，在高阳县城创办了一家小型织布厂。后来，织布厂不景气，“决定遣散工徒，各回本村，自相传习”①，这项技术于是从高阳县城传到县内各村。1908 年前后高阳商会也派人往天津学习铁轮机的织造技术，并“购买数架（铁轮机），劝导织户均改用铁轮机，研究添织各样土布”。②《周止庵先生别传》中称：“经高阳李氏派人来实习工厂实习机织……返乡之后逐年推广，遂造成河北省高阳县之巨大工业。”③

其次，高阳织布业所用棉纱和人造丝都来自中国大城市的机器纺纱业或进口，原料产地以日本和本国的上海、天津、青岛等地为主，购买地主要在天津。所用机器设备最初购自于天津的田村、佐佐木等日式商洋行，后来天津本国机器制造业兴起，郭天成、郭天利等民族资本机器厂出产的织机价廉物美，高阳客商多转而向其购买。

再次，天津的近代商业和金融业为高阳布业商人提供了周转资金。高阳的几十家布线庄以少至几千元，多不过数万元的资本，经营十余万元乃至数十万元的布线生意，得力于在他们最耗资金的购买原料的环节上，有天津棉纱商号和银号的相助。1921 年以前，国内纱厂勃兴，买卖棉纱获利丰厚。天津的棉纱商号多从各纱厂赊购棉纱，再赊销给高阳布线庄，而且赊售时不计利息。待布线生意周转后，高阳商人再将售布所得现款汇往天津偿欠。当时高阳土布销路顺畅，且利润丰厚，高阳商人偿欠的信誉好。即便是一时难以归还欠款，天津棉纱商也多不追究。只要能在年底结清欠款，高阳布线庄就可以在下一年继续赊购棉纱。因此，这一时期高阳商人实际上等于借着天津商界的巨款来周转。1921 年以后，纱价下跌，买卖棉纱每包赢利不过数元。天津的棉纱商号不再赊账售纱，高阳布线庄又逐渐与天津的银

① 李长生：《论中国宜用人力机器纺纱》，《大公报》，1910 年 5 月 24 日。

② 胡光明等编：《天津商会档案汇编（1903－1911）》，天津人民出版社，1989 年，第 222 页。

③ 《近代史资料》总第 74 号，中国社会科学出版社，1989 年，第 93 页。

号建立了借贷关系。他们在天津购买棉纱时，由银号垫付一部分或全部货款，待其在外埠售布得款后，再汇往天津还贷。因此，这一时期高阳商人是靠天津金融界的贷款来周转的。可以说，天津商界和金融界的这种支持是高阳织布业起步并持续发展的关键。①

四、外向化的农副产品加工业和地毯编织业的兴起和发展

在天津腹地的工业中，还有星罗棋布地散布在广大农村，为出口贸易服务的农副产品加工业，如蛋类加工、草帽辫加工、榨油、猪鬃加工、针织、发网花边加工等等。这些产业因出口贸易的兴盛而兴起，也因为国际市场的需求的扩大而得到发展。这些工业是近代工业在北方乡村的重要部分，而有关产品又是出口商品的重要构成部分。其中，又以蛋类和草帽辫加工业的成就最大。此外，传统的地毯编织业在腹地得到发展，也成为天津港的重要出口物资。

1. 蛋类加工业

喂养鸡、鸭等家禽，是我国华北农村传统而普遍的家庭副业。近代以前，除自用之外，农民们多将其拿到附近的集市上出售，略补家用。由于禽蛋自身存在易碎、利薄、保鲜困难和市场需求不大等不利因素，一向不是长途运输的商品。天津腹地蛋类产品出口的数据，最早出现在津海关 1904 年的贸易统计中，不过记录仅为鲜蛋一个品种。到 1910 年，在蛋类的出口行列里，出现干蛋黄这种禽蛋初加工产品。此后，在出口量不断增长的同时，各类新的蛋类加工产品，如皮蛋于 1911 年，咸蛋于 1912 年，干、湿蛋白，干、湿蛋黄，白黄不分的干货于 1914 年，白黄不分的湿货于 1917 年，冻蛋品于 1924 年，都陆续加入到天津的出口商品名单中。这就表明，天津腹地的禽蛋加工业，在技术、设备和生产规模方面，随着国际市场需求的变化，而在不断的提高当中。（见表 5.20）

由于将禽蛋初加工成蛋白、蛋黄后出售的价格略高，一些鸡蛋商贩便将天津城的打蛋厂迁到了产地，既适应了出口需要，便利了运输，也增加了农户和从业者的收入，并促进了腹地禽蛋加工和出口业的蓬勃发展。

① 以上三段关于天津对高阳织布业带动作用的文字，系戴鞍钢撰写。

表5.20 1904－1937年天津蛋类产品的出口状况

[单位：鲜、皮、咸蛋（个），干、湿、冻蛋白、黄（担）]

种类 年份	鲜、皮、咸蛋	干、湿、冻蛋白	干、湿、冻蛋黄	种类 年份	鲜、皮、咸蛋	干、湿、冻蛋白	干、湿、冻蛋黄
1904	1 517 500			1921	346 545 000		35 041
1905	1 810 320			1922	264 016 000		48 748
1906	2 461 872			1923	385 644 000		42 015
1907	3 406 600			1924	365 326 000	13 675	47 775
1908	7 738 210			1925	295 104 000	12 044	47 905
1909	7 909 780			1926	261 702 000	12 623	55 706
1910	21 665 950		40	1927	171 482 000	21 106	49 445
1911	39 937 761		396	1928	93 007 000	18 135	38 415
1912	47 697 616	251	2 196	1929	75 550 000	32 059	66 890
1913	74 646 520	793	4 474	1930	82 130 000	25 662	59 898
1914	84 067 550	2 360	9 358	1931	131 905 000	38 268	67 247
1915	98 886 800	3 875	18 993	1932	76 674 000	34 047	76 868
1916	99 488 790	8 604	41 713	1933	94 547 000	20 558	52 463
1917	58 474 770	7 605	30 039	1934	128 161 000	17 673	50 400
1918	64 212 024	3 217	10 114	1935	169 523 000	21 345	52 416
1919	81 918 663	12 664	55 347	1936	99 734 000	28 937	77 214
1920	206 403 000		28 421	1937	51 400 000	22 945	50 440

资料来源：《中国旧海关史料（1859－1948）》相关年度的天津贸易报告。

说明：1.干、湿、冻蛋白、黄的数量自1933年起为公担。

2.黄白不分之干、湿、冻蛋品本表未统计在内。

1909年，经常往来于鸡蛋产地与天津之间的商贩兼船户越忠发，在河南新乡北关阁门外开办了裕兴蛋厂，每天可以打蛋万余个，产品运往天津出口。后因资金短缺和外商竞争等原因而停业。1913年，新乡商人张殿臣等，又在裕兴蛋厂旧址集资开办裕丰蛋厂。由于一战期间外商竞争减弱和国际市场需求增加，新乡蛋厂大为盈利，生意非常红火。因此，自1914－1919年，新乡人不仅在本地设立了中本、祥太、恒裕、德昌、裕新、福义、慎康、三和成、顺记、隆聚等十余个蛋厂，还在河南的周口、道口、许昌、洛阳、漯河、开封、安阳、孟县、郑州，河北的龙王庙、石家庄、邯郸，山西的太原、大同，安徽的亳县，山东的兖州等地开设了蛋厂。这些蛋厂的产品，大都通过蛋业经纪人，以预期售货的方式卖给天津的洋行或进出口公司①。（见表5.21）

① 政协新乡市委秘书处：《解放前新乡蛋厂业发展情况》，《河南文史资料》，第5辑。

表 5.21　1938 年前后河南各地蛋加工业的发展概况

（单位：元）

厂址	企业名称	资本额	厂址	企业名称	资本额
获嘉	泰源	30 000	新乡	福义	45 000
	永记	40 000		恒裕	40 000
	泰和	40 000		慎康	30 000
道口	泰源	35 000	清化	德丰	35 000
	振丰	30 000		恒茂	30 000
郑州	大昌	40 0000	洛阳	庆云	40 000
修武	三阳	40 000	许昌	豫昌	20 0000
漯河	美丰	42 000		福义	30 000
	鼎丰	30 000	滑县	中兴	40 000
周口	华昌	40 000	楚旺	庆记	30 000
	松源	45 000	彰德	同和裕	40 000
开封	庆丰	40 000		同记	350 000
	庆云	35 000		中孚	50 000
	大昌	30 000	孟县	庆记	42 000

资料来源：杨大金，《现代中国实业志》，长沙：商务印书馆，1938 年，第 846 页。

除河南外，山西省的“鸡蛋出产甚多，除鲜蛋出口外，省内尚有蛋厂数家，专制蛋黄、蛋白，由天津运销外洋”①。全省“蛋业有资本金约 2 万元，流动资本约 3 万元，职工 300 人左右，小规模的蛋厂有 31 家，其数较河南省多，由此可知斯业之盛。蛋厂出口的销路，以外国为主，均由天津输出”。其中，干蛋白的输往地，为美、英、德、日、比、荷兰及丹麦等国；干蛋黄的输往地，为美、英、德、日、丹、荷各国。②

蛋制品作为各地输送天津的大宗出口货物，每年的鸡蛋数量都在 10 亿个以上，价值 600 余万两关平银。天津经营鸡蛋贸易的华商有福记、华利、奎记、德元等，每年的交易量约在百余万元；洋商以英商和记洋行为最，此外还有许多家日商以及德商、法商等，交易四季皆有。

2. 草帽辫编织业

北方地区是我国重要的产麦区，有着丰富的麦秆资源。然而，麦

---

① 周宋康：《山西》，中华书局，1939 年，第 98 页。

② 周宋康：《山西》，中华书局，1939 年，第 112 页。

秆原本只是用来喂牛、烧火的杂物。随着天津的开埠和国际市场对草帽辫（又写成“缏”）的需求，麦秆逐步变成了重要的出口工艺品原料，编织草帽辫成为农村借以出口牟利的重要的工副业活动。

1869年草帽辫的出口情况首次记载在津海关的贸易报告中，此后“草帽辫之出口骎骎日盛……此商品之需求量益形增多，农村因之财源茂盛或者多所盖藏，成千上万之男人及妇孺无不编制帽辫，冬令益复如是”。在天津腹地，“草帽辫之主要产地，计有直省之兴济（今河北省沧州市北兴济）、阳信、黄花店、苏济、玉田及豫省之南乐”；这些地方的草帽辫，或天津洋行的代理商所购，或为华商购买，集中运到天津出售给经营草辫的商人，以供出口。① 对于广大的农民来说，编织草帽辫的技艺简单易学，而且原料易得且不费钱，产品又有畅通的国际市场。这种编织活动，很快便成为山东、直隶等地农民的重要的生财之道，据说“每值农隙，男女老幼，团聚编制，寒苦人家，即借此以生活”②。

由表5.22可知，开埠以后直到1887年，草帽辫的出口都呈逐年增长的趋势，由每年出口85担增加到7.6万担，此后虽有下降仍长期稳定在3万余担上下。早期北方的草帽辫出口由天津与烟台平分秋色，自20世纪初胶济铁路和津浦铁路修成之后，自烟台出口大减，部分走青岛，走天津的数量尤其多，天津的草帽辫出口业得到进一步发展，1919年已超过1887年的7万余担，达到8万余担（见表5.23）。

表5.22　1869－1906年天津草帽辫出口状况

（单位：担）

年份	数量	年份	数量	年份	数量	年份	数量
1869	85	1876	5 888	1883	26 000	1898	31 000
1870	385	1877	5 945	1884	42 160	1902	32 000
1871	382	1878	9 216	1886	45 183	1903	35 000
1872	1 422	1879	10 973	1887	76 358	1904	26 000
1873	1 859	1880	19 961	1888	31 297	1905	31 000
1874	1 456	1881	17 324	1889	37 125	1906	38 361
1875	2 952	1882	19 116	1897	43 000		

资料来源：吴弘明整理，《津海关年报档案汇编（1865－1911）》。

① 吴弘明整理：《津海关年报档案汇编（1865－1911）》，1877－1879年报告。

② 《工商半月刊》，1卷11期，“调查”部分，第27页，“中国草帽辫之制造与销路”。

表 5.23 1908—1937 年天津草帽辫出口状况

[单位：数量（担），价值（海关两）]

年份	数量	价值	年份	数量	价值	年份	数量	价值
1908	11 378		1918	41 674	2 322 852	1928	22 571	1 507 510
1909	14 388		1919	81 049	4 787 570	1929	20 347	1 041 040
1910	7 455		1920	38 235	2 423 250	1930	11 906	617 120
1911	11 156		1921	33 899	2 133 130	1931	13 893	827 703
1912	12 006		1922	52 118	3 139 990	1932	14 492	2 194 302
1913	7 677	467 220	1923	56 416	3 440 030	1933	6 347	1 506 625
1914	5 526	357 516	1924	52 411	3 306 451	1934	6 114	1 554 605
1915	25 906	1 258 980	1925	32 535	2 197 260	1935	8 127	1 881 747
1916	33 047	1 666 354	1926	29 073	1 966 058	1936	6 924	1 874 471
1917	11 886	1 424 924	1927	16 829	1 246 886	1937	4 876	1 416 158

资料来源：《中国旧海关史料（1859—1948）》相关年度天津贸易报告。

说明：1. 草帽辫的种类包括色草帽辫、白草帽辫和花草帽辫。

2. 自 1932 年起，价值单位为金单位；自 1933 年起，数量单位为公担。

从 20 世纪二三十年代的记载来看，中国草帽辫编制业最为兴盛的，首推山东、直隶两省，次为河南和山西。

据 1929 年的调查，山东省内各县人民，大都以编织草帽辫作为家庭工艺之一。每当农活间隙的时候，男女老幼都相聚编制，贫寒的农户，往往以此为主要的谋生手段。这样的县份，遍布齐鲁大地，总数约占山东全省县数的 1/3。历城、淄川、长清、泰安、惠民、阳信、无棣、蒲台、宁阳、嘉祥、临沂、郯城、莒县、菏泽、曹县、博平、清平、莘县、冠县、阳谷、寿张、濮县、朝城、观城、范县、招远、掖县、平度、潍县、胶县、高密、昌邑、临朐、安丘、日照等 36 县，莫不如此。

直隶省的情况是，以草帽辫作为地方大宗产品的县份，有青县、沧县、盐山、庆云、献县、大城、南乐等；以草帽辫作为地方特产的，有玉田、获鹿、平山、临城等县；草帽辫业正处于改良和大发展的，有河间、肃宁、景县、涞水、大名、清丰、濮阳、长垣、威县、清河、宝坻等县；出产虽不畅旺，但出品质量却相当不错的，有静海、徐水、涿鹿、通县、武清等县。①

① 工商部工商访问局编：《工商半月刊》，1929 年 1 卷 11 期，“调查”部分，第 27—28 页，“中国草帽辫之制造与销路”。

河南作为草帽辫生产和出口的主要省份，20世纪20年代在北部和西部形成了较为集中的专业产区，著名集散地有鹿邑和惠济桥，产品经由天津、汉口等地输出①。

上述草帽辫编织业，大多采用家庭作坊的形式，但也有一些地方采用机器、设立工厂进行生产。河南的荥阳就是这样的县，据方志载，自开办传习所以后，荥阳加工的草帽辫"种类已多至十数种"，改用机器生产之后，草帽"出品精美不亚于山东、直隶"②。

3. 地毯编织业

地毯工业作为以毛类加工为主要生产内容的畜产品工业生产门类，很早就存在了。从现有的资料来看，新疆是我国最早制造和使用毯类织物的地区。然而，鉴于原料、用途、市场等方面的限制，地毯编织技术传入内地的速度非常缓慢。天津海关1875年开始的出口统计中，可以找到天津口岸地毯出口数字，但数值还不到2 000海关两。此后虽然出口不断增长，但直到1910年，也只有60 750海关两，只占该年天津全部商品出口总值的0.22%。(见表5.24)此外，一向密切关注北方内地土货来源与发展状况的天津海关，直到清末在其贸易报告和华洋贸易情形论略当中，尚未专门记述北方地毯的织造和出口事宜，可见当时的规模并不大。

表5.24 1875—1912年天津地毯的出口状况

(单位：关两)

年份	出口值	年份	出口值	年份	出口值	年份	地毯
1875	1 950	1887	1 314	1896	11 351	1905	7 565
1876	1 646	1888	2 022	1897	11 814	1906	11 904
1877	1 288	1889	2 611	1898	16 167	1907	26 200
1878	1 824	1890	4 134	1899	12 368	1908	34 247
1879	1 140	1891	3 377	1900	6 148	1909	45 779
1880	1 219	1892	4 739	1901	10 197	1910	60 750
1883	1 063	1893	3 863	1902	30 140	1911	34 626
1885	1 002	1894	4 907	1903	12 303	1912	45 743
1886	209	1895	12 974	1904	6 138		

资料来源：《中国旧海关史料(1859—1948)》相关年度的天津贸易报告。

① 从翰香主编：《近代冀鲁豫乡村》，第396页。

② 《续荥阳县志》，卷四"食货"，民国十三年刻本。

进入民国以后，天津地毯出口快速增长。表5.25表明，1927年的出口值616万海关两，已是1910年6万余海关两的100倍。地毯出口的迅速增长，引起天津海关的密切关注。其在上报总税务司署的十年报告中指出，“近年来织毯业变得重要起来，中国地毯在国外市场上基本上取代了土耳其和波斯的产品”①。由于出口数量巨大，天津已成为中国最大的地毯出口港，出口价值自1924年起达到90%以上（见表5.26）。

表5.25　1927—1937年天津地毯的出口状况

（单位：海关两）

年份	地毯	年份	地毯	年份	地毯	年份	地毯
1927	6 165 741	1930	4 375 993	1933	4 785 401	1936	4 884 786
1928	5 659 587	1931	4 771 199	1934	4 631 199	1937	8 066 148
1929	5 436 605	1932	3 112 715	1935	3 875 259		

资料来源：《中国旧海关史料（1859—1948）》相关年度的贸易报告。
说明：1932年起为海关金单位。

表5.26　1912—1927年各埠在全国地毯出口数值中所占比重

（单位：%）

年份	天津	上海	胶州	烟台	安东	汉口	腾越	思茅
1912	75.5	17.5			1.8			3.4
1913	76.3	19.0				1.5		1.6
1914	78.8	16.1			1.3			1.4
1915	83.8	12.0				1.5		1.3
1916	94.1	4.3		0.9		0.3		
1917	92.1	5.8		0.5	0.4			
1918	88.2	6.9		2.7	0.8			
1919	83.1	10.1			0.8	0.7		
1920	84.2	9.5		1.8			1.7	
1921	25.0	60.4		3.4			4.5	
1922	85.9	11.2	1.5				0.4	
1923	88.2	7.7	2.9				0.5	
1924	90.8	4.4	3.6				0.5	
1925	93.3	3.4	2.7				0.4	
1926	92.0	4.0	3.4				0.3	
1927	90.4	4.1	4.3				0.4	

资料来源：方显廷，《天津地毯工业》，第8—9页，第4表。

① 吴弘明译：《天津海关十年报告书（1912—1921）》，天津社科院历史所编：《天津历史资料》，第13期，第65页。

天津地毯出口的迅速增长，是民国时期天津及其腹地出口地毯织造业迅速发展的结果。当时，地毯织造业在新疆、蒙古、绥远、甘肃、陕西、河北、山东等北方各地，以及西藏和上海非常繁荣，规模和产量都有较大的提高。就北方产地而言，新疆地毯产量为各省之冠，但其出口产品大抵从腾越与思茅两处输往国外。甘肃的地毯业比较普遍，以宁夏（今银川市）最为发达。以上各处的地毯业，都属于工艺、技术和设备都比较简陋的家庭手工业，规模相当小，因而出口有限。对天津地毯出口具有重要意义的，是天津、北京和绥远、陕西、山西、河北、山东等省的地毯织造业。

天津、北京和绥远、陕西、山西、河北、山东等省的地毯织造业，均在作坊或工厂之内进行。1926 年，陕西榆林有地毯工厂 2 处，年出口 10 000 平方英尺。该年，山西大同亦有地毯工厂 2 处。绥远的地毯工业中心一为包头，一为归化。包头有地毯工人 400 余名，归化 1925 年时有地毯工厂及作坊 20 处。山东济南自 1900 年就织造地毯，到 1928 年前后，已有该类工厂 12 家。北京与天津的地毯生产规模尤大。据调查，1920 年，北京有地毯工人 5 000 人；1923 年，达 6 834 人，工厂 206 家。1912 年天津有地毯工厂与作坊 3 家，此后逐年增多，自 1919 年起几乎每年都要增加一二十家工厂或作坊，到 1929 年累计已有 303 家工厂和作坊，拥有织机 2 749 台。此时，天津已成为全国地毯工业的中心。①

地毯出口的增多，并不仅仅是工厂和作坊增多的结果，也是多项技术改进的结果。天津海关的十年报告在论述地毯出口成百倍增长的事实之后，指出其原料和染技的原因："查挽近本埠制毯技术日趋精良，原料则用机制毛线及化学染料，花纹及颜色仍系保存中国古时原有之特色，宜乎销路之畅旺也。"②

五、结语：天津与其腹地的双向互动及北方工业的发展

工业化是经济现代化的核心内容，以上四部分的论述，已涉及城

---

① 方显廷：《天津地毯工业》，第 6－10 页。

② 姚洪卓等标点：《天津海关十年报告（1922－1931）》，天津社科院历史所编《天津历史资料》，第 5 期，第 45 页。

市工业化和乡村工业这两大方面。从经济地理的角度考察，天津与其腹地的工业化进程在时间上是一个漫长的过程，在空间上是一个存在巨大差异的过程。

从城市来说，天津是北方最重要的工业城市，但即连天津，工业化的启动阶段却持续了相当长的时间，虽然19世纪60年代后期已开始兴办洋务企业，但现代工业的真正发展却拖到19世纪末20世纪初的清朝末叶。腹地其他的城市，现代工业达到一定规模和水平的并不多，包括北京、太原、西安、兰州这些在北方地区属于工业规模较大的城市，也都以手工业工场为主，且越向西手工业工场所占的比重就越大，西宁甚至全部是手工工场。

就农村而言，现代工业的进展尚未体现在现代工厂的建立方面，而是体现在传统的手工业开始转型，即力图通过吸收现代工业文明的某些成分和改变原料等方法，在新形势下获得生存和发展，就著名的高阳布来说这种变化也是始于20世纪初的清末。此外，外向化的农副产品加工业和地毯编织业的蓬勃兴起和发展，也是人们力图通过国际市场增加自己收入的可贵努力。就这些部门而言，生产的目的完全是为了满足国内外市场的需要，而不像以前那样主要是为了满足自己消费，有余再进入市场；蛋品加工、草帽辫编织的生产大体上仍以家庭作坊的手工劳动为主，也有相当多的地毯编织和少量的草帽辫编织已采用工厂和机器生产。因此，蛋品加工、草帽辫编织、地毯编织等方面的生产，也已经不同于开埠以前的农业经济密切结合并作为其补充部分的传统的家庭手工业或家庭副业。

彭南生在对河北高阳等地的棉纺织业转型进行详细考察之后，提出近代中国农村手工业存在着“半工业化”现象的理论。他所界定的半工业化，是指“在工业化的背景下，以市场为导向的、技术进步的、分工明确的乡村手工业的发展”。他认为华北的高阳、宝坻、定县等地织布业（即本文以上提到的高阳织布区的织布业——引者注），长江三角洲某些县的织布业、针织业、缫丝——针织业，以及珠江三角洲的缫丝业，都是近代乡村半工业化的典型，而它们的典型性就体现在：“在一个时期中，乡村手工业在地区经济总量及家庭经济中的地位迅速上升，在很大程度上改变了乡村手工业依附于农业的自然经济状态，转向与工业化建立起更密切的关系。”他以为，这种半工业化，出现在大机器工业产生以后，又是近代大机器工业、技术进步和区域外市场开拓的结果。①

由于乡村手工业的面太大，彭著未能对更多的部门展开考察，有关天津腹地除了考察高阳织布区的棉纺织业，仅提到烟台的花边业。如将本节提到的蛋品加工、草帽辫编织、地毯编织等方面的情况，与彭著提出的上述论述相对照，不难看出，这些部门实际也处于半工业化状态，在当时的情况下具有历史进步性和重要意义，是近代中国工业化和农村现代化过程中不可忽视的一个部分。在天津腹地，以市场化、外向化为目的而进行生产的，绥远、河北、河南、山西、甘肃等地的皮毛加工业，河北、山西等地的手工采煤业，山东等地的发网编织业，绥远的甘草加工业，甘肃、陕西等地的水烟加工业，相当一部分都是以市场化外向化为目的，不同于传统的手工业，因此也处于半工业化阶段。

如同城市工业化的分布一样，这种半工业化现象在天津腹地的空间分布，同样表现出区域差异。它主要存在于河北、山东、河南等东部地区，并以这些省份程度最高，再往西的区域虽然也有存在，但分布密度和发展水平上似乎已不如上述省份。

口岸城市天津是外国工业产品的进口地，受西方文明影响，在北方地区最先走上工业化的道路，并比其他城市较早建成具有一定规模和较高水平的工业基础，成为北方地区工业化的最初基地和示范区。经天津和其他口岸城市进口的洋货，对腹地的传统的手工业造成巨大的冲击；进入20世纪以后，口岸城市发展起来的现代工业的产品即国货，又对尚未走上工业现代化之路的区域的传统手工业造成新的冲击。在这样的双重冲击下，传统手工业尤其是乡村自给自足性的手工业不久便败下阵，那些以满足市场为目的的商品化手工业处于苦苦挣扎之中。对于腹地来说，口岸城市是西方工业文明击垮传统手工业的帮凶。然而，另一方面，口岸城市又是帮助腹地走上现代工业化道路

① 彭南生：《半工业化——近代中国乡村手工业的发展与社会变迁》，中华书局，2007年，第131－137页。

的引路人和策源地。这一作用，至少体现在，口岸城市的工业从传统手工业向现代工业的过渡，或从无到有的发展，显示了强大的经济效益，为腹地工业的发展提供了示范作用；通过口岸进行的出口贸易，为城乡工业的发展提供广阔的国际市场；口岸城市比洋货要相对便宜一些的国货，又为腹地在购买原料（如机制纱）和机器等方面相对节省了费用。在口岸城市的影响下，腹地的城市开始建立自己的现代工业，腹地乡村手工业的一些部门开始转型过程，有的并持续发展了相当长的时间。天津腹地城市现代工业发展和乡村半工业化进程，之所以在水平上出现西不如东的空间差异，原因就在于近代各区域工业现代化的动力，来自外国和中国的口岸城市的拉动，由于地域的广袤，这种拉动作用随着空间距离的加大而不断减少。

从历史上看，东部沿海的大部分地区，由于人口密度相对较大，历史上就是我国商品经济相对发达的地区，不仅手工业水平较高，百姓的商业意识往往也比较强。中国的现代化建立在历史的传统上，历史的基础必然深深地影响着近代。天津腹地同样如此，因此，近代的城市工业化和乡村半工业化进程出现空间差异，还有着历史的原因。

总的说来，腹地工业发展所必需的设备和销售市场，以及相当一部分原料，只有通过港口与腹地之间的货物往来与进出口贸易的形式，才能得到或实现，而港口贸易的许多商品，如纺织和面粉工业所用的机器、棉纱，制造火柴所用的木材、黄磷等，也大多需要销售到腹地。对于口岸城市天津而言，腹地既是它进口货物的销售市场，又是出口货物的供应地，腹地商品经济规模的大小直接关系到进出口贸易的发展规模，而腹地商品生产的变化也关系到进出口贸易结构的变迁。因此，近代腹地城市工业化和乡村半工业化的进展，对天津的进出口贸易而言，一方面为之提供了工业品和皮毛、蛋品、草帽辫等经过加工的乡村的半工业化产品，另一方面又为扩大进口机器和工业原料的进口提供了可能。在进出口贸易规模不断扩大的同时，也悄悄地改变了进出口商品的结构。来自城市工业的进步和乡村半工业化的进展，与腹地农牧产品的市场化外向化，都是本书第二章第一节论述的近代天津进出口贸易持续发展和进出口商品结构改变的重要原因。可以说，近代的北方，如果没有开埠以后外来文明的输入和国际市场的开拓，没有天津那样的口岸城市作为进出口门户和首先建成的大工业中心的作用，腹地的城市工业化和乡村半工业的进程将是不可能的。而没有腹地农牧产品的市场化外向化和工业化半工业化的进展，天津等港口城市进出口贸易的持续繁荣和城市经济实力的提高，也将困难重重。可惜腹地的工业化过于缓慢，否则我们还能看到腹地和口岸在工业产品市场等方面的竞争对提高双方工业规模和水平的积极作用。

近代发生在天津及其腹地的传统工业向现代化工业的转型，对民众而言既是在外力驱动下的被迫的过程，又是在新形势下通过自发调适谋求生存和发展的自觉的过程。无论是北方已有传统工业的现代化转型，还是新式工业企业的创立，无不与西方先进工业制成品和生产方式对中国旧有工业的冲击、最终体现出来的产业利润的升降，有着直接的关系。或者说，无论是学习和引进西方的技术、设备，还是经营管理模式，投资者无不为了追求更多的工业利润。正是华、洋、城、乡各界对更高现代工业比较利润的主观追逐，在客观上全面引发了北方工业现代化转型与发展的客观历史进程。

如果拿西方当时或者中国今天的各项工业发展指标，对天津及其腹地广大地区工业现代化的历程进行评估，其水平和成就无疑是相当低下的。但是，对事物的正确评判不能超越当时历史发展的实际。将这些成果放在中国当时的历史条件下，就会发现北方工业当时能走到那样的高度，已经是一种空前的进步；而且，从发展水平上来看，天津也已经达到了可以和南方的上海一起，来引领了中国城乡工业现代化潮流的境界。

第四节　天津及其腹地的城市发展

中国古代城市，主要是由于政治、军事上的需要而兴起的，城市的居民，首先是官吏、地主、军人、僧侣以及其他消费人口，从事于手工业生产和商品流通的工匠、商人居于从属地位。受此影响，首都、省会、府城、州城乃至县城等不同等级的行政中心，形成一个个规模等级大致与其行政等级相等的大小城市。它们之所以能够担任不同的行政中心，成为规模不等的城市，主要是由于地理位置上居于不同区域的中心或交通枢纽，便于控制行政区域内的各地，为了满足麕集于此的大量的消费人口的需要，而发展为工商业中心。唐宋以后，随着运河的开凿和漕运的兴起，运河沿岸出现了一批城市。明清时期，南方的农业、手工业进一步发展，远远超过了北方，商品经济也较为活跃，区域性的市场和全国性的商路网基本形成，内河和海上贸易也有发展，东南地区的城市越来越多，西部和北部的城市则相对减少，城市分布的不平衡性日趋显现。①

19世纪60年代北方三口开埠通商，随着进出口贸易的迅速扩大，沿海通商口岸城市首先得到发展。接着，各口岸通往腹地的交通路线上的一些城市，因地理位置重要，便于贸易与经济的展开，也得到相应的发展。现代交通的兴起又带动矿产开采和一些制造业，促使一些工矿业城市的成长。一些突破旧有发展模式，以对外贸易和工商业发展为主要依托的新兴城市，在北方开始出现，并在推动中国社会发展进程中发挥着越来越大的作用。这批新兴城市崛起的背景和动力，决定了它们的发展道路明显有别于中国古代城市，其城市面貌和功能也将另具近代特色。

天津在开埠前，城市经济主要建立在盐业和漕运转输上，是一个内贸型的旧式商业城市，当时华北地区商贸业的最大集散中心仍在首都北京，城市规模和城市人口数量更无法与北京相比。1860年开埠后，天津成为列强在华北着力经营的通商口岸，以洋货净进口值为例，1865年天津的洋货输入额仅次于上海、汉口，而居第三位。②此后，随着腹地范围扩大到华北、西北和内外蒙古的大部分地区，进出口贸易得到进一步的发展。进出口贸易的发展对城市内外交通提出新的要求。19世纪90年代末开始对海河进行整修与疏浚，据直隶内河航运董事局的海河水文调查资料载，至1915年海河水位平时水深处约11.5米，堤岸牢固，3 000吨以上船只可直达天津。后又经三次大规模裁弯取直，不仅大大缩短了由塘沽海口至市内码头的水道距离，而且防止了汛期船舶航行的危险和隐患，便利了航行。航道

① 何一民主编：《近代中国城市发展与社会变迁（1840－1949）》，科学出版社，2004年，第13页。

② 罗澍伟等：《近代天津城市史》，中国社会科学出版社，1993年，第193页。

的通畅，船舶的增多，使天津港的吞吐能力大为增强，港区也随之延伸，1931 年 4 月公布的《天津口管理船舶章程》，显示港区已全长 6 千米。①

天津城区也以港区为中心向两翼扩展，形成沿海河东西两岸展开的基本格局。沿海河西岸，基本上是由洋行、公司、仓库等构成的商业中心区，卜内门洋行、三菱洋行、怡和洋行、大阪商事、仁记洋行、鲁麟洋行、礼和洋行等均设在此处。沿海河东岸一字排开的则是工业公司和各类货栈，有英美烟草公司、太古火油公司、美孚火油库、开滦矿务局，以及木材厂和煤场等。洋行货栈鳞次栉比，码头仓库亦相连接，加上旅客往来，商业服务设施也相应发展起来。它们多数设在租界区域内，特别是英法租界。②到了 20 世纪 30 年代，天津已从开埠前的内贸型的旧式商业城市，演变成为华北地区最大的外贸口岸、工业、金融和商业中心，即北方经济中心。1840 年，天津城区人口不足 20 万人，1906 年达到 42 万人，到 1936 年猛增到 125 万人，1943 年达到近 178 万人，③开始超过北京而居北方第一位，在全国居第二位。

长期作为我国封建社会后期首都的北京，近代城市的发展情况较为特殊。由于是中国封建社会后期政治中心所在，城市的格局曾严格遵守"左祖右社，面朝后市"的传统王城形制。近代随着社会经济和文化教育的发展，"北京突破了以王权为中心的城市布局，向着近代以商贸、工业文化为时代主调的自由态势发展"，有学者认为这"体现了北京城市从封建帝都向近代城市转型的特点"。④

如果说，北京是由于作为元明清和北洋政权的首都，而在继续维持北方最大的城市地位的话，天津则是依赖工商业迅速成长为新兴的通都大邑，天津的成长反映了近代开埠通商对沿海城市成长的推动作

① 谢钟桢：《天津港与近代天津城市》，《城市史研究》第 3 辑，天津教育出版社，1990 年。

② 谢钟桢：《天津港与近代天津城市》，《城市史研究》第 3 辑。

③ 参见罗澍伟主编：《近代天津城市史》，第 455、680 页。

④ 袁熹：《近代北京商业格局及商业设施变迁研究》，载北京市档案馆主办《北京档案史料》(2003 年第 4 辑)，新华出版社，2003 年。

用。近代是北方城市化得到较快进展的时期，得到成长的城市大体上可分为两类，一类是类似天津这种因工商业的发展而成长的城市，一类是因居于重要交通路线而得以维持繁荣的传统行政中心城市。前一类的城市，除了天津、秦皇岛等沿海港口城市之外，主要是进入20世纪以后随着北方铁路网的建设而兴起的内地交通型城市和矿业型城市。

1900年前后，石家庄不过是获鹿县一个800余人的小村子。1904年京汉铁路通车，特别是1907年正太铁路在此与京汉铁路交会后，石家庄迅速发展为沟通河北与山西等地的现代交通枢纽。大量的土洋货物在这里进出，商业日趋繁荣。与此同时，大兴纺织公司、振华洋火公司、荣裕玻璃厂、英美烟草公司，以及现代银行支行、传统钱庄分号等工商企业，都在此发展壮大。1926年，城市人口已经达到4万余人，1933年达6万余人。①

郑县（今郑州）本为豫中普通的一个小县。京汉、陇海两条铁路在此地交会，奠定了其现代陆路交通枢纽的地位。20世纪20年代，河南所产棉花大都在郑县打包，由陇海铁路转津浦铁路，再转运上海等地；②陕西渭南、泾阳，河北邯郸等地的棉花也都是先集中到郑县，再由火车转运上海、天津、青岛等地，这些城市的纺织厂，也大多派人到郑县坐地收购棉花。棉花运输业的繁荣，又促进了打包、纺织、金融、保险、货栈、转运等行业的飞速发展。③郑州迅速发展为河南最大的城市，以后又取代开封，成为河南的省会。

包头本“萨拉齐”一市镇，由于位于西北和天津之间的货运枢纽，贸易兴盛，1921年开埠，1923年以今北京为起点的平绥铁路延伸至此，包头的转运地位更加明显。铁路部门当时的调查报告称：“包头据西北中心，当水陆要冲，东由平绥路直出平、津，以达内地，以通外洋，南连晋、陕，西接宁、甘、新、青，北通内外蒙古，凡由内地运往西北各处之零整杂货及由西北各处运赴内地之皮毛、药

① 白眉初：《中华民国省区全志》，第1册第2卷，第45页。

② 工商部工商访问局：《调查》，《工商半月刊》，1卷13号，1929年。

③ 张学厚：《郑州棉花业的兴衰》，《河南文史资料》，第37辑。

材等货，均以包头为起卸转运之中枢”。[①]交通与贸易的发展促进城市的成长，1926 年包头设县，1938 年设市，“其繁荣之程度，已驾于归绥（今呼和浩特）而上之，俨然内蒙第一市场也”。[②]

工矿型城市是随着现代化的交通工具如轮船、火车以及工业发展对机械动力原料——煤的需求的不断增加而发展起来的，最为明显的是唐山。它在 19 世纪 70 年代还是一个村庄，19 世纪 80 年代开平煤矿建立后成为集镇。此后，随京奉铁路的通车，越来越多的工矿企业在这里设立并发展起来。如开滦矿务局、启新洋灰公司、华新纱厂分厂等等。到 1924 年，唐山俨然是一个现代化的工矿业城市。它“有交通大学、铁工厂、巡警局、矿务局、中国医院、矿务局养病院、铁路工厂、学校、新开市场，建筑宏敞，非内地县城所能比”[③]。

随着进出口贸易和交通的发展，一些传统的行政中心城市因交通枢纽地位的失落而趋于衰落，也有一些传统的行政中心城市因在口岸—腹地的交通与贸易地位的上升而城市日趋繁荣。例如张家口，它在清中期以后就发展成为塞北的一个贸易中心了。在 1909 年京张铁路通车，1914 年自开为商埠以后，商品交流更加繁荣。以天津为桥头堡的“英、法、美、日、意、德等国的商人，在张家口都很活跃。尤其是民国七、八年徐树铮经营外蒙的时候，有大小商号七千余家，银行上堡 6 家，下堡 32 家，外管（专做内外蒙古生意的店号）1 600 余家，茶庄、毛庄亦各二、三十家，每年进出口贸易额达 30 000 万元”[④]。

此外，北京、呼和浩特、兰州、西宁、迪化、西安、济南等传统行政中心城市的城市化水平，在原有的基础上，也都有了明显的提高。

民国时期在北方设立的市，大致上属于两种类型，即一类是开埠通商以后发展起来的新兴工商业城市，一类是因继续担任省会和交通

① 铁道部财务司调查科：《包宁线包临段经济调查报告书》，“工商”部分，H，1931 年 5 月，第 8 页。

② 《中华最新形势图》，第 79 页，“绥远省 · 地方志 · 包头市”。

③ 白眉初：《中华民国省区全志》，第 1 册第 2 卷，北京求知学社，1924 年，第 35 页。

④ 贺扬灵：《察绥蒙民经济的解剖》，上海商务印书馆，1935 年，第 51 页。

中心而继续保有一定的繁荣和人口的传统行政中心型城市。总体而言，第一类城市主要分布在通商口岸及其通往内地的交通网络的交通与商业中心，这一类城市的数量不断增多，地位日渐上升，一些城市并逐步上升为区域经济中心，甚至担任了一定区域的行政中心。①

在城市得到成长、城市数量增多的同时，农村的集镇也有较大的发展。华北地区的市镇发育一向不如江南，直到清中叶，凡称“镇”者，绝大部分仍以关津要道和军屯戍守之地受到瞩目，经济意义则大都微不足道。华北平原的市镇勃兴，大致是发生在19世纪末到20世纪30年代的近半个世纪里。随着开埠通商与现代铁路的相继通车，华北与国内外市场的联系大为增强，市场的需要使华北的地域分工明显加强，农村的自然资源和技术潜力获得加速开发的机会。出口农副产品生产与加工的兴起，来自国内外市场的各种商品的源源不断地流入城乡各地。这些就是19世纪末叶以来华北地区数以千百计的工商集镇勃兴的重要物质条件，并决定了这些市镇的分布格局大都是以交通干线两侧地区较为密集，其中铁道沿线和主要河流两岸地区格外突出。②

尽管北方的现代经济较多地集中在东部以及中部的铁路沿线，但西北仍程度不同地发生了传统经济的转型，城镇方面同样如此。如前所述，自天津开埠，由其维系的西北皮毛贸易，是其出口贸易的主干之一。随着中外贸易的推进，皮毛贸易逐渐成为关系整个西北地区商业、金融运行的经济要素。它有力地促进了西北城镇布局的演变，主要表现为从原先的以河西走廊为中心，逐渐转变为以沿黄河为中心的格局，西北城镇的布局因此也由历来以东西为主，转变为以南北为主的格局。具体而言，由天津维系的近代西北皮毛贸易运输线路的特征是走黄河水运，因此在皮毛贸易的推动下，西北地区形成了沿黄河的商贸城镇链，包括包头、磴口、石嘴山、宁夏（今银川）、吴忠、中卫、张家川、兰州、西宁等。其中因皮毛贸易而兴起的商贸城镇，有

---

① 参见吴松弟：《市的兴起与近代中国区域经济的不均衡发展》，《云南大学学报》，2006年第5期。

② 参见从翰香主编：《近代冀鲁豫乡村》，中国社会科学出版社，1995年版，第二部分上篇“集镇数量及其分布特点”。

包头、石嘴山、吴忠和中卫等；因皮毛贸易而经济活跃的有兰州和西宁。向为西北重镇的兰州，不仅成为西北皮货交易的一个中心，也是皮货加工的中心。皮毛业成为兰州商业的支柱，也是其城市经济发展的要素。西宁因是青海皮毛等商品的集散中心，成为仅次于包头和兰州的又一个西北商业区域中心。尤其应该指出的是，除沿黄河兴起和壮大一批城镇以外，蒙藏牧区也因皮毛贸易催生一批商业城镇，如拉卜楞、玉树结古、上五庄、鲁沙尔等，从寺庙市场发展为甘肃、青海重要的商镇。

第五节　腹地内部的区域经济差异

天津开埠以后，包括口岸城市天津在内的广大腹地，在沿海和国际市场以天津港为纽带的拉动作用下，传统经济受到了很大的冲击，近代经济得到了快速的发展。然而，近代天津港的腹地范围极其广大，大体相当于除去山东和东北东部以外的北方广大地区，各地区各自的经济环境和发展基础并不相同，由此呈现出了各自不同的特色和差异。

主要通商口岸天津原先便拥有良好的传统手工业和商业基础，开埠后由于处在国内和国际两大市场扇面的交接点上，具备了最先融入沿海和国际市场的得天独厚优势，从而使得它一方面是进出口商品的集散地，拥有最完善的进出口渠道、机构和加工设施，是腹地外向型经济发展水平最高的地方；另一方面，又是外来先进工业技术、设备和经营方式最先登陆的地方，产生了最早和最发达的近代工业、金融、商业和交通运输业，并在此基础上形成了对腹地农牧业原料的初步加工能力，具备了对外来轻工业产品的部分进口替代能力，成为北方广大地区近代经济的中心和现代经济的主要辐射源。

沿海省份河北（原直隶）和中部省份河南地表平坦，向为我国北方经济比较发达的省份，近代受到沿海口岸贸易的影响较强，又是我国铁道和公路较早兴修的地区，因此近代经济兴起较早。位于河北的唐山、北京、保定、石家庄、张家口，河南的郑州、新乡、焦作，乃至山西的太原、内蒙的包头等地，虽然并非沿海通商口岸，但由于铁路交通和公路交通便利，特别是位于港口城市通往腹地的交通枢纽，发展为不同区域的贸易中心或工矿业基地，并产生了具有一定规模的商业和近代工业，城市同样得到发展。另外，在河北省、山东省西部、河南省北部，甚至山西省等地区，很早形成了近代化程度较高的水陆交通和市场营销网络，工业化和外向化水平较高的乡村棉纺织工业。在这些地区，还有星罗棋布地分布在广大农村为出口贸易服务的农副产品加工业，如蛋类加工、草帽辫编织、皮毛加工业等，出现了面积较大的棉花、花生、干果等农业经济作物的集中产业区。因此，这些地区也成为腹地市场化和外向化水平都较高的区域。

尽管西北各省和内蒙古都不同程度地卷入了进出口贸易，并受其影响调整了农牧业的生产结构，但这些省份的现代工业仍然微不足道，企业不仅数量少，而且基本采用手工生产。城市数量少，规模小，城镇的发育水平和密度远远低于东部和中部。辽阔的地域形成了多样而富饶的物产，但由于交通困难，运输成本高昂，商品化程度低，经济的市场化和外向化程度仍然远远不如上述省份。甚至相当多的偏僻地区，商品经济还处在物物交换的低级阶段。

1921 年去青海游历的日本人，目睹当地“交易完全是物物交换，虽有金银，但全部用做装饰，从甘肃前来购买羊毛的汉人，是携带布、茶、炒面等与羊毛交换，据说青海有一千万斤羊毛运不出来”。①1945 年刊印的《青海志略》称：“青海商业除西宁各县外，其余均为蒙番游牧之民，故其交易极为简单，以物易物，货币不甚适用，因其不辨银色之真伪及银两之轻重。”②新疆经济长期以来都是自给自足的庄园经济或游牧经济，生产力水平低下，商品流通以物物交换为主。近代随着沿边口岸的开放和天津口岸贸易的发展，乌鲁木齐、喀什、伊宁等中心城市及其周围的商业和农牧业的外向化和市场化有所发展，但直到 1949 年前，除中心城市及其周围地区以外，僻远山村仍然处于以物易物阶段，商品交换长期停留在原始落后状态。③

① （日）高桥治助等：《青海行》，载《上海东亚同文书院大旅行记录》，1921 年，第 327－328 页。

② 民国《青海志略》，第 5 章“青海之经济概况”，第 9 节“商业”。

③ 纪大椿：《新疆近世史论稿》，黑龙江教育出版社，2002 年，第 296 页。

甘肃、宁夏比青海、新疆也好不了多少。20世纪三四十年代，甘肃灵台县“城乡坐贾资本大者不过二三百洋，行商亦有二三十洋者，各以土布、农具、油、盐、纸札等物为标本。至如京广杂货、新样匹头等等，虽有三四客商列肆出售，然其资本中最多者亦不过仅有二三千元而已”。甘肃临泽县，“商业方面仅县城、沙河、旧坝、威狄堡四处设有小铺二十余家，均系小本经营，贩卖土产，资本千元者数家而已”。宁夏隆德县，“民止农作，不习商贾之事……男子冬夏披羊裘，间著疏布短衣，即称富民……能织褐，又渍麻及胡麻为布，但粗恶特甚，村民自蔽体耳”①，经济的商品化更无从谈起。

正是在这些不利因素制约之下，西部地区虽然在天津开埠之后，也出口了大量的皮毛、药材等商品，并且发展成为天津畜产品的主要出口基地，但这些地区外向型经济的发展，主要也就局限在畜产品等原料的出口上，近代化的工、商、交通运输业等都异常的薄弱。与东部地区相比较，其经济的近代化与外向化程度，存在着巨大的差距。

按照如上所述的各区域近代经济发展的速度和水平，大致可以将天津广大的腹地，分成沿海口岸、沿海省份（扣除沿海口岸）和中部省份、西部省份等几个层次。沿海口岸天津是北方近代经济的发源地和辐射中心，沿海省份河北以及拥有铁路之便的河南是腹地近代经济发展速度较快和水平较高的地区，山西次之，而西部省份则远远不如上述各省市。

以上的这种差距，不仅体现在离沿海口岸越远、经济发展速度越慢、水平越低这种空间差异上，也体现在同一变迁首先出现在口岸地区，在相隔若干年以后才进入腹地的不同层次这一时间差异上。19世纪60年代后期天津开始兴办洋务企业，到了19世纪末20世纪初的清朝末叶现代工业开始有较大的发展。而腹地其他地区，到19世纪末20世纪初尚无现代工业，外来冲击的影响仍局限在进出口贸易及其引起的农牧业生产结构的调整上。内陆地区经济制度和政治、文化上的明显变迁，也比沿海地区晚得多。

① 常景星修，张炜纂：《隆德县志》，上卷“风俗”，康熙二年刻本。

第六章　山东港口城市与其腹地的经济互动

第一节　港口城市及其腹地近代工业的发展

在山东省，随着烟台、青岛等港口相继开埠通商，进出口贸易迅速扩大，近代交通事业突飞猛进。这些都促进了城乡经济社会结构的调整，推动着口岸城市及其腹地的近代工业的发展。近代工业的发展大体集中在三个方面：一是原有的一些家庭手工业在经营方式、原材料、技术等方面脱胎换骨，转型成为具有近代性质的工业；二是兴起了劳动密集型、出口导向的外来手工业；三是采用机器生产和企业管理的现代工业开始兴起。

一、传统手工业的转型和发展

近代山东工业以轻纺工业为主，这些产业的发展大多基于出口贸易的需要，且多集中在烟台、青岛等口岸及其附近的地区，充分反映了近代进出口贸易和港口城市对腹地经济辐射的作用。

1. 大豆榨油业

开埠之前，烟台主要出口豆子，豆油、豆饼出口较少。1861 年开埠通商以后，烟台利用大豆生产豆油、豆饼的榨油业日渐发展，豆油、豆饼的出口开始增多。①

---

① 民国《福山县志稿》卷五之一，商业。

豆类、豆饼、豆油曾经是早期烟台最重要的出口产品。豆类产品实际上是一种再出口货物，它用舢板从东北的牛庄等港口运到烟台，在烟台加工后，再由外国船运到南方各港口。其中，豆饼出口到汕头，作为糖类作物的肥料。这种贸易主要起源于烟台与南方的汕头、广州地区的糖豆贸易，豆和豆饼是广东帆船的回程货。[①]

烟台的大豆榨油业长期以来都采用人力旧法榨油，只有怡和洋行利用机器榨油。到了1900年，烟台使用机器榨油的油坊数量已很多，机器磨达到120盘。加之人力榨油，每日可出豆油4万斤、豆饼7 000块[②]。

后来，烟台榨油业遇到东北榨油业的挑战。1894年东三省油坊工业开始发展，加工工艺获得改良。东北的主要贸易港营口临近大豆产区，当地榨油作坊又多，成为烟台的劲敌[③]。与之相比，烟台的榨油业原料价格昂贵，采购困难，无法与牛庄竞争，到1903年烟台榨油业的机器磨已有1/3停工[④]。此后，向为烟台榨油业传统市场的长江流域一带的豆类加工业也逐渐发展起来，导致烟台的榨油业进一步衰落。到了1911年末，烟台只有蒸汽榨油工厂12家，手工榨油作坊40家，只能利用本地出产的豆类进行加工然后再出口[⑤]。

2. 粉丝业

粉丝业是具有胶东特色的家庭手工业。清末，烟台出口的粉丝主要产于登州府各县，年产量达21万包，其中宁海年产10万包（每包150斤），福山年产5万包，黄县年产3万包，招远年产2万包，蓬莱、莱阳各年产5 000包[⑥]。粉丝产品主要出口南方商埠、香港、南洋及美国旧金山华人居住区，至19世纪80年代出口量达到60 500包（每包135斤）。[⑦]

胶东的粉丝以龙口粉丝最为著名，其实龙口粉丝大部分是招远粉

① 烟台港务局档案馆译：《1864年贸易报告》，烟台港务局内部本。
② 《中国近代农业史资料》第一辑，第345页。
③ 《中国近代农业史资料》第一辑，第348页。
④ 烟台港务局档案馆藏：《光绪二十九年烟台口华洋贸易情形论略》。
⑤ 烟台港务局档案馆藏：《光绪三十四年烟台口华洋贸易情形论略》。
⑥ 东亚同文会：《支那省别全志》，1917年版，第736、754页。
⑦ 烟台港务局档案馆译：《1880年烟台贸易报告》，烟台港务局内部本。

丝。清代招远粉丝加工业主要分布在招远北部，有大小粉庄近百处，其中以聚太福、洪太福、宜春乐等最负盛名。1918－1935年，经营龙口粉丝的商号多达108处，粉丝加工业盛况空前①。20世纪30年代招远已发展成为山东半岛的粉丝制造中心，所产的粉丝大都运到龙口和烟台出口。当时龙口每年输出15万包，招远粉丝占其大半②。

3.织布业

从19世纪80年代后期起，外国棉纱大量涌入，严重影响山东当地的土纱纺织业。海关贸易报告甚至断言全省的土纱纺织业已经全部破产③。当时的西方机器纺纱劳动生产率是人工纺纱的40倍，生产力低下的山东手工业者在这方面难以与其争锋。但是，他们发现机器织布业的劳动生产率只是手工织布的3倍，机织布加上运费、关税，生产成本与手工布相差不大。于是当地农民便改用洋纱来织手工布，提高了产品的质量，使自己的手工织布业以生存下来。

山东省的织布业以潍县最为著名，鼎盛时期该县每年出产的布匹达到千万匹，约占全省布匹产量的62.96%，销路遍及全国。民国年间，该县从天津购进铁轮机，并传习织布的方法，产品精良，销路旺盛。织布机器普及到潍县各地，全县达到5万台，从业人员不下10余万人。在潍县还出现了专门制造织布机、漂染整理布匹的工厂十余家，形成了织染漂产业链。除了潍县外，其他从事织布业的县也不少，其中以昌邑、菏泽、即墨、寿光、广饶、郓城、益都、高唐、武城等县比较发达，其从业人员也不下十余万。但是这些地方都用老式织布木机，生产效率、产品质量低下④。

4.缫丝与丝绸业

传统手工业在出口贸易推动下逐渐由家庭副业发展成大规模的近代工场手工业，缫丝业与丝绸业就是一个典型。山东半岛野蚕丝生产与织绸业历史悠久，但长期以来市场局限于国内，贸易量不大，生产

---

① 邵学君：《招远粉丝甲天下》，载《招远文史资料》第四辑，第69页。
② 《山东各县乡土志》，卷一“招远县”。
③ 烟台港务局档案馆译：《1886年芝罘贸易报告》，烟台港务局内部本。
④ 《中国实业志（山东省）》第四册，第47－48页（辛）。

技术落后。自19世纪七八十年代进入国际市场以后，随着贸易的发展，野蚕茧缫丝业和丝绸业首先在胶东半岛一带得到发展，这些地方的生产工具得到改良。工人们根据洋纩和柳疃坐纩制成脚踏纩丝车。在设备改良的同时，生产规模得到扩大，在烟台甚至出现了机器缫丝厂。

山东省缫丝工业主要集中在胶东半岛的烟台、牟平、栖霞三地，尤以烟台为盛，工厂有400处，机械多达15 000台，加工蚕丝大约有1.5万担①。山东柞丝绸纺织业也非常发达，主要集中在烟台、昌邑、栖霞、宁海等地。从表6.1手工工场的织机数量可见，自19世纪80年代丝绸出口贸易开始，上述产地的生产规模都在不断的扩大。

表6.1　山东省柞丝绸纺织概况

年度	产地	工场数（家），织机数（架）	产量（万匹）
19世纪80年代	昌邑	500架	
	宁海	100架	
	栖霞	150架	
	烟台	200台洋机	
合计		950架	
1915年前	昌邑	38家，884架	
	宁海	14家，182架	
	栖霞	60家，441架	
合计		112家，1 507架	20
1919年	昌邑	65家，4 290架	64.35
	宁海	65家，1 170架	13.5
	栖霞	51家，900架	17.55
	烟台	9家，180架	2.7
合计		190家，6 540架	98.1

资料来源：19世纪80年代统计来自彭泽益《中国近代手工业史资料》第2卷，第95－96页；1915年统计来自于白眉初《山东省志》，志七，第37页；1919年资料来自《农商公报》第5卷第10册58期，1919年。

昌邑县柳疃镇是山东丝绸工业的中心。道光末年（1850年）柳疃丝绸商号已经有100余家，烟台开埠以后柳疃丝织业迅速发展，光绪二十五年（1899年）年贸易量已达800万两②。1904年胶济铁路修通，柳疃的丝绸业发展迅速，进入鼎盛时期，南北大街两侧，形成相

① 白眉初：《山东省志》，志六，北京师范大学史地系，1925年，第30－32页。

② 烟台港务局档案馆藏：《光绪二十五年胶州口华洋贸易情形论略》。

对完整的缫丝、绸庄、货栈、炼坊、染坊等丝绸业产业链，以柳疃为中心从事织绸业的村庄有数百个之多，织机总数不下两万，工人在10万人左右，年出口柞绸60万匹①。

柳疃丝绸业带动了胶东缫丝与织绸工业的发展。从1912－1926年，胶东一带的纩坊和机房发展到1 200余处。柳疃丝绸技工每年有七八千人赴胶东一带柞蚕区缫丝织绸，带来的成熟技术和经营经验大大加速了该区域缫丝与丝织业的发展。胶东一带丝织业集中栖霞县，以唐家村为中心；其次是烟台市，再次是牟平、乳山、莱阳、海洋、荣成、文登等县②。

缫丝和织绸业为胶东最大的产业。由于每年需要的野蚕茧数量巨大，当地所产不能满足需要，每年还要从辽东半岛输入一定数量的蚕丝。在20世纪的一二十年代，辽东每年都有大约十余万斤至二十万斤的柞蚕丝以及相当数量的柞蚕茧输入烟台。为了和日本竞购辽东的柞蚕丝茧，烟台丝业改良委员会要求政府取消蚕茧的进口税。③

二、外来手工业生产的兴起

山东近代外来手工业，主要是草帽辫、花边、绣花、发网等。它们是烟台出口贸易的重要组成部分，而且基本上都是传教士引进的，首先在港口附近推广生产，然后再推及到其他地区。山东农村劳动力资源丰富，工资低廉，这些外来手工业都是清一色的劳动密集型产业，部分满足了山东农村利用多余劳动力发展经济的需要，增加了广大贫苦农民特别是农村妇女的就业机会，增加了他们的收入。例如，19世纪80年代山东土纱纺织几乎全部停歇，一个重要的原因是纺织工人每天只能赚得工资制钱20文，而他们编制草帽辫的工资可以加倍，甚至更多④。再如，民国初年发网业一度成为一项以妇女劳动为

① 刘汉儒：《昌邑人在胶东各地开办的丝房》，载《昌邑文史资料》第四辑，第2－8、63、70、110页。

② 刘汉儒：《昌邑人在胶东各地开办的丝房》，载《昌邑文史资料》第四辑，第2－8、63、70、110页。

③ 白眉初：《山东省志》，志六，第26页。

④ 《1886年芝罘贸易报告》。

主、辅助家庭生计的重要家庭手工业。在胶东地区，熟练妇女一天可编制一打发网，工钱约170文。而当时农村一个男工的日工钱也在150－200文，所以许多妇女都把编织发网作为基本收入来源。据统计当时即墨发网业每月得到的劳动收益总额为28 000两，年可得28万两，按全县农户133 865户计，平均每户有2.09两的收入。全省当时共有二十几个县有发网业，增加的劳动收入在数百万两①。

1. 草帽辫业

草帽辫编制技术由欧洲传教士传入并教授山东农村信教群众，后逐渐传播开来。烟台草帽辫贸易最早始于19世纪70年代。1904年之前烟台是草帽辫的集散中心。因胶济铁路修成之后，青岛与济南间交通便利，草帽辫逐渐萃集青岛。烟台虽然仍有草帽辫出口，但数量年年减少②。

莱州府掖县沙河镇是草帽辫集散和制造中心。光绪年间，沙河附近大地主经营“大中和”，通过烟台的买办签订出口草帽辫协议，后在当地开办辫子庄。同时，还在河南商丘、鲁邑，安徽亳县，直隶省天津兴济、大名府辛庄，山东的平度、昌邑等地设立了分庄，每年向日本出口都在万箱以上。受大中和辫庄的影响，沙河、珍珠一带的大地主纷纷效仿，当时比较有名的辫庄有东昌荣、恒盛泰、洪祥义、通聚、会昶和、恒祥等十多家。大辫庄都在交通方便贸易繁荣的沙河街占地设点，扩大收购以备出口。当地农民下乡收辫子，然后再卖给沙河的辫庄③。

2. 花边业

山东的花边业（或称绣花业）主要分布在胶东的烟台、招远、莱阳、海阳、黄县、栖霞、威海、文登、荣城、益都、临淄、广绕、平度等地，且不少地方都有自己的特色。

1894年欧洲的抽丝技术传入胶东半岛，烟台等地的民间艺人受此启发编制出简单的花纹，后演变成一种像带子的装饰花边，即网扣

① 青岛守备军民政部：《山东之物产》，第5编，1921年，第51、170页。

② 叶春墀：《山东草辫业》，京都华东石印局，清宣统三年，第1、4、5、30页。

③ 李丕茂：《莱州草辫和草艺品琐记》，载《烟台文史资料》第18辑，第143－145页。

花边。由于烟台的万丰洋行和仁德洋行收购各种手工艺花边，花边成为一种商品。1901 年前后的烟台的花边生产已很兴盛，据了解当时仅烟台一地，就有花边工厂 250 户，工人约 20 000 人[①]。

受烟台的影响，招远开始发展花边生产。1917 年，招远的振丰公司专门经营网扣花边，网扣花边在招远农村得到迅速发展和提高。到 1934 年，网扣花边生产已遍及全县广大农村，并相继传入莱阳、海阳、黄县、栖霞一带。在最盛时期，全县花边庄达到 108 处，从业人员 3 万多，年产值 300 万余元，1939 年日寇侵入招远后，花边庄全部关闭[②]。

威海的绣花业成为一个行业，是在 1901 年天主教传入当地之后。开始时，传教士在卫城走街串户，向一些妇女传授编制花边的技术，后来便组织大批生产，并把产品出口到国际市场上。1912 年，市内出现了两家绣花工厂，一家是天主堂办的，另一家是中国人办的。1919 年又开办了规模较大的同盛绣花厂。一些工商业者见绣花产品销路好，有利可图，纷纷开办绣花工厂。1936 年是威海绣花业的鼎盛时期，城乡共有绣花工厂 37 处，分厂 36 处，绣花工人 4 000 人，仅 37 处工厂年产值便达 25 万元。[③]事实上，参与绣花生产的流程的，并不仅仅是工厂的工人，还包括厂外的很多农村的妇女。例如，一种叫做网扣的绣花品种的生产，需要先用优质棉线织成网片，这种网片的编织大多是放到文登、荣成等邻县农村去完成，收回以后再在网片上编绣。尽管收入微薄，但对城镇的绣花女工所在家庭以及许多农村家庭而言，绣花生产已成了解决衣食的一条重要途径[④]。

益都生产的花边称青州府花边，又称青州府大套，是山东省传统名牌出口产品，素有“抽纱之王”的美称。1900 年由英国传教士介绍传入，当时青州府城设立德昌花边庄，1912 年改为德昌洋行，利用意大利进口原料进行生产。后来，益都的花边生产逐渐向西、向北发展，西至临淄，北至广绕，东到益都北部的阳河，南至益都的高

① 彭泽益：《中国近代手工业史资料》，第三卷，第 126 页。
② 文史委：《招远网扣绣花》，载《招远文史资料》第四辑，第 71 –73 页。
③ 张瑞符：《解放前威海的绣花业》，载《威海文史资料》第四辑，第 141 页。
④ 《威海文史资料》第四辑，第 141 页。

柳、夹涧一带，形成一个半月形的生产区[①]。

临淄花边亦名抽纱，制作精巧、历史悠久。1887年，德国传教士来到山东，发现临淄的梭子长条花边与意大利人喜爱的棒槌花边相似，于是便将棒槌花边介绍进来，首先在教徒中传授编织技术。由于棒槌花边生产技术比梭子长条花边容易掌握，很快就遍及临淄各地，形成了很大的生产能力。约在1895年，在第一批耶稣教徒中产生了第一代的花边作坊经营者。1905年，临淄人开办的益成祥成为临淄经营棒槌花边的第二代，它与烟台的德国仁德洋行有联系，由洋行供应原料。后来，临淄又成立了信昌、益兴永、德聚公，都与烟台仁德洋行签订合同，进行来料加工，这四家作坊业务兴隆，年产值达两千余两。民国九年《临淄县志》说当地："家家工艺花边发网，恃此糊口者不下万人。"1930年，临淄的花边庄利用烟台仁德洋行寄来的花边照片和样品，创造了花边大套和黑线货这两种新产品，此后临淄的花边工艺开始向四邻八县传播[②]。20世纪30年代，临淄有花边庄7家，每年出口总值15万元左右，都运到烟台出口[③]。

平度的绣花生产始于1929年，当时平度城里开了一家以绣花为主的平度美利绣花厂，此后绣花生产以城关为中心，向四周乡村扩展。该厂生意日益兴隆，产品均自烟台出口。绣花业在平度前后兴盛12年，最盛时从业者达2 500人，生产涉及十几处乡镇，年出口额突破15万元[④]。

据芝罘海关统计，1910年之前胶东生产的花边主要以邮寄或夹带形式出口；1910年之前出口较少，1910年之后开始通过烟台批量出口，至20世纪30年代出口价值最多达到94万两，后由于受到江浙地区的竞争和外国关税壁垒的影响，贸易额降到30万两。

3. 发网业

潍县的发网业开始于清宣统年间，当时有美国传教士在此倡导此业。至民国初年，传遍附近各村。发网原料最初需要进口，1915年

① 《益都文史选辑》第一辑，第110页。
② 《淄博文史资料》第二辑，第183页。
③ 《山东各县乡土志》，卷三"临淄县"。
④ 《平度文史资料》第六辑，第40页。

中国开始自置原料，用来染各种颜色的头发。到1921年左右，潍县城内经营发网业者达到40余家，城乡制发网者有300余家，男女工人2 000人，每年出口发网6万元，是发网业的鼎盛时期，产品销往英美各国①。

昌乐县的发网业兴起于民国初年，生产由妇女承担，是一项较为普遍的家庭副业，1921年扩展到全县。1923年鼎盛时期，全县有发网行商200余，发网交易总值达到百万元左右。境内的挑担货郎不计其数，走街串巷兑换头发，收集发网原料②。

寿光和诸城也是山东发网业的主要生产基地之一，1913年开始生产，后风行两县，各村镇家庭妇女争相学习。由于发网手工业的兴起，为此服务的发网庄随之发展起来。发网庄到青岛、烟台等地洋行承包定做各种发网生意，然后购置原料，到各乡村寻找女工结网，再转销洋行，经烟台出口，从中赚取利润③。

发网业兴起于山东，而山东组织生产、检验、出口的大部分公司和商号都集中在烟台。1920年前后，烟台编制发网的工厂多达百余家，从事发网业的工人2万余人，制造销售人发的发庄多达113家，是当时世界发网业著名的制造与贸易中心之一④。

我国发网输出以烟台最多，每年输出额约占全国的90%。发网业在中国兴起之初，中国所需的人发都需要从国外进口⑤。后来，烟台人孙柏峨发明了头发染色技术，大约在20世纪20年代烟台已经能够染制头发⑥。当时的其他省份还要从外国进口人发，这也是烟台在全国处于垄断地位的原因。⑦

① 《潍坊寒亭区文史资料》第一辑，第130页。

② 《昌乐文史资料》第四辑，第85页。

③ 《寿光文史选辑》第八辑，第108－115页；《诸城县文史资料》，第11辑。

④ Julean Arnold，Ed：*China*，*A Commercial and Industrial Handbook*，Department of Commerce，USA，1926，p.603.

⑤ Julean Arnold，Ed：*China*，*A Commercial and Industrial Handbook*，p.255.

⑥ （英）A.G.Ahmed著，陈海涛、刘惠琴译注：《图说烟台（1935－1936）》，齐鲁书社，2007年，第三章“贸易与工业·发网”；郑重：《烟台要览·工业篇》，第1页，1924年。

⑦ 《中国实业志（山东省）》，第七册，第117－118页。

三、现代工业的发展

近代山东的现代工业，主要有棉布、棉纱、面粉、火柴、卷烟等轻工业部门，大多集中在青岛、济南、潍县等商埠城市里，对广大地区来说，仍然是星星之火。

1. 棉纱业

日本在占领青岛期间，当局为鼓励日商投资，在地价、税收、运费等方面采取了种种优惠政策。日资纱厂内外棉、大康、富士、隆兴、钟渊、宝来等先后投产。截至1924年，青岛有6家日本纱厂，形成了庞大的日资机器纺纱工业体系。民族资本济南鲁丰纱厂、青岛华新纱厂分别于1915年和1919年建成投产，后来又有成通、仁丰两家投产①。

由表6.2可见，日资纱厂锭数远远多于中国纱厂，占有绝对的优势。虽然近代纺纱工业有点不伦不类，但是雇用中国工人，加工山东的棉花，对山东本省来说却具有划时代的意义。《胶澳志》曾经不无自豪地说："数十年来，山东棉纱、棉布几度变迁，开始时土纱土布受到洋纱洋布的压迫，后来日本纱与英美纱相竞争，到了欧战以后，青岛的日本纱厂开始与上海的纺织业相抗衡，并获得了胜利。"②青岛也因此与上海、天津并列为中国三大棉纺织中心。

表6.2 中日纱厂纱锭比较

年份	日资纱厂锭数	中资纱厂锭数
1920	20 000	29 964
1925	253 756	57 192
1930	341 080	68 684
1935	489 620	104 684
1937	710 000	

资料来源：据《近代山东市场经济变迁》第388页资料整理。

2. 面粉业

开埠通商后，外国机制面粉开始输入，从而改变了城市的消费倾

---

① 《山东各县乡土志》(二)，济南市；《胶澳志》，"食货志 · 工业"，第848页。

② 《胶澳志》，"食货志 · 商业"，第808页。

向。“自外粉入境，以其品质较优，于是稍富者相率摒弃土面，改用洋面”。此后，随着磨面机器的输入，山东机器面粉业开始崭露头角。1914年之前，面粉业处在成长时期，资本和生产规模都不大。具体情况如下（见表6.3）：

表6.3　第一次世界大战前济南主要面粉企业表

工厂	开设年份	资本（万元）	职工人数	日产量（袋）	主要设备（台）
兴顺福	1913	16	55	600	6
溥利	1913	2	24	240	3
恒顺公	1914	2	30	300	4

资料来源：庄伟民，《近代山东市场经济的变迁》，中华书局，2000年，第422页。

第一次世界大战期间及战后初期，外国自顾不暇，面粉进口锐减。山东面粉市场供不应求，本省面粉工业获得较快的发展。面粉厂资本雄厚，规模宏大，拥有钢磨、筛麦机、洗麦机、打麦机、清粉机、麸皮机、打包机等精良设备组成的流水线。而且面粉公司多采用股份有限公司制，广泛吸收民间资本入股，初步实现了资本与经营权的分离。山东面粉工业渐入佳境。（见表6.4）

表6.4　20世纪30年代山东机器面粉厂统计

工厂	厂址	成立年份	性质	资本（元）	工人数	年产量（袋）	年产值（元）
丰年	济南	1915	股份	751 900	88	578 000	1 703 200
惠丰	济南	1919	股份	500 000	90	1 100 000	330 000
茂新	济南	1919	合资	250 000	96	623 326	1 832 925
华庆	济南	1921	股份	308 700	74	1 000 000	2 700 000
成丰	济南	1921	股份	700 000	151	200 000	5 700 000
宝丰	济南	1929	股份	200 000	69	490 000	1 600 000
成记	济南	1932	股份	200 000	94	84 000	233 000
恒兴	青岛	1924	股份	300 000	66	450 000	121 500
双蚨	青岛	1928	股份	300 000	165	420 000	1 034 000
瑞丰	烟台	1922	股份	297 000	68	185 000	481 000
仁德	泰安	1929	合资	50 000	28	72 000	250 000
济丰	济宁	1922	股份	100 000	50	500 000	1 250 000
合计				3 957 600	899	8 258 326	23 396 125

资料来源：满铁经济调查会，《山东に於ける工业の发展》，1935年，第64页。

由表6.3和表6.4可见，20世纪30年代与1914年之前相比，山东面粉业在资本、年产值等方面获得了飞速发展；济南仍然是面粉业中心，同时青岛、烟台等地面粉业发展迅速。

3. 卷烟业

清末外国机制卷烟大量进口。在其刺激之下，烟台等地资本曾引进外国制烟技术设厂生产。但是这些敢为天下先的卷烟厂，由于种种原因开办不久便停业了。民国以后，随着美种烟叶的种植，卷烟工业由烟台转移到济南、青岛、潍县和济宁等产地或集散地，卷烟厂机器设备也有了提高①。

由表6.5可见，山东卷烟工业从1913年兴起，到30年代初期达到高潮，主要以济南、青岛为中心。但是华商企业从资本到生产规模与洋商不可同日而语，颐中烟草公司一家的产值就比山东整个烟草行业的产值还多。

表6.5 近代山东卷烟业发展概况

工厂	厂址	建厂日期	资本（元）	机器数	年产值或产量
美业	济南	1913	6 000		
裕华	济宁	1913	50 000		
鹤丰	青岛	1925左右		8	3 600大箱
鹤丰	潍县	1930	100 000		3 000箱
山东	青岛	1928	200 000	机械化程度较高	450 000元
崂山	青岛	1932	20 000	2	2 160箱
东裕隆	济南	1931	20 000	5	522 000元
铭昌	济南	1931	10 000 -20 000		1 000 -2 000箱
鲁安	济南	1933	10 000 -20 000		1 000 -2 000箱
华通	济南	1934	10 000 -20 000		1 000 -2 000箱
成安	济南	1934	10 000 -20 000		1 000 -2 000箱
颐中（英国）	青岛	1923	3 000 000	62	19 200 000元
华北烟草（日）	青岛	1936	500 000	价值100 000元	30 000箱

资料来源：据庄维民《近代山东市场经济的变迁》第438页资料整理。

4. 火柴业

民国以前，山东省内所用火柴都是舶来品。直到1913年山东才有华商设立振业火柴公司，山东火柴业开始发轫。后来青岛、济南等地华商、外商的火柴公司纷纷设立②。

① 《近代山东市场经济的变迁》，中华书局，2000年，第437页。

② 《中国实业志（山东省）》，第六册，第605页（辛）。

据表6.6所示，火柴工业主要集中在济南和青岛为中心的经济发达地区。火柴工业初具规模，总资本达到285万余元，年产量33万多箱。日商总资本100万元，华商资本却有185万余元。华商的实力与外商相比没有别的行业那么悬殊。但是日商4家公司的产量就达到84 800箱，华商27家公司产量才有249 700箱，其生产能力还是不容忽视的。外商势力主要集中在青岛。

表6.6　近代山东火柴工业发展概况

工厂	厂址	建厂日期	资本（元）	性质	年产量（箱）
振业第三公司	青岛	1928	300 000	有限公司	25 050
华北火柴公司	青岛	1928	200 000	有限公司	39 800
信昌公司	青岛	1929	20 000	无限公司	17 750
鲁东公司	青岛	1929	15 000	无限公司	16 200
华鲁公司	青岛	1929	30 000	有限公司	10 050
明华公司	青岛	1929	20 000	无限公司	7 900
兴业公司	青岛	1930	20 000	无限公司	13 450
华盛公司	青岛	1931	30 000	有限公司	4 950
青岛磷寸株式会社（日）	青岛	1918	300 000	有限公司	43 050
山东火柴公司（日）	青岛	1917	550 000	无限公司	24 100
东华公司（日）	青岛	1931	150 000	无限公司	11 800
益丰公司（日）	青岛	1920	5 000	合资	5 850
鲁兴公司	济南	1930	20 000	无限公司	3 200
振业公司	济南	1913	400 000	有限公司	23 150
洪泰第二公司	济南	1930	50 000	独资	11 650
东源隆公司	济南	1931	50 000	合资	7 500
中亚公司	即墨	1932	18 000	合资	600
振东公司	即墨	1928	46 000	合资	3 200
福来公司	即墨	1932	3 200	合资	300
大明公司	即墨	1933	10 000	独资	600
丰源公司	即墨	1930	10 000	合资	1 400
增益公司	即墨	1920	30 000	有限公司	7 850
海滨公司	即墨	1932	13 000	合资	1 000
惠丰公司	潍县	1931	40 000	有限公司	3 850
振业第二公司	济宁	1919	300 000	有限公司	21 900
昌兴公司	烟台	1926	50 000	无限公司	11 750
鲁西公司	临清	1932	30 000	合资	1 500
东益公司	益都	1920	104 200	有限公司	11 000
德威记公司	威海卫	1918	40 000	合资	4 100
洪泰第一公司	胶县	1923	50 000	独资	5 050
炽昌公司	龙口	1932	30 000	合资	1 200
合计			2 854 400		334 500

资料来源：《中国实业志（山东省）》第六册，第608－609页。

表面看来省内华商火柴企业压倒了日商企业，但是山东火柴工业并没有自立，因为各火柴厂所需要的化工原料仍然要从外国进口。①

5. 葡萄酒酿造业

烟台葡萄酒酿造企业首推张裕公司。该公司创始人张弼士获悉如在烟台种植葡萄可酿上等名酒，筹资 300 万元从国外引进上百个优良葡萄品种，建成两个面积达 700 余亩的葡萄园，并从国外购进设备，聘请中外酿酒名师开始设厂生产。该厂后获清政府生产专利 15 年，免税 3 年的优惠。经过近 10 年经营，张裕公司风行全国，远销海外。1915 年，公司所产白兰地、红葡萄酒、雷司令、味美思在巴拿马万国商品比赛上获金质奖章和最优等奖状。张裕公司开创了中国酿酒业的新时代，也为烟台果品业的发展带来了新的机遇。

据上可见，近代外来新兴手工业、转型工场手工业、进口替代工业是山东 20 世纪二三十年代产业的希望之星，代表着当时的最高发展水平。它们从孕育到成长与商埠贸易有着千丝万缕的联系。

第二节　山东近代农业的发展

1860 年以后，在进出口贸易的刺激下，山东各港口腹地农作物的种植结构更加倾向于鸦片、花生、棉花、烟草、水果等进出口贸易需要的经济作物，农产品商品化程度显著提高。

一、鸦片种植业

第二次鸦片战争以后，鸦片贸易合法化，外国鸦片大量进口。受鸦片高额暴利的刺激，中国一些地方的农民开始种植鸦片，形成了极大的规模。山东的鸦片种植约始于 19 世纪 60 年代末和 70 年代初。据 1874 年的贸易报告记载，在烟台与济南府之间，鸦片种植还有所顾虑，但在兖州府和沂州府，已公开种植鸦片。同样在东昌到开封的沿途州县，鸦片与高粱和小米轮种②。进入 19 世纪 80 年代后，清政

① 《中国实业志（山东省）》第六册，第 610 页。

② 烟台港务局档案馆译：《1874 年烟台贸易报告》，烟台港务局内部本。

府某些官员建议“应请于栽种罂粟地亩，一律照赋则二十倍征收”，“更令各关卡议加税厘，以助防费”[①]。在这种纳税承认政策的纵容下，罂粟种植不久便流毒全省。19世纪90年代全省十府二州的年产量达28 000余担，计值白银482万两[②]。

大量的鸦片生产造成了极为恶劣的后果，吸食鸦片严重影响了人民的身心健康，致使许多人丧失劳动能力，甚至倾家荡产，而且也导致鸦片种植地区粮食和经济作物种植面积的减少。烟台开埠之初曾盛极一时的小麦出口，后来完全消失。进口大米在开港初期仅为几百担，而1890年则增长到6万余担；美国面粉在港口开放的二十几年里均无进口，到1892年开始输入山东[③]。鸦片以及经济作物种植面积的扩大，无疑是粮食种植面积减少、只好扩大粮食进口的一个主要原因。

二、花生种植业

随着花生产品出口海内外，花生贸易收益远远大于种植别的作物。受此刺激，山东的花生种植面积不断增长。光绪初年，美国大花生由传教士传入中国。与中国土产的小花生相比，大花生颗粒大，产量高，虽然含油量不及中国的小花生，但在国际市场的价格却高于小花生，因此大花生传入以后迅速获得推广。如表6.7所示，在1914年至1937年，山东的花生种植面积以230万亩为起点，几乎每5年就增加100万亩。

表6.7　山东花生种植面积与产量

时间	面积（千市亩）	产量（千市斤）
1914—1918年	2 367	
1924—1929年	3 758	14 970
1931—1937年	4 395	12 557

资料来源：许道夫，《中国近代农业生产及贸易统计资料》，上海人民出版社，1983年，第195—196页。

① 中国人民大学农业经济系主编：《中国近代农业经济史》，中国人民大学出版社，1982年，第71页。

② 烟台港务局档案馆译：英国国会文书《1894年烟台领事贸易报告》，烟台港务局内部本。

③ 《烟台港史（古近代部分）》。

表6.8、表6.9、表6.10反映了山东省章丘、济阳、益都三县的花生种植的一些情况。此三县都不是山东省的花生种植大县，但从三县的统计资料可以看出，花生种植业在农业中占有重要的地位。在出口利润的刺激下，三县花生的种植面积都有了提高，甚至挤占了其他作物。另外从百分之八九十的输出率可以看出，出口贸易对花生种植业的巨大拉动作用，这也是山东花生种植面积每五年增加近100万亩的原因。

表6.8 花生种植面积占耕地百分比

地区＼年份	1900	1915	1920	1924	1925
山东章邱	0.1	35	45	50	39
山东济阳	0.2	15	25	40	35
山东益都			10	10	19

资料来源：章有义，《中国近代农业史资料》第二辑，第205页。

表6.9 被花生排挤的作物

地区	被排挤的作物	原因
山东章邱	小麦、大豆	较其他作物得利倍徙
山东济阳	小麦、大豆	利润高得多，因地制宜
山东益都	小麦、大豆	比较有利

资料来源：章有义，《中国近代农业史资料》第二辑，第212页。

表6.10 花生各地消费比率（1925年）

地区	当地消费	邻近地区消费	输出
山东章邱	5	5	90
山东济阳	3	7	90
山东益都	10	10	80

资料来源：章有义，《中国近代农业史资料》第二辑，第232页。

随着花生种植面积的增加，花生贸易的规模也在急剧的扩大。1908年花生产品刚刚走出青岛港时，花生仁、花生油贸易价值不过120余万两。1928年青岛港带壳花生、花生仁、花生油、花生饼等四项出口价值约2 450万两，成为第一出口土货。①

① 《胶澳志》，第795页。

三、山东半岛的果品改良与贸易

山东的果品改良，始于烟台，1871年烟台开始引进西洋水果。美国传教士倪维斯从美国和欧洲搜集了多种苹果、梨、草莓、大樱桃及李子的苗木，并在烟台置田建立果园①。后来，倪维斯在农场里将西方果苗与中国果树嫁接，取得更佳品种，即“烟台香蕉苹果”、“烟台草莓”、“烟台大樱桃”等品种。在外国人开办果园的同时，中国人也开始引进外国果树品种和园艺技术。1900年前后，新泰公司和安滋公司从美国加利福尼亚运来大批葡萄树苗和康特州的蔷薇花苗。②

1892年南洋华侨张弼士在烟台创办张裕酿酒公司，从欧洲奥地利先后引进了90万株葡萄苗，建立规模宏大的葡萄园，1898年以后又陆续在全世界搜集名种。特别值得一提的是，在奥地利酒师的指导，张裕公司采取西方园艺管理方法，土壤调理、肥料使用、品种改良及病虫害防治等均由专人管理，并在生产的主要流程实行科学管理：对葡萄接粒实行人工控制使其符合酿酒要求；每年详细记录不同品种的葡萄的生长、结实、收获等情况，以作为改进培植的依据；葡萄剪收前均先行化验，然后分类剪收③。

烟台的另外一些公司或行栈也纷纷建立果园，其中轮船招商局烟台分局、归记、太康、广裕盛、同茂祥、瑞丰、新太成、线丝公司等设立的果园，号称烟台的八大果园。在此之后，一些资本家纷纷购地开垦建园，南山、西沙汪一带成为山东省著名的苹果等果品的产地④。胶东苗圃20世纪20年代前后从美国购进很多种果树，大力培养商品苗，果苗出口贸易日益增多⑤。

经过几十年的经营，烟台引进了大量水果优良品种。具体情况如表6.11：

---

① 烟台港务局档案馆译本：《1882－1891烟台十年贸易报告》，烟台港务局内部本；《东方杂志》，13卷8号，第14页。

② 烟台文史资料编辑部：《烟台文史资料》第十八辑，第165页。

③ 广州文史资料研究委员会：《广州文史资料》第八辑，第107页。

④ 《烟台市志》，第1006－1007页。

⑤ 郑重：《烟台要览》，第九篇，“农产”七、八、九。

表 6.11 近代烟台引进的外国果木种类与品种

果类	品种
苹果	早苹果（Early Harrest，日本名黄金丸）、花花鲜（Sweet Bongh）、发客仙（Gravenstein，日本名生娘）、万寻（Westfield seek-no-further，日本名胧月，烟台俗名金星）、黄钟花（Yellow Beuflewer 日本名凤凰卵）、黄手敦（Newtoun Pippin，日本名翠玉）、黄搓皮（Golden Russet）、红搓皮（Roybegry Russet，日本名虾夷衣）、绿青（Rhode island Green）、王（King）、红端阳（Garolina Red fune，烟台俗称洋红子）、早草鲜（Early Strowberry，日本名小町）、秋苹果（Fall Pippin）、花皮（Tompkin's King，日本称绯之衣）、磅苹果（又名金星，Wenty ounee Pippin，日本名大锦）、香蕉苹果（Winter Banana，日本称祥玉）
李子	Coe's Golden Drop、Jefferson、Peach plum、Ogon date、Smith's orlsons、Brodshow、美国扁李
葡萄	玫瑰香（Muscat）、龙眼（Dragon eyes）、黑牛奶（Black Joabella）、紫葡萄（Hartnord Prolifie）、小甘（Delaware）、黑汉（Black Hamburgh）、康哥（Concord）、白玫瑰鲜（White museat）
樱桃	青状心（Large Black Hearts）、春紫（May Duke）、短巴（May Blagrrean）、紫樱（Malor Treaneis）、黑亮、西班牙（Yellow Spanish）、玩公（Lade Duke）、黑莲子（Daven Port）
梨	巴梨（Bartlett）、马特连（Madelaine）、茄梨（Beurg's Anlon）、Early（Butler）、Fall（Beauty）

资料来源：唐荃生，《山东烟台青岛威海卫果树园艺调查报告》，东亚文化协会，1940 年，第 3－6 页；转引自庄维民上引书，第 601 页。

1888 年威海由烟台等地购进果苗建立果园，开始果业专业生产。1898 年英国强租威海，把威海作为殖民地实施规划和经营。殖民当局在当地设立了果物试验园，园艺家基伯（John Gibbons）自欧美等国引进多种果木树苗。1905－1908 年，试验园栽培果木、花卉，并分发当地的农民。但是后来基伯离开威海回国，试验园的果木未能广泛传播。20 世纪二三十年代，威海果树园艺业发展迅速。威海人王立堂在北竹岛村建烟威农场，专育果苗，此后建果园户逐渐增加。威海果业的发展主要是果农自发的行为，是一种个人农场道路。

当时威海引进的外国果木品种主要有：苹果，新倭锦、新大王、印度、凤凰卵、Wines ape、红星（Star King）、元帅、新满红；梨，鸭梨、秋百梨、廿世纪、晚之吉、菊水梨；葡萄，紫元帅、紫龙眼、黑罕、水晶。[①]

青岛在德日占领期间，开始传入外国果树品种和先进的园艺技术。1898年殖民地总督府设置植物园试种果树。植物园先后采集德国和美国加利福尼亚的苹果73种，梨树78种，经过试种，挑选了梨树8种、苹果树11种、樱桃树48种[②]。德国设立的农林试验机构在日本占据青岛时期得以扩充，直到中国收回后，"该场工作，进行匪懈，成绩灿然"[③]。民国《胶澳志》也记载："果木其品种多属日本输入，产量尚佳，品质优于本种"[④]。

1933年，叶允之、章仲和、周志俊等人投资10余万元，在青岛创办青岛果产股份有限公司。公司以引进国外优良果树品种、改良地方果树种植为已任。当时引进的品种有：苹果，金帅、红星、祥玉、旱生旭等；梨，林肯梨、巴梨等；樱桃，美国黄樱桃、红樱桃等。公司还从日本引进了红玉、祝旭、国光、印度等苹果品种。迄第二次世界大战前，青岛国产公司已发展成为省内规模最大、栽培品种最齐全的专业化果品公司，享有"华北唯一科学化之果园"的盛誉[⑤]。

果树的栽培比花生、烟草、棉花需要更大的资本和更高的技术，而且资本回报的时间较长，风险也很大。然而，山东半岛果品业的发展却十分引人注目。究其原因，自然是新品种、新技术与贸易的推动。当时中国水果生产不能满足全国之需，甚至外国品质低下水果都可以高价卖到中国。因此，烟台、威海、青岛果业有广大的发展空间[⑥]。

果品改良和园艺业的发展，使得胶东半岛的果品生产不断进步，种植面积大大增加，并迅速成长为港口的主要出口商品之一。20世纪二三十年代，烟台果品贸易已经十分成熟，贸易机构与市场定价系统日益完善，烟台果业公会下属的烟台水果行栈有100多家，大资本多经

① 庄维民：《近代山东市场经济的变迁》，中华书局，2000年，第600页。
② 《胶澳志》，第60页。
③ 青岛市档案馆：《帝国主义与胶海关》，第209－210页。
④ 《胶澳志》，第695页。
⑤ 庄维民：《近代山东市场经济的变迁》，第612－613页。
⑥ 《东方杂志》，13卷8号，1917年，第14页。

营大宗出口贸易[①]。20世纪30年代，烟台仅福山县每年输出的苹果、梨、葡萄等水果便不下2 000万斤，贸易总值百万余元[②]。青岛果品贸易的规模也非常大，例如李村每年输出梨1 000万斤，十之七八贩运青口（今属连云港市）、海州、盐城、东台及上海等处，一部分运往诸城、胶州、（苏联）海参崴、大连，贸易前景十分乐观[③]。

20世纪30年代福山县直接出口的果品的价值，已占果品全部产值的59.8%[④]，反映出胶东果品生产的商品化程度已相当高。如加入果品加工业的产值，果品业创造的产值和商品化程度还会更高。仅张裕酿酒公司出口值即达47.5万元，水果罐头公司每年亦有20万元的外销产品[⑤]。

外来品种的引种，不但导致果品贸易额有了极大的增长，也促使果品的贸易结构发生了很大的变化。这种变化，发生在烟台和青岛附近的果品产区。不过，由于1904年胶济铁路通车以后，内地的水果大量运往青岛出口，青岛水果贸易数字不能反映新品种和新技术的作用情况。因此，表6.12选择烟台而不是青岛反映这种情况，而表6.13则以烟台附近的福山县为例，对此予以补充说明。

表6.12　烟台果品出口贸易概况（1867－1919）

（单位：担）

年份	生果	枣	核桃	杏仁
1867	2 693	19 906	1 116	
1868	3 070	32 562	3 982	
1869	3 849	49 174	4 004	
1870	2 551	40 238	5 001	
1871	4 917	19 850	838	110
1873	10 177	32 994	1 827	236
1877	21 917	40 239	1 476	737
1878	11 770	46 835	3 900	1 035
1879	10 583	40 974	1 694	1 724
1882	11 238	41 566	1 341	2 050

① 郑重：《烟台要览》，第九篇，“农产”五至八。

② 佚名编：《山东各县乡土志》，“福山”，民国排印本，第5页。

③ 《胶澳志》，第692页。

④ 佚名编：《山东各县乡土志》，“福山”，民国排印本，第5页。

⑤ 佚名编：《山东各县乡土志》，“福山”，民国排印本，第10页。

续表6.12

年份	生果	枣	核桃	杏仁
1884	10 139	64 650	2 219	1 179
1888	27 490	65 809	1 696	1 866
1889	34 423	46 219	1 088	828
1890	23 544	29 632	1 157	1 570
1893	36 028	43 070	1 181	1 445
1894	10 312	48 108	929	1 238
1895	14 546	33 966	1 550	1 523
1899	14 977	48 078	1 363	1 382
1901	37 628	71 639	4 055	2 734
1902	54 433	61 566	4 305	1 890
1903	49 872	78 589	4 487	1 848
1904	43 938	64 199	2 934	1 752
1905	31 170	31 358	2 846	1 771
1906	40 881	36 696	3 560	1 524
1907	34 001	39 812	4 003	2 227
1909	56 266	47 836	4 456	3 693
1910	76 986	35 366	5 213	3 469
1911	59 319	16 821	2 470	6 823
1912	62 621	9 367	2 221	4 656
1913	57 781	17 363	3 846	6 507
1914	116 348	22 457	1 505	3 137
1915	88 302	20 235	1 178	4 147
1916	66 450	12 126	1 302	1 679
1918	117 846	6 413	1 585	1 974
1919	50 661	9 316	793	3 113

资料来源：海关年报（1867－1919）烟台部分，引自刘素芬《烟台贸易研究：1867－1919》，1990年，第92页表3.1。

表6.13　1933年福山县果品出口贸易调查概况

种类	产量（万斤）	价格（元）	总值（万元）	外销总量（万斤）	外销总值（万元）	备注
葡萄	600	0.04	24	200	8	张裕公司3 000亩自产自用，余运销各地
苹果	620	0.06	37.20	550	33	销往大连、上海、天津、青岛等口岸
胡桃	70	0.10	7	30	3	大连、天津、威海卫
枣	100	0.02	2	50	1	威海卫
梨	850	0.03	25.50	650	19.50	香港广州大连天津青岛
桃	316	0.04	12.64	200	8	上海、大连、威海卫
柿	500	0.02	10			
杏	150	0.02	30			
合计			121.34		72.50	

资料来源：《山东各县乡土志》（一），福山，第5页。

由上两表可见，在近半个多世纪中，烟台的果品贸易增长迅速，出口结构也发生了变化。一方面，经过改良的生果（梨、苹果、葡萄等）已成为烟台水果贸易的主要品种：1871 年之前，烟台生果类贸易只有几千担，但在 19 世纪 70 年代后期，便增加到一两万担，并且一直持续到 90 年的后期，90 年代末期增加到三四万担。1909 年之后，贸易长期在 5 万到 11 万担浮动。1933 年，福山县的生果出口值已占该县全部果品外销总值的 83%，证明了生果出口所占的重要地位。另一方面，核桃和杏仁由于市场有限，一般在一两千担之间上下浮动，最高可达到五六千担。枣类贸易在大多数年份里，在三万至七万担之间浮动，但从 1909 年之后，枣类贸易呈下降趋势，甚至低于一万担。1909 年之前，在果品出口结构中，枣类出口量一直是第一位；1909 年之后，生果贸易才超过枣类成为最大的出口产品。生果贸易超过传统枣类贸易，充分说明果树新品种和新园艺技术对胶东果树种植业的推动作用和胶东果品业的巨大发展。

四、美洲烟叶种植

山东、河南两省是我国烟叶的两大产区，河南的烟叶集中在许州（今许昌市），故称为许州烟；山东烟叶集中在青州，故称为青州烟。山东中部向有烟叶出产，尤其以安丘、昌邑、昌乐、潍县为最，只是当时出产的是土种烟叶，仅供旱烟之用。

1913 年英美烟草公司派员调查华北烟草种植状况，输入美国烟种并在潍县坊子试种，当地农民持观望态度，大都不敢贸然下种。该公司为开展业务，无偿为农民提供种子，并且保证收买产品。试种成功后，农民改种美国烟种。后来美国烟种沿着胶济铁路传入青州。1916 年，青州府境内的铁路沿线、弥河两岸都有种植，并扩展至临淄、临朐等地。20 世纪 30 年代青州种植烤烟 98 633 亩，产量 1 754 万斤，为新中国成立前烟产量的最高峰①。

20 世纪 30 年代山东美国烟的种植面积，从 1926 年的 15.8 万亩

① 《青州文史选辑》第五辑，第 123 –129 页。

扩展到24万亩，并在胶济铁路西部沿线地区形成了集中产区[①]。集中产区西达胶济路辛店，东到黄旗堡，长约400里，铁路两旁百里之内，依靠种烟为生的农民近百万人，年产值千万元[②]。1931年之前，山东烟叶出口有增无减，烟价昂贵，农民相继抛弃其他作物多种烟草。1931年由于沪战发生再加上东三省市场的失去，烟草种植才开始走下坡路[③]。

五、棉花种植业

清代中期，棉花已经在鲁北和鲁西地区广为种植，并形成了棉花集中产区。1860年以后，棉花成为华北的天津和青岛两大港口重要的输出品，棉花种植和改良得到出口贸易的推动。

针对中国棉花品种的花绒短、不利纺纱的缺点，山东于1906年开始改良品种。山东商务局从美国引进棉种，在东昌府试种，获得成功。美国棉种高大，三倍于本地棉种，每亩本地棉产量七八十斤，美国棉可得百余斤至二百斤，而且棉绒长细，利于纺织。1907年山东省政府再次从美国购进棉种，分发至东昌府、滨县、夏津、邹平、平度、恩县、定陶、临清等地[④]。此后，山东仍然不断引进外国优良的棉种，并选育了优良的脱字47号、正大8号、正大13号等优良品种，并在鲁西和鲁北进行推广。20世纪20年代后期，因国内棉纺织工业生产中细纱所占的比重增大，棉种选育逐渐由注重产量转向注重质量。1927－1931年，棉种培育科技人员经过不懈的努力，成功的培育了绒长、丰产早熟的脱字36号棉种。[⑤]

优良的棉种、供不应求的市场，促使棉花的种植面积和产量不断增加。

---

① 《山东美种烟叶种植概况》，《工商半月刊》第4卷第8期，1932年4月。

② 《鲁省烟叶概况》，《中行月刊》第9卷第6期，转引自庄维民，上引书，第532页。

③ 《中国实业志》（山东省），第二册，第107页（戊）。

④ 《东方杂志》第4卷第2期、第4期。

⑤ 庄维民：《近代山东市场经济的变迁》，中华书局，2000年，第516－517页。

表 6.14　山东棉花种植面积和产量统计

年份	面积（亩）	产量（担）	备注
1918		720 787	
1919	3 218 000	894 558	
1920	大减	126 070	遭遇旱灾，无法播种
1921	2 333 190	304 077	雨灾
1922	3 534 707	1 005 230	
1923	3 392 137	1 387 666	
1924	2 804 358	937 224	
1925	3 099 111	995 603	
1926	3 284 550	51 余万	受灾
1927	3 172 630	70 余万	
1928	3 317 210	620 413	
1929	423 余万	121 余万	
1930	654 余万	217 余万	最高产量
1931	794 余万	215 余万	最高面积
1932	684 余万	172 余万	受灾
1933	500 余万	1 537 826	受灾

资料来源：《中国实业志》（山东省）第三册，第 131 页（戊）。

由表 6.14 可见，在 1928 年之前，除了灾年，棉花的种植面积基本在 300 万亩以上；1928 年之后，几乎以每年 100 万亩的速度增长，1931 年几乎达到 800 万亩；1932 年、1933 年面积又开始下降，但基本上在五六百万亩。产量基本上和面积同时增长，正常年份，一般都在 100 万担以上，以 1931 年最高达到 215 万余担，以 1927 年最低才 70 万担。另外，自然灾害对棉花危害很大，例如 1921 年由于遭遇旱灾，棉花的产量只有 12 万担。

第三节　近代城市的发展

一、由渔业村镇到海港工商业城市的发展历程

山东的烟台、青岛、威海、龙口以及苏北的连云港等城市，近代都经历了普通的渔村或港口集镇，由于对外贸易的兴旺发展为海港工商业城市这样的历程。

烟台原是福山县一个小渔港，后来逐渐有帆船停泊。开埠前夕，当地商号已有千余家，商业兴旺。清政府于 1862 年开放烟台，烟台

开始迈出港口城市的新步伐，并逐渐取代了登州的地位，成为胶东的经济、政治中心城市。20 世纪 30 年代烟台特别市人口已达 15 万。

青岛原是胶州湾的小海口。1901 年至 1905 年，先后建成大小两个港口和几个靠泊码头，并拥有较先进的仓储和导航设施。海上航路四通八达，南赴广州、上海，北达天津、大连，东走日本、欧美。陆上交通也很发达，1904 年胶济铁路通车，奠定了青岛作为山东地区首要商埠的地位。此后在全国口岸贸易额的排名中，占据第六位或第七位，在北方各港中位列第三。城市拥有较强贸易集散功能，市场形态发育较好，同时纺织业、食品加工业、火柴业、面粉业等近代工业也非常发达。依据中央工厂检查处 1936 年的统计，青岛市使用现代动力、平时雇用工人在 30 人以上的民族企业达 231 家，有工人 32 236，工厂数和工人数均在北方居第一。①在经济发展的同时城市人口急剧增长，1902 年约 1 万余人，1910 年达 16 万余，增长幅度高达 10 余倍②，20 世纪 30 年代人口已达 60 多万，人口数量超过省会济南。

威海城市的发展经历了三个阶段。第一阶段始于 1888 年，威海作为北洋海军的基地，人流、物流和各种商号逐渐增加。第二阶段在 1898 年至 1930 年的英国占领时期，威海作为爱德华自由贸易区，成为洋行、商行集聚的中心。在 20 世纪 20 年代，当地有华商 400 余家，其中钱庄就有 50 家。威海回归中国是其发展第三个阶段。1930 年 10 月中国政府重新设置海关，威海贸易一度跌落，后基本保持过去的规模。1933 年威海共有各类商家 358 户，基本集中在土产贸易行业。威海城市后来成为民国行政院直辖的特别行政区，抗战前夕城镇人口发展到三万人。

龙口未开埠之前，所在的黄县县内商业中心是县城，1915 年龙口开埠之后全县贸易中心逐渐转移到龙口。开埠后，龙口建成区面积比原来扩大了三倍。1912 年商号有百余家，到 20 世纪 20 年代店铺便增加到 800 余家，其中较大有 300 家之多。到 30 年代初，龙口城镇人口已经达到 1 万余人。

---

① 《冀察平津工厂工人数与其他省市之比较》，载冀察政务委员会秘书长第三组第三科编印《冀察调查统计丛刊》，第一卷第二期，1936 年 8 月。

② 宓汝成：《帝国主义与中国铁路》，上海人民出版社，1980 年，第 606 页。

海州湾地区中心港的不断迁移使得连云港城市发展经历了特殊的发展道路，极大地影响了其发展进程。清代青口兴盛了100多年，积聚了一定数量的人口和贸易商行，青口淤塞之后贸易和人口转移到了新浦和大浦，城市建设基础不得不重新开始。后来又转移到连云港，但连云港背山面海，城市发展地域狭窄。最后，海州湾地区形成了三个功能分区和中心，新浦在20世纪30年代发展到3万人口，大浦商户发展到4 000户之多，以连云港为中心形成了省直辖的连云港特别市。

在近80年的经济周期里，烟台、青岛的发展基本上遵循着下面的轨迹：港口最初只具有货物集散的商业功能，是洋货进口内销和土货出口的终点市场。随着货物打包、集散功能的拓展和人口的聚居，信息、金融等商业功能在不断完善，最初的替代工业、与贸易有关的近代加工业等新兴产业也在港口附近布局。烟台、青岛最终由单一贸易功能的海港转向具备工商业、贸易、人口聚居功能的海港城市，两港的管理机构也由商埠管理机构如胶澳督办公署、工部局转为市或特别市。

海港城市发展的轨迹只是该类型城市的一个方面，更重要的是其发展的动力问题。海港城市的发展主要依靠开埠后的国内外贸易、城市工商业的发展以及人口集聚产生的需求。如果没有海港城市腹地的洋货消费需求和土货供应，近代海港城市将是无源之水。青岛超越烟台后来居上就证明这一点。而且，海港城市所在的腹地的大小和发展概况，与海港城市及其贸易的发展是成正比的。①

二、传统城市向近代工商业城市的转型

山东省面积有限，且全省的大部分地区均属于山东半岛，半岛上港口众多。得益于这一地理优势，除最西部距海较远之外，其余地区和海港不仅距离不远，而且有着方便的交通联系。受此影响，山东近代经济的发展，并不仅仅局限于沿海地带，也波及内地。尤其是胶济铁路、津浦铁路所经地带，既是口岸城市通往内陆腹地的交通所必

① 有关山东海港城市的发展，可详见拙作《近代的海港城市与山东区域发展——以港口（城市）—腹地互动为视角》，《郑州大学学报（社会科学版）》，2007年第2期。本节这一部分凡未注者，均据此。

经，又有着方便的现代交通，商品性农业、手工业和现代工业都得到了一定的成长。其中的济南、潍县、周村等传统商业城市，近代不但是区域的集散中心市场，而且逐渐成长为近代替代民族工业的摇篮，由集散土特产和进口原料的加工而发展为综合性的工商业城市。省会济南进口替代的棉纺织业逐渐发展起来，成为山东继青岛之后第二个重要的棉纺织中心。潍县利用青岛和济南的棉纱和本地的织布机制造业，形成了替代性的洋纱土布产业，成为当时北方三大土布织造中心。周村丝织业随着缫丝技术和工艺的改进，缫丝业和丝绸业重新焕发了青春。

上述城镇在工业发展的同时，城市面貌也有了较大的改变。这方面，济南是一个很好的例子。

济南在开埠前是山东政治中枢和军事重地，传统的城市手工业、商业是为其服务的附庸。高矗的城墙把城区封闭在2.5平方千米的城圈内。开埠前，城内人口仅1.2余户，5万人左右。人口的基本构成，是官绅巨商、官府僚属吏职仆佣，以及工贾徒贩市民阶层。1904年胶济铁路全线开通及自开商埠后，城市得到发展，济南城市人口大致以每年10%左右的速率递增，至1911年已达十几万人，市区面积扩大到10平方千米左右。新增人口多为开埠以来各公司、商号、洋行、工厂、学校及各项新兴事业流入人员及亲属。在此同时，通过道路的修建与改建，旧城与商埠连为一体，城市封闭式的结构此后被打破，并基本具备近代城市的功能。①

三、贸易集散体系向城镇体系的转变

开埠之后，大量的货物在港口与腹地之间流动，从而推动了市场网络的发育和完善。各级集散市场一般是区位较好的城镇。贸易商品的集散更加促进了这些城镇的发展，而且城镇与通商口岸的联系进一步加强。沿海港口和胶济铁路商品集散市场逐渐发展起来，形成了以沿海港口和铁路为导向的城镇体系：沿海港口城市有烟台、青岛、威

① 庄春波：《光宣新政与济南城市现代化》，丁日初主编《近代中国》第2辑，上海社会科学院出版社，1991年，第224页。

海、龙口等，铁路沿线城市有济南、周村、潍县等。而且这些城市逐渐由商业中心城市向工商业城市转变，其中青岛、济南成为棉纺织工业和农产品加工业中心，潍县成为织布业的中心，烟台是外来手工业集散中心和缫丝业中心，周村、益都、栖霞是丝织业中心。另外还出现了许多专业化的市镇，例如泰安大汶口是花生产品专业市场，牟平、益都、栖霞与昌邑柳疃是丝织专业市场，掖县沙河镇是草帽辫专业市场，笮山是蛋品专业市场，青岛仓口、烟台是果品集散中心。这些专业城镇通过市场网络与港口城市紧密地联系在一起。

第四节　腹地内部的区域经济差异

山东诸港的腹地，大约只拥有今天山东省的大部分地区，远不如天津的腹地广袤。尽管如此，区域内部仍然存在着一定的经济差异。

1850 年以前，山东以鲁西的运河沿岸平原地区较为发达。这里是山东的粮食主产区，人口密集，交通便利，大运河自南方而来，穿过平原，通往直隶和首都北京，运河沿线工商业发达。临清、济宁、聊城、德州都是重要的商业中心。其中临清是山东最大的商业城市，冀鲁豫三省主要的交通枢纽和重要的工商业中心；济宁是兖州、曹州府的流通枢纽，与江苏、安徽联系最为密切；聊城是鲁西北东昌府的流通中心，与山陕、辽东的关系紧密。由于农业和商业的繁荣，运河沿线平原是山东省域的经济中心区，经济发达程度远高于东部的山东半岛地区[①]。19 世纪 60 年代的太平天国北伐战争和黄河改道，导致运河湮塞和生态环境的进一步恶化，以传统农业和商业经济为主的西部地区由此衰落。

此时，山东半岛港口接二连三地开放，一些内陆城市也辟为通商口岸，形成由烟台、青岛、威海卫、济南、潍县、周村、龙口等市镇所组成的内外结合的商埠开放格局。另外江苏北部的海州湾地区大浦、连云港作为胶海关的分关也先后开放，对山东南部地区产生了较大的影响。然而，山东的商埠分布很不平衡，半岛地区占了四个港口

---

① 许檀：《明清时期山东商品经济的发展》，中国社会科学出版社，1998 年，第 224 页。

名额，其余三个也都在山东北半部胶济铁路线上，而且北部港口都有直接贸易权，影响山东南部的苏北的连云港没有直接贸易权。这种开放格局的不平衡，使得山东半岛和胶济铁路沿线地区，先是处在烟台、后是处在青岛的直接辐射之下，导致后向的与贸易有关的近代商品农业和工业也大都布局在这一核心地带。该区域市场网络发育成熟，尤其是中级以上集散市场基本上分布在这一地区。

由于在口岸贸易分工的不同，山东形成了以烟台为中心的胶东外向型经济体系和以青岛、济南为中心以铁路为纽带的青岛外向型经济体系。由于贸易结构的不同，这两大经济体系的产业结构存在着差别：烟台港的出口贸易主要以工艺品为主，因此胶东体系是山东近代工场手工业比较发达的地区；青岛出口贸易主要靠原料及其加工品为主，故青岛体系土货集散功能比较发达，农产品加工能力较强。另外青岛腹地的进口替代工业比较发达，是当时山东省关系国计民生的重要产品的主要生产地。劳动地域分工的不同导致了腹地内部经济不平衡性。在两大体系中胶东地区、胶济铁路沿线地区是山东工农业经济最发达的地区；广大的西部、南部地区基本上是原料产地，处在依附地位。

与山东的东部和北部相比，位于西部的运河沿岸地区和南部的鲁中山地以南地区缺乏如此优越的地利和天时，山东丘陵横亘中部，使得山东南部、西部和北部、东部判若两省。由于距离衰减规律和交通条件落后等原因，山东南部和西部受到的沿海口岸的经济辐射相对较少。德国人制订胶济、胶沂两条铁路规划，目的在于把全省的物流汇集于青岛，增强山东内部的凝聚力。然而，胶济铁路修成，胶沂铁路计划却落空了，因此南部与北部、东部之间的交通不便状况并未得到改变，对区域发展造成不利影响。西部的近代工商业发展也远远落后于东部和北部地区，主要从事花生、棉花等原料生产，经济地位很快便被北部和东部超过。

经过19世纪60年代到20世纪30年代近70年的发展，胶东和胶济铁路沿线两个地区的近代工商业和农产品集散功能，以及加工能力均已处在全省领先地位，不仅是山东工农业经济最发达的地区，也是华北经济最发达的地区之一。尤其是青岛，不仅是北方的主要大港之一，也是北方工业最发达的城市。与之相对照的是，山东西部的运河沿岸地区和南部的鲁中山地地区基本上是原料产地。由此可见，截至1930年，山东区域经济发展中已经形成了山东半岛和胶济铁路沿线地区和运河沿岸地区、鲁中山地以南地区的核心—边缘空间分野。

不仅在产业构成上，山东东部和北部优于西部的运河沿岸和南部鲁中山地以南地区，而且在地域构成上也表现出绝对的优势。开埠之后，海外贸易的发展和胶济铁路的通车，使得沿海港口和胶济铁路商品集散市场逐渐发展起来，形成了以沿海港口和铁路为导向的城镇体系。沿海港口城市有烟台、青岛、威海、龙口等，铁路沿线城市有济南、周村、潍县等。棉纺织工业和农产品加工业中心青岛、济南，织布业中心潍县，外来手工业集散中心和缫丝业中心烟台，丝织业中心周村、益都、栖霞，都在山东的东部和北部。另外还出现了许多专业化的市镇，例如，泰安大汶口是花生产品专业市场，牟平、益都、栖霞与昌邑柳疃是丝织专业市场，掖县沙河镇是草帽辫专业市场，笮山是蛋品专业市场，青岛仓口、烟台是果品集散中心，这些商品集散中心都主要分布在东部和北部。这一城镇体系形成了经济核心区的骨架，也形成了山东省城镇体系的基础。

由于东部和北部经济带成为山东经济最强大最有活力的地区，全省北强南弱、东部发达西部落后的经济格局最终形成。这一格局的形成，宣告了西部运河地区作为全省经济轴心的时代的终结，表明开埠以前的沿运河南北向的经济布局，逐步转变为沿连接港口和腹地中心城市的胶济铁路的横向布局。这种格局，对今天山东的经济发展产生了深远的影响。

第七章　东北港口城市与其腹地的经济互动

近代东北的开发，是在一个特殊的环境下展开的，研究近代东北的经济发展必须注意三个重要因素。因素之一，是关内移民大规模迁入东北。清中叶开始，关内移民为求生计，往往在灾年向东北迁移。1878 年清政府废除对东北的封禁政策，1900 年开始招诱移民大批迁入东北，1923 年以后这种移民达到新的高潮。仅 1912 年至 1927 年，便大约有 682 万人口从华北等地进入东北，其中约 262 万人回返关内，420 万人留住东北。①经过短短数十年的开发，东北大地尤其是南部、中部的人口密度有了较快的提高，结束了原先的相对原始的经济状态。因素之二，是俄罗斯、日本等列强为了谋取自己的利益，分别从北、南两个方向，在东北展开激烈的争夺。为了扩大自己的权益，两国都以相当快的速度推进势力范围内的铁路建设，并兴建了一些工矿企业。日本控制全东北以后，为便于掠夺资源，继续修建铁路和工矿企业。因素之三，是东北地广人稀，人均占有耕地的数量远远大于关内的传统农业区，加上开埠以后国内外市场的扩大，便使得近代东北的农业发展一开始便具有商品性农业的特点，且越往后规模越大。东北的口岸城市与其腹地的互动作用，便在这样的背景下展开。

① 张景岳：《北洋政府时期的人口变动与社会经济》，《近代中国》第 3 辑，上海社会科学院出版社，1993 年。

第一节　营口与其腹地的经济互动

一、营口城市经济和政治的发展

营口地处辽河下游尾端，在道光以前（1820 年前），仅为一偏僻海滨，极目荒旷。营口的地名来历有两种说法：一种说法是游牧的人迁居到此，张幕而居，取名窝棚。窝棚相连，状似军营，故名营子；另外一种说法是此地有一条潮水进出的水沟，潮落沟涸，潮满则沟地全没于水，不过潮水涨落不影响当地人的居住，因此又叫没沟营。后来生聚日繁，渐成村落。①道光、咸丰年间，营口隶属海城县，当时海城县内位于营口上游 90 里的牛庄已成为河口码头，且繁盛超过营口。1858 年《天津条约》定牛庄为通商口岸，1861 年 4 月 3 日牛庄开埠。同年 5 月 23 日，英国牛庄首任领事密迪乐乘军舰抵辽河口勘查，由于此时牛庄已远离海口，不便运输，密迪乐遂与办理牛庄通商事务的清朝官员交涉，要求改换牛庄下游的营口为通商口岸。6 月 11 日，英国在营口设立领事馆。因条约文件改动不易，国际文件仍称营口为牛庄。②

由于拥有位居辽河末端的地理区位优势，从 1840 年起营口开始成为商人聚集之地，当地有山东、华南商人开设的永远兴、通顺泰等油坊和杂货店，此后咸春堂药店与新义号粮坊相继开张。开埠之后随着贸易的发展，各种商号和榨制豆油的油坊相继出现。1876 年埠内多家商号开业，主要有大屋子（批发代理商）、杂货业和油坊业。据 1910 年营口商务总会统计，埠内行帮所属商业户数共 601 户，其中有三江、广潮、福建、山西、山东、直隶、京、津等各帮商人。至 1925 年，营口先后建立了福建、三江、粤东、直隶、山东五大商人会馆。

由于国内外市场对豆油、豆饼的需求量极大，从事榨油业有利可

① 民国《奉天通志》，卷 8“城镇”。

② 张秉宽：《营口近代史纲》，辽宁民族出版社，2002 年，第 9 页。

图，光绪二十一年（1885年）英商太古洋行在营口投资设立机器榨油厂，标志着东北乃至全国新式榨油业的开端。清末，营口的油厂在东北各地最为发达，因之成为当时东北主要的工业中心。自大连油业兴起以后，营口的榨油业有所衰退，但到1926年，仍有油厂23家，资本50余万两。除榨油业外，营口还有其他一些工厂，据1926年的调查，新式工厂不下38家，工业门类有罐头食品、砖瓦、汽水、电气、玻璃、火柴、印刷、锯木、缫丝、烛皂、烟草等。营口的现代化工业中日商势力最大，有些产业如烟草行业则是英美烟草公司和日本的东亚烟草会社都设有分厂。华商主要投资于榨油业，在电气业中也比较重要。①

营口曾是东北的金融中心之一。1851年永成德银炉开业，铸“营平现宝”（简称“营宝”）。1858年后，将各地流到埠内的银元、银条、碎银等杂银，改铸成含银量99.2%、重53.5两的“营宝”（炉银）后通用。此后，营口商人“自立市场于天后宫内，每晨各商人入市场，操其盈脯，不复听命于锦（州）市”。②1875年，世昌泰、裕生源、裕生长、福凝盛、丰泰文、永成利等银炉相继开业。1883年7月，裕祥盛执事李润斋为方便交易，在公议会提出“过炉银”方法，即在交易中不使用现银，改在银炉账面划拨，结算是使用现银，自此“过炉银”产生。每年三、六、九、腊月的朔日（初一）为卯期即“过炉银”结账期，结清为“归卯”，继续存款或欠银者为加色。

营口贸易、工业和金融的发展，使之成为大连崛起之前的东北的进出口贸易的中心和重要的经济中心。时人评论：“奉天（今沈阳）位于辽东平野之北部，满洲货物集散之要冲也……而营口又有辽河以民船与奉天相联络。自商业上观之，奉、营两地实有密切之关系也。凡营口货物悉必经过奉天而后分布吉林、黑龙江、长春一带地方，即生产于满洲中部之物亦必经奉天商人之手而后由营口输出然。论东省

① 龚骏：《中国都市工业化程度之统计分析》，商务印书馆，1933年，第185－187页。

② 杨晋源、王庆云，民国《营口县志》，上卷，第156页。锦州宝银的流通早于营宝，“不复听命于锦市”，指营口的通货不再依赖于锦州宝银市场的变动。

商务，奉天固为中枢，而论上海奉天间之商务，营口又其中枢也。”[①]简言之，营口和沈阳的关系，如同青岛与济南的关系，海港城市营口是东北的贸易中心，位居东北中南部交通要冲的沈阳是营口联系北部广大腹地的枢纽。

开埠前，营口不过是海城县境一个普通的市镇。开埠之后随着经济地位的上升，营口的政治地位也得到相应的提高，不仅设立了海关和外国领事馆，还设立了奉锦山海关道等政治机构。

康熙三十三年（1694 年），清朝在河北山海关口设立山海关监督衙署，管理西自山海关，东到鸭绿江口东北沿海的 20 余个征税海口，以及柳条边上的 6 个陆地税关。1854 年，清政府在营口设立山海税关分卡，负责征收当地的民船贸易税。1861 年牛庄开埠，随着该地对外交涉以及关税事务骤增，山海关监督衙署该年迁驻牛庄。1864 年 5 月，清政府在营口设立海关，俗称洋关、东海关，负责轮船贸易和征收进出口关税。1866 年，山海关监督衙署从牛庄迁到营口，俗称常关、西海关。至此，凡辽河下游的洋关和常关均驻营口。

1861 年英国在营口设立领事馆，同年法国委托英国领事密迪乐代理其驻牛庄领事任务。1864 年瑞典驻营口领事馆在旗昌洋行内设立。1876 年，日本驻天津总领事池田宽治筹办营口领事事务。1879 年挪威、荷兰在营口设立领事馆。1891 年美国在营口设立领事馆。1897 年日本、俄国相继在营口设立领事馆。[②]

1866 年 1 月，清政府为防止“奉天马贼”进攻营口，令暂驻天津的“洋枪队”500 名驰赴营口驻扎。同年 11 月，清政府在营口设立分巡奉锦山海关兵备道，通常由山海关监督兼任道员。其职责分巡奉天府、锦州府及山海关等处，兼管金州、岫岩、复州、海城、盖平等州县厅所属的官佐、钱谷刑名，监督营口钞、洋两海关及奉天境内 30 余处水旱码头的税卡、分局，办理奉天各府县州厅的中外交涉事宜。由于分巡山海关兵备道管理的事务比较繁杂，该道员遇中外交涉

---

① 熊希龄：《奉天上海间商品集散调查表》，载《满洲实业案》，明志阁版，1908 年，第 83 页。

② 1908 年 5 月，法国驻营口领事馆撤销。1915 年 3 月，美国驻营口领馆撤销，其一切公文移交驻奉天总领馆。1939 年，日本领事馆撤销。

紧要事件，可以专折上奏。一般地方税务事情，要分详将军、府尹和北洋三口通商大臣核办。[①]此外，兵备道成立营口海防军练营，驻有旗兵两翼500人，专门保卫海关厘卡。1867年1月，根据北洋三口通商大臣崇厚的奏请，增设奉天营口海防同知厅，负责海疆治安。

1867年6月，为守卫营口要隘，奉锦山海关兵备道道员俊达征调民夫，修筑东起青堆子、西至外皮沟长达10华里的土圩墙，形成营口城市的雏形。1905年调查，营口有人口74 033人，其中埠区51 537人，郊区22 496人。山东人几乎占人口的半数，此外为河北、山西、广东等地人。欧美人69户，113人。日本在营口开设的各种实业有541家，从业人员6 700多人。此后，因大连的兴起营口地位下降，导致人口有所减少，据1919年统计，埠内居民有8 500户，人口65 308人。

随着20世纪初东北商埠开放形势的变化，1909年7月，清廷将奉锦山海关道改为锦新等处兵备道，仍治营口，改辖锦州、新民两府，并将营口海防厅改为营口厅，拨海城和盖平两县的五乡一镇以隶之。锦新等处兵备道的辖区同以前相比有了巨大变化，海城、盖平、复州、岫岩城、金州厅已不再归其所属，新管辖的新民、锦州两府，共有锦西、盘山两厅，义、宁远两州，以及广宁、绥中、镇安、彰武四县。1914年奉天省设辽沈、东边和洮昌三道，其中辽沈道尹公署驻扎营口，管辖沈阳、辽阳、海城、盖平、铁岭、开原、西丰、东丰、西安（今辽源市）、辽中、台安、黑山、义县、锦县、锦西、新民、彰武、盘山、北镇、兴城、绥中、营口22县，为奉天全省最大的道。

1913年2月营口废厅改县。1924年10月，根据奉天辽沈道尹公署训令，成立营口市政公所，这是东北地区最早设立市政的城市。同年11月1日，曲廉本任市政公所市长。1929年1月，成立营口市政筹备处。同年2月，根据奉天辽沈道尹公署训令，营口市政公所归并营口市政筹备处，史靖寰任市政筹备处处长兼交涉员。由于此前的二

① 参见任玉雪：《清代东北地方行政制度研究》，复旦大学博士论文（未刊稿），第178页。

十多年东北贸易已转移到大连，营口地位下降，城市发展相对缓慢，不符合政府设市的标准，1931 年 3 月营口市政筹备处奉省令撤销，归营口县政府接收办理。

二、辽河沿岸中小城镇市场的发达

东北地区的城市发展晚于华北、西北、长江流域、东南沿海、岭南等地区。在上述地区的城市获得高度发展的时候，东北城市还处于萌芽的时期。尽管如此，东北传统时代的城市分布，与我国其他地区同一时期并无太大的区别，其中的一个共同点就是交通沿线是城市比较集中的地带。传统时代东北地区的交通体系主要有三条陆路驿道，一为由奉天经吉林分别到达伯都讷和宁古塔；二是由新民屯经过法库门、齐齐哈尔、墨尔根至瑷珲；三是由喜峰口经洮南至齐齐哈尔。沿途形成奉天、吉林、宁古塔、伯都讷、齐齐哈尔、墨尔根及瑷珲等城镇，前近代时期这些城镇的功能集中于政治和军事方面。

1860 年位于辽河河口的营口开埠，营口成为东北物资进出的主要通道，自营口通向东北北部的辽河成为港口联系内地的主要通道。随着交通和商业的发展，辽河沿岸的大小码头形成商品集聚和辐射中心，东北地区有别于传统时代的商业市镇在辽河沿线萌芽出现。一些学者专就辽河贸易与沿岸城镇的盛衰做过深入探讨。他们认为：辽河中游为平原农业区，农产物品丰富，大多可供商品交换，相当一部分农产品顺着辽河而下，运到营口出口国内外。随着营口对外贸易的增长，辽河航运业日趋兴盛，辽河一线兴起了许多专业的商品集散市镇，形成了沿辽河发展的带状市镇群①。

从地理的角度考察，辽河沿线的码头有其特点。

大多数的码头是未经人工修筑的自然码头，多在河流弯曲、水流较深的地方。有的位于城镇附近，有的虽然远离城镇，但是码头所在地区农产品丰富，人口较多。还有的所在的城镇，因河流和陆路在此相交，水陆交通极其方便，即便于集中附近甚至远方的农产品，又便

① 参阅侯峻：《近代辽河航运与沿岸城镇的兴起》，《社会科学战线》，1998 年第 6 期；董玉瑛：《清代辽河航运码头》，《史学集刊》，1987 年第 1 期，第 68 页。

于运输外地货物到此。由于这些码头在交通运输方面有着较大的区位优势，成为一定地理范围内的商品集散中心。同时，随着大量的商人和劳动力汇聚于此，码头所在城镇的交通、贸易和经济的辐射力亦随之增强。据当时调查统计，辽河干流沿岸的停船码头共有187处，其中40余个是大码头。著名码头，由北向南，有郑家屯、三江口、通江口、英守屯、马蓬沟、三面船、巨流河城、马厂、老达房、三岔河、田庄台、营口等。[①]这些码头所在地，都形成一定规模的市镇。下面以马蓬沟和通江口为例，看看辽河沿岸市镇的状况。

马蓬沟位于铁岭城西5里，距离营口水路868里，也是辽河中游最早兴起的码头之一。此地粮商众多，大多资本雄厚，“每值冬令，邑东、西、北，凡辽河上流各地的粮车，云集于此”，“此地实为枢纽”。镇上共有8条街道，两边商店林立，人员拥挤。马蓬沟航运的发达带动了铁岭商业的繁荣。人们回顾道：铁岭商务“当有清同、光之际，其繁盛实甲于全省。咸丰末年，开城西五里之马蓬沟，河运由辽河直运营口，商务上交通称极便焉。光绪初年，海龙城、山城子、朝阳镇又放围荒，每值冬令，该三镇及吉林南境各处粮车麇集，铁岭商务愈形发展。光绪甲午以后，东丰、西丰、西安又先后出荒，粮车益多，凡出口之粮咸萃于此，铁岭商务蒸蒸日上，大有一日千里之势，于商务上之形势实占有重要位置”[②]。

通江口又名同江口，本是辽河岸边的一个小渔村，至营口水路1 038里，可以通行50石的民船。营口开埠后通江口发展为辽河航运北端重要的码头，辽河北部地区商务活动的总汇之地。1887－1897年，此地航行的船只发展到1万只。除河运外，通江口至长春的道路宽阔，“大路平坦，几百、成千大车相连，车辆络绎，千里相望”。通江口用于储存粮食的货栈“高壁环绕，规模宏大，累累如山”，积粮最多时曾达到100余万石。通江口的商业势力范围，包括昌图、农安、怀德、长春以及伯都讷、齐齐哈尔等地。这些地区的农产品及其

---

① 《辽河ノ水运》（明治三十八年10月20日调查），《南满洲ニ於ケル商业》附录，第553－597页。

② 黄世芳、俞荣庆修，陈德懿等纂：《铁岭县志》，卷二“地理志·形势”，伪满大同二年（即1933年）铅印本。

加工品，冬季用数百辆马车运到此地，待次年冰融河开，再装船运至营口。据统计，1900 年通江口的人口达到一万人，市镇规模已相当可观。

辽河沿岸新兴城市的崛起，是由于辽河航运的兴盛而发展起来的，但当辽河航运衰落以后，或河流改道、码头迁移，都会导致这些市镇的衰落，因此它们的基础是极不稳定的。清末东北的城市还处于不成熟的初兴时期，20 世纪以后，随着铁路交通运输体系取代水路以及驿路运输体系，东北城市格局随之大为改观。一方面，以前是国内商业重要市场的铁岭与辽阳等城市，或停止发展，或陷入衰微；另一方面，长春、开原、四平街、奉天等位居铁道交通枢纽的城镇，发展为商业都市，前途不可限量。①

第二节　大连与其腹地的经济互动

一、大连城市经济的发展

大连自 1906 年在日本殖民统治下开作自由港后，1910 年超越营口迅速成为东北最大的货物进出口贸易中心。1910 -1931 年，大连港的贸易额占到东北地区贸易总额的 60% 以上。②

以 20 世纪 20 年代的大连和沈阳两城市的工业比较为例，大连为东三省南部之最大工业都市，“光绪三十年时，有日清豆饼株式会社设立其地，可知大连新式工厂亦兴起于清季也。其后设立工厂，尚有多家。如小寺斋藤、福昌、东永茂、政记、天兴福、同聚祥、聚成祥、三泰等，盖均系油厂也。民国以来，其他制造亦渐多兴起。举凡水泥、砖瓦、化学、漂染、纺纱、酿造、造船、电气、面粉、玻璃、制冰、翻砂、火柴、碾米、酱油、烛皂、制革、织布、制麻等等，亦无不有新式工厂一所至几所”。至于沈阳工业化的程度，在工业门类和资本总额方面不如大连，1926 年统计大规模的新式工厂仅有 24

① 以上据安盛松之助著，静子译：《满洲商业发展之面面观》，《钱业月报》，第 11 卷第 5 期。

② 张富全：《辽宁近代经济史》，中国财政经济出版社，1989 年，第 295 页。

所。沈阳的工业，首推榨油。1930 年调查，有油厂 18 家，但资本有限，共计不过 149 000 元。①

随着贸易、生产的发展，大连市的金融业也兴起了。1929 年有日本、美国、英国、中国所属银行十几家，钱庄几十家，每月存贷款各 1 亿元左右。商业也有相当程度的发展，1929 年日本经营的商店 2 566 家，华人经营的商店有 2 300 多家。城市的发展促使城市人口增加。至 1930 年，大连市的人口已发展到 29.3 万人。②

总之，到 1930 年，大连市作为东北地区最大的贸易中心、东北南部地区最大的工业、商业和金融中心，是当时东北南部现代化程度最高的港口城市。当然，我们一方面不应否认大连现代化港口城市主要是在日本侵占旅顺后初具规模的，另一方面也必须指出在日本帝国主义统治下建设起来的大连具有明显的殖民地特征。

二、农业生产的专门化和区域化

东北地区土壤肥沃，气候适宜，适合各种农作物生长。1860 年土地放禁以前，仅辽河中下游平原地区的农产品初步商品化，主体生产仍是传统的农业经济。1860 年营口开埠后，大豆等农产品开始运销国际市场。20 世纪初大连港开放以后，大量农产品通过铁路与海港运销国外。在市场机制的作用下，东北南部大豆、柞蚕等商品作物的大规模专业化生产趋势明显，同时商品农业也出现区域发展集中化趋势，这些都是外向型农产品发展的必然结果。

传统时代东北地区的农产品主要有高粱、谷子、玉米、大豆等作物，其中以高粱为最重要，它是当时民众的日常主食。20 世纪后随着大豆及大豆制品走俏国际市场，据满铁统计，大豆的商品率达 80%−83%，居东北主要农产品商品率的首位。由此，大豆种植比率超过高粱、谷子、玉米等作物而居第一位。清末辽河流域的大豆已成为当地居于优势的作物，20 世纪头 10 年大豆产地开始向中部松辽平原扩展，20 世纪 20 年代东北北部进一步扩大大豆种植面积。此时辽

① 龚骏：《中国都市工业化程度之统计分析》，第 177 页。

② 沈毅：《论近代大连城市经济的地位与作用》，《社会科学辑刊》，1994 年第 6 期。

河流域随着人口的增加，必须把大豆种植外的有限土地用于种植高粱等粮食作物，种植面积无法扩大，东北大豆的主产地遂由南向北推移。由于距离铁路越近，运输成本越低，收益也越高，东北大豆的种植率又以南满铁路和中东铁路沿线地区为最高，长春到开原以及沈阳以南的铁路周边地区大豆种植面积最广，产量最多。①

柞蚕是辽宁省南部的著名特产品，仅次于大豆及其制品的输出。清中期主要集中在沈阳南部的海城、盖平、复州、宁海等县。清末柞蚕业兴旺发达，除了南部传统蚕区生产规模扩大外，辽宁省东部的安东、本溪、庄河、西丰、桓仁、通化、辑安、临江、柳河等地开辟不少养蚕山场，同时辽宁省北部开原、铁岭，甚至吉林、黑龙江等地的新兴养蚕地区也不断涌现。②

三、轻工制造业的发展

由于东北农产商品区的出现，在此基础上的初级产品的加工制造业也逐渐繁盛。大连港以及南满铁路沿线的城镇都以外向型的加工业为目的，油坊、酿酒以及缫丝等轻工业兴旺。

以油坊加工业为例，1907 年大连开港之初，当地有 18 家油坊，1908 年增加到 35 家，1919 年增加到 82 家，大连成了东北大豆加工和出口的中心。大连的油坊多采用机器榨油，规模大，产量高。油坊的投资者多是粮商、货栈主或洋货批发商，资本一般在数万元至十几万元不等。1917 年，大连油坊消耗大豆 941 720 吨，占东北当年大豆上市量的 50%。1927 年大连各油坊的豆饼产量达到 4 000 余万枚，占东北地区豆饼总产量的 56%，这是大连油坊业发展的顶峰。③

大连油坊工业的现代化推进了内地城市技术和设备的进步。大连的三泰油坊，最先使用日本的冷气榨设备，后来顺兴铁厂也掌握了该项技术，此后在铁路沿线和盛产大豆的市镇都出现了机器榨油的油坊。凡营口、沈阳、开原、四平、长春、吉林、哈尔滨等地，设机器油坊或改建油坊，都向顺兴铁厂订购机器，据 1930 年调查南满铁路

---

① 胡雪梅：《东北大豆出口贸易与近代中国东北开发》，《北方文物》，2002 年第 3 期。

② 洪家奇：《安东柞蚕业发展简史》，《安东文史资料》第 1 辑，1984 年，第 87 页。

③ 满铁调查科：《关东州工业的现势》，1932 年，第 5 -6 页。

沿线的油坊总数超过200家以上。①

随着柞蚕饲养区的扩大，再加20世纪后国际上流行价格低宜洗涤的茧绸，辽东各地出现了许多颇具规模的新式缫丝机器工场。据1929年的不完全统计，奉天有缫丝厂34家，资本总额326万余元；海城有11家，资本总额63万元。②

东北盛产高粱，遍布各地的酿酒业是辽宁的传统手工业之一，俗称烧锅。烧锅的资本多者数万元，少着仅千余元，较大烧锅的经营者兼营油坊、粮栈、杂货和银钱业。传统的烧锅使用畜力，20世纪后出现了少数使用铁机火磨的烧锅，在沿海和奉天等城市出现了较大的酿酒厂。辽阳水质适合制酒，烧锅业颇为发达，年产200万斤以上。烧锅生产的白酒，除了当地消费外，出口到日本、朝鲜等地。③

传统时期东北的手工业起点较低，没有多少历史包袱，在外贸和现代工业的刺激下，手工业在自己的初创时期便显示了发展速度快、企业规模大、机械化程度高等特征。榨油、缫丝、酿酒等行业投资少、规模小、盈利快，发展尤为迅速。

四、南满铁路沿线中小城镇的兴起

铁路交通是影响城市布局的重要原因，日本对南满铁路垄断性运输的扩展政策，在造成大量货物向大连港集聚的同时，也带动了铁路沿线城市的兴起，东北南部地区围绕各地的铁路枢纽，兴起了许多新的商业中心城市。

大连原不过是一个海边渔村，1898年沙俄强行租借旅顺和大连，在建设海港的同时建设大连城市。1903年大连城市人口为2.99万人，1915年增长到7.72万人，1925年达到19.79万人。从此，大连与沈阳、哈尔滨并列为东北20万人以上的三大城市。④

---

① 陈季升，周子恩：《大连顺兴铁厂兴衰记》，载《辽宁文史资料选辑》第2辑，第96页。

② 丹东市民建、工商联：《丹东柞蚕丝绸发展简史》，《辽宁省文史资料》第1辑，1983年，第128页。

③ 满铁庶务部调查科：《满蒙全书》（第七卷“都市”），满蒙文化协会发行所，大正十二年，第41页。

④ 沈毅：《近代大连城市人口论略》，《社会科学辑刊》，1993年第2期。

在传统时代，沈阳是东北地区的政治中心，也是自关内通往东北各地的重要交通路线所经之地，政治和交通的重要促使其同时发展为东北的商业中心。20世纪大连开埠和南满铁路修建后，沈阳因其重要的地理位置又成为东北南部的铁路枢纽。由此，发生了两个方面的变化。一方面，随着大连海港的崛起，沈阳商业逐渐以大连为出入门户。时人说沈阳："奉垣非出入口之重要埠头，其由内地运货出口者多由就近各车站运往各处，故无从知其详数，出口货物种类以红粮、大豆、豆饼、烟叶、皮张、猪鬃、药材、烧酒为大宗。"①另一方面，由于是东北南部的铁路枢纽，沈阳仍是人口最多且商业繁荣的东北第一大都会。

开原最初是开原旧县城东南18里的孙家台村，后因铁路车站设于此，逐渐成为沈阳以北、长春以南的最大的货物集散中心。1908年全城只有226人，1918年增加到1.2万人。当孙家台因铁路而获得迅速发展时，开原旧县城却日渐衰落，在县境内的地位远不如孙家台，此后便将县城迁到孙家台。开原附近是东北商品粮的重要产区，粮豆出口甚多，进口规模也由此相当大。20世纪20年代，开原出口货年平均约大洋1 500万元有奇，入口货年平均约大洋400万元。②

四平位于东辽河流域，在南满铁路通车前，只是几个零散的小村落。南满铁路通车以后，人口逐渐增多，铁路两侧盖起房屋和杂货商铺。四平附近也是东北商品粮的重要产地，粮食是主要的外运物资。以前，当地没有粮谷市场，粮商和农民的交易不通过市场，而是送货上门或者下乡收购。四洮铁路通车，粮食市场逐渐在四平形成，梨树、昌图、辽源、辉南、东丰、海龙、双山、双辽等地农产品逐渐集散于四平。当地从事粮谷购销和加工的商人日渐增多，1906年只有两家粮商，1931年粮栈增至121家。四平著名的八大粮商，如玉成隆、高盛全、高盛成等商号，全在铁路陆续通车的1907－1920年

① 中央银行总管理处：《东三省经济调查录》，《近代中国史料丛刊》第3编第276册，1987年，第39－40页。

② 《东三省经济调查录》，第114页。

出现。[①]

18 世纪末叶以前，长春尚为人烟稀少的荒原，为蒙古郭尔罗斯前旗游牧之地。以后因垦荒和人口的集聚，出现了聚落。1874 年升为长春府，逐渐成为附近地区的政治中心与农副产品集散中心。1905 年后长春处于南满铁路最北端，同时还是中东铁路南部线路的终点，1912 年后更有吉长铁路交会于此。由于交通位置的显要并且地处东北平原的中部，周围农产丰富，长春发展为东北中部最大的中心市场。1907 年长春开埠时，外运的大豆及其他农产总额不过 30 万石；随着铁路的修成和商业的繁荣，外运的农产品数量不断增长，1909 年达 40 万石，1912 年达 75 万石，1913 年达 85 万石，到 1914 年因第一次世界大战中东铁路西运不便，北满豆粮大部分运输南下，竟达 185 万石之巨。[②]交通和贸易带动城市商业的发展，1919 年时人说长春："吉省商业中心点，输出入货物均集中于此，故市场至为宏阔，总计大小商埠一千二百余家，规模较大者计有粮栈三十余家，其资本较巨，十万乃至二三十万元。"[③]长春的迅速发展，逐渐取代了吉林省原省城吉林市的地位。

据上可见，随着南满铁路及其支线铁路对经过地域货物的吸纳集散，围绕铁路沿线各重要车站形成大的货物转运或者中心市场，在商业繁盛同时也促进这些车站城市的发展。原来清末时期的县城甚至荒僻的村落，由于铁路的通过而发展成以车站为中心的现代化城市，这在南满铁路沿线并不罕见。而一些曾经繁荣并具有重要地位的城市，则因偏离铁路而失去交通上的重要性，从而走向衰落。总结新兴城市兴起的规律，主要是港口开放和铁路修成以后新的交通区位有利于它们对外联系和发展商业，这些新兴城市在区域中的城市等级因之得到提高。开原由旧县城移向铁路车站，沈阳通过铁路获得城市发展的新动力，都表明了通向港口的新式交通在发展城市经济中的重要性。吉

① 参见张文魁：《解放前四平商业》；刘丹：《四平粮谷市场的兴衰》，载《四平文史资料》，第 85－89 页。

② 《中华民国三年大连湾口华洋贸易情形论略》，载《旧中国海关史料》第 64 册，第 275 页。

③ 《东三省经济调查录》，第 193 页。

林的衰落和开原县城的位移，表明通往港口的铁路已成为改变经济地理布局的重要因素。

综上所述，港口外向型贸易和铁路交通运输扩展是东北区域经济发展的重要推动力。1924 年徐犀分析东北商业的一段话，是东北经济发展及其原因的较好解释。他说："东三省原为游牧之地，地广人稀，开通较晚，文化程度略逊沿海各省，其商业之组织，原始于物品交换制度。迄清末造，除通都大邑外，尚未能脱离农牧时代之状态。过去二十年间，交通便利之区，商业渐盛，进步极速，于是由物品交换时代而入货币经济时代，而牧农工商各业乃渐分工。迄今于交通不便之区，任择一日为市期，仍集市制。所谓集市，任择一地以做市场，任择一日以为市期，届期农产工品商货陈列买卖，而无一定建筑物及商店也。然于交通便利之区，行商叫卖，坐贾设肆，则井然有别。近日商务当以通商各埠为盛，内地市镇亦有逐渐兴盛之势，日后交通便利，荒芜渐辟，其商务发达，未可限量。"①

第三节 安东与其腹地的经济互动

一、安东城市经济和政治的发展

1877 年始，制油、制材、铁工、印染、制革、缫丝等工商业陆续在安东出现。20 世纪初，由官府和商绅合办的木植公司所独揽的鸭绿江木材经营业务，每年放排筏万余张，销木材数百万两，并开辟了朝鲜、东南亚等国际市场。随后，安东与美日等国航海通商，租七道沟一带给日本，作为"民团居留地"，市内的英、美、日、法、丹麦、荷兰等外籍人 1 400 有余，外国的货币金融活动也涉足安东，安东遂成为东北东部地区的经济中心。东北的木材、大豆、粮谷、蚕茧、药材等源源不断地汇集于安东，转销内地和海外。内地和海外的布匹、食盐、杂货、棉油、纸、糖等经安东沿江水路和铁路而上，供

① 徐犀：《东三省之商业》，载《东方杂志》，1924 年 5 月，第 21 卷 10 期，第 50 页。

给各县。①

1930 年安东油厂 21 家，资本 483 280 两，较之营口相差极微。除榨油外，缫丝工业最为重要。1928 年调查，当地大小缫丝厂不下 50 家，合计资本 77 万两。②

经济地位的变动必然促进政治地位的调整。清初，岫岩是辽东地区的最高首府，安东仅是柳条边外的巡防地，隶属于岫岩城守官及理事通判管理。清同治初年（1862 年）山东人多浮海来此，开垦荒地、采伐林木、建置家园。光绪元年（1875 年）大东沟贼匪基本肃清后，相继改设兴京、凤凰二厅，岫岩州和桓仁、通化、宽甸三县，并于光绪二年（1876 年）划大东沟至叆河地方增设安东县，治所设在今沙河镇。辽东地区原来只有岫岩通判管理民人事宜，骤然增加如此多的行政区，又是与朝鲜相邻的边疆地区，因此光绪三年（1878 年）清廷在凤凰城设分巡奉天东边兵备道，统辖二州、一厅、四县，督征课税，节制营伍。③

清末东边道治所及辖区有了变化。1902 年、1908 年增属了海龙府和庄河直隶厅，1906 年东路道张锡銮兼安东开埠总办徙道治于安东县。道治所的迁移反映出安东政治地位的提高。凤凰城由 1905 年中日两国订条约而开作商埠，但“该地商务实在满洲收聚土产运往，运往海滨一微小中心点。该处所办之事，全赖安东”。1909 年 3 月，将东边道部分地区析出，设临长海道，辖长白府、海龙府及临江、辑安、通化三县。同时东边道改名为分巡兴京凤凰兵备道。1913 年，东边道又辖安东县、兴京县、通化县、凤凰县、宽甸县、怀仁县（今桓仁县）、临江县、辑安县（今集安）、长白县、安图县、抚松县、抚顺县、本溪县、海龙县（今梅河口市）、辉南县、柳河县、金县、复县、岫岩县、庄河县等 20 县。1906 年 9 月安东警察署设立，管理安东、凤凰城、宽甸、岫岩、兴京、通化、桓仁、临江、长白、安图、抚松、庄河 12 个县的警察事务。1910 年 1 月安奉铁路沿线成立巡警

① 《安东县志》，卷 6“商业”，民国二十年铅印本。

② 龚骏：《中国都市工业化程度之统计分析》，第 187 页。

③ 参见任玉雪：《清代东北地方行政制度研究》，复旦大学博士论文（未刊稿），第 178 页。

总局，下设4个分局30个派出所，同年，鸭、浑两江水上警察总局成立。①

光绪二十九年（1903年），安东根据《中美通航航海条约》开埠通商，但一直没有划出商埠地。1906年日俄战后日本占据七道沟一带为铁路用地，此年开始划“前后聚宝街、财神庙街、官电街及中富、兴隆各街共地九百余亩为中国市场，划七道沟地二千八百余亩为日本市场，于是中外商贾接踵而来，商业极其繁盛”②。开埠后，安东“国内则津沪各地，国外则英日诸邦，富商大贾纷至沓来……商业极繁盛”③，1907年，安东设立海关，日本、英、美等国相继设立领事馆于此。工农业也出现了较快的发展势头，安东由此转变为货物集散、转运和加工制造的现代城市。到了1918年，以前规划的市场界址已经不能满足商业发展的需要，因此“扩展东坎子为商埠区域……开辟马路，经纬纵横，宽平正直，资本家争往购地建筑市房，地价骤增”。同时旧市场也将原有的范围扩大，“东至大沙河，南至鸭绿江，西至七道沟，北至盘道岭，界内均为市场，时称富庶焉”。④安东市人口，1905－1906年时仅为1.4万人，1919－1922年增加到9.9万，1930年又增加到16.3万，仅次于奉天和大连，为东北南部的第三大城市。⑤

1921年10月，前东边道尹王顺存为改良安东全埠市政，呈请省署创设市政会。1922年安东市政事务所成立，专管商埠和市政建设。⑥市政事务所设拟定章程规定：市政会会员20名，由全埠商民选举；督办1人，由道尹兼任；会办2人，由安东县知事兼任。1924年4月，奉省长指令，安东市政章程仿照奉天和营口的办法酌为修正：市政事务所改称为市政公所，改选举制为委员制，市政委员会定

---

① 《安东县志》，卷4“警察”，民国二十年铅印本。

② 《安东县志》，卷1“地理”，民国二十年铅印本。

③ 《安东县志》，卷6“实业”，民国二十年铅印本。

④ 《安东县志》，卷1“地理”，民国二十年铅印本。

⑤ 参见张利民：《近代辽宁的城镇发展模式与特征》，载朱荫贵、戴鞍刚主编：《近代中国：经济与社会研究》，第221页。

⑥ 1922年10月22日，《奉天省各县区村制试行规则》公布，1923年3月1日，安东现除商埠区外，分8个区，各区下设立区公所，全县共划82个主村，325个附属村。参见《安东市志》，第52页。

委员15人，由道尹遴选公正士绅组成，督办仍有道尹兼任，会办1人由警察厅长兼任，协理1人由商会会长兼任，市长1人由道尹呈报，省署核准委任。1929年1月，根据辽宁省政府训令，裁撤道尹改为市政筹备处，同年9月，市政筹备处划分了市政区域。1931年4月，安东县政府接收安东市政筹备处外交、市政职责，次日东北政务委员会下令撤销市政筹备处。①

二、安东腹地自然资源的产业化开发利用——以木材为例

鸭绿江流域崇山峻岭，林木茂密，有丰富的森林资源。由于清政府的封禁政策，这里的森林资源长期处于没有开发的状态。乾嘉年间，随着辽河中下游平原地区逐步开垦，盛京边内的荒地和林木日渐减少，大批流民越过柳条边墙，潜入鸭绿江流域伐木垦荒。

咸丰同治年间，清政府面临内忧外患，失去了对封禁区内伐木生产的控制，大东沟（今辽宁东港市）成为鸭绿江流域的木材集散中心和主要出海口，聚集数千名木把（伐木工人）。鸭绿江地区三春以后草木丛深，称之为树叶关门，且山水无常，每年夏季行旅断绝。每年秋季，木把们携带刀斧锯等伐木工具和油盐、粮食、烧酒等日用品，从汪清、英额等边门绕出边外，到鸭绿江上游的十二道沟等处，整个冬季便在那里伐木。待到第二年春天江面融化，他们便将砍伐的木头编结成排，顺鸭绿江放到安东、大东沟、大孤山等处，再经海路运往关内各省贩卖。

随着伐木规模的日益扩大和伐木者向鸭绿江中上游地区的深入，伐木活动由最初的流民自行砍伐、销售，转向当地富户出资招募流民进行砍伐。流民只负责生产，由他们的雇主（当地成为把头）负责统一的管理和销售。“把头”的出现使得伐木更加有组织和效率，大大促进了伐木业的发展。每年一到放排季节，从鸭绿江上游的十二道沟一直到下游的大东沟，成千上万的木排顺江而下，连绵不绝，场面蔚然壮观。②

① 《安东县志》，卷3“政治”，民国二十年铅印本。

② 王长富：《东北近代林业经济史》，中国林业出版社，1991年，第44页。

日俄战争之后，日本取得了鸭绿江流域的木材的开采权，中日合资成立了鸭绿江木材公司，“鸭绿江本流，头道沟与二十四道沟间之距江六十里内的林业，指为该公司专采区域”，“每年的采伐量达 1 500 万 - 2 000 万公尺”。①

木材是安东的大宗出口货物之一，对内销售到华北和华中地区，对外销售到日本。20 世纪 20 年代左右是木材出口最繁盛时期，每年的木排数目有 13 000 多张，每一张木排银价在 3 500 -4 000 两，总值 4 000 万 -5 000 万两，约合 7 000 万现银元。每一张木排，需要木把（普通木工）8 -9 人，把头 1 人，先生（账房）1 人，卯子（排上领江者）1 人，合计 11 -12 人，多的 13 -14 人。按照 13 000 张木排计算，估计当时直接从事木业生产的就在 13 万 -14 万人以上，伐木业规模之大由此显见。②

再以出口 7 000 万现银元的产值分配计算，除去 1/4 的资本以外，每个普通木工，大概可得到 200 多元的现银元。当时伐木区域在临江县八道沟、十二道沟一带，这些木工早的在四月底，晚的在六月中旬左右回到安东，然后到八月十五为期再次返回林区，中间这 2 - 4 个月的时间，木工一年所得的大多数银元，“在安东之消耗约占十之七八，故安东商埠，有一日千里之势”。有人这样评论安东的伐木业：“以新开商埠之安东，每年有此四千万元至五千万元之买卖，其发达自不待言。虽安东出口货尚有大豆、山茧两项，但大豆、山茧均系农民出产得项，立即携走，不若木把全即消耗安东，为最有裨益于市面也，故木业之消长与安东商业之消长，成为正比例。”③

第四节　腹地内部的区域经济差异

东北地域辽阔，自然地理面貌多种多样，气温降水差别也不小。

① 《东方杂志》，第 22 卷 24 号，第 66 -67 页。

② 萧惺伯：《鸭绿江采木之沿革与安东商业之关系》，载安东总商会编《商工月刊》，第 16 页。

③ 萧惺伯：《鸭绿江采木之沿革与安东商业之关系》，载安东总商会编《商工月刊》，第 17 页。

为保障在自己的"龙兴之地"的特权利益，清初开始修筑南自今辽宁凤城南，东北经新宾东折西北至开原北，又折而西南至山海关北接长城的柳条边墙。康熙时又接着修筑了自开原东北至今吉林市北的柳条新边。边内为盛京辖境，边外一侧为蒙古牧地，另一侧为皇室围场、牧场等禁地，汉、满、蒙古各族人民不得随意出入。到了清中期，柳条边以南的辽沈地区以与中原相一致的农耕经济为主，柳条边以北的蒙古地区以游牧经济为主，柳条边以东的吉林地区以农业和渔猎相结合的经济为主。

近代东北沿海先后开放营口、大连、安东三个大的商埠，形成"一体两翼"的组合港口体系。从20世纪一二十年代三个大港的货物直接腹地来看，营口港主要影响辽河以西的辽宁省西部以及内蒙古东部部分地区，安东港影响着安奉铁路南端沿线和鸭绿江中上游的地方，大连港的腹地范围最为广大，直接辐射东北内陆平原的农牧物产精华地区，同时间接地通过营口或安东港的转运辐射到辽宁、吉林、黑龙江和内蒙古东部四省广大地区。三港一起促进东北地区商品性农业和轻工业经济的发展，这种新的地域组合模式，一方面缩小了东北内部农耕、游牧和渔猎经济分区的差异，促进了东北从沿海到内陆腹地的农工商贸经济发展。另一方面，又造成区域内部新形势下的经济差异。

东北近代经济差异的一个显著特点，是三港及铁路合力辐射的东北中部腹地成了经济隆起地域。20世纪初，从大连经沈阳至长春的南满铁路干线修成，同时该铁路还有大石桥支线和安奉支线分别通达营口和安东。铁路使得东北中部的对外通达性大大增强，东北中部铁路经过的沈阳、铁岭、开原、四平、公主岭、长春等城市迅速兴起，发展为中小商品集散中心。原来清末时期的县城甚至荒僻的村落，由于铁道的通过而发展成以车站为中心的现代化城市，这在南满铁路沿线并不罕见。而一些曾经繁荣并具有重要地位的城市，例如吉林，则因偏离主要铁道而失去交通上的重要性，从而走向衰落。中部经济带的隆起，为以后的东北的经济格局奠定了基础。

东北近代经济差异的另一个显著特点，是在中部经济带隆起背景下形成东、中、西三部分经济差异的同时，又增添了南、中、北三个部分的经济差异。

东北近代经济的推进，大致呈现自南向北的趋势，而商业城镇的成长也同样体现出从枢纽海港沿铁路线向内陆腹地推进的特点。营口、大连和安东三个门户城市地位显著，同时东北中部铁路沿线如沈阳、长春、铁岭、开原等发展为次等商业中心，最后是底层的众多大小商业集镇。这些城镇共同组合成一个以营口、大连、安东港为终点市场，不同铁路城市节点为中初级市场的货物流动体系。腹地农村终端集镇市场崛起，是农村经济实力即农副产品的商品化程度的增强及经济兴盛的标志，在区域经济发展史上具有重要的意义。从港口—腹地这一地域开发逐渐推进的角度，可以看出东北南、中、北部地域基层市场发育的差异，原因在于地理距离和历史传统等多种因素的制约。

东北南部尤其是在清代柳条边外的辽西和辽南地方，它们是东北开发最早的地域，集市贸易兴起最早，但集镇贸易的鼎盛大多在清末和民国对外贸易发展以后。辽河中部流域的集市贸易晚于辽宁省西部或南部，但由于农业物产丰富，粮食集散数额较大，日益成为专业性的商品粮集散中心，规模有超过辽宁南部或者西部集镇之势。东北北部地域由于移民迁入开发晚于东北南部，集市无论商业规模和分布密度都不如南部发达。内蒙古东部的经济，长期以牧业为主，过着逐水草而居的生活。由于这一原因，草原商业也颇不同于农耕区，没有固定的店铺和商店，只有在四处流动的商贩，当地人称为行商拨子。随着东北放垦的进行，毗邻的内蒙古东部受到强烈的影响，不仅农业有所发展，而且游牧民也开始建立固定的宗教活动的场所寺庙，宗教活动时的商业活动庙会得以兴起并固定化。如果汉人深入牧区，并将牧区改变为农业区，便会出现集市贸易甚至集镇，在这种背景下，集市贸易和集镇上的固定店铺便代替庙会，成为区域内主要的商业活动形式，但该区域的发展速度要缓慢得多，规模也要小得多。

第八章　埠际贸易与区间关系

北方沿海诸口岸的进出口贸易，是全国进出口贸易的一部分，早在开埠以前，当时已存在的港口便与全国其他地区的港口发生了货物运输方面的联系。开埠以后，随着中外经济联系的扩大，这种联系尤其是和上海、香港的联系得到加强。它表明北方诸口岸的贸易，不仅受到自身城市与腹地状况的制约，也受到国内乃至东亚地区的其他重要港口的贸易状况的影响。这种港际关系，是北方的区间经济关系的主要体现之一。另外，近代华北、东北和山东各主要港口之间的港际关系，以及不同港口城市腹地之间的关系的状况，这些状况对各区域经济变迁的影响，也值得研究。

第一节　北方口岸与上海的外贸埠际转运

北方口岸早在开埠前就与上海展开了繁盛的沙船贸易，“关东豆、麦，每年至上海者千余万石，而布、茶、南货至山东、直隶、关东等，亦由沙船载而北行”。[①]1843 年上海正式开埠，并很快取代广州成为全国外贸中心。1860 年以后北方口岸也陆续开埠，但尚不具备直接对外贸易的能力，其对外进出口多依赖上海中转，与上海间形成了密切的外贸埠际转运关系。北方口岸与上海间的这种外贸转运关系并非一成不变，而是经历了由紧密到疏离的变化，这一变迁不仅促

① 包世臣：《海运南漕议》，《安吴四种》卷 10。

使上海在全国外贸转运的地位发生了重大转变，更反映了北方口岸的发展壮大，并从中折射出20世纪中国对外贸易关系变迁下国内口岸贸易格局的演变。

一、北方口岸与上海外贸埠际转运紧密时期

1900年前中国北方沿海只有天津、烟台和营口三个通商口岸，统称为北方三口通商时期。自19世纪60年代北方三口陆续开埠以来到20世纪初，是上海与北方三口外贸埠际转运最紧密的时期。

以下取四项比重来考察上海与北方主要口岸间的外贸转运关系，第A项为上海转运北方口岸洋货值占上海洋货转运国内值比重；第B项为北方口岸运往上海土货值占上海土货进口值比重；借这两项比重，从上海角度看北方口岸在其外贸转运网络中的地位，比重越高，表示北方口岸在上海外贸埠际转运网络中越重要。第C项为上海转运北方口岸洋货值占北方口岸洋货进口总值比重（洋货进口总值＝直接由国外进口值＋由国内口岸进口值），第D项为北方口岸运往上海土货值占北方口岸土货出口总值比重（土货出口总值＝直接出口国外值＋出口国内口岸值），借这两项比重，从北方口岸角度反映其依赖上海外贸转运的程度，比重越高，说明北方口岸对上海外贸转运依赖性越大，受上海外贸影响越大。

在统计的五个年度里经上海外贸转运占北方三口进口总值平均70.1%，占其出口总值平均42.7%，可见北方三口在这段时期内对上海外贸转运的依赖性之强。从上海方面来看，北方三口占上海洋货转运国内值平均30.8%，土货进口值平均14.6%，是上海重要的外贸转运对象。（见表8.1）

1. 天津

天津位于海河、大运河与渤海交会之点，开埠后没多久已成为北方最大的洋货集散地，其进口洋货值在全国也名列前茅。然“天津乃中国进口货之最大销场之一，虽纳有所进洋货之大部，却非直接取给于生产国，而系经由上海转来”①。1871－1904年上海洋货转运天津占天津

① 吴弘明整理：《津海关年报档案汇编》上册，《1866年天津贸易报告》，第15页。

表8.1 天津、烟台、营口与上海外贸埠际转运占各自外贸比重表

年份	1864	1875	1885	1895	1904
A 上海转运北方口岸洋货值占上海洋货转运国内值比重（%）	29.1	30.4	35.2	31.0	28.3
B 北方口岸运往上海土货值占上海土货进口值比重（%）	6.9	10.9	17.1	18.6	19.3
C 上海转运北方口岸洋货值占北方口岸洋货进口总值比重（%）	69.2	78.5	78.3	68.8	55.8
D 北方口岸运往上海土货值占北方口岸土货出口总值比重（%）	36.2	38.4	41.0	42.9	55.1

资料来源：根据《中国旧海关史料》中历年数据整理而成。

进口总值年平均74.5%，①可见天津依赖上海转运进口的程度之高。

棉制品和鸦片是当时中国的主要进口商品，也是当时沪津间外贸转运的主要洋货，两者占天津进口总值比重一度在80%左右，是天津主要的进口商品，而这两种洋货天津在1904年前独立进口非常少，几乎全部经上海转运而来。以1884年为例，天津进口的几种主要棉制品中，由上海转运占天津进口数比重高达98.7%，就是说上海几乎是天津棉制品的唯一来源，天津直接进口数微乎其微。天津也成为上海进口棉制品的重要转销地，不但是上海进口白色布的最大消费地，并在上海进口斜纹布、粗布、标布等多种棉制品的转运去向中，连续多年名列前茅。②

鸦片也是由上海转运天津的重要进口商品。开埠后，天津很快成为鸦片进口的重要口岸，1867年天津共进口鸦片4 602 987海关两，其中4 403 989海关两经上海转运而来，占95.7%。同年有几个天津人在上海开设了旅馆，其目的就是“供该地商人从北方口岸来上海购

① 根据茅家琦等主编：《中国旧海关史料》，津海关历年数据计算得出，本文数据如未加说明均引自该史料。

② 李必樟译编：《上海近代贸易经济发展概况（1854－1898）——英国驻上海领事贸易报告汇编》，《1884年贸易报告》，第672－677页。

买鸦片和其他洋货时住宿之用”。[1]1888 年天津进口鸦片中只有不到 10 担由香港进口，“余者照旧经由上海转至本埠”。[2] 英国驻沪领事报告中也评论道，天津是“由上海供应进口鸦片的”。[3]

沪津间的外贸埠际转运除了每年大批洋货由上海转运往天津外，还有大量土货由天津运往上海，经上海转运出口。

天津土货出口总值中很重要的一部分是对俄复出口的茶叶，每年大量茶叶由汉口运来天津复出口俄国，天津的茶叶复出口在其出口总值中占据了重要位置。因此从天津出口与复出口总值来看，经上海转运的比重并不算特别高。如果去除对俄直接复出口茶叶的部分，天津对其他国家的出口与复出口中，经上海转运的值即高达平均 75.8%，可见天津除去可以直接对俄国进行茶叶出口贸易以外，在对其他国家的出口中依赖上海转运比例还是相当高的。

开埠初期天津土货出口值一直很小，当时腹地商品经济还不够发达，“山西以壤地贫瘠、物产无几而出名。蒙古有广阔无垠之草原，除牛羊之外亦罕有所出”[4]，无法为天津提供足够多的出口商品，因此天津在开埠以后相当长时期内出口值十分有限。但是，从 19 世纪 70 年代后期开始天津的出口贸易开始逐步发展，草帽辫、骆驼毛、绵羊毛、山羊绒、绵羊绒、山羊皮褥、生皮以及猪鬃等出口逐渐增多，80 年代已成为出口大宗。1902 -1911 年的天津海关十年报告中记载道：“天津出口贸易大量增加，在出口外国的货物中也经常出现新的品种。在本埠商业发展中，这是一种最为重要的特色。”[5]而天津新增长的土货多运往上海出口，海关报告评价道，天津“土产径运外洋者稀少，似可毋庸论及，惟所出各项皮及羊毛、骆驼毛、猪毛、

① 李必樟译编：《英国驻上海领事贸易报告汇编》，《领事文极司脱关于 1867 年度土地和房产的备忘录》，第 161 页。

② 吴弘明整理：《津海关年报档案汇编》上册，《1888 年天津贸易报告》，第 249 页。

③ 李必樟译编：《英国驻上海领事贸易报告汇编》，《领事许士 1881 年度上海贸易报告》，第 567 -568 页。

④ 吴弘明整理：《津海关年报档案汇编》上册，《1865 年天津贸易报告》，第 5 -6 页。

⑤ 许逸凡译：《天津海关十年报告书（1902 -1911）》，天津社会科学院历史研究所编《天津历史资料》，第 13 期。

羊皮褥、草辫等类运往上海者，多半系转运外洋”。[①]1871－1904年间运往上海的土货，占天津土货出口总值的比重平均为75.8%。

因此，天津自从开埠起至20世纪初，在对外贸易上依赖上海转运的程度非常高。

2. 烟台

烟台1858年正式开埠，“其时轮船至山东，唯烟台一口，商务极盛，垄断对外贸易，几达五十年之久”[②]。烟台虽在山东是门户口岸，但其直接对外贸易能力很低，对上海外贸转运依赖性非常强。

1871－1904年经上海转运洋货占烟台进口比重年平均值达70.3%。棉制品是烟台进口洋货的大宗，烟台与天津同是上海进口棉制品转运的主要对象，“1866年上海进口的棉制品一半是运到天津和烟台的，……为了省钱，北方的许多中国商人派人来上海采购这些纺织品”[③]。1885年烟台洋货进口净值比上年增长了800 000海关两，海关贸易报告推断其增长最直接的原因是棉布的大量进口，但是从外国直接进口的贸易却比前两年下降，从英、俄、日本进口的商品都出现了下降，因此“以上所提及的增长应归于从中国口岸洋货大量增加造成的，主要是上海”[④]；因为“（布匹和棉纱）这些货物在上海转运，上海是轮船的终点港。这些货物可能是相当多的”[⑤]。从上海转运烟台的大宗洋货还有鸦片，烟台消费的进口鸦片都是由上海供应。[⑥]1893年烟台洋货进口共1 378 000余海关两，“总计所有洋货进口价值此数仅居十之三成，其七成则系由上海进口”[⑦]。

上海在烟台出口中所占的比重，在1876年前约为37%，1876年

---

① 吴弘明整理：《津海关年报档案汇编》下册，《光绪二十三年（1897年）天津口华洋贸易情形论略》，第69－70页。

② 张玉法：《中国现代化的区域研究·山东省（1860－1916）》，“中央研究院”近代史研究所，1982年，第594页。

③ （美）郝延平著，李荣昌等译：《十九世纪的中国买办：东西间桥梁》，第136页。

④ 《光绪十一年烟台口华洋贸易情形论略》，载《中国旧海关史料》第11册。

⑤ 《光绪七年烟台口华洋贸易情形论略》，载《中国旧海关史料》第9册。

⑥ 李必樟编译，张仲礼校订：《上海近代贸易经济发展概况，1854－1898年英国驻上海领事贸易报告汇编》，第567－568页。

⑦ 《光绪十九年烟台口华洋贸易情形论略》，载《中国旧海关史料》第20册。

后一跃或为60%-70%，1871-1904年年平均比重为58.9%。主要是因为“上海实际上是烟台货物出口国外的最大转口港，除了日、俄之外，烟台输往英、美各国的货物都经由上海运出”[①]。

丝绸在烟台出口中常占10%-20%的比重，多由上海转运，1897年《烟台贸易情形论略》中记载该年：“本地纩丝工作直至秋间皆称顺遂，所纩之丝均为上海洋商定作之货”，其“细茧绸之精细者均迳运上海转卖，无复于本口销售矣”。[②]

草帽辫的出口兴起后，烟台成为草帽辫的重要产地，大多经上海转运出口。1881年海关贸易报告记载，“尽管有1 070 330海关两的草辫出口到英国和美国，但这两个国家不算是我们出口的消费者，因为该草辫从这里运往上海再由那里的远洋船重新装运，就应该看做是出口到上海港的”。[③]英国驻沪领事也评价道：“草帽辫几乎全部来自芝罘……山东省莱州城外15哩的沙河是它的主要市场。”[④]从海关统计的角度看，这些草帽辫是作为运往上海的土货一并计算的，而实际留存上海本地消费，或转运往他口的数量很少，多数是借上海转运往英美出口。1892年烟台贸易情形论略中记载道：“由本口运往各口者，上海一埠已占过半……其上海所占之数草辫一宗已计银1 161 000余海关两，仍属转运英美二国为最。”[⑤]烟台在出口上对上海的依赖，由此可见一斑。

3. 营口

营口于1861年正式开埠，开埠初期贸易货值不多，但增长速度很快，并与上海间外贸转运商品往来频繁。

营口进口洋货“率多由上海转运而来”，[⑥]1871-1904年间经上海转运的洋货占营口进口总值年平均值为79.7%。“洋布之输入满洲也，皆经营口，其中一大部分必经奉天，而后销售于满洲一带地方。

---

① 刘素芬：《烟台贸易研究（1867-1919）》，台湾商务印书馆，1990年，第14页。

② 《光绪二十三年烟台口华洋贸易情形论略》，载《中国旧海关史料》第25分册。

③ 《光绪七年烟台口华洋贸易情形论略》，载《中国旧海关史料》第9册。

④ 李必樟编译，张仲礼校订：《上海近代贸易经济发展概况，1854-1898年英国驻上海领事贸易报告汇编》，《副领事阿连壁1879年度上海贸易报告》，第545页。

⑤ 《光绪十八年烟台口华洋贸易情形论略》，载《中国旧海关史料》第18册。

⑥ 《光绪二十七年营口口华洋贸易情形论略》，载《中国旧海关史料》第33册。

然经营口销满洲之洋布非由外国商人直接输入，亦非由营口商人自行输入，乃必经过上海，再由上海商人运往营口。故直谓之销于满洲之洋布必经上海商人之手始得输入也。”①因此营口是上海进口棉制品的重要市场，消费增长很快。1878 年上海斜纹布的转销中，营口与 1877 年相比的增加数比其他口岸的进货总数还要大些，英国驻沪领事评论道：“几年前，营口的需求还是很小的，但现在它却居于非常显著的地位”，这与该地区的日益繁荣是密切相关的。②1885 年经上海洋货转运占营口进口总值高达 93.3% 之多。

19 世纪 60 年代营口运往上海的土货以豆和豆饼为主。70 年代野蚕丝的出口兴起，也成为营口运往上海的大宗土货，主要是经上海转运往国外，“野蚕丝每年约产一万五千石，当九十月出丝之期，上海商人往盖州、海城市场收买，运来上海，转售于英、法、美各国”③。据上海方面的记载“源源来自芝罘和营口的野生丝的出口量已自 1878－1879 年丝季的 200 包，增加到 1879－1880 年丝季的 1 800 包”，运来上海后转去欧洲。④

基于上述情况，人们评论道：“查营口一埠在日俄未战以前商务繁盛，出口土货每年约二千余万，上海商业营运华洋各货全恃东三省为销场，故与营口有密切之关系。”⑤

二、北方口岸与上海外贸埠际转运疏离时期

进入 20 世纪，北方口岸格局发生了变化，东北的大连取代了营口的地位，山东也兴起了另一个大港青岛，表 8.2 数据显示，天津、青岛、大连这三大口岸的独立进出口能力均很强，因此新组合的三大口岸与上海间的外贸转运联系远不如原来的北洋三口天津、烟台、营口。

---

① 熊希龄：《奉天上海间商品集散调查表》，载《满洲实业案》，明志阁版，1908 年。

② 李必樟编译，张仲礼校订：《上海近代贸易经济发展概况，1854－1898 年英国驻上海领事贸易报告汇编》，《领事达文波 1878 年度上海贸易报告》，第 475 页。

③ 熊希龄：《奉天上海间商品集散调查表》，载《满洲实业案》，明志阁版，1908 年。

④ 李必樟编译，张仲礼校订：《上海近代贸易经济发展概况，1854－1898 年英国驻上海领事贸易报告汇编》，《副领事阿连壁 1879 年度上海贸易报告》，第 543 页。

⑤ 熊希龄：《第二次调查营沪商务禀》，载《满洲实业案》，明志阁版，1908 年。

表8.2 北方主要口岸直接外贸比重表（1885－1930）

口岸	天津		青岛		大连	
年份	直接进口占进口总值比重（%）	直接出口占出口总值比重（%）	直接进口占进口总值比重（%）	直接出口占出口总值比重（%）	直接进口占进口总值比重（%）	直接出口占出口总值比重（%）
1885	13.3	0.0				
1895	23.0	6.0				
1905	52.1	51.5	40.4	33.6		
1910	60.5	12.7	57.6	44.0	91.4	71.0
1915	73.0	30.8	68.7	51.4	77.3	69.0
1925	77.1	61.7	81.2	54.9	89.5	74.4
1930	76.9	71.0	72.0	49.2	92.5	80.5

数据来源：根据《中国旧海关史料》中历年数据整理而成。

开埠后的相当长时期内，天津直接进口值十分有限，1875 年、1885 年直接进口占进口总值的比重仅在 10%－15% 之间。1895 年这一比重有所增长，上升到了 23%，此后继续发展，1905 年天津直接进口值首次超过了从国内口岸进口值，占进口总值的比重飙升到 52.1%。天津与上海间的洋货转运也随之发生了改变。1905 年津海关贸易报告中记载道："本年特别之事，系商人向外洋交易，并不经过上海。"①日本人的调查也指出："天津的贸易，以前是经由上海的间接贸易。外国货物全都一律在上海卸货，然后从上海转卖到天津。可是，在近两、三年以来，由于天津商人地位的提高，以及各种贸易机构的完善，结果过去经由上海进口的货物，大多数从原产地直接向天津进口。以前天津外来货物之八、九成是经上海而来；可是在 1906 年，外国直接输入额为 40 102 558 两，经由上海的输入额为 25 095 998 两，两者成为八与五之比。"②直接从外洋进口，可以节省经上海的经理人转购、出入栈及运输的费用，更为有利可图，早为天津外商所期待，因此这种状况一经发展即越来越活跃。③至

① 吴弘明整理：《津海关年报档案汇编》下册，《光绪三十一年（1905 年）天津口华洋贸易情形论略》，第 146 页。

② 日本中国驻屯军司令部编，侯振彤译：《天津志》，天津市地方史志编修委员会总编辑室，1986 年，第 239－240 页。

③ 吴弘明整理：《津海关年报档案汇编》下册，《光绪三十二年（1906 年）天津口华洋贸易情形论略》，第 158 页。

1919年天津直接进口比重已达77.1%，此后直到1930年都保持在77%左右。

随着天津独立进口能力的提高，天津的直接出口能力也得到了发展。据1901－1911年的津海关十年报告记载，“在最近五年中，驶到天津的远洋轮船数目日益增加，直接从美洲、欧洲和日本运货来津并且也运货回去”[①]。1902年天津直接出口往美国的增长已足以引起注意，“盖缘美国销场极广，所以径运美国较捷于由上海转运也”。[②]1909年天津直接出口外洋达1 030 946海关两，比前一年几乎增长一倍，“进步堪为猛锐”。[③]但与天津直接进口在1905年后的迅速发展相比，天津1905年后直接出口贸易发展的速度较为缓慢，增长幅度也相对较小。直到1910年。还仅达到天津出口总值的12.7%，仍有高达近90%运往国内口岸转运出口，主要运往上海。天津的主要出口商品如猪鬃、皮毛、草帽辫、棉花等，仍“皆由上海转运外洋”。在海关贸易报告里甚至不论及天津直接出口的具体数目，“缘有多半由上海转运之货，以故未载于迳运外洋货物册内耳”[④]。1910年后天津直接出口发展速度开始加快，尤其在第一次世界大战期间，天津直接出口发展迅猛。1918年直接出口值已经超过了出口往国内其他口岸值，占天津出口总值达51.7%，1930年这一比重已达到71%。

1930年的天津无论在进口上，还是在出口上，均已达到一定的独立性，对上海的外贸转运依赖已经很小了。

2. 青岛

烟台曾经垄断山东贸易几乎达五十年之久，但自20世纪初逐渐走下坡路。1904年胶济铁路一建成，就“已经将比较大的部分货物从烟台转到青岛来，如进口的棉制品、棉线、煤油，出口的草辫、丝

① 许逸凡译：《天津海关十年报告书（1902－1911）》，《天津历史资料》第13期。

② 吴弘明整理：《津海关年报档案汇编》下册，《光绪二十八年（1902年）天津口华洋贸易情形论略》，第114页。

③ 吴弘明整理：《津海关年报档案汇编》下册，《光绪二十九年（1903年）天津口华洋贸易情形论略》，第199页。

④ 吴弘明整理：《津海关年报档案汇编》下册，《光绪三十三年（1907年）天津口华洋贸易情形论略》，第174－175页。

绸等”[①]。青岛很快取代了烟台在山东的地位，“铁路时代的来临，取代传统的运输工具烟台腹地货物的进出，多改道胶济铁路以青岛港为吞吐港”[②]。

在德国占领期间（1897－1914年），在德国保护主义的贸易政策下，青岛直接进出口不断增长。由于德国保护主义的运费政策，使得青岛与欧洲间直接运输费用低廉，无需经过上海转运。因此如《交通杂志》记载：“凡由德国东来之货物，多绕过上海而先运青岛，然后再由青岛运输于上海、天津各地。在地理上，虽上海距德国为近，今不先靠上海，而先靠青岛，是使青岛在经济中距德国为近，而使上海反居其次。如是则由德国至青之运费，反较由德至沪之运费为低廉，此种政策，盖完全以发达青岛港为主要目的。”[③]1905年青岛直接进、出口比重分别为40.4%、33.6%，1915年已经分别发展到68.7%和51.4%了。（见表8.2）

1914年日本占领青岛，宣布接管德国在青岛乃至山东的一切特权和权益，此后在日本占领期间（1914－1922年）青岛对外贸易便以日本为主。土货如猪鬃、棉花、丝茧缎、绸、花生、豆油等，均运往青岛后直接出口日本。[④]1919年青岛对外进口中日本占73.2%，对外出口中日本占92.4%。[⑤]甚至在北洋政府控制青岛期间（1922－1929年），日本仍然控制着青岛经济。[⑥]因此，青岛受上海外贸转运的影响远不如之前的烟台那么高。

3. 大连

营口自开埠以来一直是东北唯一的对外贸易港口。20世纪初由于航道淤积，运输条件恶化及南满铁路的竞争，营口地位不断下降，而大连则虽然起步晚却后来居上，1910年已超过营口成为东北第一

---

① 《胶海关十年报告（1892－1901）》，载青岛市档案馆编《帝国主义与胶海关》，档案出版社，1986年。

② 刘素芬：《烟台贸易研究（1867－1919）》，台湾商务印书馆，1990年，第3页。

③ 《交通杂志》，第2卷第6期，1935年。

④ 寿杨宾：《青岛海港史》，人民交通出版社，1986年，第120页。

⑤ 交通部烟台港务管理局：《近代山东沿海通商口岸贸易统计资料：1859－1949》，对外贸易教育出版社，1986年，根据第38、47页表格计算。

⑥ 寿杨宾：《青岛海港史》，人民交通出版社，1986年，第136页。

大港，并在北方口岸中优势突出。“天津水道淤浅，入冬结冰。烟台与内地交通不便。……即就全国而论，沿海商港之地位与价值，等于大连者，亦仅青岛、上海、香港三口耳。”[①]1919 年大连已超过汉口、天津，一度成为仅次于上海的全国第二大港，大连的进出口主要以日本为指向。

自 1904 年日俄战争爆发，战胜的日本取代沙俄占领了大连，确立“大连中心主义”的指导方针，全力经营南满铁路，大连便成为日本在中国东北实行贸易垄断的基地。在日本统治大连期间，大连出口货物的 60% 以上运往日本，进口货物中 70% 来自日本。[②]大连与日本直接贸易密切，并成为日本对东北贸易的出入口，这直接影响了上海对东北地区外贸转运影响力的下降。随着日本在中国对外贸易中地位的提高，大连在全国地位也越来越重要。1920 年日本对华贸易占中国外贸总额的 34.7%，其中大连就占日本对华贸易总额的 60%。这时的大连已跃居中国第二大港，与上海构成南北两大贸易港。其与上海的关系，已与 19 世纪后半期营口与上海的关系大为不同了。

三、由紧密到疏离的变迁

19 世纪后半叶到 20 世纪初，是北方口岸与上海外贸埠际转运最紧密的时期。这段时期内，上海自开埠以来已迅速发展为全国外贸中心，成为中国沿海航线和远洋航线最适中的港口，逐渐形成包括内河、沿江、沿海和外洋航线的水路运输网。中国最主要银行的总部都设在上海，外资银行林立，上海成为中国金融中心，各大洋行均率先在上海设立。上海拥有的这些优势，使得北方口岸的对外贸易在 19 世纪后半叶，均以上海为指向，“中国商人一年甚于一年地倾向于把上海作为中国北方贸易的商业中心，他们把北方沿海港口和内河港口只是作为货物的上岸地点来使用，而这些货物又是为满足那些地区的直接需求所必需的”[③]。

---

① 《地学杂志》，第 14 卷，第 5、6 期合刊，1923 年 6 月。

② 顾明义：《日本侵占旅大四十年史》，辽宁人民出版社，1991 年，第 254 页。

③ 徐雪筠等译编：《上海近代社会经济发展概况（1882－1931）——〈海关十年报告〉译编》，《1882－1891 年十年报告》，上海社会科学院出版社，1985 年，第 34 页。

进入20世纪后，北方口岸与上海外贸埠际转运由紧密转向疏离。

首先，原有中心口岸天津逐渐发展壮大。天津是北方开埠最早也是最重要的中心口岸，但在20世纪初之前其对外贸易条件并不成熟。天津早期港口的航运条件很差，穿越海河河口的大沽坝淤塞严重，不利于远洋轮船入港，“无疑，海河—天津通海之水路—的情况在过去整个十五年内在严重影响天津的商业情形普遍繁荣的问题上，占有无比重要的地位”①。再加上当时天津出口商品不足，也缺乏支撑贸易的金融机构，使天津的直接贸易开展一直受阻。这些因素都是造成天津直接对外贸易有限，以依赖上海埠际转运开展对外贸易为主的主要原因。

进入20世纪后，这些不利因素得到了改善。1897年天津海河工程局成立，开始采取工程整治和疏浚维护的方法整治海河，航道条件得到了改善。1901年西伯利亚大铁路开通，1900年后太平洋航线的增多和远洋货船的增加，更促进了天津远洋航线的大力开辟，为天津的直接贸易创造了条件。同时，天津的外国银行由1900年前的5家增长到十几家，天津的外商洋行也由1890年的47家增长到1906年的232家。②20世纪初华北铁路网的建成，进一步给天津外贸发展带来了巨大活力。作为北方中心口岸的天津的成长与成熟，为其独立开展对外贸易创造了重要条件。

此外，作为北方中心口岸的天津，在进入20世纪后不断发展壮大。同时兴起的青岛和大连，则在兴起之初便与对日贸易有着密切联系。甲午战争后日本大力发展对华贸易，是北方口岸对上海外贸埠际转运由紧密走向疏离的重要原因。

中国对外贸易始终以西方国家为主，甲午战争后《马关条约》的签订使日本获得了更多有利的权益和巨额赔款，加快了对华贸易的发展。1905年日俄战争日本取得俄国在中国东北三省的特殊地位，对华贸易发展更为迅速，1912年对日贸易已占中国外贸的18.1%。第

① 许逸凡译：《天津海关1892－1901年十年调查报告书》，天津市历史研究所编《天津历史资料》，第4期。

② 姚洪卓主编：《近代天津对外贸易（1861－1948）》，天津社会科学院出版社，1993年，第42页。

一次世界大战期间欧洲国家忙于战争，日本更乘机大力发展对华贸易，1919年在中国外贸中的比重已飙升到36.2%，比战前所占份额增长一倍。战后随着欧洲国家的卷土重来，日本在中国外贸中有所降低，但仍占据近1/3的比重。日本的目的就是“融合中日两国经济浑为一体”，使日本“原料均可仰给于中国，制成品则以中国为市场”，而广大北方正是日本经营的重点。在日本的大力经营下，北方口岸中对日贸易的比重越来越重要。

1907年天津直接对日进口已占天津直接进口的24.2%。而第一次世界大战期间天津对日贸易的迅速发展，更大大提高了天津直接进口的比重。第一次世界大战期间，欧洲各国忙于参战，日本借此时机大量向中国倾销商品，对日直接进出口占天津直接贸易值高达65%以上。[①]其时“欧美既不能完全供应，故洋货来源，几全由日本”。棉制品是天津当时进口大宗，“惟布匹销路最旺，欧美既不能供其所求，则布匹来源全由日本”[②]。其他商品如化学用品、电料、纸张及颜料等商品，天津也多向日本直接进口。天津与日本在地理位置上距离较近，具备开展直接贸易的优势，无需经上海转运。因此津海关分析天津直接进口增长的原因，“尤因日本与本埠各商之生意畅旺”。[③]对日直接进口的发展，是天津依赖上海外贸转运减少的一大原因。

为日本占据的青岛和新开放的大连，已成为日本在中国掠夺经济资源，实行贸易垄断的基地。1919－1930年，对日贸易在东北地区的进口贸易中占55%−65%，出口贸易中占35%−60%；在华北地区的进口贸易中占40%−60%，出口贸易中占35%−75%。[④]而当全国对日贸易占到36.2%的高比重时，上海对日贸易仅占24.7%。上海在

---

① 据王怀远《旧中国时期天津的对外贸易》中数据整理，载《北国春秋》1960年第2期，第41页。

② 《中华民国六年天津口华洋贸易情形论略》，载《中国旧海关史料》第77册。

③ 吴弘明整理：《津海关年报档案汇编》下册，《光绪三十二年（1906年）天津口华洋贸易情形论略》，第158页。

④ 郑友揆、程麟荪：《中国的对外贸易和工业发展：1840－1948年》，社会科学院出版社，1984年，第60－64页表格。

全国对西方国家贸易比重中则始终占据主要地位。①

因此，20 世纪上半叶，中国对外贸易国别比重的变化，使得北方口岸转向以直接对日贸易为主。这一转变，造成了北方口岸与上海间外贸埠际转运由紧密到疏离，同时也造成了上海作为全国外贸转运中心地位的下降。

19 世纪 60 年代至 20 世纪初，上海外贸总值占全国外贸总值达 50%–60%，其中外贸转运占全国外贸总值比重高达 35% 左右，其转运影响集中在北方和长江流域主要口岸。上海通过这些区域的主要口岸，可将自己的外贸影响力辐射至大半个中国，上海堪称全国外贸转运中心。20 世纪初以后，上海外贸转运占全国外贸总值比重开始持续下降，至 20 世纪 30 年代已降至仅约 15%。同时，以天津为首的北方口岸逐渐脱离上海的外贸转运影响范围，而南方口岸始终不在上海外贸转运的影响范围之内，因此上海的外贸影响只集中在长江流域。北方口岸对上海外贸埠际转运的疏离，使上海由全国外贸转运中心下降为华中地区的区域性外贸转运中心，改变了原有的全国口岸贸易格局。

第二节　晚清北方口岸与香港的埠际贸易

如上节所述，在北方口岸与南方诸口岸的埠际贸易关系上，上海在晚清占有其他港口根本无法比拟的优势地位。然而，上海未能包揽北方沿海全部外贸额的中转任务，仍有小部分经过香港等港口中转。20 世纪以前北方除与朝鲜、日本、俄国存在一定量的直接对外贸易外，与香港（在当时的海关贸易报告中视为外国口岸）均存在贸易往来，香港是北方口岸的重要中转港口之一。北方经香港转口的贸易对象，除欧美、印度与上海转口对象有部分重合外，南洋、华南地区以及香港本地，甚至对朝鲜贸易等都是上海转口贸易所不能涵盖的。因此，香港的转口地位虽不及上海，但也是本地区相当重要的贸易对象，且以特色贸易为主。进入 20 世纪以后，随着大连、青岛等新口岸的开

① 上海社会科学院经济研究所、上海市国际贸易学会学术委员会编：《上海对外贸易》（上册），上海社会科学院出版社，1989 年，第 190 页。

辟，北方港口直接对外贸易快速发展，香港转口贸易的辐射范围相对收缩，集中于华南、西南、闽台等地区。因此，本节集中论述晚清时期。

一、天津与香港的贸易关系

虽然20世纪以前上海对天津的贸易影响极大，特别是日用品从上海进口的比例较大，但香港也是天津比较重要的贸易伙伴，尤其是军火、钢铁等特种商品的来源地多来自香港。因为这些商品常常是天津口岸独需的，而其产地往往又远在欧洲、印度、南洋一带，前期远洋来船直航天津不能像在上海和福州那样容易获得足够的回程货因而难以获利。为此，采取先运至香港，再转由经营中国沿海航运业务的轮船公司，将其与其他北销商品混运北上，途经天津卸货，再开往营口和烟台，以装载回程货物。后期天津口岸土货出口贸易有所发展，药材等很多特色输港商品，大多经香港转运至南洋华侨集中的地区①。（见表8.3）

表8.3　天津口岸进出口贸易额统计表

（单位：海关两，1869年为两）

年份	土货出口额	出口香港额	百分比	洋货进口额	香港来货额	百分比
1869	962 965	120 106	12%	11 294 732	351 248	3%
1874	1 144 893	70 012	6%	10 557 532	621 052	6%
1885	3 745 071	293 022	8%	12 516 208	1 063 181	8%
1896	8 561 840	323 810	4%	29 584 743	2 414 474	8%
1904	14 895 379	630 183	4%	36 840 510	2 581 060	7%

资料来源：根据《中国旧海关史料》有关年份贸易统计折算。

早期天津洋货进口结构比较单一，鸦片和棉纺织品所占的比例较大，这两种商品的产地远在印度和英国，除大部分经上海输入外，还有一部分经由香港运抵②。糖是天津口岸的大宗进口货，除香港精糖

① *Trade Reports*，1866年，1869年，天津。载吴弘明等译编：《津海关年报档案汇编（1865－1911）》（上），天津社会科学院内部资料，第43、114页。《宣统二年（1910）天津口华洋贸易情形论略》。载《津海关年报档案汇编（1865－1911）》（下），第209页。*Trade Reports*，1873年，厦门，载厦门市志编纂委员会、《厦门海关志》编委会：《近代厦门社会经济概况》，鹭江出版社，1990年，第110页。

② *Trade Reports*，1865年，1866年，天津。载《津海关年报档案汇编（1865－1911）》（上），第3、16－17、23－24页。

外，汕头、台湾糖也有很大比例通过香港转往北方口岸。19 世纪 90 年代以后，糖贸易有所发展。其他杂货以日用品为主，有针、火柴、玻璃、染料、铜纽扣、香烟、美国面粉等欧美货，也有夏布、胡椒、槟榔、苏木等华南货、南洋货。此外还有钟表、望远镜、孔雀（等）羽毛（供装饰官帽）、洋酒、牛奶等奢侈品，显示出邻近的首都北京作为达官显贵云集之地特有的消费需求，其中有些经香港转口输入①。

此外，为了镇压捻军、西北回民起义，清政府不惜花费巨资从国外购买大批新式军火，开展洋务运动也需要进口大量重工业设备、原料。大批“加农炮、毛瑟枪、手枪、炸弹、弹丸、铸型（模）、铜帽，另有通常来自英国之火药（概由上海与香港转口）输入天津，进口量颇巨”②。向清政府出售军火数额最大的国家是德国，以钢铁和军火生产驰名的德国重工业企业克虏伯努力开拓中国市场，将大批军火、工业设备出口到中国。大批取道伦敦、鹿特丹和安特卫普的德国商品，以英国货、荷兰货和比利时货的名义运到了香港。香港作为德商洋行在中国的重要据点，承揽了大批量德国货物的代理分销业务，美最时洋行（Melchers' & Co.）、禅臣洋行（Simessen & Co.）、施密特洋行（Schmidt & Co.）都曾借军火贸易大发利市③。运抵香港的军火再转运到国内各地，香港成为国外向中国输出军火的转运中心。其中，转运到天津的比例很大。随着北洋舰队和新式陆军的创建，到 1898 年，军火的进口已位居天津当年进口货值的第一位④。

金属作为又一种大宗进口货，主要供应天津及邻近地区重工业发

---

① *Trade Reports*，1865 年，1866 年，1868 年，1869 年，1874 年，1880 年，天津。载《津海关年报档案汇编（1865－1911）》（上），第 3、18、31－32、78、85、109、111、116、153、196 页；光绪十五年（1889）、十九年（1893）、二十三年（1897）、二十九年（1903）、三十年（1904）、三十二年（1906）的《天津口华洋贸易情形论略》，载《津海关年报档案汇编（1865－1911）》（下），第 5、40、69、126、132、159－160 页。

② *Trade Reports*，1866 年，1868 年，天津。载《津海关年报档案汇编（1865－1911）》（上），第 32、80、88 页。

③ 麦劲生：《十八至十九世纪德国商人在中国沿海的活动》，载李金强、刘义章、麦劲生合编：《近代中国海防军事与经济》，香港中国近代史学会，1999 年。

④ 姚洪卓：《近代天津对外贸易（1861－1948 年）》，天津社会科学院出版社，1993 年，第 112 页。

展尤其是多座军械厂的需要[①]。

和上海对天津的转口贸易相比，香港与天津的联系显得相对单一。天津主要依靠军火、金属和机械设备进口贸易的扩大，支撑了香港在天津进口贸易额中所占的比重的缓慢增加。考虑到在进口贸易总额增长超过3倍的情况下，香港所占比重尚能保持7%左右，说明香港仅凭这几大类特货转口贸易就对天津的洋货进口产生重要影响。

此外，首都北京周边地区驻扎有大批军队，加上晚清时期北方各类自然灾害频发，饿殍遍野的严重局面迫使清政府从各地运粮接济。香港是南洋米谷面向中国沿海市场的转运集散地，因此粮食也是天津与香港两地重要的贸易商品，政府派专人在香港负责采购大米运往天津[②]。不过，与其他商品相比，粮食贸易的波动性较大[③]。

药材很早就是天津口岸的重要出口商品之一，有鹿茸、人参（含高丽参）、大黄、甘草等。南洋一带有众多华侨，形成中药材在海外的重要市场，香港是国内药材出口南洋的中转港。19世纪90年代以后药材出口香港的数量有大幅增长[④]。

天津是北方皮毛贸易最为兴盛的口岸，蒙古草原多种皮毛的交易市场。由于皮毛掺杂现象极为突出，含泥量有时可达30%以上，而天津本地水质不太适合清洗皮毛，货物在运往欧美市场的途中需在香港进行清洁拣选，以除去沙子、粪便、毛发、旧皮碎片等多种掺杂物。皮毛包括骆驼毛、山羊皮褥、山羊绒、绵羊绒、羽毛及绒毛，还有西藏的牦牛尾，此外还有猪鬃、马毛、生牛皮等。19世纪90年代

---

① 施丢克尔：《十九世纪的德国与中国》，生活·读书·新知三联书店，1963年，第100页。姚洪卓：《近代天津对外贸易（1861－1948）》，天津社会科学院出版社，1993年，第112页。*Trade Reports*，1869年，天津，载《津海关年报档案汇编（1865－1911）》（上），第106页。

② *Trade Reports*，1867年，1877－1879年，1884年，天津，载《津海关年报档案汇编（1865－1911）》（上），第58－60、70、170、226页。

③ 姚洪卓：《近代天津对外贸易（1861－1948年）》，天津社会科学院出版社，1993年，第124页。

④ *Trade Reports*，1865年，1870－1872年，1880年，1882年，天津，载《津海关年报档案汇编（1865－1911）》（上），第7、133、198、216页。《光绪十七年（1891）天津口华洋贸易情形论略》，载《津海关年报档案汇编（1865－1911）》（下），第25页。

以后皮毛对港贸易额大增。[1]

值得一提的还有古董贸易，古董贸易虽然并不突出，但除天津以外的其他口岸几乎完全没有此类贸易，这显然与北京历元明清三代均作为重要的政治和文化中心存在密切关系。皇室收藏的很多历代文物珍品流入民间，这一点在灾荒年份表现的尤为突出，大量古董被用于交易粮食，也有很多外国人专门趁灾打劫，廉价攫取珍贵文物后偷运出洋，当然以转往不受中国政府管制的香港市场最为方便[2]。

二、烟台与香港的贸易关系

烟台在晚清时期开埠较早，在20世纪之前是大宗商品进出山东的主要通道，后随着青岛的兴起而相对衰落。青岛开埠以后，与外国的直接进出口贸易所占比重较大，与香港的联系不多，所以这里以烟台为例进行考察能够反映出晚清时期特别是20世纪以前山东与香港贸易关系的主要特征。烟台的贸易与营口的情形有类似之处，香港与烟台的贸易关系也集中在少数几类洋货和土特产品贸易上，但也有一些独特之处，特别是对朝鲜的转口贸易。（见表8.4）

表8.4　烟台口岸进出口贸易额统计表

（单位：海关两，1869年为两）

年份	土货出口额	出口香港额	百分比	洋货进口额	香港来货额	百分比
1869	1 885 536	224 115	12%	4 705 014	428 969	9%
1874	1 960 402	131 895	7%	4 441 575	340 107	8%
1885	4 076 110	273 952	7%	4 471 050	435 825	10%
1896	6 304 908	573 253	9%	10 092 767	2 090 697	21%
1904	12 686 154	1 658 644	13%	16 390 519	2 273 577	14%

资料来源：根据《中国旧海关史料》有关年份贸易统计折算。

烟台在19世纪60年代开埠通商，对外贸易有了较大发展，匹头

---

① *Trade Reports*，1865年，1866年，1873年，1876年，1877－1879年，1881年，1882年，1883年，1884年，天津，载《津海关年报档案汇编（1865－1911）》（上），第8、35、148、165、177－179、207、216、222、228页。《光绪十七年（1891）、十八年（1892）天津口华洋贸易情形论略》。载《津海关年报档案汇编（1865－1911）》（下），第24、33页。

② *Trade Reports*，1870－1872年，1880年，天津，载《津海关年报档案汇编（1865－1911）》（上），第133、199页。

逐步取代鸦片成为最大宗进口货，金属等杂货贸易也有较大发展。该年英国货占烟台洋货进口额的4/5，主要通过上海和香港两埠转口输入，香港来货约不超过洋货进口额的1/4。香港是烟台与南洋、英、美、印等国以及我国南方一些地区远程贸易的二传手之一，主要转口的商品有粉丝、药材、丝货、糖、匹头等[①]。在烟台的土货出口总额中，香港占7%，仅次于上海、汕头和厦门。

1882年朝鲜开埠通商，1886年以后日本邮船会社（Nippon Yusen Kaisha）陆续开辟了长崎—仁川—烟台—天津航线、上海—烟台—朝鲜（釜山、元山）—海参崴航线，使烟台成为对朝贸易和对海参崴贸易的转口港，中朝贸易关系由先前的陆上边境贸易转变为海路贸易，这种变化为烟台与香港的贸易关系注入了新的活力。随着烟台与香港两地的贸易关系日渐密切，1888年山东本地商人在香港设立了联号，这也预示着山东商人胜过洋商和粤商，在烟台当地对外贸易中的影响进一步增强。19世纪90年代以后香港一度跃升为烟台重要的贸易对象，在贸易总额中所占比重由80年代以前的10%以下增至15%左右，且代表了山东全省对外贸易的主流方向之一。

烟台是内陆长途马车运输的终点站，马车运货至此地后需进行车辆修补，驮畜也需更换一路磨损严重的铁马掌，本地铁坊还精于制造多种斧、锹等农具、家用器具、船用锚，用铁丝编成的灯笼在山东也是逢年过节的重要装饰品，这些都促使烟台成为一个大型打铁业中心，对各类金属形成一种持久而旺盛的需求。香港是旧铁、铁条、钢、铁丝、炊具板材（boiler-plates）、马掌铁等多种废弃金属的供货地，也是铅和云南大锡的国际市场，烟台市场的金属必有相当比例从香港进口。香港来货不仅包括当地修造船业产生的废旧金属，而且还有从欧洲（主要是德国）的进口的优质成品铁料，如钉头铁、钢条、竹节钢等，这些金属大都已裁成适当的规格，如此不仅省去了在烟台当地重新裁截的额外费用，而且适合驮畜运往内地，所有这些贸易上

① 刘素芬：《烟台贸易研究（1867－1919）》，第15、25、28页。

的便利都使香港在金属贸易中占有一定优势①。

得益于凉爽干燥的气候，粉丝成为烟台出口香港的大宗土特产品②，最高时接近出口总额的 10%，获利丰厚。19 世纪 90 年代以后粉丝贸易的规模进一步扩大，除供应香港本地市场外，还转往海峡一带的华侨聚居区。20 世纪以后，随着越来越多的移民到南洋谋生，对国内土特产品的需求量明显增加，烟台出口香港的粉丝贸易额顺势有更大的发展。本地产红枣、黑枣在南方销路不错，但因属快速消费品，一度曾因运输方式不当亏损甚大，后经晾干脱水后成批出口香港、广州，随后其他鲜果贸易也逐渐发展起来。本地产的咸鱼等海产也属快速消费品，不仅远销香港，还转往海峡地区。19 世纪 90 年代以后本地豆货开始出口香港，也转往南洋一带的甘蔗种植园，销量稳定。此外，山东出产的优质油料作物花生及花生油在甲午战争以后也开始出口香港和华南市场，满足了香港城市经济发展和人口增长对各类生活原料的强劲需求。③由于不断有新的出口商品运到香港市场，从 70 年代开始香港在烟台土货出口贸易额中所占比重不断增长，最高可达 15% 左右。需要指出的是，在出口贸易总额增长超过 5 倍的情况下，香港所占比重尚能保持不断提升，说明烟台对香港土货出口贸易的增速远远快于本地对外贸易总额的增速，两地的贸易联系有逐渐密切的趋势。

长期以来，经香港输送朝鲜的商品，多经过烟台的中转。香港输入烟台的金属有一定比例转口到朝鲜，以满足那里兴办工业对原料的

---

① *Trade Report*，1882 年，1884 年，1885 年，1887 年，1888 年，1889 年，1890 年，1891 年，烟台，载《中国旧海关史料》，第 9 册第 532 页，第 10 册第 500 页，第 11 册第 79 页，第 13 册第 83 页，第 14 册第 82 页，第 15 册第 84 页，第 16 册第 86 页，第 17 册第 84 页。

② 刘素芬：《烟台贸易研究（1867－1919）》，第 105 页。

③ *Trade Report*，1882 年，1885 年，1887 年，1889 年，1890 年，1891 年，1892 年，1893 年，1895 年，1897 年，1898 年，1900 年，1901 年，1902 年，1903 年，1905 年，1906 年，1907 年，1908 年，1910 年，烟台；*Decennial Report*，1882－1891 年，烟台；载《中国旧海关史料》，第 9 册第 534 页，第 11 册第 81 页，第 13 册第 84 页，第 15 册第 85 页，第 16 册第 86 页，第 17 册第 84 页，第 18 册第 84 页，第 20 册第 87 页，第 23 册第 76 页，第 25 册第 102 页，第 27 册第 108 页，第 31 册第 101 页，第 33 册第 87 页，第 35 册第 141 页，第 37 册第 165 页，第 41 册第 268 页，第 43 册第 264 页，第 45 册第 258 页，第 47 册第 277 页，第 52 册第 367 页，第 152 册第 58 页。

需求。此外，匹头、火柴、玻璃等西洋货、黑胡椒等南洋货以及香港精糖也沿着产地（欧洲、南洋）—香港—烟台—仁川/釜山这样一条运输线出口到朝鲜。由于烟台气候干燥，特别适合名贵药材高丽参在此地脱水晾干，改良药质。甲午战争以后，因朝鲜沦为日本殖民地，原先作为朝贡贸易的重要商品高丽参（及参须、参块）变为一般商品，改由朝鲜经海路出口烟台，然后转往香港和内地市场，以香港市场为主，贸易规模迅速扩大。

甲午战争以后日本航运势力称雄东北亚水域，而英国的太古、怡和与中国的招商局三家几乎独占了中国沿海特别是北洋航线的运输业务，南洋及对欧远洋航线又为蓝烟囱公司、法国火轮船公司等多家外籍航运企业瓜分，航运市场的分割造成跨区航线必须换船。香港和烟台分别是南洋或欧洲航线、中国沿海航线和东北亚航线的对接点，有关洋货和朝鲜特产品须在香港和烟台两地转船才能运往最终的消费市场①。

三、营口与香港的贸易关系

晚清时期营口开埠以后直到 20 世纪以前，其对外贸易较大比例通过上海转口，此外，香港地区、日本、朝鲜、俄国也是营口的直接贸易对象，其中香港在洋货进口中占有较大的比例。（见表 8.5）

表 8.5　营口口岸进出口贸易额统计表

（单位：海关两，1869 年为两）

年份	土货出口额	出口香港额	百分比	洋货进口额	香港来货额	百分比
1869	2 240 439	496 465	22%	2 512 843	232 235	9%
1874	1 753 543	458 310	26%	1 771 706	281 347	16%
1885	4 574 471	262 068	6%	2 285 174	214 145	9%
1896	11 277 287	433 106	4%	8 157 651	1 614 908	20%
1904	12 159 486	448 475	4%	19 297 717	2 746 395	14%

资料来源：根据《中国旧海关史料》有关年份贸易统计折算。

① *Trade Report*，1890 年，1891 年，1895 年，1897 年，1898 年，1899 年，1902 年，烟台；*Decennial Report*，1882－1891 年，烟台；载《中国旧海关史料》，第 16 册第 86、87 页，第 17 册第 85 页，第 23 册第 76 页，第 25 册第 101 页，第 27 册第 108 页，第 29 册第 104 页，第 35 册第 141、142 页，第 152 册第 55 页。毛立坤：《晚清时期东南沿海通商口岸对外航线与港势地位的变迁》，载《史学月刊》，2005 年第 12 期。

营口于第二次鸦片战争后开埠通商，但早期对外贸易不发达，19世纪70年代起贸易逐渐发展，至1880年始具有比较稳定的贸易规模。因有大宗出口商品豆货，进出口贸易能够维持出超。据1882年的海关贸易报告，该年出口仍以豆货（大豆、豆饼、豆油）为主（占75%），其余为各类皮张、药材、丝等，但鸦片在洋货进口额中所占比重已大幅降低，由10年前的接近一半降至1/10，匹头和各类杂货在进口贸易中的地位逐渐上升①。

19世纪80年代以前，营口主要进出口贸易大多通过上海转口即可满足。豆货和鸦片是营口与香港两地的主要贸易商品，自香港进口货中鸦片占了很大的比例，豆货虽然占营口出口总量的1/5以上，但总量并不算多，没有充分的贸易盈余可用来购买其他洋货。19世纪80年代以后，随着大批北方垦殖移民和铁路劳工的涌入，东北的开发逐渐深入，豆货在华南和日本市场扩大了销路。此外，本地兴起的土烟种植业排挤了进口鸦片的市场②；加上德籍航运企业在中国沿海低价招揽生意③，以及香港本地转口贸易、船舶修造业和制糖业的兴起，这些都预示着香港将要发展为营口重要的贸易伙伴。尽管这一时期香港在营口对外贸易总额中所占比重仍不大，最高只占全部贸易额的7%左右，但在金属、印纱、精糖等消费品贸易中却比营口最大的贸易伙伴上海略占优势，可以说香港是营口在1908年以前最主要的洋货直接来源地。

营口对外贸易的兴起，从根本上得益于豆货出口规模的扩大。华南和日本市场对豆货的需求孔亟，在价格不断上涨的环境中仍能维持供需两旺，从而积累了足够的贸易盈余用来交易进口货。此外，19世纪后半期美国修建了联合太平洋——中央太平洋铁路等5条横贯美洲大陆的铁路，列车车厢制造业勃兴，促使本地皮毛（车

① *Trade Report*，1882年，营口，载《中国旧海关史料》，第9册，第493、494、495页。

② 由于交通落后，运输不便，由北满采用马车运货至口岸均因运费过高而亏损，鸦片是唯一有利可图的南运货。见*Trade Report*，1888年，营口；*Decennial Report*，1882－1891年，营口；载《中国旧海关史料》，第14册第41、42页，第152册第23页。

③ 刘素芬：《近代北洋中外航运势力的竞争》，载张彬村、刘石吉主编：《中国海洋发展史论文集》（第五辑），"中央研究院"中山人文社会科学研究所，1993年。

厢装潢用品）出口贸易一度十分兴盛，狗皮、山羊皮、狼皮、熊皮、鹿皮、松鼠皮、狐皮、貂皮、水獭皮、虎皮等本地特产皮毛大量销往欧美市场。19 世纪 90 年代以后，皮毛贸易衰落，丝货、药材成为另外几类略具规模的出口贸易。出口的扩张拉动了整个贸易规模的扩大，使香港得以在营口洋货进口贸易领域逐渐占有一席之地①。

东北独特的自然和人文环境使马车成为早期最主要的运输工具，所需各类耗材为数不少，如布搭篷、钢、铁皮、马掌铁、铁钉、铁丝、钉头铁、铁圈、各种旧铁等，还有产于云南和马来西亚的两种锡原料在香港精炼成的锡板，以及铅。北方扎灯笼的习俗使制灯笼骨架的铁丝成为又一种大宗消费金属。香港作为远东一带重要的航运中心，船舶制造业素称发达，各类废弃船只的金属零部件和其他金属边角料裁成一定的规格后，成为内地手工业的廉价原料，适合加工各种农具、器具。不少南洋华侨也将废弃船料汇集香港，转往内地后用作手工业原料。1881 年香港来货价值 213 358 海关两，几乎全是各类旧铁。铁轮和马掌等各类马车耗材；直到铁路建成通车以后，才随着马车运输的衰落而减少②。

印纱的价格比国产纱低得多，织出的布质地良好，在东北的销路迅速扩展，深受内地乡民的喜爱。19 世纪 90 年代以后，随着沿海轮船运输竞争激烈导致运费降低，再加上香港市场货源充足引发价格下降，印纱自香港输入量剧增，上海的输入量反而有所减少。同样的情景也发生在 19 世纪和 20 世纪之交。随着大批移民涌入东北，棉纱的需求量陡增，日本棉纱和上海产棉纱开始侵蚀印纱的市场，三地货源展开了激烈的竞争，结果仍以经香港输入的印纱稍占上风。1907 年

① *Trade Report*，1882 年，1883 年，1885 年，1886 年，1888 年，牛庄；*Decennial Report*，1882 –1891 年，牛庄；载《中国旧海关史料》，第 9 册第 495 页，第 10 册第 42 页，第 11 册第 43 页，第 12 册第 42 页，第 14 册第 43 页，第 152 册第 16、17 页。

② *Trade Report*，1883 年，1885 年，1886 年，1888 年，1891 年，1907 年，牛庄；*Decennial Report*，1882 –1891 年，牛庄；载《中国旧海关史料》，第 10 册第 41 页，第 11 册第 41 页，第 12 册第 40 页，第 14 册第 42 页，第 17 册第 41 页，第 45 册第 192 页，第 152 册第 13 页。

以后香港产棉纱也出口到营口，但随后几年日纱倾销东北市场，印纱和香港产棉纱输入量有较大下滑①。

香港精制白糖于19世纪80年代早期开始出口营口，销路极好，进口量连年增长。19世纪90年代以后，香港制糖业随着太古糖厂的设立，生产规模进一步扩大，北销量大增。与其他商品的转口贸易不同，香港是精糖的原产地，精糖贸易不会因贸易条件的改变而分流到其他口岸，成为香港与营口之间最稳定持久的贸易。除精糖以外，华南出产的粗糖（红糖）逐渐丧失了香港本地市场，为减轻税负支出也绕道香港后出口到北方环渤海地区，满足了北方低端市场对廉价糖的需求，销路也不错。随着腹地经济开发带来的繁荣和富裕，精糖的消费量连年大幅增长，使东北成为香港精糖的重要市场。由于糖不属于日用必需品，在庄稼歉收或兵荒马乱的年份进口量会大幅降低。②

19世纪80年代以前，营口与香港的洋货贸易关系还不是十分稳定，输入额较低且有所波动。以上三大类特色洋货的进口量在19世纪80年代中期以后持续增长，显著提高了香港在营口进口贸易额中所占的比重，最高曾达20%，这种势头一直维持到20世纪以后，日货倾销东北时才发生改变。即便如此，也只是所占比重的降低，而非贸易绝对额的减少。香烟、啤酒、（棕熊牌）美国面粉、西药、肥皂等仍经香港转口输入，主要供洋人消费的欧美洋杂货也逐渐挺进东北

---

① *Trade Report*，1885年，1887年，1888年，1893年，1894年，1896年，1897年，1899年，1901年，1907年，1910年，牛庄；载《中国旧海关史料》，第10册第42页，第13册第42页，第14册第42页，第20册第41页，第22册第45页，第24册第52页，第25册第53、55页，第29册第51页，第33册第52页，第45册第191页，第52册第287页。

② *Trade Report*，1883年，1885年，1893年，1894年，1897年，1898年，1899年，1900年，1902年，牛庄，载《中国旧海关史料》，第10册第41页，第11册第42页，第19册第51页，第20册第41页，第22册第45页，第25册第53页，第27册第54页，第31册第69页，第35册第51页。莫应溎：《英商太古洋行在华南的业务活动与莫氏家族》，载中国人民政治协商会议全国委员会、文史资料研究委员会《文史资料选辑》编辑部编：《文史资料选辑——港澳台及海外来稿专辑（第十四辑）》，中国文史出版社，1988年版，第139页。

市场。①

豆饼作为良好的肥田料，不仅热销华南和日本市场，世界其他产糖地也通过香港市场采购东北豆饼。19 世纪 90 年代以后，东南亚爪哇一带的甘蔗园种植业兴起，大量需求豆饼肥，香港的转口量有较大增长。在船只短缺期间，华南口岸有时也会通过香港转口输入豆饼。需要指出，豆饼贸易有很多通过民船运输，因此海关统计的贸易额仅是实际贸易额的一部分。在大吨位汽船和铁路运输显著降低远洋运费之前，按照当时东北豆饼的全部生产和转运支出，香港已近乎豆饼的最远市场。同期美洲、澳大利亚、西印度群岛的制糖业对豆饼的需求同样孔亟，但因运费过高而不敷成本。这种受制于交通不便的局面直到清末才开始发生扭转，1909 年以后东北豆货开始出口到全球市场，香港的主要转口地（华南、南洋、印度、欧洲）或通过直接输入、或通过香港采购，香港对豆货这一东北最大宗的出口商品开始发挥重要的转口功能。当时，甚至连俄国西伯利亚出产的大豆也有很大比例先从海参崴出口到香港，再转往欧洲②。

豆油是东北另一种重要的出口产品，华南一带因经济作物的广泛种植引发油料作物花生的产量大幅下降，需要进口东北豆油。香港作为近乎纯粹的消费城市，一旦邻近地区烹饪用油供货不足，也需要从营口大量进口豆油，以致船只不敷需求。此项贸易利润不菲，但年际波动较大。由于装油的纸筐不适合轮船运输，民船承担了很大一部分运输量，实际贸易量远高于海关统计的数额。1888 年以前早已畅销国内市场的煤油一直未能打入东北，豆油贸易兴盛价格逐年上涨的另一后果，就是促使东北人形成了煤油的消费习惯。20 世纪以后，随着梧州开埠，广西油料大量输出香港，东北豆油才逐渐退出香港市场。此外，东北另一种榨油原料芝麻在清末出口到华南市场，预计香

① *Trade Report*，1887 年，1888 年，1889 年，1890 年，1894 年，1897 年，1901 年，1903 年，1904 年，1905 年，1906 年，1908 年，1909 年，牛庄；载《中国旧海关史料》，第 13 册第 42 页，第 14 册第 42 页，第 15 册第 41 页，第 16 册第 43 页，第 22 册第 45 页，第 25 册第 53 页，第 33 册第 51、52 页，第 37 册第 65 页，第 39 册第 85 页，第 41 册第 209 页，第 43 册第 203 页，第 47 册第 205 页，第 49 册第 252 页。

② 滨下武志：《香港大视野——亚洲网络中心》，商务印书馆（香港）有限公司，1997 年，第 38 页。

港消费量也占一定比例①。

药材是营口与香港间的另一大宗贸易商品，除了高丽参、土参、野参等东北名贵药材，还有50余种东北特色中药材，在香港市场均有较好销路。②由于东北药材多通过常关或走私往来，无法确知其具体的数量。

总体而言，香港虽不是北方主要港口早期最重要的贸易对象，但在几大类主要商品贸易中占有相对突出地位。香港在这些港口的进出口贸易中发挥了四种功能，即五大类大宗洋货的采购市场，特货（鸦片、军火）的走私中心，大宗土货的输出地和精加工地，以及对国外贸易的重要转口港。因此，香港与北方诸港的贸易关系，对晚清北方外向型经济的兴起发挥了有益的影响。进入20世纪以后，随着大连、青岛等新口岸的开辟，北方港口的直接对外贸易快速发展，香港转口贸易的辐射范围收缩到华南、西南、闽台等地区，与北方诸港的贸易关系才有较大下降。

第三节　环渤海港口的埠际贸易与“环渤海经济圈”

一、如何探讨“环渤海经济圈”的形成历史

为了配合时下以“天津滨海新区”等为重点的北方区域开发，学术界近年来日益推崇“环渤海经济圈”的提法，进而追溯其历史渊源。从目前相关的成果来看，已倾向于从地理空间上，将该“经济圈”限定在辽宁、河北、山东3省和北京、天津2个直辖市，或者再加入山西、内蒙古5省2市的范围；从时间序列上，认为最早酝酿于

① *Trade Report*，1887年，1888年，1889年，1890年，1892年，1893年，1895年，1896年，1897年，1899年，1900年，1901年，1908年，1909年，牛庄；*Decennial Report*，1882－1891年，牛庄；载《中国旧海关史料》，第13册第43页，第14册第42页，第15册第42页，第16册第44页，第18册第42页，第20册第42页，第23册第666页，第24册第52页，第25册第54页，第29册第51页，第31册第69页，第33册第52页，第47册第205页，第49册第253页，第152册第14页。

② 张述远：《旧营口的中药业逡巡》，载《营口文史资料——营口港埠面面观》（第10辑），第2页，6－7页。

改革开放后的20世纪80年代，而成型于1996年“中华人民共和国国民经济和社会发展九五计划和2010年远景目标纲要”的出台，并进而认为这是当前中国和环渤海地区经济加快发展的迫切需要和难得机遇[①]。相关的研究，都包括了3省2市经济发展的历史与现状、战略与对策。张利民、周俊旗、许檀、汪寿松四位学者合著的《近代环渤海经济与社会研究》(2003)，综合考察了近代这一地区的经济与社会概况。

在笔者看来，“环渤海”的地理状况与内部联系颇不同于长三角和珠三角。长三角或珠三本身都是地域相连的完整的自然地理单元，区域内部尽管仍可再分成若干个小区域，但它们完成开发的时间、所能达到的开发程度大体一致，且各个小区域之间有着较为密切的经济联系。而“环渤海”被渤海湾所分割，分别分布在面积巨大的海湾的东北面、西面和南面，三大区域之间除了各个港口的腹地之间的交通联系，还依赖港口之间繁忙的埠际贸易以及围绕渤海湾的沿岸交通，才能建立起区域之间密切的联系。因此，如果要探讨“环渤海”的历史，必须要讨论各个主要港口的埠际贸易以及渤海湾沿岸的交通连接状况，而讨论埠际贸易最早也要从19世纪60年代环渤海口岸对外开埠通商的时代开始。

从逻辑上讲，既然称为“环渤海”经济区域，那么，以海港城市和海洋运输龙头的沿海和国际贸易，或者说以商品进出口为导向的外向型经济，必然是这一区域经济发展的引擎和主要内容。然而，开埠之前以政治中心城市北京、济南、奉天（沈阳）为核心、以传统陆路和内河（含运河）运输为主导的国内贸易区域，就不属于海洋经济区的范畴。换言之，“环渤海”经济区，应该是随着沿海港口城市经济辐射力的强弱，而不断地变化其所辐射下的经济区域的形状、范围和经济关联度。时下先将环渤海地区主观地限定在3省2市的范围内，然后再进行条块分割性的近现代时段考察、追溯和填充的做法，难以客观反映环渤海经济区的历史发展的实际和内在规律。

---

① 冯之浚、陈钺主编：《环渤海地区经济发展战略研究》，“环渤海发展战略三人谈”、“前言”，河北人民出版社，1997年。

二、环渤海口岸的埠际贸易

如上所述，清代前期环渤海沿海的一些港口，在该区域以及南北沿海之间的国内物资交流中，起到了一定的中介作用。但由于这些港口的腹地的经济，主要还是传统的农业经济，其港口运输的规模还比较有限。从港口技术上看，清朝前期的环渤海港口，主要集中在天然水运条件较为优越的沿海小港湾或者较大入海河流的岸边，人为筑建的工程不多。面对自然力量的冲击，如泥沙的沉积和港口的淤浅，人们几乎无能为力，只好消极退让，转移港口。从航运技术上看，无论是吞吐量较大的海船，还是吃水较浅的河船，都是木帆船，航行的动力是人力和风力，抵御自然的能力差，航运的速度较慢，运输量也较小。所有这些限制，均降低了港口对内陆腹地的有效辐射力度，使该时期的环绕渤海沿岸的经济有一定规模的市镇，集中在主要入海河流和重要陆路交通线的两侧、不规则的窄小范围内。

19 世纪 60 年代陆续开放天津、营口、烟台三港，之后各口岸都不断改善港口设施，在航运技术上也于 19 世纪末完成了由帆船到轮船的变革。口岸的开放，航运技术的进步，使得各个港口对国内外口岸，包括环渤海口岸之间的通航能力得以扩大。然而，尽管比之 1860 年以前有所扩大，但各口岸之际的埠际贸易仍相当微弱。

中国北方的近代对外贸易历程，整体上可以分为清末和民国两个阶段。在第一个阶段即 1860 年至 20 世纪初，北方地区的主要贸易对象国是欧美国家。由于这一原因，在中国与欧美贸易当中担任中转港的两个港口——上海和香港，如上所述，就成为国内各口岸对外贸易的枢纽港。具体到环渤海各口岸而言，其进出口贸易主要是通过上海、香港特别是上海的中转来完成的。据表 8.1，在 1864 –1904 年间，经由上海转入的洋货，最低占天津、烟台、营口等北方三港洋货进口总值的 55.8%，最高竟达 78.5%；土货方面，上海一港占到了北方三港土货进出口总值，最低是 36.2%，最高达 55.1%。

进入第二个阶段即20世纪前半期，日本对环渤海各港的直接进口贸易，无论是比重还是数值，都有了很大的提高。这一趋势随着日本在华势力的不断扩大而进一步发展。与此相适应，环渤海各港对日本的直接出口贸易，也在不断扩大之中。1903年，营口、天津、烟台三口直接对国外的出口总值分别比1880年提高了63倍、5倍、39倍；对日本的出口货物总值分别比1880年提高了58倍、489倍、143倍。对日本的直接贸易，逐步超越了通过香港、上海中转而进行的对欧美贸易，日本成为环渤海各港的主要外贸对象国。与此同时，北方外贸对上海中转的依赖，较前大为下降①。据表8.2，自1915年起天津、青岛、大连三港直接进口占进口总值的比重达70%，而直接出口占出口总值的比重，1925年也达到54.9%-74.4%。

由于在第一阶段进出口主要经上海、香港中转，第二阶段主要与日本进行直接贸易，环渤海各港之间的埠际贸易的密度和力度势必处于较低的水平，横向经济联系相当微弱。②

三、环渤海各块口岸—腹地的连接问题

以上所说的埠际贸易，是事关近代环渤海经济区是否形成的一个重要方面，而各块口岸——腹地的连接，包括不同口岸的腹地与腹地之间，口岸城市与口岸城市之间的交通与经济联系，则是事关近代环渤海经济区是否形成的另一个重要方面。

到20世纪初，天津的羊毛来源地和洋货销售地，已大致包括甘肃省的宁夏府（今宁夏银川市）、兰州府、西宁府、甘州（治今甘肃张掖市）、凉州（治今甘肃武威市）；山西省的归化城（今内蒙古呼和浩特市）、包头、西嘴子、孟县、太原府、平定州、潞安府（治今山西长治市）、泽州府（治今山西晋城市）；张家口外的喇嘛庙（今内蒙古多伦市）、热河（今河北承德市）、哈达一带；直隶的承德、顺德、

① 樊如森：《从上海与北方关系的演变看环渤海经济崛起》，载《史学月刊》，2007年第6期。

② 姚永超：《大连港的中转贸易（1907－1931）》，载《中国历史地理论丛》，2004年第1期。

冀州（治今河北冀县）、宣化四府；河南省的怀庆（治今河南沁阳市）、河南（治今河南洛阳市）、卫辉三府；以及山东省的临清州、济南府、青州府等地[①]。营口的腹地范围，包括辽河水运网以及陆运车马所能辐射到的东北南部地区。烟台的腹地范围，主要在山东省西部沿黄河一线，以及山东半岛北部沿海地带。

进入20世纪以后，随着以京津等地为中心的现代化铁路运输网的构建和北方各口岸港势地位的变化，该区域的港口由原来以天津、营口、烟台三港为主导，演变为以天津、大连、青岛为核心，笔者称之为“环渤海三中心”时期。

天津20世纪30年代的综合腹地范围是，“河北、山西、察哈尔、绥远及热河、辽宁等省都成为他的直接市场圈，同时山东、河南、陕西、宁夏、甘肃、吉林、黑龙江诸省的一部分划归他的势力范围以内”[②]。

1907－1931年间，大连港的直接腹地基本在南满铁路干线两侧的（大连—沈阳—长春）周围地域，占到大连港口进出货物总值的70%以上。同时，随着吉长、四洮、洮昂、吉敦等满铁运输支线的修建，大连港的腹地逐渐向东北北部和内蒙古东部延伸，1922年经大连港进出货物的外延腹地边界圈，最远扩展到内蒙古的索伦和黑龙江省的讷河、嫩江、龙镇、铁力、巴彦、阿城等地，大连港外延腹地货物比例最高接近30%[③]。

1904年胶济铁路的通车，把山东最大的城市济南和自然条件最优良的港口青岛，以现代化的交通手段，直接地连接到一起；1912年胶济铁路和津浦铁路的对接，又使青岛的铁路覆盖区域，从鲁东延伸到鲁西、鲁中南、甚至省外的广大地区。到20世纪30年代，原来烟台港所曾辐射到的武定府（今惠民县）、济南府、泰安府、兖州府、曹州府地区，都变成了青岛港的直接腹地。而东昌府、临清州、

---

① 日本中国驻屯军司令部编：《天津志》（中译本），第291－292页。

② 李洛之、聂汤谷：《天津的经济地位》，经济部驻津办事处（内部刊行），1948年，第2页。

③ 姚永超：硕士学位论文《大连港腹地核心地域结构演变的研究（1907－1931）》（未刊稿），第57页。

德州，甚至冀南、豫东的部分地区，也成为青岛的经济腹地范围[①]。

在各口岸的腹地逐渐形成的过程中，北方的交通得到了发展。然而，由于北方各区域的现代化是从口岸起步，再向自己的腹地扩展的，因此，北方近代的交通发展，也体现出主要连接口岸与腹地这样的特点。受此影响，在各个口岸—腹地内部的交通体系得到发展的同时，不同的口岸—腹地之间的交通联系进展便相对缓慢，成了制约环渤海经济圈形成的另一个重要因素。

在1900年前以传统的水陆交通为主要方式的时代，天津的陆路网络，以天津城为中心，向北通往京师和塞北高原，向东可至冀东与山海关外，向西直抵文安及省会保定，向南径达沧州和德州诸地。内河水运主要以南运河、子牙河、大清河、北运河、蓟运河五大内河航线组成，船只大多停泊在天津市内大红桥、三岔口一带[②]。烟台与腹地间的主要陆路通道，是沿着烟台—黄县—潍县—济南的所谓烟潍车马大道双向展开；水路则是由烟台沿海岸向西，经由小清河航运，上溯到济南附近的黄台桥，再与黄河干流航运链接起来。营口与其腹地间的联系，主要靠辽河水运进行，冬季冰封以后，也有以大车为主要工具的陆路运输。但是，“北洋三口”及其三大腹地之间，在水陆交通方面，基本上不交叉。

20世纪环渤海地区进入“环渤海三中心”时代以后，铁路和公路等现代化的交通迅速兴起，为港口和腹地之间的经济交流提供了比较快捷的运输方式。但是，考察其实际的运行情况可知，该区域的几条铁路之间，如以天津为中心的北宁、京绥、京汉、正太、津浦铁路，与以青岛为中心的胶济铁路，以及以大连为中心的南满铁路之间，彼此没有交叉联运的业务；相应的公路运输公司及其营运书，也没有相互包容迹象。据此可见，在各块口岸—腹地，自口岸通往腹地交通的网络如同一株大树，只向上（自己的腹地）分支，而不往两侧（另一口岸城市及其腹地）伸展，在各个口岸—腹地之间，不仅缺乏从一个口岸直接通往另一个口岸的便捷的交通联系，不同腹地之

① 陈为忠：硕士学位论文《山东港口与腹地研究（1860－1937）》（未刊稿），第63页。

② 樊如森：《天津与北方经济现代化（1860－1937）》，东方出版社，2007年，第6章。

间的交通网络也不发达。

据上所述，直至20世纪30年代，环渤海的广大的北方地区，还没有出现一个完整的经济区域，而是以天津、大连、青岛三个港口城市为龙头，分别连接自己的腹地，形成华北和西北大部、东北大部和内蒙东部、山东和河南东部的三大“扇形”经济带。这种状况，与区域市场整合度较高的、以上海为龙头的长三角经济区，以及以香港为龙头的珠三角经济区的情况，有所不同。

第四节 埠际贸易对北方港口和经济发展的意义

我国地域广大，海岸线漫长，自北到南分布着为数众多的港口，另外还有伸向内地的长江、珠江等沿江港口。对全国各港口关系的研究表明，经过长期的发展，近代沿海沿江的各个通商口岸在经济规律的作用下，通过埠际贸易，形成井然有序、等级分明的贸易体系和港口体系。在这一体系中，上海、香港这两个全国性的港口居第一级，规模较大的重要的区域性港口居第二级，其他规模较小的区域性港口居第三级甚至第四级。上海和香港不仅以贸易量大而凌驾于诸港之上，而且通过埠际贸易以及相关的多方面的联系，对其他港口产生重大影响，实际是中国现代化的两大带头羊。在很长的时间中，从浙江以北直到东北以及长江流域的各港口，主要是通过上海的中转而和国外发生联系的，而福建、广东、广西、海南以及早期的台湾的港口则主要通过香港和国外发生联系。①

依据这一论述以及本章第一节、第二节的探讨，近代北方沿海较大的港口天津以及20世纪初以前的营口、烟台和以后的大连、青岛，在全国性的港口体系中均居于第二级。在20世纪初以前，北方的这些港口主要通过上海与国际市场发生联系，同时与香港也存在一定数量的贸易联系。20世纪初以来，因港口独立性增强和国际上的原因，北方港口不再主要通过上海进出国际市场，但与上海的经济联

① 参见吴松弟主编：《中国百年经济拼图》，山东画报出版社，2006年，第十一章第四节。

系仍在口岸贸易中占有一定的地位。在这些主要的港口之下，北方沿海还存在着安东、营口（20世纪初以后）、锦州、秦皇岛、烟台（20世纪初以后）、连云港等再次一级的港口，它们较少有直接的进出口贸易，而通过上一级甚至最上一级的港口连接国际市场和较远的我国沿海的市场。因此，就沿海港口而言，通过进出口货物的中转，实际构成垂直的多级系统。这一港口系统，不仅体现了进入国际市场的途径，也体现了中转贸易时伴随发生的航运、邮政、电讯、金融、信息等方面的经济联系。因此，这种垂直体系，实际也是来自国外和上海、香港等率先得到发展的我国沿海城市的先进经济文化，进入我国各地区的主要途径。

可以说，在现代化的早期阶段，外来的先进的经济文化进入北方，除了从国外直接进入之外，另一个主要的途径是从上海、香港等沿海城市，先进入天津以及20世纪初以前的营口、烟台，20世纪初以后的大连和青岛，然后再进入这些港口的腹地，或者由这些北方主要大港送达以下次一级的港口，再经这些次一级的港口进入它们的腹地。显然，北方沿海口岸与上海、香港等国内主要港口的埠际贸易及相伴随的多方面的经济联系，表明北方诸口岸的进出口贸易和经济发展，不仅受到自身城市与腹地状况的制约，也受到了上海、香港等全国主要港口城市的贸易与经济状况的影响。来自比较先进的上海、香港的贸易与经济的影响，是促使北方经济从传统向现代转型的积极因素。通过埠际贸易体现的与上海、香港以及其他沿海城市的关系，又是早期北方沿海城市与其他区域的区际关系的主要表现之一。

由于处于环渤海沿岸，北方各港口通过航运发生的贸易关系在近代以前即已存在，近代由于商品经济的发展、腹地的开拓以及交通的进步，各港口之间的联系进一步密切。环渤海各港口及相关区域的联系，成为北方各区域区间关系的主要体现之一。由于各港口都拥有自己的腹地，来自北方比较发达的沿海城市的经济文化，得以送达广大的腹地，使各区域都程度不同地卷入了进出口贸易，并朝着现代化迈出可喜的一步。

环渤海各港口是北方进出口贸易的枢纽和商业中心，近代北方城市率先发育的地方，也是近代的水陆交通最先形成的地方。沿海地带的进步速度超过其他地区，由此导致北方的经济发达地带逐渐移向环渤海地带，形成几块以沿海口岸城市为龙头，以其腹地为龙身的经济区。然而，不同口岸之间的埠际贸易，以及各块口岸—腹地之间的交通联系，仍处于不发育的状态，在这种背景下，统一的环渤海经济区尚未形成。

第九章　港口—腹地互动与近代北方经济变迁的总体考察

以上各章，分别探讨了北方沿海主要口岸开埠以后进出口贸易的成长过程、港口的腹地范围、港口—腹地间交通和市场体系、港口与腹地之间的经济互动的诸方面的表现，以及通过埠际贸易体现的北方沿海各主要口岸和上海、香港以及本区域主要口岸的区间关系及其影响。本章拟在上述论述的基础上，对北方开埠以后的港口—腹地的互动与经济变迁进行总体性的考察。考察的目的，一是概括以上各章以各港口—腹地为单位进行的论述，补充以上各章论述中未能提到的方面，以使读者获得比较全面的印象；二是从港口与腹地互动视角探索近代北方区域经济发展机理，总结经济区域形成演变的规律。考察的内容，集中在以下的四个方面：一是北方近代经济变迁的主要表现与特点，二是基于近代北方经济变迁的史实对中国近代史研究的若干观点进行再探讨，三是分析近代经济变迁的区域差异的主要成因，四是探讨经济变迁过程中的港口—腹地模式的理论表达。

第一节　北方近代经济变迁的主要表现、特点与意义

上述各章的论述，实际已反映出近代北方经济的一些重要方面。本节将对此予以总结，并在此基础上探讨有关近代中国经济的某些观点。

一、北方近代经济变迁的主要表现与特点

依据相关各章的论述，北方近代经济变迁，具有如下九个方面的表现：

第一，沿海口岸的进出口贸易增长速度快，多数港口的长期增长态势明显。

较早开埠的天津、烟台、营口等口岸自1874年左右进出口总值增长开始加速，在此后的六十余年中，除烟台只增长一倍之外，天津、营口两港虽多次经历波动但仍保持可观的增长速度，分别增长了十余倍与二十余倍。20世纪前后青岛、大连开埠，在此后的二十余年中两港除少数年份有所波动外大体保持迅速增长的态势，进出口总值也分别增长了七八倍甚至二十余倍。直到抗战爆发局势动荡，这些港口才结束了持续六十多年的稳步增长。①

第二，各口岸的进出口商品结构，在这半个多世纪中发生了很大的变化。

进口商品可以天津为例进行说明。在天津1863年的进口总值中，生活资料类占了31.2%，鸦片占了36.4%，生产资料类几乎没有。到了19世纪末，进口鸦片已经销声匿迹，而各类正常生活消费品和生产资料所占比重却迅速增长。1919年生活资料类的进口值是1903年的4倍多，到了1928年进口值更是1903年的10倍多。进口的生活资料除了传统的棉布、煤油、糖等很少几种外，还有纸、牛乳、蛋类、蜂蜜、咖啡、香物、米、面等一二十种。1903年进口的生产资料仅有木材、棉纱、机器、铁路材料四种，而到1919年还有小麦、烟草、煤、其他矿物、化工器材、医药器材、人造丝、棉花、钢铁等金属、交通工具等等。1919年生产资料的进口值为1903年的5倍，1931年的进口值更是1903年的6倍多。而且，生产资料在进口总额中所占的比重大大上升，1919年已占了全部进口总值的48.15%，此后虽有下降，但仍保持在33.3%–37%。

进口商品结构的变化，是当地经济生活变化的一个缩影。各种生

① 天津据表2.1，烟台据表2.9，青岛据表2.13，营口据表2.17，大连据表2.18。

活用品特别是米、面等食品的大量进口，既是天津等城市规模不断扩大、非农业人口大量增加的客观需要，也是腹地粮食作物种植面积减少、经济作物种植面积增加、农业商品化水平提高的重要物质保证；同时也是腹地农业商品化、外向化程度进一步提高的具体体现。生产资料进口所占比重的大幅度提高，既反映出天津及其腹地近代工业大发展的事实，也揭示出天津港生产资料的大量进口对北方广大地区近代工业发展的巨大促进作用。①

出口商品的变化，同样反映了北方工农业结构的调整。在开埠初期的 19 世纪 60 年代，由于腹地商品性农业和手工业生产的落后，各口岸可供出口的物资不多，因此出口总值总是少于进口总值，存在着一定的逆差。随着腹地商品经济的发展，天津港到 1875 年以后，烟台港在 1910 年以后，营口港在 1881 年以后，都分别出现出口值大于进口值的顺差年，或顺差年和逆差年交叉出现而以顺差为多（除了营口）的现象。青岛、大连等口岸于 20 世纪初兴起，青岛于 1916 年以后，大连于 1919 年以后，绝大部分的年度都是出口大于进口的顺差年。自上述港口出口的物资，除了农产品、畜产品和其他土特产品之外，还有部分矿产品和工业制成品出口，如煤、矿砂、各种植物油及其副产品、盐、纸张、棉布、棉纱、丝绸、火柴、烧酒等等。尽管它们在出口总值中只占较少的比重，但毕竟反映了各港口的腹地朝着现代化已迈出重要的一步。②

第三，沿海各港口的腹地范围不断扩展，覆盖了北部中国的广大空间。

沿海各港口开埠以后腹地范围逐渐扩大，民国初已扩展至今天的东北、华北、西北和内外蒙古的绝大部分区域，直到蒙古脱离中国之后才有所缩小。如将沿海口岸的腹地范围和沿边口岸腹地范围叠加，则几乎覆盖了当时的北部中国的广袤空间。其中，以天津港的腹地范围最为广大，遍及华北、西北、内外蒙古的主要地区，以及相邻的东北的边缘地带。近代来自国外和南方较早开埠的沿海城市的先进的经

① 以上据第二章第一节“二、天津港的进出口贸易结构”。

② 以上据第二章有关论述。

济文化，沿着这些口岸尤其是沿海口岸，扩散到北部中国的广大空间。①

第四，各个港口与其腹地之间的交通得到较大的改善。

腹地一定规模的铁路兴修始于20世纪初年，一定规模的公路兴修则始于20世纪一二十年代，此后逐渐形成现代交通网络，同时现代邮政和电讯网络也逐渐建成。在此以前，港口与腹地的交通联系，以人力和畜力为动力的短途陆路运输为主，以人力和风力为动力的内河和沿海航运为辅。铁路、公路和现代邮政与电讯网络的建成，为港口—腹地之间的联系提供了方便，有利于北方进出口贸易的扩大和现代化的进程。然而，由于北方幅员广大，有铁路和公路的区域只占较小的部分，加之传统运输工具的运输方便和运费相对低廉，进入20世纪以来在广大腹地的大部分地区仍继续使用传统的运输工具。当然，随着贸易的发展和联系的密切，传统道路的繁荣程度也远远超过20世纪以前。②

第五，形成以港口城市为指向的日渐稠密的市场网络。

开埠之后，随着进出口贸易的扩大和各地经济联系的加强，以及交通与通讯网络的日渐稠密，北方已形成多个以主要口岸城市为中心，通过若干个城市为中介，连接广大乡镇，逐层衔接的紧密而庞大的市场网络体系。正是这种市场网络体系，保证了港口城市和腹地之间畅通的商品联系和在此基础上形成资金、人员、技术等各方面的联系，它是港口—腹地间经济互动的主要渠道，并促进了各地市场经济的发展。③

第六，主要通过沿海口岸进行的进出口贸易，推动腹地商业朝着外向化的方向发展。

北方开埠以前，大体处于自给自足的自然经济状态，经济的商品化程度不高。人们生产的目的主要是为了自给，只是在自用有余的情况下才会用数量有限的商品去交换所需的其他物品。参与交换活动的，以不脱离生产劳动的农民和手工业者为主，专门居间从事贸易的

① 以上据第三章的有关论述。
② 以上据第四章的有关论述。
③ 以上据第四章的有关论述。

职业商人为数不多。即使自然条件较好、交通相对便利，农副产品的商品化程度相对高一些的沿海，也无较大的不同。城市作为区域性的国内市场，对区域商品经济发展的影响仍然比较有限。担负物资流通任务的商业主要为了地方性区域市场之间的余缺调剂，市场网络以大大小小的政治或交通中心为结点而组成，物流指向具有明显的内向性。

沿海口岸在开埠之后成为中国腹地与世界市场两个扇面的连接点，成长为北方各地发展进出口贸易的主要口岸市场，以进出口为主要内容的新型商业成为口岸和腹地商业的主体和主导。进出口贸易的发展不仅促进了腹地的商业繁荣，也改变了广大地区物流的主要流向，由传统的内陆商业中心，转向了沿海通商口岸城市。各地商业的基本功能，也由以前为国内区域市场间的余缺调剂服务即内向型的商业，转向为广大腹地与沿海和国际市场间的商品进出口服务即外向型的商业。与此同时，腹地的商业流通出现了许多新的内容。表现在商业结构上，一是洋货销售业的兴起，二是土货出口业的繁荣；表现在商人队伍上，一是买办商人的出现，二是传统商人的转型。甚至商品的营销方式，如输入腹地的进口货物的销售和出口货物的采购，以及它们的营销网络方面，都有所体现。[①]

第七，受出口市场的拉动，北方的农牧业生产在开埠不久便朝着外向化市场化的方向发展，相当程度上改变了原有的生产结构和经营方式。

农牧业产品是近代北方的主要出口商品。开埠以前，作为北方基本经济部门的农牧业大体处于自给自足的状态。农业以粮食种植为主，经济作物除东北的大豆等个别产品略有不同外，其余都仅在国内区域性的市场间进行贸易，畜产品中皮张等的市场化程度非常低下，而羊毛尚未作为商品。随着进出口贸易的发展，到了 19 世纪 80 年代前后开始有了一定的农牧产品出口，此后出口的种类和数量持续增长，农牧产品成为各口岸出口贸易的主要支柱。

受进出口贸易的推动作用，北方主要地区的农牧业的生产结构开

① 以上据第五章、第六章、第七章，尤其是第五章第一节的相关论述。

始得到较大的改变。在农区，供应国内外市场的棉花、花生、烟草、大豆、水果等经济作物的种植面积日趋扩大，一些地区成为某类经济作物的集中产区，因粮食作物商品化程度的提高，另一些地区则成为专业化的商品粮供给基地。国外棉花、花生、烟叶以及苹果、葡萄等优良品种和园艺技术的传入，也极大地提高了沿海省份经济作物的产量和质量。在西北牧区，羊毛成为最主要的出口商品，养羊的主要用途不是像以前那样为了食用和羊皮而是为了取得羊毛，国际市场羊毛的畅销与否已直接影响了牧区人民的生活。腹地农牧业的生产结构和经营方式在外向化和市场化方面取得重大进展。

北方曾是我国古代经济重心所在，自唐中叶全国经济重心南移以后，屡屡发生在北方的大规模战争，以及黄土高原的水土流失与黄河中下游的一再决徙为特征的生态变迁，使这一区域经济处于衰退的趋势。这种局面直到清代中叶才得以结束，清前期玉米、甘薯、花生、马铃薯等美洲作物的广泛种植，鸦片战争以后因资本主义先进生产力的进入而引发的外向化和市场化的浪潮，无疑是促进北方农牧业重新发展的两大动力。清民国时期的大发展，对北方农牧业经济具有里程碑式的重大意义。①

第八，传统手工业的转型和现代机器工业的兴起。

开埠以前，北方地区与农业和畜牧业生产相结合的传统手工业，大体可分为自给自足性的手工业和满足市场需要为目的商品性手工业两类。开埠以后，使用动力的机器及各种机制成品进入中国，在这些及资本主义生产方式的冲击下，北方自给自足性的传统手工业趋于衰落，而商品性手工业的相当一部分则在不断的学习、调适中逐渐转型。除此之外，随着进出口贸易的日趋繁荣，沿海省份还有星罗棋布地散布在广大农村，主要为出口贸易服务的蛋类加工、草帽辫、榨油、猪鬃加工、地毯编织、缫丝、发网花边加工等手工业和农副产品加工业。这些工业是近代工业在北方乡村的重要组成部分，有关产品又是出口商品的重要构成部分，其性质已不同于开埠前作为自给自足的农业经济的补充的手工业。一些地方这一部分的传统手工业由家庭

① 以上据第五章、第六章、第七章，尤其是第五章第二节的相关论述。

副业发展为大规模的近代工场手工业，个别甚至采用机器生产。

虽然天津等口岸城市19世纪60年代后期已开始兴办洋务企业，但现代工业的真正发展却拖到19世纪末20世纪初的清朝末叶。此后，采用机器生产、按照西方式工厂管理方式运行的现代企业，才在沿海口岸城市及其附近发展起来，并逐渐往内陆扩展。到了20世纪40年代，拥有广阔腹地的天津已成为北方最大的工业中心，另两个口岸城市青岛、大连以及附近的沈阳、唐山等地也有一定的现代工业。然而，其他城市尤其是腹地城市现代工业达到一定规模和水平的并不多，包括北京、太原、西安、兰州这些在北方属于工业规模较大的城市，也都以手工业工场为主，且越向西手工业工场所占的比重就越大，西宁甚至全部是手工工场。①

如果拿西方当时或者中国今天的各项工业发展指标，评估近代北方口岸城市及其腹地广大地区的工业现代化，其水平和成就无疑是相当低下的，除了沿海地带有一些现代工业以外，大部分地区尚处在半工业化状态，还有相当的地区仍然保持传统的手工业状态。就当时对北方经济的影响而言，工业化的影响可能还不及外向化和市场化的影响广泛和深刻。然而，从北方历史时期工业发展的视野来看，近代无疑是迥然不同的新时期，以此为起点，北方开始走上了先进的工业文明之路。

第九，区域城市化的进展和城市分布格局的改变。

城市作为人类的主要聚居地之一，在人类社会的发展中向来起着引领文明的作用。我国的传统城市基本上是在行政中心基础上发展起来的，城市的规模和重要性往往与其行政区域的级别大体一致。近代以来这种情况得到较大的改变，主要动力即在于开埠通商。

就北方而言，近代规模较大、地位较高的城市，可分成两类：

一类是原先并非行政中心城市，但拥有港口和交通区位优势或矿山资源的普通城镇，近代迅速发展为较大规模的城市。其中，沿海口岸城镇因拥有国内市场和国际市场连接点的优良区位，开埠后走上以港兴外贸兴商、以商贸兴金（金融）兴工，以港商贸金工兴市，以市

① 以上据第五章、第六章、第七章，尤其是第五章第三节的相关论述。

带动腹地发展，再借腹地促进城市发展的道路。这些地方在经济发展的同时人口数量增加，上升为重要城市。烟台、营口原先只是很一般的城镇，青岛、大连原先只是小市镇或渔村，都在开埠后成长为一定规模的城市，青岛、大连更是北方的主要都市。另外，内陆地区位于沿海口岸通往腹地的交通要冲的地方，例如包头和石家庄，近代也得到较快的发展。而唐山、焦作等地，则因近代对矿产资源的需要而发展为一定规模的工矿业城市。

另一类是原先因行政中心而具有一定规模和重要性的城市，近代以来出现两种发展类型：一种是近代因居于交通要冲或自身也是通商口岸，不仅继续保持繁荣，而且得到较快的发展，成长为重要的城市，如天津、济南和郑州，天津作为北方的重要港口更成长为北方首屈一指的大都市。另一类因并非口岸又非近代交通枢纽而走向衰落，如西安和吉林。

近代城市空间分布的改变，是值得注意的另一现象。开埠之后，大量的货物在港口与腹地之间流动，推动了市场网络的发育和完善。各级集散市场一般是区位位置较好、交通方便的城镇，进出口贸易商品的集散更促进了这些城镇的发展，最终形成了以沿海港口和重要交通路线为导向的城镇体系，从而极大地改变了城市分布状况。环渤海城市圈和沿铁路城市带的形成，运河城市带的衰落，营口和辽河沿线城市的先兴后衰，都是证明。①

综上所述，近代北方经济的变迁，从时间分析，自开埠之后即已开始，大约于19世纪八九十年代开始加速。从空间分析，这种变迁先从沿海口岸开始，再扩大到口岸附近的地区，然后再波及北方的绝大部分地区。从内容分析，包含外向化、市场化、半工业化和工业化四个方面，除了东北工业化波及的面较广之外，其余的广大区域均以外向化、市场化和半工业化为主要内容，工业化主要局限在沿海口岸城市及其附近地带，进入20世纪以后尽管工业化开始向内地扩大，但现代工业规模仍然相当有限。

这就是北方近代经济变迁的最基本的情景。我们不能依据现代工

---

① 以上据第五章、第六章、第七章，尤其是第五章第四节的相关论述。

业的有限，便否定近代北方经济的巨变，否则何以解释广大农村在进出口贸易兴起之后农牧业生产结构的调整与手工业出口生产的繁盛？当然，现代工业和新型城市空间分布的有限性，也提示我们不能忽略沿海地带与内陆腹地之间在现代化程度上的巨大差距，以及政治、文化方面的差距。

近代经济的变迁，主要体现在农牧业朝着市场化和外向化的方向发展，以及以出口为主要目的的手工业部门的半工业化，显然是北方早期经济变迁的显著特点。中国的现代化是外因通过内因起作用的结果，而进出口贸易是外因起作用的最早表现，正是这两点决定上述特点的形成。

如果说口岸开埠是引起腹地经济走向市场化、外向化和半工业化的外因的话，广大农牧民对外来生产方式和生活方式等方面的接触、了解和适应，则是腹地经济变迁的内因，即根本原因。腹地农牧民之所以最终调整了原有的产业结构，去努力适应国内外市场对农、牧、副、手工业产品不断增长的需求，最根本的还是现实经济利益的驱动。随着进出口贸易对腹地经济的冲击，他们本能地意识到了传统产业对增加自己收入方面的局限，看到了为市场和出口而生产给自己带来的明显实惠。对农民而言，种植棉花比种植谷物能够获得更多的经济收入。对牧民而言，进行羊毛、羊皮出口和加工，要比单纯地养羊吃肉获取更多的经济收入。因此，农牧民们便主动地从事农、畜产品的市场化外向化生产，并通过半工业化手段进行出口产品的加工，用以适应国内外市场日益增长的需要，而市场化外向化半工业化的扩大，势必促进交通、商业、城镇以及加工业的发生，反过来又促进农牧业的发展。

二、北方近代经济变迁的意义

以上所述，反映了近代开埠以后北方经济各方面发生的重大的变化。尽管区域发展不均衡，而且现代化的水平仍相当低，我们还是要得出这样的结论：近代北方的大部分地区的经济，自 19 世纪 60 年代开埠以来经过了半个多世纪的进步，主要方面已得到了广泛的进步和发展，不仅开始了程度不同的传统经济向现代经济转型的进程，沿海地带的工业化已经有了初步的发展，而且总体经济实力有了很大的提高。华北和东北的经济实力的提高尤其令人注目。华北继清前期一举扭转了长期停滞不前的局面之后，又进一步提高了在全国经济中的地位，东北则从清初的莽荒之地成长为全国的新兴的农业区和工业区，两大区域的经济的进步成为近代中国经济发展的主要体现之一。通过近代的巨变，北方从传统的相对封闭的农业社会，走向了开放的追随世界文明潮流的工商社会。直到1937年抗日战争全面爆发，尽管战争、灾荒和政治动荡经常带来局部甚至较大范围的波动，北方现代化的进程都在艰难进展之中。

台湾学者林满红曾著文讨论台湾地区在清末与先进国家开展对外贸易，在经济方面的利弊得失问题。通过民族工业、城乡经济、贸易条件等多方面的细致研究，她得出对外贸易对台湾经济发生大幅度的正面影响这样的结论。并进而认为，尽管这种经济发展属于“扩散式发展”而非“集约式发展”，但它对当时及日后的台湾经济已造成三种影响，即缓和19世纪中叶的人口压力，促成台湾经济重心的北移，奠定日后经济发展的基础。①

北方诸省在开埠通商后因进出口贸易的持续增长而导致的经济进步，证实北方存在着与台湾大体相似的经济现象。口岸开放以后的进出口贸易和随后产生的农业结构调整与新式交通、工业的进步，不仅大大加速了北方的经济成长，奠定了以后经济发展的基础，也大大促进了社会的发展。笔者1993年在研究黄淮海平原历史人口的变迁时，分析清代北方人口膨胀的原因，曾指出“清民国时期生产力的巨大发展是人口迅速增长的必要前提。如果没有这个前提，实现人口的翻几番是难以想象的。”而这一生产力的巨大发展，便包括玉米、高粱、甘薯、花生、烟草等外来作物的广泛传播以及近现代产业和城市的发展等几个方面。②城市的主要分布带从内

---

① 载吴松弟主编，戴鞍钢、林满红副主编：《中国百年经济拼图：港口城市及其腹地与中国现代化》，第四章第五节“贸易与清末台湾的社会变迁（1860－1895）”（林满红撰），山东画报出版社，2006年。

② 载邹逸麟主编：《黄淮海平原历史地理》，第七章“黄淮海平原人口的历史变迁”（吴松弟撰），安徽教育出版社，1993年，第244－247页。

陆行政中心型的城市转移到沿海经济中心型的城市，经济重心地区从内陆转移到沿海。而近代的经济发展，自然也奠定了1949年以后北方经济发展的基础。

三、对中国近代史研究若干观点的再探讨

北方近代经济的变迁，促使我们重新思考中国近代经济史的一些重要问题。

由于通商口岸是西方列强影响首先进入的地方，理所当然地引起近代史学者的特别注意。研究者无不肯定沿海口岸城市在近代的巨大变迁，但相当多的研究者在肯定口岸变化的同时却又看低口岸与腹地联系以及腹地变迁。这方面的观点以美国墨菲（Rhoads Murphey）教授的表达最为清楚。他认为：受西方经济影响的口岸地区范围甚小，而口岸地区与其腹地又极少关联，腹地商业除了少数出口品由外商控制外，其他商业仍多由中国行会把持。即使有外国进口货，也多由华商承运，腹地使用物品仍以华货为主，而"口岸进口的洋货主要仍供口岸消费"，"口岸都市是一个完全按照西方模式缔造的城市，与其乡村腹地极少关联"。因此，他把口岸城市与腹地称为"两个世界"。①

我们以上各章的实证研究表明，北方的沿海口岸城市，无不通过日趋繁忙的交通路线，与自己的腹地保持着密切的经济联系，没有腹地的经济往来，就很难有口岸城市的繁荣；洋货不仅供口岸城市消费，同样供腹地地区消费；口岸城市固然与国外保持较为密切的联系，但同时保持的与腹地以及与沿海其他口岸城市的联系的强度与密度，至少不次于与国外的联系。显然，墨菲的观点与北方的事实并不相符。

诚然，口岸城市与腹地的现代化程度的差距，仍然明显的存在着。墨菲所说的腹地主要是中国人的天下，腹地使用物品以华货为主，口岸城市与腹地农村存在明显差别，这些方面确非臆断，大体

① Rhoads Murphey：*The Treaty Ports and China's Modernization：What Went Wrong?* Michigan Papers in Chinese Studies，No.7，1970.

上是对的。但我们不应看到这一方面的事实，便抹杀另一方面的事实，即腹地的巨大变化以及口岸与腹地的联系。依我们看来，口岸城市与腹地在经济上的差别，在于口岸城市包括其所在的沿海地带（其范围并非像墨菲所说的那样狭小）已步上发展现代工业之路，口岸城市周边农村经济的市场化外向化程度已相当高；而腹地的广大地区大体上还没有走上现代工业之路，经济的变化主要体现在外向化与市场化，而两化的程度也不如沿海地带。当然，东北原先地广人稀，近代才开始大开发，而且开发伊始便利用进出口贸易发展商品性农业，现代交通和现代工业发展也相当迅速，其腹地的现代化程度显然高于华北口岸的腹地，与口岸城市的差距自然也小一些。

如果将情况比较特殊的东北略而不计，我们还可以发现，北方口岸地带与腹地的最主要的差距，恐怕不在经济上，而在政治和文化上。无论是中国的学者还是其他国家的学者，往往将主要精力放在沿海省份，很少研究内陆省份，对内陆研究不够，恐怕是无视内陆经济变化的主要原因。

在西方学术界，对中国近代史的研究，有着多种理论范式。大致上，以“冲击—反应”理论、现代化理论等流行较早影响较大。费正清早期的著作《中国沿海的贸易与外交》①着眼于从沿海条约口岸这一外力冲击的角度，来把握近代中国的反应，并在此基础上形成著名的“冲击—反应”的理论模式。另一种理论范式，是以李文森、徐中约等人为代表的近代化理论，大致以为中国社会发展长期处于落后停滞的状态，近代在外力的冲击下开始走上了现代化的道路。②

最近二三十年来，中国中心观开始兴起。柯文在他的著作《在中

① John K.Fairbank：*Trade and Diplomacy on the China Coast*：*The Opening of the Treaty Ports*，*1842－1854*，Harvard University Press，1956.

② 参见徐中约著《中国近代史》上册，“原著者中文版序”、“第六版序（英文版）”及第一章，计秋枫、朱庆葆译，茅家琦、钱乘旦校，香港中文大学出版社，2001年。英文第一版1970年由纽约牛津大学出版社出版。

国发现历史——中国中心观在美国的兴起》[①]一书中，对“冲击—反应”、近代化理论以及“帝国主义”模式进行了批判，他认为这三种模式实质上都采用以西方为中心的研究视角，因而曲解了近代中国历史。他认为应该提倡以中国为中心的“中国中心观”，按照他的解释，“中国中心观”有四个特征：一是从中国而不是从西方着手来研究中国历史，并尽量采用中国内部而不是西方的准绳，二是将中国横向分成区域来研究，三是将中国按纵向分解为若干不同的阶层来研究，四是尽量采用历史学以外学科的研究理论、方法与技巧。[②]

以上三种理论范式，在研究中国近代史的中外学术界已产生了较大的影响，但仍有讨论的必要，应从以下方面进行正确把握：

首先，“冲击—反应”和“近代化”都属于试图将纷繁复杂的中国近代史理出一条线索的研究理论，而“中国中心观”是主张研究时以中国而不是以西方为中心的研究方法，“理论”与“方法”本属于不同的范畴，没有必要互相批判和互相取代。

其次，“冲击—反应”和“近代化”都将“从中国历史现实出发”作为自己的研究与分析的出发点，在这些方面与“中国中心观”并无根本的区别。区别只在于，“冲击—反应”说和“近代化”说强调近代的巨变是由于外力进入而引起，并非中国社会自然而然发生的结果，只不过外力通过中国自身发生作用，因此中国近代史才具有自己与众不同的特点。依据笔者研究港口—腹地和中国现代化进程所获得的认识[③]，以及本书以上各章的论述，人们确实没有理由否认中国近代的巨变是因外力进入而不是中国自身的发展而引发的，尽管中国自身一直处于变化之中，但这种变化远没有达到会引起近代那种巨变的程度。当然，“冲击—反应”说和“近代化”说在具体运用时必

① 柯文著，林同奇译：《在中国发现历史——中国中心观在美国的兴起》，中华书局，2002年。

② 柯文著，林同奇译：《在中国发现历史——中国中心观在美国的兴起》，中华书局，2002年，第201页。

③ 主要成果，见吴松弟主编，戴鞍钢、林满红副主编：《中国百年经济拼图——港口城市及其腹地与中国现代化》，以及复旦大学历史地理研究中心主编：《港口—腹地和中国现代化进程》，齐鲁书社，2005年。

须充分考虑到中国的特点，尽量采纳柯文所说的研究中国的四种方法，从而避免单线条的论述。

再次，“中国中心观”如果只强调中国自身可能的发展，忽略了近代中国从传统社会向现代社会转型的这一关键线索以及引起巨变的外来因素，则可能会犯看不到中国近代社会发展的主要脉络的错误。

中国近代社会全方位的变迁，有着极其复杂的内容，本书只探讨北方经济在开埠以后发生的变化，而且只限于生产力而不及生产关系。因此，以上有关近代研究范式的思考，也只是基于有限研究的一点体会。中国是一个有着悠久历史的文明古国，孕育了灿烂的物质文明与精神文明。自明代以后，由于高度君主专制的进一步加强，当西欧开始进入资本主义社会，经济、科技、政治和文化迅速发展的时候，中国却进入缓慢甚至停滞的时期。近代以来，西方资本主义挟着自己的强大的政治经济文化来到东方，在给中国带来了千古未有的丧权、割地的同时，先进的经济、科学和文化乃至政治制度也进入中国。中国在蒙受屈辱的同时，被迫走上了现代化的艰难进程。北方在开埠通商之后发生的经济上的巨变，就是这一进程的一个缩影。

第二节　区域差异形成的原因：基于港口—腹地与交通等角度

如上所述，北方各地区的近代经济，存在着较大的区域差异。因此，我们在分析近代北方经济的成长和口岸—腹地关系对经济的促进作用时，也需要分析产生北方区域经济差异的诸因素。影响北方近代区域经济差异形成的原因颇多，通商口岸与腹地之间的双向互动关系，以及连接口岸与腹地的交通状况，是我们分析区域差异形成的基本视角。还应该指出，这种互动关系，也受到地理条件及历史人文诸多因素的制约。

第一，各区域受空间衰减规律的影响，感受到的现代化气息随着空间距离加大而不断减弱，是导致区域差异形成的最主要的原因。

中国的近代经济与传统经济的最大区别，是在强行进入的外国资本主义的冲击下，形成的现代经济的缓慢成长和传统经济的逐渐转型。我们以前的研究表明，沿海城市是外国资本主义在中国最早登陆的地方，中国现代化的最初的基地，国内市场连接国外市场的枢纽，又是国内外贸易最发达、现代工业最集中、科学技术和教育科技最发达的城市，并是获取国内外信息最便利的地方。加之自然地理条件和历史基础的原因，又是人口密集、经济发达、人民生活水平较高的地区。对东部沿海以外又缺少沿边海关的地区来说，靠近东部沿海就是靠近市场，远离东部沿海就是远离市场，它们在发展市场经济和现代化方面比东部沿海有着较多的不利条件。这种不利条件，往往随着空间距离的加长而变大。①

北方的情况同样如此。北方地域广大，各主要口岸的腹地，除了烟台或青岛口岸的腹地范围相对较小之外，营口或大连拥有东北和内蒙的东部，范围不小，天津的腹地相当于中国疆域的三分之一以上，地域更是广袤。因此，除了烟台或青岛的腹地之外，其他几个主要口岸的腹地，都可以按空间距离分成几个层次。尤其是天津的腹地，按照距离沿海口岸的远近，可以分成沿海口岸、沿海省份（扣除沿海口岸）和中部省份、西部省份等几个层次。沿海口岸既是广大地区物资进出口的纽带，也是外来先进生产力和生活方式传播的桥头堡。当先进生产力以及相伴随的先进的经济制度、政治、思想、文化等因素，在各口岸的腹地内部传播时，受空间衰减规律的影响，必然出现越靠近口岸强度越大，离口岸越远强度越弱这样的特点。在发展市场化、外向化、半工业化和工业化方面，则形成越靠近口岸越方便，离口岸越远越不方便这样的特点。从这个意义上讲，哪里接近沿海口岸，哪里就能最先获得其经济辐射，获得先进的商品、观念、技术和设备，近代工业、金融、商业、交通也就最先从哪里起步和发展。东部地区正是由于具备了这样的地缘优势，才获得了最先发展近代经济的机遇和可能，而随着时间的推移，其近代经济日渐强大；与西部地区的比

① 参见吴松弟主编，戴鞍钢、林满红副主编：《中国百年经济拼图——港口城市及其腹地与中国现代化》，第一章“绪论”，山东画报出版社，2006 年。

较优势也就日渐突出了。

对于远离沿海口岸的地区，不仅难以接受到沿海地带同样强度的经济辐射，距离过远、运输不便也必然使其交易成本大大增加，对市场反应的灵敏度下降，并使得那些妨碍现代经济形成的各种落后因素减少的速度，以及有利于现代经济形成的新的先进的思想观念的形成和普及的速度，都要缓慢一些。在这种背景下，除去那些自然地理条件和历史基础特别好，以及靠近沿边口岸的地方，必然出现不同区域越靠近沿海口岸经济发展程度越高、离沿海口岸越远发展程度越低的这种经济差异。今天人们一致公认中国存在着东部、中部和西部三大区域的经济差异，天津的腹地同样如此。天津腹地存在的中部不如东部，西部又不如中部，这种区域差异现象，主要是在近代形成的。

第二，交通条件尤其是现代交通条件的差异，是导致区域差异产生的另一个重要因素。

交通对区域经济有着强大的影响力。区域的绝对地理位置是固定不变的，但随着交通条件的改善，其相对地理位置会发生变化，通达性也会随之发生巨变。如果没有方便的交通，即使在接近沿海口岸的地方，人们能够接收到的现代化信息，也未必会强于虽然距离沿海城市较远，但却保持便捷的交通和信息传输的地方。在同样的空间距离上，凡是通往港口城市的主要交通路线经过的地区，现代化的进展速度往往就要快一些，而交通的不便的地方就要慢一些。交通的便与不便，可以缩小或扩大与港口城市的空间距离。①

近代北方内陆的交通工具分传统与现代两类。传统的交通工具以河运较为便捷，各条河流20世纪30年代通航里程的长度，依次是黑龙江（4 938公里）、沽河（即海河，2 018千米）、黄河（1 918千米）、辽河（844千米）、滦河（524千米）、鸭绿江（487千米）、小清河（299千米）、蓟运河（185千米），另外淮河（1 355千米）的大部分通航河段都在南方，只有小部分在北方。②以上各条河流的通

① 参见吴松弟主编，戴鞍钢、林满红副主编：《中国百年经济拼图——港口城市及其腹地与中国现代化》，第一章“绪论”，山东画报出版社，2006年。

② 世界舆地学社编辑并出版：《中华最新形势图》，1937年，释文第7页。

航地区，因受北方山河结构和地形的限制，凡通航里程五六百千米以下的，大多局限在口岸所在的平原；通航里程在1 000千米以上的只有黑龙江、沽河、黄河三条河流，沽河的通航地段主要在河北、河南的平原上，黑龙江及其支流松花江自吉林、黑龙江省向东北流入俄罗斯，且每年有半年左右因河流封冻而不能通航。黄河虽然纵贯西北和华北的绝大部分省份，实际只有一些河段可以通航，通航里程还不到全河长度的2/5，不仅远不及长江和黑龙江，甚至不及海河。而且，因含沙量多和坡降大，黄河上游许多河段只能使用载重量较少的小船和皮筏，又因冬季封冻而不能常年通航。

简言之，北方没有一条像长江那样可以终年通航而且通航河段从海口直到上游的大河，在天津与其腹地之间缺少一条纵贯东西向的水运干道，在大连与其腹地之间则缺少一条纵贯南北的水运干道。就传统交通工具而言，北方的沿海不仅有着方便的海运沟通沿海各地区，也有着方便的水上航运沟通邻近的内陆地区。至于广大的内陆腹地，则只能主要依靠陆上交通，水运所占比重比沿海要少得多。

现代交通工具在中国的发展历程相当曲折。作为国民经济大动脉的铁路的初步发展，始于1894年甲午战争以后，到1911年全国只有近万千米铁路。这一点铁道，对于有着广袤空间的中国无疑是杯水车薪。北方的东北和华北是我国铁路密度相对较高的两大地区，而今京广铁路以西的广大地区数量极少。尤其是西北，西北交通的大动脉陇海铁路20世纪30年代尚未进入陕西，1949年以前仅修到天水。西北公路的修建，也要到20世纪二三十年代才开始。

近代西北地区与华北沿海主要通商口岸天津之间的交通往来，主要有三条途径，即西伯利亚路、中路和草地路。西伯利亚路是从满洲里经西伯利亚铁路转阿尔泰支线到俄国的斜米，然后乘马车到我国新疆的塔城，再到迪化（即乌鲁木齐），共需约1个月。该路虽最省时，但费用昂贵，故商人多避走此路。中路是从天津西行，沿着太行山东麓的旧驿道至河南前往陕西、甘肃和新疆，全程徒步要走约半年，加上途中关卡林立，往来者亦不多。草地路又分为大、小草地路，前者从张家口往西北跨外蒙古大草原，经乌里雅苏台、科布多至新疆的古城（今奇台县）等地，后者从归化城（今呼和浩特）往西经阿拉善草地至新疆的古城。由于此路关卡较少，商人多往来于此。当时西北与天津间的交通运输，水路段主要靠木船和皮筏，陆路段主要靠骆驼和马车、牛车，运量有限，行进迟缓。①

现代交通建设之缓慢造成的联系不易，不仅体现在长距离的区间联系上，也体现在区域内部的联系上。1931 年，由国民党要员伍朝枢领衔的一份提案称：在包括甘肃、青海、宁夏、蒙古等在内交通落后的区域，“其交通工具惟恃古代相沿之骡车、骆驼、驮子、肩舆、民船，重以幅员阔、山岭多之故，自县至乡，有须四五日或十日者，自省至县，有经月始达者”②。

交通的落后难以促进当地商品经济的发展，也削弱了沿海口岸城市经济发展对腹地广袤地区经济的带动效应。西北拥有丰富的农牧产品，例如羊毛便是沿海毛纺织业的重要原料，但交通不便，运输成本提升，却阻碍了西北羊毛的广泛采用。1947 年有学者指出：“为什么中国毛纺厂不用本国羊毛？中国的羊毛，既然可制呢类织物及较粗的哔叽衣料，为何上海的毛织厂反而要采办澳洲毛？这点与羊毛的品质问题可说关系很少……考其原因所在，还是运销不便所致。中国大部分的羊毛产区，不在农牧兼营的区域，而在西北高原的游牧区域。这区域里的人民——蒙古人及西藏人还在过着原始的游牧生活。他们以牛羊为财产，借畜牧以为生。他们剪了羊毛以后，放上牦牛的背，经长途而到汉族的都市——西宁、湟源、循化等地，或汉藏互易之市——甘肃夏河的色拉卜塄寺或青海塔尔寺等，交易彼等所需的物件。在二三十年前，这些地方还是物物交换，现在交易的媒介还是银元较多。羊毛商人在这许多都市收集之后，便运到较大的都市，如兰州等市。再在兰州用皮筏子顺黄河滔滔之流，流到包头镇，然后才有新式的运输工具火车，辗转运至天津出口。这一个运输过程需时往往要达三月至半年之久，较之澳洲运上海难得多了。且大部分的运输工具不是现代的工具，而是畜牧

① 樊如森：《西北近代经济外向化中的天津因素》，载《复旦学报》，2001 年第 6 期。

② 《伍委员朝枢提缩小省区案》（1931 年 2 月 6 日），中国第二历史档案馆编《国民党政府政治制度档案史料选编》（下册），安徽教育出版社，1994 年，第 338 页。

及农业时代的工具。”[①]由于位置偏僻、交通落后，人们思想守旧，未能不断提高质量，即使运到海外的西北羊毛，也因质量不敌澳大利亚的优良品种而价格相差悬殊。[②]

陕西关中是我国商品小麦的重要产区，汉口是我国面粉生产的基地，关中距汉口并不遥远。然而，由于没有铁路交通，运输全靠人力畜力，高昂的运费使得价格极廉的关中小麦运到汉口时的成本，已超过用轮船漂洋过海运到汉口的美国小麦。由于这一原因，“汉口之面粉厂，其所用之小麦，大部分来自美国西雅图、波得兰”，而不是来自附近的关中。[③]

在近代的北方，交通干线所经地带，往往是人口密集、经济发达的地带，任一区域经过的交通干线越多、密度越大，人口密集程度和经济水平往往也越高。主要通过港口—腹地这一途径推动的各区域传统经济的转型和现代工业经济的发育，便大多发生在交通干线沿途地区，离交通干线远的地区受到的影响自然要少得多。这一特点，在东部有所表现，在中部、西部表现更加明显。西部相当多的地区不仅远离沿海口岸，远离铁道、公路，也远离传统的交通干线，这些地区近代经济可能还不曾发生剧烈的变化。第五章第五节所提到的青海大部和甘肃一部分牧区，以及新疆相当一部分地区还存在着物物交易的现象，即充分表明了这一点。

第三，沿海口岸—腹地经济互动的关系，受到各区域地理条件和历史基础的影响。

我们讲的地理环境，通常指环绕人类社会的自然界，包括作为生产资料和劳动对象的各种自然条件。我们讲的历史基础，强调前人的活动对后人的影响，包括政治、经济、文化等方面。近代我国各地区的现代化，并非在一片空白的无人区域上进行，原先的状况既为现代化提供了最初的物质基础，又影响着现代化的速度和

---

① 顾少白：《中国羊毛问题》，载陈真等编：《中国近代工业史资料》（第 4 辑），生活·读书·新知三联书店，1961 年版，第 371－372 页。

② 中国第二历史档案馆藏：《柳国明拟（东北难民移垦西北计划）》，《民国档案》，2003 年第 1 期，第 13 页。

③ 张其昀：《中国经济地理》，第四章“行”，商务印书馆，1930 年。

程度。①

北方广袤的地域上地貌众多，山区、丘陵、高原、盆地、平原、岛屿，一应俱全。气候虽然都属温带，但自南而北，随着太阳的辐射量和气温的变化，仍依次出现暖温带、温带和寒温带等三个温度带。降水量则由淮河和黄海、环渤海湾一带的年平均1 000毫米上下，向北、向西逐渐减少，西北内陆降水最少的地区不足50毫米，只有前者的1/20。

地理环境的差异造成北方各地经济生活的差异。首先是汉族生活区域与非汉族生活区域的差异。汉族长期居住的黄河流域有较好的发展农业和工商业的自然条件，而非汉族居住的西北边疆和蒙古高原，因自然条件较差，不得不主要依靠畜牧业为生，农区有限，东北则因寒冷和封禁长期处于地广人稀开发未尽的状态。由于农业产量比较稳定，汉族生活区的经济水平总体而言要高于非汉族生活地区。而且，黄河中下游地区很早就得到开发，为古代人口密集经济文化发达的地区，古代统一王朝的都城大多建立于此。唐中叶以后全国经济文化重心南移，但黄河流域仍是鸦片战争以前北方最先进的地区，而河北、河南、山东、山西诸省份的发展水平又高于北方的其他地区。当1860年沿海口岸开放时，上述区域差别仍然存在着，成为北方各区域现代化的历史基础。因此，北方的东部沿海之所以率先进入现代化，除了最重要的通商口岸位于东部沿海，原先具有较高的经济文化水平也是不可忽视的重要原因。

由于历史的原因，东部从事工商业的人口在当地劳动力中所占的比重，一般要超过中部和西部的大部分地区。陕西关中历来是西北最富庶的地区，明代同样如此，但明代关中的富庶只是农业，工商业却相当落后。明《同官县志》说同官县（县城在今铜川市北面）风俗："同民专务稼穑，不事纺织，不习商贾，民少生业，故贫。"这本县志还详细列举了当地人在这方面的具体表现：地下有丰富的煤炭却不开采，山上的树木可以成材却不种植，药材种类繁多却不挖掘，

---

① 参见吴松弟主编，戴鞍钢、林满红副主编：《中国百年经济拼图——港口城市及其腹地与中国现代化》，第一章"绪论"，山东画报出版社，2006年。

既很少有人种桑养蚕，又没有人种植棉花。其实，同官只是关中的一个缩影，关中其他的县大体都是这样。田培栋在比较了明清时期的关中和江南的手工业以后，得出结论：关中手工业落后于江南的最根本的原因，是由于人们不重视手工业生产，更不认识到手工业在整个封建经济中的地位与作用，不但一般人不习工艺，借此增加收入，即使这个地区的大商人也不愿意投资经营。①

手工业的落后是人们商品经济意识差的一个体现，据此可以推测关中商业的发达程度也是相当有限的。经济条件最好的关中尚且如此，可以估计西北的其他地区也好不到哪里。人们在分析清朝的区域经济差异时，就注意到"商品经济由经济较发达地区向落后地区的推进，十分艰难"。②近代中国经济变迁的主要趋势，是工商业在经济中占有越来越重要的地位。近代面向国内外市场的商品经济比传统时代的商品经济更为高级，更为复杂，传统时代的商品经济由先进地区向落后地区的推进尚且困难，近代商品经济在落后地区的推进速度必然要慢于先进地区，从而导致这些地区的自然经济的分解不如先进地区深刻，现代化进程要缓慢得多。

投资驱动下的资金流动是区域经济发展的一个重要前提，各地区原先的经济基础的差异往往会影响投资者的资金投放。近代以来，外国和本国投资者主要关注东部沿海，较少投资中部尤其西部。原因之一，是西部长期以来存在着技术、设备和相关设施的匮乏，客观条件较差使这一区域的现代工业难以起步。③1943 年，经济部派考察团考察西北工业，发现："今日而谈开发西北工业，则种种困难横障目前：运输困难，一也；技术人才难得，二也；机件难购，三也；仪器、图书、药料均缺，四也；尤以原动机、发电机、电动机、变压器、变压器油、锅炉、钢板、钢管等项为难于搜集。"④客观困难导

① 田培栋：《明清时期陕西社会经济》，第二章第四节"关中地区的手工业"，首都师范大学出版社，2000 年版，第 220－222 页。

② 陈桦：《清代区域社会经济研究》，中国人民大学出版社，1996 年，第 18 页。

③ 参见戴鞍钢：《发展与落差——近代中国东西部经济发展进程比较研究（1840－1949）》，第二章"资金与技术：工业的投资"，复旦大学出版社，2006 年。

④ 国民政府档案部档案：《经济部西北工业考察团报告（1943 年）》，《民国档案》，1992 年第 4 期，第 34 页。

致工业难以起步，影响外国和本国资本的注入，使区域经济更加落后。

基于自然地理条件和历史，可以认为近代北方的经济格局和区域经济差异，无疑又是地理位置、自然条件和历史基础的综合作用的结果。近代既有沿海口岸，而且自然条件和历史基础也较好的东部，率先发展外向化程度较高的农业经济作物专业区和现代交通与工业，中西部在东部的带动和辐射下近代工业和交通有一定发展。由于近代经济发展的时间差和自然条件、历史基础的原因，于是形成东部经济水平高于中部，中部又高于西部这样的区域经济差异。

第四，沿海口岸一腹地经济互动，还受到当时国内外形势的制约。

如前所述，近代北方沿海口岸—腹地经济关系的架构，从一开始就受制于在华列强的利益需求。1931 年“九·一八事变”之后，东北沦陷；紧接着，日本帝国主义又蚕食华北，进而在 1937 年发动全面侵华战争。在这期间，根本谈不上被日本帝国主义霸占的口岸城市对腹地经济的引领，引人注目的却是受抗战的需要，国民政府加快了西北开发的步伐，从而促进了相关地区经济的发展。①但总的说来，其主旨主要着眼于战时需要而非这些地区的长远发展，抗日战争结束后，国民政府又挑起内战，港口—腹地经济互动的运作缺乏必要的社会环境，自然也谈不上对北方近代经济发展的引领。

另外，社会动乱、自然灾害和政治黑暗，也会不同程度上制约着沿海口岸—腹地的互动，影响区域经济的发展。1929 年《工商半月刊》关于包头的报导，为此提供了个案。天津开埠后，包头逐渐发展成为西北各省及外蒙地区皮毛等大宗物资输送天津出口的转运中心。在该项贸易顺利发展的 1923 年前后，这一地区商业繁荣，社会安定，人民乐业。此后，因军阀混战、捐税苛重、外蒙叛乱、洪水肆虐，交通运输受破坏，严重影响了西北地区通过天津的进出口贸易，

① 详可参阅戴鞍钢：《抗战时期中国西部工业的转机和困顿》，载《近代中国：经济与社会研究》，复旦大学出版社，2006 年。

包头的商业贸易一落千丈，当地人民谋生无路①。由此可见，腹地进出口贸易的蓬勃发展，促进了当地经济的繁荣和人民生活的安定；而天灾、人祸等非经济因素对正常进出口贸易的破坏，引起了腹地经济的衰退和社会的激烈动荡。

第三节　近代北方区域经济发展的机制——港口—腹地模式的理论表达

以上已对近代北方经济的变迁进行了总结，本节拟从经济地理学的角度，再对其进行理论阐释。这一变迁，始于1860年开埠通商之后，沿海港口（口岸）—腹地是这一变迁的空间表现途径，经济变迁过程中的港口—腹地模式可用图9.1表示。

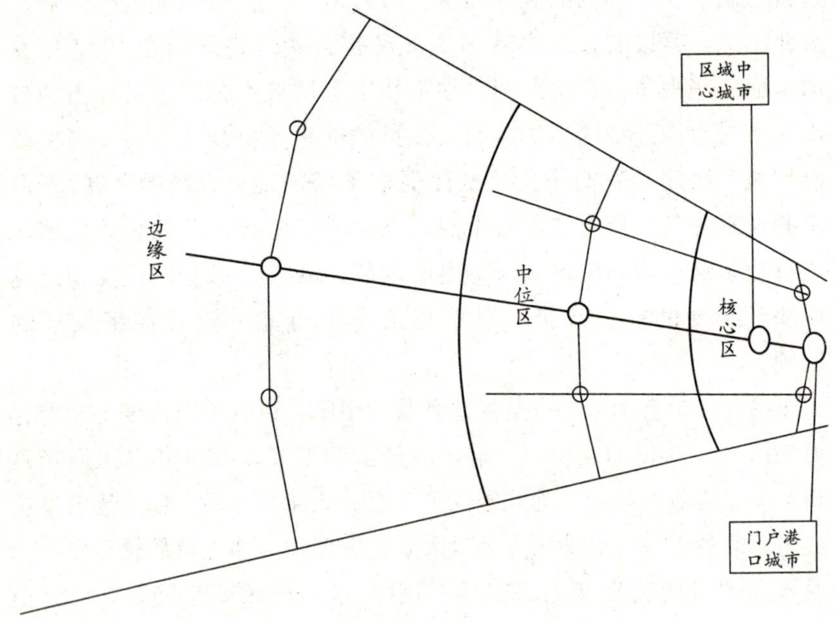

图9.1　港口—腹地模式表示图

表9.1结合经济状况，表明大致在20世纪二三十年代，在同一个港口—腹地区域中，各层腹地与口岸的空间关系。

① 《工商半月刊》，1卷19期，“工商消息”部分，第8页，“包头皮毛出口之状况”。

表 9.1 港口—腹地的空间关系表

	口岸城市	核心区	中位区	边缘区
空间位置	滨海城市	离口岸最近	离口岸距离居中	离口岸最远
空间范围	城市	小区域	较大区域	最大区域
增长极的极化效应	增长极	向增长极输出能量最大	向增长极输出能量居中	向增长极输出能量最小
增长极的扩散效应	扩散源	接收扩散最多	接收扩散居中	接收扩散最小
市场经济发育程度	最高	次高	居中	最低
中心城市规模	最大	最大或次大	较大	不大
中心城市的交通地位	全区域门户和交通中心	全区域和核心区的交通中心	全区域和中位区的交通中心	边缘区交通中心
道路和城镇的密度	最密	最密	次密	不密
工业发展阶段	现代工业为主	半工业化	半工业化	传统工业为主
对口岸城市经济的影响	接受各腹地的经济影响	对口岸城市影响力最大	对口岸城市影响力居中	对口岸城市影响力最小
国内外相邻的港口—腹地对各区域的影响	没有	没有	不大	很大

根据表 9.1 和图 9.1 可以看到：

第一，广大的港口—腹地区域，依其地理位置，可分成口岸城市、核心区、中位区和边缘区四个部分。口岸城市是一个滨海城市，核心区是离口岸最近的区域，中位区在核心区以外，接近整个港口—腹地区域的中心位置，边缘区在中位区外围。在空间范围上，口岸城市只是一个人口众多经济发达的城市，靠近口岸城市的核心区空间范围也不算大，而中位区和边缘区的空间范围则要大一些，在某些港口—腹地其边缘区的空间范围要大于中位区。

第二，区域经济明显呈现梯度的、不平衡的发展状态。无论市场经济的发育程度、中心城市的规模、中心城市的交通地位、道路和城镇的密度，以及工业发展阶段，都表现出口岸城市最高，核心区次之，中位区再次之，边缘区最低，这种以口岸城市为起点，越往西越低的特点。而在对口岸城市经济、文化、政治等方面的影响上，也同样以核心区最大，中位区次之，边缘区最低，越往西越低的特点。

第三，口岸城市是外来先进生产力进入腹地、腹地联系世界的主要门户，首先成长为自己的港口—腹地区域的经济中心，并是人口最多的城市之一。按照经济地理学解释区域经济增长过程和机制的区域增长极理论，区域经济中心的增长极，因其具有技术和经济方面的先进性，不仅能够通过要素流动关系和商品供求关系，对周围地区的经济活动产生支配作用以及示范、组织和带动的作用，而且能够形成极化效应和扩散效应。所谓的极化效应，指在增长极的吸引和拉动下，周围地区的要素和经济活动不断向增长极集聚，从而加快增长极自身的成长。所谓的扩散效应，指增长极向周围地区输出要素和经济活动，从而刺激和推动周围地区的经济发展。

受空间距离衰减规律的支配，在同一个港口—腹地区域，大体上表现出各地距增长极（区域经济中心城市）的空间距离越小，向增长极输出能量和接收增长极的扩散效应就越大，反之，空间距离越大，向增长极输出能量和接收增长极的扩散效应就越小，呈反相关关系。口岸以外各地区之所以经济发展程度差于口岸城市，在经济发展水平上出现大致上越往西水平越低，在对口岸城市经济、文化、政治的影响上同样表现出越往西影响越低的区域差异，除了受到地理条件和历史基础的影响之外，主要是增长极的极化效应和扩散效应有所不同造成的。

第四，我国地域辽阔，且位居亚洲大陆的东部，三面与陆上邻国相交，东临大海。这种地理格局，必然使得我国的港口—腹地结构带有自己的特点，而各地区也有所不同。就北方而言，尽管陆域广阔，但海域有限，面积不到 8 万平方千米的渤海及其附近海域便集中了青岛、大连、营口、烟台等几个大港。受此制约，各块港口—腹地的平面形状均呈扇形状态，都是口岸一头小，边缘腹地一头大。而在地域广阔的天津腹地，各地区还存在着明显的自然环境和历史基础的差别，无论自然条件，还是经济发展的历史基础，大体上都是边缘区不如中位区、中位区不如核心区。受这些条件的影响，增长极（港口城市）对远近距离不同的腹地各地区的极化效应和扩散效应，在程度上势必相差极大，各区域的经济差距也会拉至最大，而且边缘区与核心区的差距特别不易缩小。

第五，到 20 世纪前后，在主要口岸城市成为各块港口—腹地的增长极的同时，口岸城市与其腹地的区域政治中心城市也形成特定的双核结构。具体地说，天津的港口—腹地的双核是天津—北京，山东的港口—腹地的双核先是烟台—济南，后是青岛—济南，东北的港口—腹地的双核先是营口—沈阳，后是大连—沈阳。

20世纪初以后，现代交通发达的沿线地区成长为各港口—腹地内部的增长轴，原先极核式的空间结构逐渐演变为点轴式空间结构。天津的港口—腹地的增长轴，大致从天津出发，东经北宁线，南经津浦线，西南经京广铁路，西北经京绥铁路，西经正太铁路，将唐山、秦皇岛、北京、张家口、保定、石家庄、焦作、郑州等城市串联成线。山东的港口—腹地的增长轴，大致从青岛出发，沿胶济铁路向西延伸，将潍坊、益都、博山、周村、济南等城镇连成线，并在潍坊通过传统的烟潍大道及公路连接柳疃、掖县、龙口、烟台、威海等城镇，而自青岛也有公路通往烟台与威海。东北的港口—腹地的增长轴，大致从大连出发，沿沈大、沈滨两铁路，将营口、辽阳、沈阳、铁岭、四平、长春、哈尔滨等城市连成线，并通过连接沈大、沈滨两干线的其他铁路，连接本溪、安东、抚顺、吉林、齐齐哈尔等城市。这些增长轴经过的地区，天津的口岸—腹地因腹地面积过于广大而显得基本局限在核心区，腹地面积相对较小的东北和山东则已从核心区进入中位区。

第六，在腹地的各个地区，核心区以其最靠近口岸，接收增长极的扩散最多，近代经济较早发育，市场经济发育程度、中心城市规模、中心城市的交通地位、道路和城镇的密度、工业发展程度都仅次于口岸城市而引人关注。这一核心区，在天津的腹地，大致相当于河北省；在营口或大连的腹地，大致相当于辽宁省；在烟台或青岛的腹地，大致相当于胶济铁路沿线地区和胶东半岛。核心区是口岸城市出口物资和城市消费物资最重要的来源地，也是涌入城市的外来移民最多的区域，并对城市的政治、文化产生最直接最重要的影响。

第七，边缘区一般远离东部港口城市，除了少数属于几个港口的共同辐射交叉区域，大多位于山势高耸、交通落后的边境地区。因历史和交通的原因开发程度低，商品经济落后，城镇的密度普遍不高。对于边缘区而言，与作为区域增长极的口岸城市发生经济联系的成本要比其他区域大大增加，发生的几率则比其他区域大大减少，从而影响着区域经济的发展。在这种情况下，如果有一个沿边口岸，以及经过口岸通往国内与国外的繁荣的交通线，便会导致对该边缘区腹地货物的争夺，使之改变流向，加速边缘区经济与社会的发展，并使边缘区形成自己的有力量的中心城市。国外或国内相邻地区对边缘区的影响力度与空间范围，关键在于国外一侧影响力度的大小和持续与否，以及国内一侧口岸城市的规模及其腹地范围的大小、商品经济发育程度及其交通状况。

第八，各个港口—腹地都有由大小道路构成的交通网络，在网络的交叉点形成较大的交通与商业中心。网络内部等级规模明显，可往下再分为若干个层次，每个层次同样有自己的交通网络与交通和产业中心。因此，口岸—腹地既是平面系统，也是垂直系统。各个层次的中心、交通和网络，构成空间范围大小不一的区域，最大的区域无疑是层次最高的整个的港口—腹地。尽管腹地的各个层次的区域因空间距离、交通条件以及政治、文化等方面的原因，可达性有一定的区别，但开埠之后彼此之间都保持着商品、资金、人口、技术、信息等方面的传输。有证据表明，到了20世纪的二三十年代，北方广大地区除了已脱离中国的外蒙古，此外新疆沿边口岸单独形成范围较小的沿边经济区之外，其余广大地区已形成三大块在港口—腹地基础上形成的经济区。东北经济区以大连—沈阳为中心，大致覆盖今东三省以及内蒙的东部。天津经济区以天津为龙头，大致覆盖除去山东大部分的华北、除去新疆沿边的西北，以及内蒙的大部。山东经济区以青岛为龙头，大体覆盖山东的大部分（只除去西北一隅）。①

第九，由于腹地范围广大，在各块港口—腹地内部，口岸城市要联系广大的腹地，一般都要通过几个重要的交通和商业中心以及它们所处的交通和商业网络。因此，这些内陆中心城市，在腹地的城市体系和交通网络中都扮演了重要的角色，特别重要者也是自身所在的小一些的区域的中心城市，并均拥有一定规模的人口。

一般说来，口岸城市是规模最大的中心，核心区的中心城市往往也是全腹地规模最大或次大的城市，中位区的城市规模则要小一些，而边缘区的城市规模一般都不大。在中心城市的交通地位方面，口岸

① 吴松弟主编：《中国百年经济拼图——港口城市及其腹地与中国现代化》，第11章第4节“近代经济区的出现及其影响”；以及吴松弟：《港口—腹地和中国现代化空间进程研究概说》，载《浙江学刊》，2006年第5期，对此有简要的论述。

城市是全区域门户和交通中心，核心区与中位区的中心城市同样是全区域与核心区或中位区的交通中心，而边缘区的中心城市只是边缘区的交通中心，在全区域交通中并不担任中心的角色。

第十，广大地区的经济发展建立在口岸的带动基础上，而口岸又通过贸易与交通和通讯连接世界和我国沿海地区。国际市场和国内市场的需求推动腹地出口生产和农牧业生产结构的调整，中位区和核心区还发展了加工农副产品的手工业，进入半工业化时代。口岸城市因服务贸易的需要，发展了船舶修理、农副产品加工、动力生产、机械制造等业。然而，在 1894 年甲午战争之前口岸的现代工业发展缓慢，此后才有较快的发展。20 世纪以后开始扩散到内陆的一些城市。受此影响，腹地各区域的工业发展阶段颇不相同。大致上，口岸城市以现代工业为主，核心区和中位区进入半工业化阶段，而边缘区仍然以传统工业为主。

美国学者弗里德曼（J.R.Friedman）在1966 年出版的《区域发展政策》一书中，将区域空间结构的演变划分为四个阶段。[①]对照他所说的不同阶段的区域空间结构的形式，可以发现，北方各港口—腹地的区域空间结构，大致上处在第二阶段即过渡阶段，或工业化的初期。在这一阶段，口岸城市由于外部刺激而获得发展的动力，经济得到增长，发展成为区域的经济中心。这个中心的产生，打破了前工业化阶段的区域空间结构的原始均衡状态，并以其经济发展的优势吸引着腹地地区的要素不断向它集聚。各港口的腹地，尤其是核心区乃至中位区的经济发展，固然不如口岸城市快速，但也取得不可忽视的成就。

北方各区域发展不平衡。对照弗里德曼所说，近代经济发展最快的东北很可能已进入第三阶段即工业化阶段。除了大连—沈阳这一经济中心，在东北的其他地方，例如长春、哈尔滨，在 20 世纪二三十年代也已成为新的经济中心。这些新中心和原来的经济中心在发展和空间上相互联系、组合，形成了区域的经济中心体系，并导致出现若干规模不等的中心—外围结构，使区域空间结构趋向复杂化和有序化。而在地域广袤的天津的港口—腹地，当其东部的核心区与中

① 刘再兴：《区域经济理论与方法》，中国物价出版社，1993 年。

位区进入空间结构演变的第二阶段时，西部的边缘区的空间结构还停留在前工业阶段。前工业阶段空间结构的基本特征是区域空间均质无序，尽管有若干个地方中心存在，但它们之间没有等级结构分异，且因经济极不发达总体上处于低水平的均衡状态。

总的说来，港口—腹地是考察港口城市如何与其所密切联系的地区经济互动的一种研究视角，它所划定的区域是至今为止有关港口城市作用的最大的空间范围。在这一空间范围内，经济地理学关于区域空间结构的各种理论和模式都得到了淋漓尽致的表现，而本书有关各章的论述，实际也验证了若干种理论和模式对近代经济发展形态的解释能力。按照增长极的理论，增长极是口岸城市，往周围广大地区扩散自己的经济影响，在北方增长极就是主要的口岸城市，受其扩散地区就是腹地。按照双核理论，在北方各块口岸—腹地内，大致都可以找到区域中心城市和门户港口城市共同组成的双核。按照点轴理论，点是增长极，轴是交通与城市组成的增长轴，在北方这种增长轴大约在20世纪以后已经形成。按照网络理论，北方的港口——腹地实际是萌芽中的经济区。

本书所说的港口—腹地系统大多跨越几个省而具有广袤的空间。由于地域过于广大，似乎超出目前探讨现代区域经济发展的大多数模式的空间范围。而且，近代经济的许多状况也不同于当代，如何运用当代经济地理学的有关理论来解释近代的区域经济发展，尚需进一步的研究。例如，在直隶（或河北）省范围内，北京是区域中心城市，天津是门户港口城市，形成双核结构。而在包括华北与西北乃至内外蒙的大部分地区的整个的天津口岸—腹地，天津是港口城市，却难以找到与其相匹配、可以体现趋中性的行政中心城市。因此，本书的研究表明，在同样处于向世界市场开放、同样按经济规律运作的近代和当代，经济地理的规律都在起着作用。在分析近代区域经济变迁时，运用经济地理规律，有助于更好地认识支配当时经济变迁的规律，并为今天的经济建设提供借鉴。由于近代时间长度超过当代，探讨近代经济发展中的经济地理现象也有助于深化对规律的认识。当然，这种运用并非生搬硬套，而是在实事求是地研究近代区域经济史的基础上进行，并充分考虑到近代与当代政治、经济、文化的差异性。

参考文献

一、志书、地理书

万历《同官县志》
康熙《宣化乡土志》
康熙《隆德县志》
乾隆《续耀州志》
乾隆《回疆志》
乾隆《正定府志》
乾隆《虞乡县志》
道光《栾城县志》
同治《深泽县志》
同治《昌黎县志》
光绪《德州乡土志》
光绪《平度县乡土志》
光绪《寿光县乡土志》
光绪《高密县乡土志》
光绪《临朐县乡土志》
光绪《诸城县乡土志》
光绪《临淄县乡土志》
光绪《泰安县乡土志》
光绪《肥城县乡土志》
光绪《平阴县乡土志》
光绪《东平州乡土志》
光绪《乐陵县乡土志》
光绪《陵县乡土志》
光绪《德州乡土志》
光绪《宁阳县乡土志》
光绪《滕县乡土志》
宣统《滕县续志稿》
光绪《恩县乡土志》
光绪《寿张县乡土志》
光绪《博平县乡土志》
光绪《堂邑县乡土志》
光绪《聊城乡土志》
光绪《武城县乡土志》
光绪《济宁直隶州乡土志》
光绪《新城县乡土志》
民国《光绪束鹿乡土志》
民国《枣强县志》
民国《文安县志》
民国《望都县志》
民国《青县志》

民国《宁晋县志》
民国《高阳县志》
民国《重修镇原县志》
民国《宜川县志》
民国《南皮县志》
民国《邯郸县志》
民国《临清县志》
民国《望都县志》
民国《续荥阳县志》
民国《山东各县乡土志》
民国《临清县志》
民国《福山县志稿》
民国《开原县志》
民国《奉天通志》
伪满《铁岭县志》
民国《营口县志》
民国《安东县志》
民国《新疆志稿》
白眉初：《山东省志》，北京师范大学史地系，1925年。
白眉初：《中华民国省区全志》，北京求知学社，1924年。
河南省地质调查所：《河南矿产志》，1933年。
黄奋生：《蒙藏新志》，中华书局，1938年。
廖兆骏：《绥远志略》，正中书局，1937年。
单威廉著，周龙章译：《德领胶州湾之地政资料》，“中国地政研究所”，1980年。
渠绍水、庞义才：《山西外贸志》，山西地方志编纂委员会办公室，1984年。
实业部国际贸易局：《中国实业志（山东省）》，1934年。
实业部国际贸易局：《中国实业志（山西省）》，1937年。
世界舆地学社：《中华最新形势图》，1937年。
宋蕴璞：《天津志略》，1931年。
王华隆：《东北地理总论》，商务印书馆，1934年。
王益厓：《高中本国地理》，世界书局，1934年。
吴传钧：《中国粮食地理》，商务印书馆，1943年。
许公武：《青海志略》，1945年。
杨大金：《现代中国实业志》，商务印书馆，1938年。
张其昀：《中国经济地理》，商务印书馆，1930年。
赵琪，等：《胶澳志》，1928年。
中华人民共和国民政部：《中华人民共和国行政区划简册（2006）》，中国地图出版社，2006年。

二、原始档案、调查报告、统计资料、文献汇编

（清）郭松焘：《郭嵩焘日记》，湖南人民出版社，1980年。

（英）派伦著，许逸凡：《天津海关 1892－1901 年十年调查报告书》，载天津市历史研究所编《天津历史资料》，第 4 期。
“国史馆”：《中华民国通商贸易史料》，1982 年。
《伍委员朝枢提缩小省区案》（1931 年 2 月 6 日），载中国第二历史档案馆编：《国民党政府政治制度档案史料选编》，安徽教育出版社，1994 年。
包世臣：《海运南漕议》（嘉庆九年），原载《安吴四种·中衢一勺》，见沈云龙主编《近代中国史料丛刊》第三编 294 册，台湾文海出版社，1987 年。
北宁铁路局：《北宁铁路商务会议会刊》，1930 年。
蔡谦、郑友揆：《中国各通商口岸对各国进出口贸易统计（1919、1927－1931）》，商务印书馆，1936 年。
陈真，等：《中国近代工业史资料》，生活·读书·新知三联书店，1961 年。
国民政府档案部档案：《经济部西北工业考察团报告（1943 年）》，载《民国档案》，1992 年第 4 期。
韩启桐：《中国埠际贸易统计》（1936－1940），中国科学院，1951 年。
和龚，等：《“新修支那省别全志”宁夏史料辑译》，北京燕山出版社，1995 年。
胡光明，等：《天津商会档案汇编（1903－1911）》，天津人民出版社，1989 年。
黄炎培：《民国元年工商统计概要》，上海商务印书馆，1914 年。
交通部烟台港务管理局：《近代山东沿海通商口岸贸易统计资料（1859－1949）》，对外贸易教育出版社，1986 年。
胶济铁路管理局车务处：《胶济铁路经济调查报告》，文化印刷社，1924 年。
胶济铁路管理委员会：《胶济铁路经济调查报告汇编》，青岛文印出版社，1934 年。
经济部全国经济调查委员会：《全国主要都市工业调查初步报告》，1948 年。
李必樟编译，张仲礼校订：《上海近代贸易经济发展概况，1854－1898 年英国驻上海领事贸易报告汇编》，上海社会科学院出版社，1993 年。
林竞：《西北丛编》，载《中国西北文献丛书》，兰州古籍书店，1990 年。
茅家琦，等：《中国旧海关史料》，京华出版社影印，2001 年。
彭泽益：《中国近代手工业史资料（1840－1949）》，生活·读书·新知三联书店，1957 年。
平绥铁路车务处：《平绥铁路沿线特产调查》，1934 年。
青岛档案馆：《帝国主义与胶海关》，档案出版社，1986 年。
上海博物馆图书资料室：《上海碑刻资料选辑》，上海人民出版社，1980 年。
唐荃生：《山东烟台青岛威海卫果树园艺调查报告》，东亚文化协会，1940 年。

铁道部财务司调查科：《包宁线包临段经济调查报告书》，1931 年。
铁道部业务司商务科：《陇海铁路甘肃段经济调查报告书》，1936 年。
铁道部业务司商务科：《陇海铁路西兰线陕西段经济调查》，1936 年。
吴弘明：《津海关年报档案汇编（1865－1911）》，天津市档案馆、天津社科院历史所，1993 年。
吴弘明：《天津海关年十年报告书（1912－1921）》，载天津社科院历史所编《天津历史资料》，第 13 期。
厦门市志编纂委员会、《厦门海关志》编委会：《近代厦门社会经济概况》，鹭江出版社，1990 年。
熊希龄：《奉天上海间商品集散调查表》，载《满洲实业案》，明志阁版，1908 年。
徐雪筠，等：《上海近代社会经济发展概况（1882－1931）——〈海关十年报告〉译编》，上海社会科学院出版社，1985 年。
许道夫：《中国农业生产及贸易统计资料》，上海人民出版社，1983 年。
许逸凡：《天津海关十年报告书（1902－1911）》，载天津社会科学院历史研究所编《天津历史资料》，第 13 期。
烟台港务局档案馆：《烟台贸易报告》，烟台港务局内部本。
烟台港务局档案馆：英国国会文书《1894 年烟台领事贸易报告》，烟台港务局内部本。
严中平：《中国近代经济史统计资料选辑》，科学出版社，1955 年。
章有义：《中国近代农业史资料》，生活·读书·新知三联书店，1957 年。
中国第二历史档案馆：《柳国明拟（东北难民移垦西北计划）》，载《民国档案》，2003 年第 1 期。
中国近代史资料丛刊：《洋务运动（六）》，上海人民出版社，1961 年。
中国人民大学工业经济系：《北京工业史料》，北京出版社，1960 年。
中央银行总管理处：《东三省经济调查录》，1919 年，载沈云龙主编〈近代中国史料丛刊〉第 3 编 276 册，台湾文海出版社，1987 年。

三、文史资料

陈秉荣：《话说走西口》，《山西文史资料》，第 84 辑。
陈季升，周子恩：《大连顺兴铁厂兴衰记》，《辽宁文史资料选辑》，第 2 辑。
陈季升：《黑龙江省粮栈概况》，《黑龙江省文史资料》，第 1 辑。

崔宗善，白尔杰：《解放前桓仁的工商业》，《桓仁文史资料》，第 2 辑。
崔宗善，白尔杰：《解放前通化的工商业》，《通化文史资料》，第 2 辑。
丹东市民建、工商联：《丹东柞蚕丝绸发展简史》，《辽宁省文史资料》，第 1 辑。
窦卫华：《我省最早的汽车路——张库公路早期通车运营简况》，《河北文资料选辑》，第 7 辑。
洪家奇：《安东柞蚕业发展简史》，《安东文史资料》，第 1 辑。
李丕茂：《莱州草辫和草艺品琐记》，《烟台文史资料》，第 18 辑。
李宗尧：《解放前临江工商业概貌》，《临江文史资料》，第 7 辑。
刘丹：《四平粮谷市场的兴衰》，《四平文史资料》，第 4 辑。
刘汉儒：《昌邑人在胶东各地开办的丝房》，《昌邑文史资料》，第 4 辑。
刘华圃、高克成：《解放前天津的中药业》，《天津工商史料丛刊》，第 1 辑。
马从中：《包头的西医西药业》，《包头文史资料选编》，第 6 辑。
马守礼：《帝国主义洋行在张家川的经济侵略》，《甘肃文史资料选辑》，第 8 辑。
闵文：《英美三大油行侵入天津概述》，《天津文史资料选辑》，第 28 辑。
莫应溎：《英商太古洋行在华南的业务活动与莫氏家族》，《文史资料选辑——港澳台及海外来稿专辑》，第 14 辑。
任步奎：《解放前的太原商业》，《太原文史资料》，第 7 辑。
邵学君：《招远粉丝甲天下》，《招远文史资料》，第 4 辑。
宋美云：《北洋军阀统治时期天津近代工业的发展》，《天津文史资料选辑》，第 41 辑。
孙荫樊：《谈谈张家口的旅蒙商》，《张家口文史资料》，第 6 辑。
孙荫樊：《谈谈张家口的旅蒙商》，《张家口文史资料》，第 6 辑。
王天翔：《郑州药业见闻》，《河南文史资料》，第 37 辑。
王鑫岗等：《天津帮经营西大营贸易概述》，《天津文史资料选辑》，第 24 辑。
文史委：《招远网扣绣花》，《招远文史资料》，第 4 辑。
吴树声：《沂水桑麻话》，《临沂文史资料》，第 3 辑。
肖祝文：《天津英美烟公司的经济掠夺》，《天津文史资料选辑》，第 3 辑。
尹子衡，等：《解放前原绥远省甘草和甘草行业的概况》，《内蒙古文史资料》，第 2 辑。
于胥梦：《营口炉银史》，《营口文史资料》，第 1 辑。
岳丹：《从“河北”看天津交通的发展》，《天津河北文史》，第 2 辑。
张瑞符：《解放前威海的绣花业》，《威海文史资料》，第 4 辑。
张述远：《旧营口的中药业逡巡》，《营口文史资料——营口港埠面面观》，第

10辑。
张学厚：《郑州棉花业的兴衰》，《河南文史资料》，第37辑。
政协新乡市委秘书处：《解放前新乡蛋厂业发展情况》，《河南文史资料》，第5辑。
朱仙洲：《天津粮食批发商业百年史》，《天津文史资料选辑》，第28辑。

四、论著

（美）郝延平著，李荣昌等译：《十九世纪的中国买办：东西间桥梁》，上海社会科学院出版社，1988年。
（美）吉尔伯特·罗兹曼主编，国家社会科学基金"比较现代化"课题组译：《中国的现代化》，江苏人民出版社，1988年。
（美）柯文著，林同奇译：《在中国发现历史——中国中心观在美国的兴起》，中华书局，2002年。
（日）滨下武志：《香港大视野——亚洲网络中心》，商务印书馆（香港）有限公司，1997年。
（日）满史会著，《东北沦陷十四年史》辽宁编写组译：《满洲开发四十年史》，内部版，1987年。
（苏联）迈斯基：《蒙古人民共和国史纲》，商务印书馆，1972年。
（英）A.G.Ahmed著，陈海涛、刘惠琴译：《图说烟台（1935－1936）》，齐鲁书社，2007年。
阿岩、乌恩：《蒙古族经济发展史》，远方出版社，1999年。
北京市社会科学院：《今日北京》，北京：燕山出版社，1986年。
蔡德，等：《辽宁公路交通史》（第一册），人民交通出版社，1988年。
蔡家艺：《清代新疆经济史纲》，人民出版社，2006年。
陈赓雅：《西北视察记》，上海申报馆，1936年。
陈桦：《清代区域社会经济研究》，中国人民大学出版社，1996年。
陈育宁：《宁夏通史·近现代卷》，宁夏人民出版社，1993年。
池泽汇、娄学熙、陈问咸：《北平市工商业概况》，北平市社会局，1932年。
丛翰香：《近代冀鲁豫乡村》，中国社会科学出版社，1995年。
崔永红，等：《青海通史》，青海人民出版社，1999年。
戴鞍钢：《发展与落差——近代中国东西部经济发展进程比较研究（1840－1949）》，复旦大学出版社，2006年。

邓景福：《营口港史》，人民交通出版社，1995年。

樊百川：《中国轮船航运业的兴起》，四川人民出版社，1985年。

樊如森：《天津与北方经济现代化（1860－1937）》，东方出版中心，2007年。

方显廷：《华北乡村织布工业与商人雇主制度》，南开大学经济研究所，1935年。

方显廷：《天津地毯工业》，南开大学社会经济研究委员会，1930年。

方显廷：《天津之粮食业及磨坊业》，南开大学经济学院，1932年。

费成康：《中国租界史》，上海社会科学院出版社，1991年出版。

冯之浚、陈钺：《环渤海地区经济发展战略研究》，河北人民出版社，1997年。

耿捷：《天津公路运输史》（第一册），人民交通出版社，1988年。

龚关：《近代天津金融业研究（1861－1936）》，天津人民出版社，2007年。

龚骏：《中国都市工业化程度之统计分析》，商务印书馆，1933年。

顾明义：《日本侵占旅大四十年史》，辽宁人民出版社。1991年。

何一民：《近代中国城市发展与社会变迁（1840－1949年）》，科学出版社，2004年。

贺扬灵：《察绥蒙民经济的解剖》，商务印书馆，1935年。

华北农产研究改进社：《天津棉花运销概况》，1934年。

纪大椿：《新疆近世史论稿》，黑龙江教育出版社，2002年。

况浩林：《中国近代少数民族经济史稿》，民族出版社，1992年。

李华彬：《天津港史（古近代部分）》，人民交通出版社，1986年。

李洛之、聂汤谷：《天津的经济地位》，经济部冀热察绥区特派员办公处驻津办事处，1948年。

厉声：《新疆对（俄）苏贸易史（1600－1900）》，新疆人民出版社，1993年。

连浚：《东三省经济实况揽要》，台湾传记文学出版社，1931年，1971年再版。

林鹏侠：《西北行》，甘肃人民出版社，2002年。

刘佛丁、王玉茹：《中国近代的市场发育与经济增长》，高等教育出版社，1996年。

刘建生：《山西近代经济史》，山西经济出版社，1995年。

刘培新：《东北区自然地理》，新知识出版社，1957年。

刘素芬：《烟台贸易研究：1867－1919》，台湾商务印书馆，1990年。

刘再兴：《区域经济理论与方法》，中国物价出版社，1993年。

龙登高：《中国传统市场发展史》，人民出版社，1997年。

罗澍伟：《近代天津城市史》，中国社会科学出版社，1993年。

满铁农事试验场编，汤尔和译：《到田间去》，商务印书馆，1930年。

米镇波：《清代中俄恰克图边境贸易》，南开大学出版社，2003 年。
宓汝成：《帝国主义与中国铁路》，上海人民出版社，1980 年。
谋乐：《青岛全书》，青岛印书局，1912 年。
彭南生：《半工业化——近代中国乡村手工业的发展与社会变迁》，中华书局，2007 年。
青海省志编纂委员会：《青海历史纪要》，青海人民出版社，1987 年。
曲直生：《河北棉花之出产及贩运》，商务印书馆，1931 年。
任美锷、张其昀、卢温甫：《西北问题》，科学书店，1943 年。
日本中国驻屯军司令部编，侯振彤译：《二十世纪初的天津概况》，天津市地方史志编修委员会总编辑室，1986 年。
上海社会科学院经济研究所、上海市国际贸易学会学术委员会：《上海对外贸易》，上海社会科学院出版社，1989 年。
施丢克尔：《十九世纪的德国与中国》，生活 · 读书 · 新知三联书店，1963 年。
实业部国际贸易局：《煤》，长沙商务印书馆，1940 年。
寿扬宾：《青岛港史》，人民交通出版社，1986 年。
宋美云：《近代天津商会》，天津社会科学院出版社，2002 年。
宋仲福：《西北通史》（第五卷），兰州大学出版社，2005 年。
绥远省政府编印：《绥远概况》，1933 年。
藤冈启著，汤尔和译：《东省刮目论》，商务印书馆，1930 年。
田培栋：《明清时期陕西社会经济》，首都师范大学出版社，2000 年。
童书业：《中国手工业商业发展史》，齐鲁书社，1981 年。
王长富：《东北近代林业经济史》，中国林业出版社，1991 年。
王良行：《近代中国对外贸易史论集》，知书房出版社，1997 年。
王玲：《北京与周围城市关系史》，北京燕山出版社，1988 年。
王相钦：《中国近代商业史》，北京商学院，1983 年。
韦胜章：《内蒙古公路交通史》（第一册），人民交通出版社，1993 年。
吴承明：《中国的现代化：市场与社会》，生活 · 读书 · 新知三联书店，2001 年。
吴承明：《中国资本主义与国内市场》，中国社会科学出版社，1985 年。
吴松弟：《中国百年经济拼图——港口城市及其腹地与中国现代化》，山东画报出版社，2006 年。
吴松弟：《中国人口史》（第三卷“辽宋金元时期”），复旦大学出版社，2000 年。
吴知：《乡村织布工业的一个研究》，商务印书馆，1936 年。
武堉干：《中国国际贸易概论》，商务印书馆，1930 年。

徐德济：《连云港港史（古近代部分）》，人民交通出版社，1987。
徐中约著，计秋枫、朱庆葆译：《中国近代史》，香港中文大学出版社，2001年。
许檀：《明清时期山东商品经济的发展》，中国社会科学出版社，1998年。
烟台港务局：《烟台港史》，人民交通出版社，1989年。
严中平：《中国棉纺织史稿》，科学出版社，1955年。
姚洪卓：《近代天津对外贸易（1861－1948）》，天津社会科学院出版社，1993年。
叶春墀：《山东草辫业》，京都华东石印局，清宣统三年。
张秉宽：《营口近代史纲》，辽宁民族出版社，2002年。
张富全：《辽宁近代经济史》，中国财政经济出版社，1989年。
张玉法：《中国现代化的区域研究·山东省（1860－1916）》，“中央研究院”近代史研究所，1982年。
章开沅、罗福惠：《比较中的审视：中国早期现代化研究》，浙江人民出版社，1993年。
郑友揆、程麒荪：《中国的对外贸易和工业发展：1840－1948年》，上海社会科学院出版社，1984年。
郑重：《烟台要览》，烟台要览统筹局，1923年。
中国人民大学农业经济系：《中国近代农业经济史》，中国人民大学出版社，1982年。
周宋康：《山西》，中华书局，1939年。
周永刚：《大连港史》，大连人民出版社，1995年。
庄维民：《近代山东市场经济的变迁》，中华书局，2000年。
邹逸麟：《黄淮海平原历史地理》，安徽教育出版社，1993年。

五、报纸、期刊、论文

《济南之商工业》，《中华实业界》，2卷5期。
《鲁省烟叶概况》，《中行月刊》，9卷6期，安盛松之助著，静子译：《满洲商业发展之面面观》，《钱业月报》，11卷5期。
北京西北周刊社：《西北周刊》，第15期，1925年。
毕相辉：《高阳及宝坻两个棉织区在河北省乡村棉织工业上之地位》，载方显廷编辑《中国经济研究》，商务印书馆，1938年。

陈为忠：《近代的海港城市与山东区域发展——以港口（城市）—腹地互动为视角》，《郑州大学学报（社会科学版）》，2007 年第 2 期。

陈为忠：《山东港口与腹地研究（1860－1937）》，复旦大学硕士论文（未刊稿），2003 年。

戴鞍钢：《抗战时期中国西部工业的转机和困顿》，载朱荫贵，戴鞍刚主编《近代中国：经济与社会研究》，复旦大学出版社，2006 年。

董玉瑛：《清代辽河航运码头》，《史学集刊》，1987 年第 1 期。

樊如森：《从上海与北方关系的演变看环渤海经济崛起》，《史学月刊》，2007 年第 6 期。

樊如森：《西北近代经济外向化中的天津因素》，《复旦学报》，2001 年第 6 期。

樊如森、姬天舒：《近代北方药品供销体系的构建》，《中国历史地理论丛》，2003 年第 2 期。

方显廷、毕相辉：《由宝坻手织工业观察工业制度之演变》，《政治经济学报》，第 4 卷 2 期。

顾联瑜：《中国邮政网的历史沿革与发展展望》，《邮政研究》，1996 年第 2 期。

国民政府工商部工商访问局编辑：《工商半月刊》，1929－1937 年。

侯峻：《近代辽河航运与沿岸城镇的兴起》，《社会科学战线》，1998 年第 6 期。

胡铁球：《近代西北皮毛贸易与社会变迁》，《近代史研究》，2007 年第 4 期。

胡雪梅：《东北大豆出口贸易与近代中国东北开发》，《北方文物》，2002 年第 3 期。

冀察政务委员会秘书长第三组第三科：《冀察调查统计丛刊》，1 卷 2 期，1936 年。

经济讨论处编辑：《中外经济周刊》，185、195 期。

李长生：《论中国宜用人力机器纺纱》，《大公报》，1910 年 5 月 24 日。

李士成：《宁夏土地沙漠化现状及防治对策》，《宁夏农林科技》，2000 年第 4 期。

林传甲：《青岛游记》，《地学杂志》，9 卷 1 期。

林满红：《口岸贸易与近代中国—台湾最近有关研究之回顾》，载“中央研究院”近代史研究所编：《近代中国区域史研究会论文集》（下册），1986 年。

刘素芬：《近代北洋中外航运势力的竞争》，载张彬村、刘石吉主编《中国海洋发展史论文集》（第五辑），“中央研究院”中山人文社会科学研究所，1993 年版。

罗荣渠：《论现代化的世界进程》，《中国社会科学》，1990 年第 5 期。

麦劲生：《十八至十九世纪德国商人在中国沿海的活动》，载李金强、刘义章、麦劲生合编《近代中国海防军事与经济》，香港中国近代史学会出版，1999 年。

毛立坤：《晚清时期东南沿海通商口岸对外航线与港势地位的变迁》，《史学月刊》，2005 年第 12 期。

农商部编辑处刊行：《农商公报》，5 卷 10 册，1919 年。

任玉雪：《清代东北地方行政制度研究》，复旦大学博士论文（未刊稿），2003 年。

沈汝生：《中国都市之分布》，《地理学报》，4 卷 1 期，1937 年。

沈毅：《近代大连城市人口论略》，《社会科学辑刊》，1993 年第 2 期。

沈毅：《论近代大连城市经济的地位与作用》，《社会科学辑刊》，1994 年第 6 期。

实业部天津商品检验局：《检验月刊》，1934 年 2 月号。

实业部天津商品检验局：《天津棉鉴》，3 卷 1 –12，1932 年 11 月 –1933 年 8 月。

束煜光：《安东三大特产》，《工商月刊》，1 卷 2 期，1930 年。

束煜光：《安东三大特产》，《商工月刊》，1 卷 2 期，1930 年。

汪胡桢：《民船之运输成本》，《交通杂志》，3 卷 3 期。

王干：《泊头镇一瞥》，《工商学志》，7 卷 1 期，1935 年。

王怀远：《旧中国时期天津的对外贸易》，《北国春秋》，1960 年第 2 期。

王肇仁：《甘肃药材产制运销概况》，《甘肃贸易季刊》，10 –11 期，1944 年。

吴松弟：《市的兴起与近代中国区域经济的不平衡发展》，《云南大学学报》，2006 年第 5 期。

吴轶群：《清代新疆边境地区城市对比研究——以伊犁、喀什噶尔为中心》，复旦大学博士学位论文，2007 年，未刊本。

武国安：《驿运制度与西北资源》，《西北资源》，1 卷 2 期，1944 年。

萧惺伯：《鸭绿江采木之沿革与安东商业之关系》，《商工月刊》，1 卷 3 期，1930 年。

谢钟桢：《天津港与近代天津城市》，《城市史研究》，1990 年第 3 期。

徐犀：《东三省之商业》，《东方杂志》，21 卷 10 期，1924 年。

许檀：《近代通商口岸城市发展的历史脉络——以“北洋三口”为中心》，载复旦大学历史地理研究中心：《港口—腹地和中国现代化进程》，齐鲁书社，2005 年。

许檀：《清代前期的沿海贸易与天津城市的崛起》，《城市史研究》，第 13 –14 期。

姚永超：《大连港的中转贸易（1907 –1931）》，《中国历史地理论丛》，2004 年第 1 期。

姚永超：《大连港腹地核心地域结构演变的研究（1907 –1931）》，复旦大学硕士学位论文（未刊稿），2004 年。

袁翰青：《西北五省工业现况》，《甘肃贸易季刊》，7 期，1943 年。
袁熹：《近代北京商业格局及商业设施变迁研究》，《北京档案史料》，2003 年第 4 辑。
曾问吾：《大连旅顺之考察》，《新亚细亚》，2 卷 3 期，1931 年。
张景岳：《北洋政府时期的人口变动与社会经济》，丁日初主编《近代中国》第 3 辑，上海社会科学院出版社，1993 年。
张利民：《近代辽宁的城镇发展模式与特征》，载朱荫贵、戴鞍刚主编《近代中国：经济与社会研究》，复旦大学出版社，2006 年。
张利民：《试论近代华北棉花流通系统》，《中国社会经济史研究》，1990 年第 1 期。
赵习恒：《绥远之甘草》，《国货研究月刊》，1 卷 4 期，1932 年。
周一星、杨家文：《九十年代我国区际货流联系的变动趋势》，《中国软科学》，2001 年第 6 期。
庄春波：《光宣新政与济南城市现代化》，丁日初主编《近代中国》第 2 辑，上海社会科学院出版社，1991 年。

六、日文资料

（日）高桥治助，等：《青海行》，1921 年。
东亚同文会：《支那省别全志》，1917 年。
冈伊太郎、小西元藏：《山东经济事情——济南を主として》，1919 年。
冈伊太郎、小西元藏：《山东经济事情》，1919 年。
哈尔滨满铁事物所编，汤尔和译：《北满概观》，商务印书馆，1937 年。
吉田丰次郎：《山东视察报告文集》，1913 年。
吉野美弥雄：《利用す可き天津を中心こせる北支那の物产》，大阪三岛开文堂，大正十三年。
济南总领事馆：《山东概观》，1926 年。
满铁：《东部内外蒙古调查报告书》（第二班）别册，昭和二年。
满铁调查科：《关东州工业的现势》，1932 年。
满铁调查科：《满洲电政》，1930 年版。
满铁经济调查会：《山东にける於工业の发展》，1935 年。
满铁庶务部调查科：《大连港背后地の研究》，大正十二年。
满铁庶务部调查科编印：《南满洲铁道株式会社营运详细统计》，1907—1945 年。

满铁庶务部调查课:《满蒙全书》,满蒙文化协会发行所,大正十二年。

南满铁道株式会社:《满洲贸易详细统计》(1930),编入沈云龙主编:《近代中国史料丛刊》第3编756册,台湾文海出版有限公司影印,1993年。

南满洲铁道株式会社兴业部商工课:《对满贸易の现状及将来—我国对满输出贸易の促进及在满邦商の发展策に关する调查报告书》(上卷),昭和二年。

青岛守备军民政部:《大运河及盐运河都邑经济事情》,1922年。

青岛守备军民政部:《南山东及江苏沿岸诸港调查报告书》,1919年。

青岛守备军民政部:《山东之物产》,1921年。

青岛守备军民政部:《沂州事情》,1917年。

青岛守备军铁道部:《周村德州间及德州石家庄间并石家庄沧州间调查报告》,1921年。

青岛守备军铁道部:《周村事情》,1917年。

日本青岛总领事馆:《青岛概观》,1927年。

日本外务省:《南满洲ニ於ケル商业》,东京金港堂书籍株式会社,1909年。

日本外务省:《清国事情》,1907年。

日本外务省:《在芝罘日本领事馆管内状况》,1921年。

日本中国驻屯军司令部编:《天津志》,侯振彤中译本,天津市地方史志编修委员会总编辑室,1986年。

神足笃太郎:《大连港》,大连港编纂所发行,大正十四年。

守田利远:《满洲地志》,东京丸善株式会社,1906年。

松本敬之著,马为珑译:《富之满洲》,上海普及书局,1907年。

田原天南:《胶州湾》,1914年。

七、英文著作

David D. Buck. *Urban Change in China: Politics and Development in Tsian, Shantung, 1890—1949*. The University of Wisconsin Press, 1978.

John K. Fairbank. *Trade and Diplomacy on the China Coast: The Opening of the Treaty Ports, 1842—1854*. Harvard University Press, 1956.

Julean Arnold, Ed: *China, A Commercial and Industrial Handbook*. Department of Commerce, USA, 1926.

Rhoads Murphey: *The Treaty Ports and China's Modernization: What Went Wrong?* Michigan Papers in Chinese Studies, No.7, 1970.

图书在版编目（CIP）数据

港口—腹地与北方的经济变迁（1840～1949）/吴松弟等著．—杭州：浙江大学出版社，2011．3
ISBN 978－7－308－08508－3

Ⅰ．①港…　Ⅱ．①吴…　Ⅲ．①沿海经济－经济史－中国－1840～1949　Ⅳ．①F129．5

中国版本图书馆CIP数据核字（2011）第045276号

港口—腹地与北方的经济变迁（1840～1949）
吴松弟　樊如森　陈为忠　姚永超　戴鞍钢　等著

责任编辑　赵　琼
文字编辑　王　冰
装帧设计　八月之光
出版发行　浙江大学出版社
（杭州天目山路148号　邮政编码310007）
（网址：http：//www．zjupress．com）
排　　版　北京京鲁创业科贸有限公司
印　　刷　杭州杭新印务有限公司
开　　本　640mm×960mm　1/16
印　　张　24．75
字　　数　263千字
版 印 次　2011年7月第1版　2011年7月第1次印刷
书　　号　ISBN 978－7－308－08508－3
定　　价　52．00元